小康之后的中国

如何理解和把握第二个百年目标

郭春丽　等◎著

人民出版社

策　　划：张文勇

责任编辑：张文勇　孙　逸

封面设计：刘芷涵

图书在版编目（CIP）数据

小康之后的中国：如何理解和把握第二个百年目标 / 郭春丽等著．—北京：人民出版社，2018.12
ISBN 978 – 7 – 01– 020139 – 9

Ⅰ．①小⋯　Ⅱ．①郭⋯　Ⅲ．①中国特色社会主义—社会主义建设模式—研究
Ⅳ．① D616

中国版本图书馆 CIP 数据核字 (2018) 第 282331 号

小康之后的中国

XIAOKANG ZHIHOU DE ZHONGGUO

如何理解和把握第二个百年目标

郭春丽　等◎著

人 民 出 版 社 出版发行

（100706　北京市东城区隆福寺街 99 号）

中煤（北京）印务有限公司印刷　新华书店经销

2018 年 12 月第 1 版　2018 年 12 月北京第 1 次印刷
开本：710 毫米 ×1000 毫米　1/16　印张：22.25
字数：351 千字

ISBN 978 – 7 – 01– 020139 – 9　定价：58.00 元

邮购地址 100706　北京市东城区隆福寺街 99 号
人民东方图书销售中心　电话（010）65250042　65289539

课题组成员名单

课题组长

郭春丽　国家发展改革委经济研究所副所长、研究员

课题组成员

王　蕴　国家发展改革委经济研究所消费室主任、研究员

王　元　国家发展改革委经济研究所金融室主任、研究员

杜飞轮　国家发展改革委经济研究所形势室主任、副研究员

李世刚　国家发展改革委经济研究所信用室副主任、副研究员

刘保奎　国家发展改革委国地所室副主任、副研究员

路红艳　商务部研究院室副主任、副研究员

李清彬　国家发展改革委经济研究所副研究员

孔伟艳　国家发展改革委社会发展研究所助理研究员

易　信　国家发展改革委经济研究所助理研究员

杜秦川　国家发展改革委经济研究所助理研究员

申现杰　国家发展改革委经济研究所助理研究员

导　言

　　2012年，党的十八大描绘了中国共产党成立一百年时全面建成小康社会、新中国成立一百年时建成富强民主文明和谐的社会主义现代化国家的宏伟蓝图，向全国人民发出了进军"两个一百年"奋斗目标的时代号召。2017年，在全面建成小康社会、实现第一个百年奋斗目标胜利在望之际，党的十九大综合分析国际国内形势和我国发展条件，将基本实现现代化提前了15年，并提出到新中国成立一百年时把我国建成富强民主文明和谐美丽的社会主义现代化强国，从而赋予了第二个百年目标更丰富的内涵。研判未来30年国际政治经济环境、现代化演进趋势和我国经济社会发展趋势特征，结合"三步走"战略和实现中华民族伟大复兴中国梦的战略部署，准确理解和把握第二个百年目标的深刻内涵，客观分析实现第二个百年目标面临的有利条件、制约因素和风险挑战，更好设计全面建成小康社会之后的发展目标和路径，具有重大战略意义。

　　未来30年，国际政治经济格局延续深度调整，世界经济重心由发达经济体继续向新兴市场经济体和发展中国家转移，全球经济体系将逐步形成北美、欧洲、东亚三大区域经济圈三分天下、三足鼎立的格局。从经济增长长周期看，受新一轮科技革命和产业变革演进态势的影响，2030年之前，全球经济总体处于第五个长周期的下降阶段、表现平庸，2030年至2050年，将进入新周期的上升阶段、可能出现新一轮繁荣。在新一轮科技革命和产业变革带动下，人类社会由后工业化的信息社会进入以智能化、知识化、网络化为主要特征的后信息社会，生产生活方式将发生深刻变化。在世界各国尤其是发展中国家经济社会加快发展、能源需求成倍增长、资源储量持续下降和温室气体排放增加、全球气候变化的大背景下，可持续发展仍然是全球面临的重大课题。受经济全球化和互联网技术极大拓展人民参政议政空间的影响，探索与本国国情和时代特征相适应的民主政治实现形式，成为考验世界各国国家治理体系和治理能力现代化的共同问题。与此同时，世界多极化、经济全球化、社会信息化、文化多样化向纵深发展，全球多元文化深度融合与冲突交锋并存，以文化为经济社会深层发展动力的综合国力竞争也更加激烈。人工智能和生命科学技术的突破，将给社会伦理、社会秩序和社会治理带来严峻挑战。

未来30年，受国际环境和国内发展条件深刻变化的影响，我国进入发展阶段跃升和世界大国地位确立的决定阶段、社会结构深刻转型和真正实现共同富裕的关键阶段、资源环境约束趋于缓解的转折阶段、社会主义民主政治建设的深化阶段。经济建设方面，将全面完成工业化、基本完成城镇化，稳步步入高收入国家行列，在国际经济体系和国际经济秩序重塑中真正确立起具有重大话语权和影响力的世界大国地位。社会发展方面，中等收入群体成为社会主体人群并带动社会结构和治理方式加快转型，而随着城乡区域协调发展持续推进和收入分配制度不断完善，将由先富带后富转变为真正实现共同富裕。资源环境方面，综合考虑能源供应状况、产业结构调整升级和居民生活方式变化趋势，2030年前还难以从根本上缓解资源约束趋紧和环境承载力接近上限的矛盾和问题，2030年之后资源环境约束将逐步缓解。政治体制改革和社会主义法治国家建设深入推进，社会主义民主政治更加制度化、规范化、法治化、程序化，政治文明水平将大幅提升。文化建设深入推进，文化交流将从西方对我单向输出为主转为双向互动，中华文化影响力空前提升。

建成富强民主文明和谐美丽的社会主义现代化强国，体现了我国现代化建设的价值追求和目标导向，塑造了社会主义现代化国家的形象标准和美好愿景。综合研判未来 30 年世界政治经济格局演变趋势和我国发展阶段性特征，应从时代特征、国际视野和中国特色三个维度，以动态眼光、全球视野和中华文脉，按照与"世"俱进、动态把握"富强"，立足国情、求是把握"民主"，传承创新、"三自"把握"文明"，公正包容、人本把握"和谐"，天人共生、永续把握"美丽"的思路，创新理解、精准把握第二个百年目标。到 2049 年，人均国内生产总值有望达到 48536 美元，国内生产总值稳居全球第一，经济实力、综合国力和国际影响力全面提升，社会主义民主政治制度更加完善，中华文明水平大幅提高，人民生活幸福安康，美丽中国全面建成。我国将成为在诸多领域处于领先水平、领跑地位，硬实力强大、软实力显著的现代化强国，成为经济富裕、政治清明、文化繁荣、山河秀美、社会和谐、生活安康的东方大国，成为告别社会主义初级阶段、制度文化更具吸引力、充满希望、充满活力的社会主义大国，中华民族将以更加荣光的形象屹立于世界民族之林。

习近平新时代中国特色社会主义思想、独特的政治优势和制度优势、明显的经济规模和人口规模优势，日益增强的综合实力等，为实现第二个百年目标准备了有利条件。但不可忽视，人口老龄化程度日益加重，科技创新能力和人力资本积累尚不适应经济转型和新科技产业革命需要，重要资源保障和生态环境保护压力很大，国际和周边区域安全环境更加复杂多变，国家治理体系和治理能力建设尚未到位等，都对顺利实现第二个百年目标形成明显制约。与此同时，我国现代化进程面临"修昔底德陷阱""中等收入陷阱"和"塔西佗陷阱"的重大考验。从国际上看，中国能否通过构建新型大国关系，防止跌入"修昔底德陷阱"是重大考验。从国内看，经济增长动力不足、产业转型升级乏力、收入分配差距大、低收入群体就业难和社会阶层固化等社会矛盾突显、金融风险隐患短期内难以消除，"中等收入陷阱"的一些典型表现在我国程度不同地存在着。一些政府机构不作为乱作为、行为失范，信息不透明、公开不及时，施策不连续、不稳定，政府治理面临"塔西佗陷阱"的考验。

全面建成小康社会之后，结合实现第二个百年目标的战略需要、经济社会发展演进和生产力发展趋势，应统筹推进经济现代化、政治现代化、文化现代化、社会现代化和生态现代化的"五位一体"现代化建设布局，以全面实现现代化、全面深化改革、全面依法治国、全面从严治党为战略指引，不断丰富创新、协调、绿色、开放、共享的新发展理念的内涵，坚持和强固道路自信、理论自信、制度自信、文化自信。按照分两步走、本世纪中叶建成社会主义现代化强国的战略安排，2035年前应围绕高质量发展加快推动基本实现现代化，同时按照内外兼修的思路，主动塑造有利于我国和平发展的外部环境、切实筑牢实现第二个百年目标的经济基础、努力化解制约因素、有效应对重大考验，奠定2049年建成富强民主文明和谐美丽的社会主义现代化强国的坚实基础，创造13亿多人口的发展中大国和平崛起、科学发展、文明发展的国际典范，谱写新时代中国特色社会主义建设和中华民族伟大复兴的壮丽篇章。

中国特色社会主义进入了新时代。党的十九大吹响了开启全面建设社会主义现代化国家新征程、向第二个百年奋斗目标进军的号角。历史车轮滚滚向前，时代潮流浩浩荡荡。未来30年，以习近平新时代中国特色社会主义思想为指导，全面贯彻党的基本理论、基本路线、基本方略，承前启后、继往开来，锐意进取、埋头苦干，富强民主文明和谐美丽的社会主义现代化强国稳步向我们走来，中华民族伟大复兴的中国梦一定能够早日实现。

目　录

总　论　篇

分　论　篇

附 录 篇

总论篇

第一章 把握我国发展第二个百年目标，
更好设计全面建成小康社会之后的
发展目标和路径研究

　　未来 30 年，和平与发展仍然是时代主题，国际政治经济格局深度调整，经济长周期先降后升更迭变换，新科技产业革命孕育发展，民主政治实现形式再反思再探索，各国文化深度融合，社会发展秩序重构，都将给世界经济社会发展和现代化演进注入新动力、带来新挑战。我国将进入经济发展阶段跃升和世界大国地位确立的决定阶段，社会结构深刻转型和真正实现共同富裕的关键阶段，资源环境约束趋于缓解的转折阶段，社会主义民主政治建设的深化阶段和中华文化影响广泛的提升阶段。应按照时代特征、全球视野和中国特色，创新理解和准确把握第二个百年目标：到 2049 年，人均国内生产总值有望达到 48536 美元，经济实力、综合国力和国际影响力全面提升，社会主义民主政治制度更加完善，中华文明水平大幅提高，人民生活幸福安康，美丽中国全面建成。新时代中国特色社会主义思想、独特的政治优势和制度优势、明显的经济规模和人口规模优势，日益增强的综合实力等，为实现第二个百年目标准备了有利条件；但实现第二个百年目标也存在人口老龄化程度加深、科技创新能力和人力资本积累尚不适应经济转型和新科技产业革命需要、重要资源保障和生态环境保护压力很大、国际和周边区域安全环境更加复杂多变、国家治理体系和治理能力建设尚未到位等制约因素；同时还面临三大传统陷阱的重大考验。全面建成小康社会之后，把握发展方略，按照"两步走"战略，围绕高质量发展推动基本实现现代化，同时按照内外兼修的思路，加快塑造有利于我和平发展的外部环境，筑牢实现第二个百年目标的经济基础，努力化解制约因素，有效应对重大考验，为 2049 年全面实现现代化、建成富强民主文明和谐美丽的社会主义现代化强国奠定基础。

按照党中央部署，本世纪前半段，我国要实现"两个一百年"目标，即中国共产党成立一百周年时全面建成小康社会，新中国成立一百周年时建成富强民主文明和谐美丽的社会主义现代化强国。2020 年全面建成小康社会，实现第一个百年目标胜利在望。深入研究其后 30 年（以下简称"未来 30 年"）全球新一轮科技产业革命兴起的态势、世界政治经济发展和现代化演进趋势以及我国发展的阶段性特征，把握第二个百年目标的深刻内涵，客观分析实现第二个百年目标的有利条件、制约因素和面临的风险挑战，更好设计全面建成小康社会之后的发展目标和路径，具有重大战略意义。

一、未来 30 年全球经济社会发展和现代化演进趋势

2008 年爆发的国际金融危机，给新世纪世界经济未来发展蒙上阴云，全球经济增长乏力，逆全球化思潮泛起，贸易保护主义抬头，恐怖主义、难民危机、气候变化等非传统安全威胁持续蔓延，加之以美国为首的西方国家冷战思维和强权政治挥之不去，各种利益博弈更为激烈，挑战层出不穷、风险日益增多。尽管如此，向往、追求和平和发展已成国际共识，主要大国拥有核武器形成的"核和平"制衡关系决定了不可能发生大规模世界战争。与此同时，经济全球化已使世界各国的经济联系十分密切、利益交汇增多，全球发展形成了"你中有我、我中有你""一荣俱荣、一损俱损"的局面；世界绝大多数国家都认同市场经济形成共同的制度基础，信息技术主导的新科技产业革命和交通运输技术的更大进步根本改变了时空概念，实力雄厚的跨国公司、全球多边性区域性组织成为推动全球化的强有力力量，决定了经济全球化仍将在曲折中向纵深发展。未来 30 年，和平与发展仍然是时代主题。受国际政治经济格局深刻变化和新科技产业革命深入发展的影响，全球经济社会发展和现代化演进呈现新趋势。

（一）全球经济社会发展趋势

国际政治经济格局延续深度调整。国际金融危机对国际经济体系和国际

经济秩序调整带来新契机、提出新要求，经过近 10 年的艰难复苏，世界经济逐步趋于稳定。但现行由西方发达国家主导的国际经济秩序的根本性缺陷没有消除。反全球化思潮涌动，贸易保护主义抬头，表面上是美欧发达国家面临巨额贸易逆差、财政赤字、就业压力、难民潮冲击等原因，根本原因则在于国际经济结构和治理体系存在的深层次矛盾。展望未来，国际力量仍延续"东升西降""南升北降"态势，世界经济重心由发达经济体继续向新兴市场经济体和发展中国家转移。新兴市场经济体和发展中国家群体性崛起，要求提升在全球事务中的影响力，发展中国家和发达国家围绕国际秩序重建和利益重构将展开旷日持久的博弈；全球经济再平衡有赖于国际经济结构的大调整，这是比以量化宽松货币政策来"止跌维稳"要艰巨得多的中长期任务。国际经济结构和治理体系深度调整可能贯穿未来 30 年，全球经济体系将逐步形成北美、欧洲、东亚三大区域经济圈三分天下、三足鼎立的格局。

全球经济增长呈现先降后升的长周期转换趋势。判断经济长周期运行的"康德拉季耶夫"理论认为，世界经济大致 50 年为一个周期，周期的上升期一般为 20 多年，下降期为 30 年左右。熊彼特将经济增长的长波周期解释为重大科技创新的结果。相关研究指出，1789 年至今，全球经济大体经历了五个长周期，当前我们所处的第五个长周期始于 20 世纪 80 年代信息产业革命，经历了长达 20 多年的上行后，随 2008 年国际金融危机爆发而进入下行阶段。新科技产业革命初露端倪，多数专家认为，带动世界经济新一轮繁荣的科技产业革命 2030 年左右可望真正到来。受此影响，2030 年之前，全球经济处于第五个周期的下降部分，之后将步入第六个长周期，其中 2030—2050 年为第六个长周期的上升阶段，2050 年之后再次步入下降阶段。基于这一判断，2030 年之前，全球经济总体处于周期下降阶段，尽管不一定意味着经济停滞倒退，但总体表现平庸、多有波折；而 2030 年至 2050 年，全球经济可能出现新一轮繁荣。

新科技产业革命带动全球由信息社会进入后信息社会。未来一个时期，科技创新加速发展，新一代信息技术、生物技术、新能源技术、新材料技术主导的科技创新将呈现加速趋势，脑科学、量子计算、材料基因组等重大科学问题和关键核心技术很可能发生革命性突破。随着信息技术、互联网技术的深度发展及其与生物、能源、材料等多学科、多技术领域相互渗透、交叉融合、群体突破，代表世界先进生产力发展方向的一批颠覆性技术将引领和带动新科技产业革命逐渐走向高潮，不断创造新产品、新业态、新产业、新模式，深度改变人类生产生活方式，引领人类社会由后工业化的信息社会进入以智能化、知识化、网络化为主要特征的后信息社会。信息和知识将成为经济发展最重要的生产要素，知识、技术高度密集的高新技术制造业和现代服务业与分布式、网络化的生产组织体系将逐步成为现代经济体系的主导力量，技术型、智力型、知识型劳动者成为社会就业主体。

可持续发展仍然是全球面临的重大课题。以低（无）碳化、分布式、智慧化为主要特征的新一轮世界能源生产和消费革命正在兴起，天然气、核电、水电、生物质能、风能、太阳能等低碳清洁能源将大幅增加，非常规油气技术有望实现大规模应用，能源短缺一定程度上将得以缓解。但在世界各国尤其是发展中国家经济社会加快发展、能源需求成倍增长、资源储量持续下降和温室气体排放增加、全球气候变化的大背景下，如何实现经济、社会和生态协调发展，节约资源、保护环境，促进可持续发展，仍是人类面临的重大课题。

探寻与本国国情和时代变化相适应的民主政治实现形式是许多国家面临的共同问题。本世纪以来，西方宪政式民主在向外输出中遭遇了重大挫折，成为祸乱世界尤其是在发展中国家制造社会分裂和动荡的根源。即使在欧美发达国家也出现了严重危机，特朗普胜选、英国脱欧、西欧国家民粹思潮泛起、极右政党影响力上升等事件，表明西方的多党制和代议制民主政治实现形式受到严峻挑战，而中国特色社会主义民主政治实现形式对发展中国家的吸引力增强。在经济全球化和互联网技术极大拓展人民参政议政空间的大背景下，探索与本国国情和时代特征相适应的民主政治实现形式，成为考验世界各国国家治理体系和治理能力现代化的共同问题。

全球多元文化深度融合与冲突交锋并存。世界多极化、经济全球化、社会信息化向纵深发展，在推动多元文化深化交流、融合的同时，以文化为经济社会深层发展动力的综合国力竞争也更加激烈。西方发达国家凭借先发优势和雄厚软硬实力继续唯我独尊，力图维系其霸权或主导地位，非洲、拉美诸国逐渐登上世界文化舞台，以中华文化为核心的东方文化复兴将在世界文化舞台上大放光彩。多元文化在为世界增添活力的同时，也不可避免发生一定程度的文明冲突，尤其是与传统地缘政治冲突交织在一起，给全球发展带来重大挑战。在信息技术催动下，虚拟空间的出现既为加速文化交融创造了新的条件，也开辟了文化冲突的新战线。随着文化交流频繁、交融加速、交锋迭起，全球文化呈现多元文化相互包容、相互借鉴与文化冲突同时存在的趋势。

社会伦理和社会秩序遭遇挑战。 人工智能和生命科学技术的突破，将根本改变人类对生命、家庭的认知，挑战传统社会伦理。信息网络技术的发展将极大改变人的思维方式、交往方式和行为方式，大大增强社会的流动性、开放性和复杂性，并挑战现行社会秩序。由于人与人的交往可以采用虚拟符号和身份，活动于不同的网络空间，将造成社会交往网络化、虚拟化，社会治理面临虚拟化、多元化和去中心化趋势，治理责任边界趋于模糊。同时，受信息技术的影响，人类活动分散化、原子化将解构原有的社会组织结构，这对传统社会治理方式提出挑战。

综上所述，从现在起到本世纪中叶，在时代主题仍是和平与发展的大背景下，全球经济社会发展将呈现一系列新特征，由此带来新的重大发展机遇和严峻挑战。

（二）全球现代化演进趋势

发端于英国工业革命、西欧文艺复兴和法国启蒙运动，开启了人类社会现代化的历史进程。在科技进步和市场经济日益盛行全球的带动下，很多国家先后主动或被动卷入现代化浪潮，经历了从传统农业社会向现代工业社会、信息社会转变的持续而深刻的社会变革。展望未来，现代化进程将呈现出新趋势。

1. 新兴市场经济体和广大发展中国家将成为新一轮现代化的主体

迄今为止，世界现代化运动经历了以机械化、电气化、自动化、信息化等技术变革为标志的四次浪潮，推动人类生产生活方式发生根本性变化，经济、社会、政治和文化发生深刻变革。由于各国发展阶段、发展模式和发展道路不同，世界现代化进程和参与主体不断发生变化。

第一轮现代化浪潮发生在英国工业革命后到 19 世纪中叶。机械化是这轮现代化的技术基础，煤炭取代木草成为主导能源，蒸汽机的应用催生了火车、轮船等先进交通工具及交通运输方式，带来了机器大工业和社会化大生产方式。这轮在后来称为近代化的现代化浪潮以英国为中心，逐步向西欧、北美及日本地区扩散。在新的生产方式和国际分工体系中，很多国家和地区成了以英国为首的西方列强的原料供应地、工业品市场和殖民地半殖民地。

第二轮现代化浪潮始于 19 世纪后期，持续到第二次世界大战前夕。电气化内燃化是这轮现代化的技术基础，石油和电力取代煤炭和蒸汽动力成为新的主导能源，汽车、内燃电气机车、内燃机轮船、飞机等现代交通工具迅速发展，邮政服务、无线通讯等成为信息交流的主要渠道，电气化的机器大工业和以福特制为代表的大批量流水线生产方式带动生产效率大幅提高。更多国家和地区卷入了工业化、现代化潮流。老牌资本主义和帝国主义国家为了获取更多资源，引发了重新瓜分殖民地、争夺世界政治经济霸权的两次世界大战。这一时期，大英帝国走向衰落，美国崛起为世界第一经济、科技和军事强国，俄国十月革命胜利后，在沙俄时期初步工业化的基础上，以俄罗斯为核心的苏联发挥政治制度优势，迅速实现了以重工业为中心的工业化，苏式社会主义现代化的实践探索取得了阶段性的巨大成就，大大缩小了与世界先进国家的差距，奠定了赢得卫国战争胜利和战后成为另一个超级大国的基础。

第三轮现代化出现在第二次世界大战结束后的冷战时期。自动化是这轮现代化的技术基础，电气、核和电子技术取得了重大突破，生产体系自动化水平大幅提高。在美苏两超争霸、东西方两大阵营以"冷战"对峙、旧殖民地瓦解的国际政治格局下，西方发达国家抓住机遇，依靠科技创新和资本主义市场经济制度的自我调整进化，逐步进入后工业化阶段，大大提高了现代化水平；苏联则因不思改革创新，未能与时俱进，其体制模式日益僵化，经济丧失活力，现代化进程在 20 世纪 60 年代后趋于停滞，重新拉大了与西方发达国家的差距；新中国建立后迅速奠定了社会主义工业化的初步基础，并开始了符合本国国情现代化道路的艰苦探索；亚、非、拉地区一大批取得独立的发展中国家步入现代化征程。

第四轮现代化高潮始于冷战结束之后，持续至今。20 世纪 80 年代以来，以信息技术为核心的一系列高新技术快速发展，信息化是这轮现代化的技术基础。苏联解体、东欧剧变，苏式计划经济体制模式破产，许多国家选择了市场经济道路，市场普适化与新一轮经济全球化高度契合，带动现代化深入发展。西方国家进入信息社会，走向更高水平更高层次的现代化，新兴市场经济体和发展中国家追赶型现代化进程明显加快，形成了世界范围的现代化高潮。

尽管 2008 年爆发的金融危机，使这轮现代化受到挫折，但新科技产业革命由孕育走向高潮，将为新一轮现代化提供新的技术基础和生产动力。展望未来，随着世界经济重心转移，以中国为代表的新兴市场经济体和广大发展中国家将成为现代化的主体。尤其是中国特色社会主义现代化实践探索的巨大成就，为广大发展中国家走向独立自主的现代化提供了新的选择。

2. 新科技产业革命推动现代化深入发展

现代化是时代特征鲜明的动态历史进程。技术创新是推动现代化发展的第一动力，在机械化、电气化、自动化催动下，前三轮现代化呈现出工业化、城市化等特征，农业经济向工业经济、宗法社会向市民社会加快转换。20 世纪80 年代以来，在信息技术、低碳技术带动下，知识经济、绿色经济等成为现代先进生产力发展的基本趋势，包容发展、和谐发展等理念成为现代文明的价值取向，现代化呈现出信息化、知识化、生态化、人本化等特征，并沿着以下方向深入发展。

新技术广泛应用推动经济创新发展和全球经济治理重点转移。物联网、云计算、大数据和移动互联网等新一代信息技术、新材料、新能源和低碳技术的广泛应用，与工农业和服务业深度融合，现代产业体系加速重构，制造业智能化、绿色化、网络化、服务化趋势明显，服务业朝着知识型、网络型、分享型方向发展。"大规模定制"和"个性化生产"方式将逐渐取代原有的大批量标准化集中化生产方式，产业组织形式将逐渐从城市大规模集聚生产的大工厂大企业转向分布于虚拟网络空间中各个节点的家庭和社区。而在线化、远程化教育和医疗则使教育和医疗资源享用突破空间限制，中产阶层特别是从事新技术和新业态的人员向往原生态环境、乡村田园式生活，城市人口可能出现逆向流动趋势。在新科技产业革命推动下，经济全球化将进入网络化、一体化和包容性更强的新阶段，以技术、知识和智能资源为支撑的新型跨国公司将成为全球化新的主导力量。全球经济治理除了继续关注贸易投资、知识产权保护、金融安全、环境保护等议题外，还将聚焦于智能制造、交叉行业、混合行业的标准统一，网络空间的开放与监管，非物质的市场准入和公平竞争等方面。

信息技术和智能制造促使社会结构和社会管理方式变革。智能制造能够根据消费者的需求量身定做个性化产品，将提高居民生活品质。新科技产业革命对知识型、创新型人才和高素质劳动者的需求增加，带动形成全民学习型社会，而人的素质提高将对享有经济、政治、文化、社会活动参与权益提出新要求。知识、技术和高级人力资本将成为生产力的核心要素，对收入分配如何更好地体现公平和效率原则带来新的难题。新科技产业革命带来的生产生活社区化、分散化，推动社会由政府控制、政府管理向社会选择、共同治理转变。

绿色低碳循环技术推动生态文明现代化广泛发展。互联网和新能源、先进制造相结合，分布式、智能化、低碳化的新能源、新材料、新型制造技术在产业发展和社会生活中广泛应用，推动生产绿色化、生活低碳化、生态优质化、资源节约化，提高环境承载力，提升全球可持续发展能力和生态文明水平。

信息技术和网络社会倒逼政治现代化深化发展。信息技术和互联网技术的广泛应用，为不同利益主体参与政治提供更多信息和更方便的平台，公民参与社会政治事务和追求民主、自由和平等意识更强，政治社会化、民主化趋势更加明显。政治参与的多元化，要求建立更为科学的决策机制、高效率的行政机构、多层次的公众参与和有效的民主监督体系，对政治现代化提出新要求。

高度信息化推动多元文化在广泛交流和碰撞冲突中向深度融合互鉴发展。信息技术和互联网技术的普遍应用将彻底打破分离封闭的文化时空，新兴文化业态不断涌现，代表现代先进文明的思想观念与价值取向广泛传播，文化交流更加便捷，多元文化难免发生某些冲突，有时是相当激烈的冲突，但大趋势是在曲折中向深度融合互鉴发展，"各美其美，美人之美，美美与共"的中国智慧将对现代世界文化提供重要启示。同时，国家文化安全和保护个人隐私也面临新的挑战。

二、未来 30 年我国经济社会发展的阶段性特征

错综复杂的国际环境、日益走向成熟的新科技产业革命和现代化的深入演进，既为我国提供百年难遇的战略机遇，也使我们面临前所未有的严峻挑战。从现在到本世纪中叶的 30 多年中，我国处于走完社会主义初级阶段的最后历史时期，肩负建成社会主义现代化强国的战略任务，经济社会发展内涵将发生深刻变化。

（一）进入发展阶段跃升和世界大国地位确立的决定阶段

受国际环境和国内发展条件深刻变化的影响，未来30年，我国处于全面完成工业化，基本完成城镇化，逐步进入后工业化、信息社会和后信息社会，稳步步入高收入国家行列，并在国际经济体系和国际经济秩序重塑中真正确立起具有重大话语权和影响力的世界大国地位的决定阶段。

全面完成工业化并进入后工业化、信息化、后信息社会。工业化是现代化的经济基础和动力，全面完成工业化是基本实现现代化的重要标志。党的十三大提出，我国要在社会主义初级阶段完成"由农业人口占多数的手工劳动为基础的农业国逐步变为非农产业人口占多数的现代化的工业国"的重大历史任务。十八大进一步确定，2020年全面建成小康社会时，将基本实现工业化。经过改革开放40多年的快速工业化，我国已成为世界上最大的工业产品生产国、出口国和制造业中心，产业结构正在从制造业为主向服务业为主转变。从国际经验性判定指标看，我国工业化总体上已进入由中期向后期过渡阶段，正在由主要依靠劳动、资源、资本等一般要素投入推动经济增长向主要依靠创新驱动转变。展望未来，在创新驱动发展、"一带一路"、长江经济带、京津冀协同发展等战略的引领下，产业结构水平不断提高，以信息化带动工业化、工业化支撑信息化的新型工业化深入推进，先行地区带动后发地区加速赶超，预计到2030年将全面实现工业化，进入后工业化时期，并有望下一步在全球由信息社会向后信息社会转变中走在前列。

基本完成城镇化并真正实现农业转移人口市民化。城镇化是经济社会现代化的重要标志和重要动力。改革开放以来，我国城镇化进程明显加快，但城镇化率提高主要是由于大量农民工进入城镇，他们大多数尚未真正市民化。截至2017年，2.87亿农民工及其随迁家属已经在城镇稳定就业和居住，被统计为城镇人口，但受城乡分割的户籍制度影响，未能在教育、就业、医疗、养老、保障性住房等方面享受与城镇户籍居民同等的基本公共服务。2017年常住人口城镇化率为58.52%，而户籍人口城镇化率仅为42.35%。综合考虑经济、技术、环境、人口、地缘及国际影响等因素，2020—2030年，农村人口将继续向城镇转移，城镇化由扩大数量规模为主转向提高质量、完善体系为主，着重解决农民工市民化问题；2030年之后，人口城镇化基本结束，城镇化转向完善城镇功能、进一步优化城镇体系，加快城乡一体化。未来 30 年，城镇化不仅消除城乡二元分割体制，更要实质上解决农业劳动力向非农产业转移、农村人口向城镇转移问题，全面实现城乡一体现代化。

稳步进入发达国家行列。2017 年我国人均 GDP 为 8827 美元，正在由中高收入阶段向高收入阶段迈进。从国际经验看，一些发展中国家仍固守于原来的发展战略和发展方式，未能形成可持续发展能力，在进入中等收入阶段后长期徘徊不前，迟迟未能进入高收入阶段；拉美一些国家踏进高收入阶段的门槛后，由于经济社会转型不到位，诸多矛盾激化，又重新退回到中等收入阶段。我国在经历了近 40 年高速发展之后，传统发展模式已难以为继，增长动力不足，产业、城乡、区域结构性矛盾突出，经济风险集聚，社会矛盾凸现，也面临能否顺利跨越"中等收入陷阱"的考验。未来 30 年，是我们这样一个拥有近 14 亿人口的大国跨越"中等收入陷阱"，并在进入高收入阶段后继续稳步发展，进而达到中等发达国家水平的决战决胜阶段。

确立世界大国地位。综合相关预测，我国 GDP 在 2030 年左右将超过美国，成为第一大经济体。经济总量的历史性赶超，客观上要求拥有与其相匹配的综合国力和国际影响力，在参与全球治理的国际事务中发挥引领作用并承担更多责任。近年来，随着经济总量占全球经济比重日益提高和对全球经济增长贡献不断增大，我国参与国际事务的话语权显著上升，但尚未获得与经济实力相当的全球治理权利，尚不具备全球性世界大国的影响力。当前及今后一个时期，国际环境复杂多变，一方面对我国综合国力的迅速上升大大超出美国为代表的西方国家的预计，使那些仍然抱持霸权主义和冷战思维的政治势力加重了失落感和战略焦虑感，某些发展中国家在希望搭上中国经济快速发展"顺风车"的同时又不同程度心存戒备感，所谓"中国威胁论"还会不断出现，针对中国的种种"再平衡战略"及遏制行动可能强化；另一方面，我国提出的构建人类命运共同体、构建合作共赢的新型国际关系等主张将得到更多国家认同，在国际事务中将发挥越来越重要的启示和引领作用。未来，我国在不断提高经济实力、科技实力、国防实力、综合国力的基础上，应抓住国际经济体系和国际秩序重塑的战略机遇，主动参与国际规则修改和制定，积极承担与我国国力和地位相匹配的国际责任和义务，用中国智慧、中国力量促进国际公平正义，推动全球治理更加健康、公平、有序，逐步由区域性大国走向具有重大话语权和影响力的全球性世界大国。

（二）进入社会结构深刻转型和真正实现共同富裕的关键阶段

未来30年，伴随人口结构变化、产业结构和城乡结构调整，我国就业和收入分配结构将发生深刻变化，中等收入群体将成为社会主体人群，带动社会体系结构和治理方式加快转型。随着城乡区域协调发展持续推进和收入分配制度不断完善，我国将由先富带后富阶段转变为真正实现共同富裕的阶段。

中等收入群体成为社会主体人群并带动社会转型。中等收入群体是经济社会平稳健康发展的中坚力量，中等收入群体壮大是进入更高发展阶段的重要标志。改革开放以来，随着经济快速发展，我国居民收入水平不断改善，中等收入群体日益扩大。未来30年，随人口老龄化背景下人口素质不断提高、产业结构转型升级，劳动报酬水平总体更高的服务业尤其是现代服务业成为主要就业领域，将为扩大中等收入群体提供更大空间。随着新型城镇化深入实施和农业转移人口市民化实质推进，农民工就业稳定性增强，并充分、均等地享受基本公共服务，收入和生活水平相应提高，以及农业现代化和农村新型经营主体日益发展，将打破目前中等收入者80%来自城镇居民的格局，农民和农民工有望成为中等收入群体的重要来源。研究表明，中等收入群体占全社会人口的比重将从目前30%左右倍增到本世纪中叶60%左右。中等收入群体成为社会主体人群后，公众参与社会治理和公共政策决策的意愿更强，将带动社会组织广泛发展和社会治理方式转型。

先富带后富转向真正实现共同富裕。共同富裕是中国特色社会主义的内在要求和必然归宿，也是判断改革开放成败的根本标准。在我国总体经济发展水平还很低下的情况下，让一部分有条件的地区先发展起来，然后带动其他地区发展，是达到共同富裕的有效途径，也符合经济社会的客观实际和发展规律。在改革开放40年来巨大成就的基础上，先发先富地区和人群继续稳健前行，带动其他地区和广大人民共同富裕的力度更大、速度加快。未来30年，深入实施的新型城镇化战略，统筹东中西、贯通南北方的"一带一路"、长江经济带、京津冀协同发展战略，都将为先富起来的东南沿海地区带动中西部地区发展提供条件。新科技产业革命带来的生产分散化、网络化将改变产业和资源过度集中于大中城市和东部发达地区的格局，城乡一体化、区域协调化加速推进。2030年之后，随着所有省份都进入后工业化时期，区域发展差异逐步由垂直式梯度差距为主向水平式分工差别为主演变；加之收入分配和财税体制不断完善，能够更好地实现先富带动后富，进而真正实现共同富裕。

（三）进入资源环境约束趋于缓解的转折阶段

综合考虑能源供应状况、产业结构调整升级和居民生活方式变化趋势等因素，2030年前，我国以煤炭为主导的能源消费结构难以根本转变，化石能源消费总量和碳排放总量将达到峰值，土地、水资源约束加剧，环境污染整治的难度很大，新老污染危害风险仍然很大。因此，难以从根本上缓解资源约束趋紧和环境承载力接近上限的矛盾和问题。2030年之后，随着人口增长放缓、经济社会发展进入以服务业为主的后工业化、信息化继而步入后信息化阶段，在智能高效清洁能源开发利用水平大大提高、生态文明制度更加成熟完善、生产生活方式发生根本性变化等因素的共同作用下，能源消耗系数不断下降，化石能源消费总量日趋减少，碳排放强度和总量双双大幅降低，资源环境约束将逐步缓解。

（四）进入社会主义民主政治建设的深化阶段

随着城乡居民生活日益改善、教育文化水平不断提高和信息网络化迅速发展，人民对民主发展的新期待明显增加，民主自由、公平正义、依法守约等现代政治文明理念深入人心，广大人民的民主意识、参与意识、责任意识和法制意识不断提高，民主政治的实现形式也将不断创新。我国发展社会主义民主政治的目的，就是体现人民意志、保障人民权益、激发人民创造活力，用制度体系保证人民当家作主。随着政治体制改革和社会主义法治国家建设深入推进，社会主义民主政治更加制度化、规范化、法治化、程序化，政治文明水平将大幅提升。

（五）进入中华文化影响力广泛提升阶段

深入推进的社会主义核心价值体系和现代公共文化体系建设，将不断提升公民文化素质和社会文明程度。随着居民可支配收入和闲暇时间增多，多样化多层次的精神文化需求更加旺盛，而网络信息技术的广泛应用将催生业态创新、品种多样、品位高雅的文化产品，进一步丰富人民群众的精神文化生活。与此同时，随着我国国际地位上升，辨别吸收国外优秀文化与传承创新中华优秀文化的能力提高，文化交流将从西方对我单向输出为主转为双向互动。尤其是"一带一路"倡议深入实施，将为展示中华优秀传统文化的独特魅力和提高国家文化软实力带来宝贵机遇。与此同时，文化交流渠道多样性、不良文化渗透性，也给文化安全带来新挑战。

未来 30 年，我国社会主义基本经济制度、社会主义分配制度、社会主义市场经济制度和社会主义民主政治制度等各项制度更加完善，中国特色社会主义制度和实践模式趋于成熟，中国特色社会主义现代化将取得决定性胜利。把握好世界先进生产力、先进文化发展方向和我国经济社会发展阶段性特征，顺应工业化、信息化、城镇化、市场化、国际化、智能化、法治化和民主化发展趋势，深入推进经济、政治、文化、社会、生态现代化建设，将在中国特色社会主义现代化建设的康庄大道上行稳致远。

三、第二个百年目标的丰富内涵和目标愿景

建成富强民主文明和谐美丽的社会主义现代化强国，体现了我国现代化建设的价值追求和目标导向，塑造了社会主义现代化国家的形象标准和美好愿景。应从时代特征、国际视野和中国特色等三个维度来把握第二个百年目标的丰富内涵和主要目标。

（一）把握第二个百年目标的维度

1. 时代特征

现代化是时代特征鲜明的动态历史进程。不同于前几轮现代化浪潮以工业化为主和某些国家以经济现代化为主，中国特色社会主义现代化更强调经济、政治、文化、社会、生态"五位一体"、全面发展，是内容更加丰富、含义更为深刻的现代化。科学技术是现代化的第一动力，我国要实现的现代化必须顺应新科技产业革命和人类文明发展趋势，能够体现世界先进生产力发展方向。工业化是现代化的基础，与以往工业尤其是重工业驱动、资源能源高消耗型的现代化相比，未来我国要实现的现代化是以新型工业化为支撑、制造业与服务

业、信息化与工业化深度融合发展为特征的现代化，是在全面实现工业化基础上把全面实现信息化与迎接后信息化结合在一起的现代化。在和平与发展仍然是时代主题及经济全球化在曲折中向纵深发展的大背景下，我国要实现的现代化是奉行互利共赢的开放战略、深度融入世界经济、发展更高层次的开放型经济的现代化，是实现"中国梦"与构建人类命运共同体密切联系、互动前行的现代化，是积极参与全球治理、促进国际经济政治秩序朝着公平正义方向发展、对国际社会做出更大贡献的现代化。

2. 全球视野

发展水平提高是现代化的重要标志。人均国内生产总值是衡量一个国家和地区发展水平高低的综合性指标，得到国际机构和发达国家的普遍重视。世界银行以"人均 GNI"（与人均 GDP 大致相当）为标准，将全球主要经济体划分为低收入国家、中低等收入国家、中高等收入国家和高收入国家四组，每年还根据全球汇率和通货膨胀水平，调整分组标准。国际货币基金组织以人均 GDP 及其他因素为标准，将全球主要经济体划分为发达经济体、新兴市场和发展中经济体等两类。2010 年联合国开发计划署以由人均 GDP、人均预期寿命和劳动力平均受教育年限合成的人类发展指数为标准，将世界各国分为发达国家、发展中国家两类。可以看出，人均 GDP 是国际机构划分国家类别的核心指标。按照世界银行标准，我国目前处于中高收入国家行列，未来 30 年将进入高收入国家和中等发达国家行列，并有望达到或超过高收入国家和发达国家的平均水平。因此，应以全球视野来设立我国现代化的主要指标，通过预测未来 30 年高收入经济体、发达经济体和我的发展趋势，来预判和谋划第二个一百年的发展水平。

（1）未来 30 年高收入国家门槛和人均 GDP 的平均水平

高收入国家门槛和平均水平随全球经济增长而动态变化。研究表明，世界经济长期增长存在向长周期均值收敛的规律。从全球化、人口结构和技术革命看，第二次世界大战结束到本世纪中叶，世界经济增长大致可划分为 1951—1985 年、1986—2015 年和 2016—2049 年三个阶段，分别大体对应着半全球化、全球化和全球化转型阶段，计算机革命初期、信息技术革命全球扩散和第四次工业革命波动式上升阶段，人口增长加速、人口增速平稳和人口增长减速阶段。以上三个阶段世界年均经济增速从 4.3% 下降到 2.9%，参考其他研究[①]，预计第三阶段经济增速与第二阶段大体相当，2016—2049 年约为 2.8%。按照联合国关于未来人口展望的研究，全球人口增速将从 1986—2015 年的 1.4% 降到 2016—2049 年的 0.81%。据此，2016—2049 年全球人均 GDP 年均增速约为 2.0%。

世界银行每年根据近三年全球平均汇率和通货膨胀水平对国家分组标准进行调整。由于很难预测未来 30 年全球汇率和通胀水平变化趋势，而世界银行公布的高收入国家人均 GNI（与人均 GDP 接近）门槛值从 1987 年的 6000 美元提高到 2015 年的 12475 美元，年均增速为 2.5%，低于同期全球经济 2.9% 的年均增速，高于全球人均 GDP1.4% 的年均增速[②]。考虑到未来 30 年国际汇率体系变化、新兴市场和发展中国家汇率制度趋于稳定、全球宏观政策协调性增强、各国普遍重视金融体系和金融政策的稳定性、经济发展对资源能源依赖度下降、大宗商品总体供过于求等因素的影响，预计不同收入水平国家分界线调整速度低于其在 1987—2015 年间的上升速度，也低于 2016—2049 年全球经济 2.8% 的年均增速，大致与这一时期全球人均 GDP 年均增速（2.0%）保持一致。据此预测未来 30 年高收入国家人均 GDP 门槛值，将从 2015 年的 12475 美元上升到 2030 年 16790 美元、2040 年 20467 美元、2049 年 24459 美元（2015 年不变价美元）[③]。

确定 2049 年高收入国家的平均水平，既依赖于对未来全球各国经济增长趋势的预测，也依赖于样本选择。为提高预测科学性，我们同时用高收入区间法、典型样本法、中三分位法、大样本随机抽样法四种方法，在预测高收入国家组、代表性高收入国家和全球所有国家经济增长趋势基础上，估算 2049 年高收入国家的平均水平。

——高收入区间法。世界银行划分高收入与中等收入国家的分界线是高

---

① 普华永道（2017）预测2016—2050年世界经济年均增速为2.6%，汇丰银行（2011）预测2012—2050年世界经济年均增速为3%。
② 该时期，中等收入国家门槛从1987年的480美元调整到2015年的1045美元，与全球经济增速相同。
③ 如无特殊说明，本书关于未来全球及我国发展水平的美元计价，均为2015年不变价美元。

收入国家的门槛值，其与全球最高收入国家人均 GDP 的均值可表示高收入国家的平均水平。按照 2015 年世界银行的排序，我们选取排名靠前的 10 个国家[①]作为收入水平最高的高收入国家组。这些国家人均 GDP 年均增速平均值从 1960—1985 年的 2.5% 下降到了 1986—2015 年的 1.5%，按照历史减速规律，预计 2016—2049 年人均 GDP 年均增速约为 1%，据此推算其人均 GDP 将从 2015 年的 50900 美元上升到 2049 年的 71390 美元。取上述国家人均 GDP 与高收入国家分界线的平均值，估算出 2030 年、2040 年、2049 年高收入国家平均水平分别为 37942 美元、42871 美元、47925 美元。

——典型样本法。预测代表性高收入国家人均 GDP 增长趋势，也可估算高收入国家的平均水平。根据世界银行标准，2015 年全球有 78 个高收入国家，剔除小国、岛国、沙特等资源型国家和数据不齐全国家，余下 30 个国家，其平均人均 GDP 约为 34500 美元。考虑到这些国家结构调整基本到位、制度比较成熟，在 1951—2049 年长周期的三阶段 1951—1985 年、1986—2015 年、2016—2049 年呈现明显的阶段性减速，预计 2016—2049 年人均 GDP 增速下降到 1986—2015 年的一半（约为 1%），据此估算 2030 年、2040 年、2049 年高收入国家人均 GDP 平均水平分别为 39935 美元、44025 美元、48000 美元。

——中三分位法。用排在高收入国家中间的若干国家发展水平的平均值来表示高收入国家平均水平。按照人均 GDP 高低，将以上 30 个代表性高收入国家分为高、中、低三个组，并将位于中位的 10 个国家作为样本，计算高收入国家平均收入水平。2015 年，这些国家人均 GDP 均值为 34000 美元。按照前述阶段性减速调整，2016—2049 年其人均 GDP 年均增速约下降到 1986—2015 年的一半（约为 0.8%），则 2030、2040、2049 年高收入国家平均水平分别为 38032 美元、40983 美元、43800 美元。

——大样本随机抽样法。未来 30 年，国家经济排名将随全球经济格局变化而发生较大变化，理论上应先预测每个国家的人均 GDP，再确定高收入国

---

① 在人均GDP排名前16个国家中，剔除卢森堡、挪威、冰岛、新加坡、芬兰、荷兰等岛国、城市型国家和人口小于500万的小国之后，余下的10个国家分别是瑞士、澳大利亚、美国、丹麦、瑞典、英国、奥地利、加拿大、德国和比利时。

家人均 GDP 及其平均水平，而这实际上难以做到。采用统计学的随机抽样原理，以 Conference Board 数据库为基础，剔除数据不完整国家后，将剩余 102 个样本国家按序号分为奇数和偶数组。根据增长趋势的均值回归规律和周期波动区间估计两组样本国家 2049 年人均 GDP，在 2049 年样本国家人均 GDP 排序基础上，计算上四分位数国家和排名前 50% 国家人均 GDP 均值，推断出 2049 年高收入国家的人均 GDP。预测各国长期经济增长趋势时，分别以 1951—2015 年、1951—1985 年、1986—2015 年人均 GDP 增速、GDP 增速和人口增速作为 2016—2049 年各国相应变量变化的三种情景。同时，为提高预测稳健性，采用直接预测人均 GDP 增速、通过预测 GDP 增速和人口增速来间接计算人均 GDP 增速两种思路，预测未来各国人均 GDP 增长趋势。综合测算，得到 2049 年由不同组别、不同口径、不同情景测算的上四分位数和排名前 50% 国家人均 GDP 均值的稳健组合而确定的高收入国家人均 GDP 平均值。为了提高可信度，剔除了存在明显偏误的偶数组。综合奇数组中两种统计口径下相关国家的人均 GDP，得到 2049 年高、中、低三种情景下高收入国家人均 GDP 分别为 43000—46000 美元、40000 美元和 35000 美元，其他年份见表 1-1。

综合上述四种方法，2049 年高收入国家人均 GDP 平均值应不低于 43000 美元。

表 1-1　高收入国家人均 GDP 门槛和平均水平的分段预测（美元）

年份	2015	2020	2025	**2030**	2035	**2040**	2045	**2049**
门槛	12475	13773	15207	**16790**	18537	**20467**	22597	**24459**
平均水平 高收入区间法	31688	33635	35716	**37942**	40322	**42871**	45601	**47925**
典型样本法	34500	36224	38034	**39935**	41930	**44025**	46225	**48000**
中三分位法	34000	35294	36638	**38032**	39480	**40983**	42543	**43800**
大样本随机抽样法	26721	29047	31373	**33699**	36025	**38351**	40677	**43000**

数据来源：课题组测算。

（2）未来 30 年发达国家人均 GDP 平均水平

国际货币基金组织将澳大利亚、欧元区国家以及美国、日本、韩国等 39 个国家界定为发达经济体。我们将岛国、城市型经济体、人口小于 500 万的国家和沙特阿拉伯等资源型国家剔除，以余下的 29 个国家为样本，预测未来 30 年发达国家的平均水平。2015 年，上述 29 个发达经济体人均 GDP 平均值为 33993 美元，介于目前日本（34474 美元）和意大利（30049 美元）之间。考虑到各国经济增长收敛的一般规律，发达经济体 GDP 年均增速将从 1986—2015 年 2.5% 下降到 2016—2049 年 1.3%，结合联合国关于这一时期全球发达经济体人口年均增速 0.1% 的预测，推断出其人均 GDP 增速约为 1.2%。则到 2030、2040、2049 年发达国家人均 GDP 分别为 40542 美元、45679 美元、50855 美元。

表 1-2　未来 30 年发达国家人均 GDP 平均水平的分段预测（美元）

年份	2015	2020	2025	2030	2035	2040	2045	2049
人均 GDP 平均水平	33993	35983	38195	40542	43034	45679	48486	50855

数据来源：课题组测算。

（3）未来 30 年我国经济发展水平

在预测劳动力、资本、全要素生产率变化趋势基础上，采用生产函数法，预测 2049 年我国经济发展水平。

劳动力数量趋势性下降。劳动力数量由劳动年龄人口数量和劳动年龄人口就业参与率决定。人口老龄化是影响我国未来经济增长的最大变量，按照联合国 2017 年的预测，我国 65 岁及以上人口占全社会人口比重将从 2015 年的 9.7% 上升到 2049 年的 26.3%，劳动年龄人口占比则不断减少。根据人口年龄移算法，并考虑二孩政策对 2031 年后的影响，预计 2016—2049 年劳动年龄人口先降后升再降，总体呈下降趋势，到 2049 年约为 8.84 亿人，增长速度约为 -3.6‰。同时，考虑到机器人技术进步对就业的替代效应、居民收入水平提高对就业的挤出效应等，预计就业参与率将从 2016 年的 77.4% 下降到 2049 年的 70% 左右。

资本形成增速趋势性下滑。资本形成速度受投资增速和折旧率影响，而投资增速取决于储蓄率，储蓄率则与人口结构密切相关。根据人口结构与储蓄率的经验规律，当人口抚养比从 2015 年的 37.7% 上升到 2049 年的 67.4%，带动储蓄率下降约 23.8 个百分点。随着基础设施完善，投资中折旧率相对较低的建筑安装工程所占比重将进一步降低，而折旧率相对较高的设备工器具购置比重会上升。综合以上影响，预计 2016—2049 年资本存量年均增速将下滑至 3.5% 左右。

全要素生产率有望提高。全要素生产率来源于科技进步、资源配置效率改善和人力资本素质提高等。得益于改革开放以来经济转型和体制转轨带来的资源配置效率改善，以及技术引进带来的科技进步，20 世纪 80 年代全要素生产率开始改善，90 年代显著提高。新世纪以来，体制转轨和技术引进效应递减，全要素生产率有所下降。展望 2049 年，经济结构调整优化升级、创新资源加速集聚、人力资本和知识资本积累加速、全面深化改革的红利持续释放等因素将推动全要素生产率提高。结合全要素生产率变化趋势及已有研究预测结论（表 1-3），预计 2016—2049 年全要素生产率年均增速有 3%（情景 I）、2.5%（情景 II）、2%（情景 III）等三种情景。

表 1-3　代表性文献对未来我国全要素生产率的预测

代表性文献	预计时段	年均增速（%）
李善同（2010）	2008—2030	2% 左右
陆旸、蔡昉（2014）	2011—2030 年	2.37%
陆旸、蔡昉（2016）	2011—2050 年	2.37%
谭海鸣等（2016）	2015—2050 年	3.13%
中国社会科学院经济研究所课题组（2012）	2016—2020 年	2.0%
	2021—2030 年	2.5%
经合组织（OECD）（2012）	2011—2060 年	3.5%
世界银行、国务院发展研究中心课题组（2013）	2016—2030 年	2% 左右
国家发展改革委经济研究所课题组（2015）	2014—2020 年	1.5%（基准情景） 2.0%（次乐观情景） 2.5%（乐观情景）

资料来源：课题组整理。

采用柯布—道格拉斯生产函数测算 2049 年前不同情景下潜在经济增长率。结果表明，第 I、II、III 种情景下，2049 年经济增长年均速度将分别下降到 4.2%、3.7% 和 3.1%（图 1-1），国内生产总值分别达到 67.5 万亿美元、55.1 万亿美元和 43.8 万亿美元，人均国内生产总值分别达到 48536 美元、39636 美元和 31448 美元。也就是说，在 2016—2049 年劳动年龄人口、资本积累分别保持 -3.6‰、3.5% 的年均增速，全要素生产率保持 3% 年均增速的增长条件下，2049 年人均 GDP 可以达到 48536 美元，超过高收入国家平均水平，接近发达国家平均水平。基于对全球增长均值回归规律和长周期的分析，假设 2016—2049 年全球经济增长保持 1986—2015 年 2.8% 的年均增长水平，则三种情景下，我国占全球经济总量的比重将从 2015 的 14.9% 分别上升到 2049 年的 35.0%、28.6% 和 22.7%（表 1-4）。

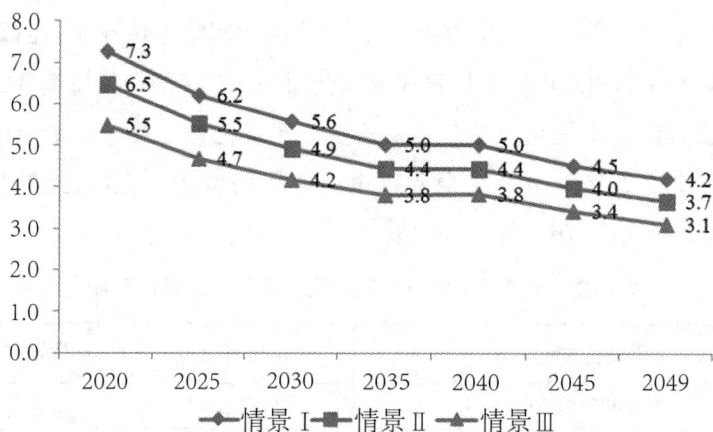

图 1-1　2020—2049 年不同情境下我国潜在增长率预测（%）

数据来源：课题组测算。

表 1-4　2020—2049 年我国经济总量指标的分段预测

指标	情景	2020	2025	2030	2035	2040	2045	2049
GDP（亿美元）	情景 I	155289	211017	278042	356533	457120	571960	675283
	情景 II	149591	196670	251266	313480	391046	476842	551459
	情景 III	142705	180332	222282	269128	325801	386658	437540
人均 GDP（美元）	情景 I	10838	14563	19132	24612	31844	40447	48536
	情景 II	10440	13573	17289	21640	27241	33721	39636
	情景 III	9959	12445	15295	18579	22696	27343	31448

（续表）

指标	情景	2020	2025	2030	2035	2040	2045	2049
GDP 占全球经济比重（%）	情景 I	18.4	21.8	25.0	27.9	31.2	34.0	35.0
	情景 II	17.7	20.3	22.6	24.6	26.7	28.4	28.6
	情景 III	16.9	18.6	20.0	21.1	22.2	23.0	22.7

数据来源：课题组测算。

（4）达到高收入国家和发达国家平均水平时其他发展指标水平

一个国家和地区经济结构变动、居民生活改善与经济发展水平具有稳定的系统性关系。人均国内生产总值变化，必然带来经济社会发展水平的系统性变化。选取与人均 GDP 相关的多个指标，借鉴钱纳里、塞尔昆（1988）"正常发展型式"方法，构建与经济发展阶段相适应的指标测算模型，预测人均 GDP 达到高收入国家平均水平和发达国家平均水平（43000—50000 美元）时其他相关指标值。预测结果与当前人均 GDP 43000—50000 美元左右的德国、芬兰、加拿大、奥地利、英国和荷兰等国家的经济社会发展状况基本接近（表 1-5）。我们还研究了以上国家的人类发展指数、公共医疗卫生支出占 GDP 比重、教育公共支出占 GDP 比重、每千人医院床位、高等院校毛入学率、能源消耗、二氧化碳等指标水平，美国、澳大利亚、瑞典、冰岛等人均 GDP 在 43000—50000 美元时上述指标水平，供我国制定第二个百年目标时参考（表 1-5、表 1-6）。

表 1-5　2015 年人均 GDP 43000—50000 美元左右国家的相关指标

	德国	芬兰	加拿大	奥地利	英国	荷兰	均值	模型预测值	
人均 GDP（美元）	41178	42403	43316	43637	43930	44291	43126	43000	50000
城镇化率（%）	75.3	84.2	81.8	66	82.6	90.5	80	80	82.5
农业增加值占 GDP 比重（%）	0.64	2.5	1.8	1.3	0.65	1.8	1.4	1.5	1.1
服务业增加值占 GDP 比重（%）	68.9	70.6	69.3	70.4	79.9	78.2	72.9	65	67.1

（续表）

	德国	芬兰	加拿大	奥地利	英国	荷兰	均值	模型预测值	
人均预期寿命（岁）	81	81.4	82.1	81.8	81.6	81.7	81.6	80	80.5
基尼系数	0.301	0.271	0.337	0.305	0.326	0.28	0.3	0.31	0.30
人类发展指数	0.926	0.895	0.92	0.893	0.909	0.924	0.911	--	--
公共医疗卫生支出占 GDP 比重（%）	11.3 (2014)	9.7 (2014)	10.5 (2014)	11.2 (2014)	9.1 (2014)	10.9 (2014)	10.45	--	--
医院床位（每千人）	8.2 (2011)	5.5 (2011)	2.7 (2010)	7.6 (2011)	2.9 (2011)	4.7 (2009)	5.27	--	--
教育公共支出占 GDP 比重（%）	5.0 (2014)	7.2 (2014)	5.3 (2011)	5.5 (2014)	5.7	5.5 (2014)	5.7	--	--
高等院校入学率（%）	68.3	87.3	58.9 (2000)	81.5	56.5 (2014)	78.5 (2012)	71.83	--	--
单位 GDP 能源消耗（2011年不变价购买力平价美元/千克石油当量）	11.5	6.6	5.7	11.6	13.9	11	10.1	9	8.97
二氧化碳排放量（人均公吨数）	8.9 (2014)	8.7 (2014)	15.1 (2014)	6.9 (2014)	6.5 (2014)	9.9 (2014)	9.33	--	--

数据来源：WDI 数据库，课题组整理、测算。表6同。

表 1-6　其他发达国家的相关发展指标[①]

	瑞典		冰岛		美国		澳大利亚
人均 GDP（美元）	43085 (2005)	50585 (2015)	46917 (2004)	50734 (2015)	44308 (2005)	49791 (2011)	49628 (2008)
城镇化率（%）	84.3	85.8	92.9	94.1	79.9	80.9	88.5
农业增加值占 GDP 比重（%）	1.2	1.3	6.3	6.2	1.6	1.4	3.2
服务业增加值占 GDP 比重（%）	69.2	72.4	68.5	70.4 (2014)	1.2	78.4	2.5
人均预期寿命（岁）	80.6	85.6	81	82.9	76.9	78.6	69.7

_____

① 澳大利亚人均GDP相对不稳定，2006年、2007年、2008年、2009年、2010年分别达到 36118美元、40992美元、49667美元、42743美元、51874美元，2013年上升到峰值 67792美元后又下滑到2016年的49928美元，以上均为当年价美元。

（续表）

	瑞典		冰岛		美国		澳大利亚
基尼系数	0.271	0.273 （2012）	0.281	0.269 （2012）	0.411 （2013）	0.405 （2010）	0.349 （2010）
人类发展指数	0.892	0.913	0.879	0.921	0.898	0.913	0.925
公共医疗卫生支出 占 GDP 比重（%）	9.1	11.9 （2014）	9.6	8.9 （2014）	15.2	17.1	8.9
医院床位（每千人）	2.8 （2009）	2.7 （2011）	5.3 （2006）	3.2 （2012）	3.2	2.9	3.8 （2009）
教育公共支出 占 GDP 比重（%）	6.6	7.7 （2013）	7.2	7.8 （2013）	5.1	5.2	4.6
高等院校入学率（%）	82	62.3	68.4	81.3 （2013）	82.1	96.3	72.9
单位 GDP 能源消耗 （2011 年不变价购买力平 价美元 / 千克石油当量）	7.2	8.9	3.6	2.5	6.3	7.1	6.9
二氧化碳排放量 （人均公吨数）	5.7	4.6 （2013）	7.7	6.1 （2013）	19.6	17	18.2

3. 中国特色

与西方发达国家、苏联和亚洲"四小龙"等国家的现代化道路相比，改革开放以来我国对中国特色社会主义现代化道路的探索，显示出巨大的制度优势性和历史前瞻性。中国现在和未来推进的现代化是坚持社会主义制度前提和价值取向，以改革开放为基本国策、以市场经济为基础的社会主义现代化；是经济建设、政治建设、文化建设、社会建设、生态文明建设"五位一体"，以新发展理念为指导，以"四化同步"为路径的全方位立体型现代化；是顺应当代先进生产力和先进文化发展趋势，以科技进步为第一动力，以中华文化自信为深层支撑，具有鲜明时代特征和历史方位感的后发创新型现代化；是立足于充分发挥国内大市场潜力，深度参与国际分工，充分利用"两个市场、两种资源"的大国开放型现代化；是坚持以人民为中心，造福中国人民和全世界人民，具有广泛普惠性和高度包容性的共享型现代化；是坚持独立自主、和平发展、合作共赢，既不依附其他国家，也不称霸争霸的新兴大国由大变强的新型现代化。实现第二个百年目标，必须把握好现代化的中国特色，并结合发展环境和发展条件变化，不断丰富和发展其内涵，探索创新最佳实现路径。

（二）实现第二个百年目标时经济社会发展水平和主要指标

结合现代化的时代特征、发展趋势和中国特色，我们以动态眼光、全球视野和中华文脉，创新理解、精准把握"富强""民主""文明""和谐""美丽"，来研究实现第二个百年目标时的经济社会发展水平和主要指标。

1. 与"世"俱进，动态把握"富强"

国家富强是社会主义现代化建设的应然状态，是实现中华民族伟大复兴中国梦的物质基础。只有成为经济强国，才能为人民提供源源不断的物质财富，也才更有实力和底气屹立于世界民族之林。国家富强的内涵十分丰富，至少包括经济发展水平高、人民生活好、科技竞争力强、经济发展质量优、综合国力和国际影响力大等方面。

（1）人均 GDP 接近当时发达国家平均水平

按照前面的预测，2049 年我国人均 GDP 有望达到 48536 美元，接近发达国家平均水平。未来 30 年，应在全面建成小康社会，2020 年 GDP 比 2010 年翻一番、达到 93.8 万亿元之后，按 2049 年比 2020 年再翻两番谋划发展，在 2033 年左右比 2020 年翻一番的基础上，2049 年再翻一番，届时经济总量将达到 420 万亿元，折合 67.5 万亿美元。美国具有技术、资本和自由市场制度等先发优势，在新科技产业革命中仍将处于前沿，参考代表性机构的预测，预计 2016—2050 年美国年均经济增速 2.5%，人口保持 5.51‰的增长速度，到 2049 年，人均 GDP 约为 93323 美元。届时，我国国内生产总值约为美国的 1.5 倍。尽管人均国内生产总值只达到发达国家的平均水平，也只是美国的一半，但考虑到人口基数大的国情，不可简单用人均 GDP 与其他国家相比，也并不影响我国成为现代化强国。

（2）人民生活比较富裕

收入提高是人民生活富裕的基础。继续坚持居民收入增长和经济发展同步的原则，2049 年居民人均可支配收入可达到 13.5 万元人民币、折合 2.2 万美元。这相当于 2015 年 OECD 成员国人均可支配收入的 79%、美国的一半[①]。尽

---

① 2015年OECD成员国人均可支配收入平均值为27452美元，美国为46509美元。

管与欧美发达国家相比，仍然存在一定差距，但在一个 13 多亿人口的大国中，广大人民享有更加幸福安康的生活，是对人类发展的重大贡献。

（3）科技竞争力强

新科技产业革命与我国实施创新驱动发展战略交汇，为提升科技创新能力提供历史机遇。到 2049 年，人工智能和机器人技术、新能源技术、基因组学、纳米材料等前沿创新技术研发走在世界前列，在世界前沿技术和新兴产业领域涌现出一批竞争力强的世界级研发机构、研究型大学和创新型企业，聚集一批站在国际前沿、具有国际视野的战略科学家、科学大师、科技领军人才。劳动年龄人口平均受教育年限超过 15 年，教育公共支出占 GDP 比重大于 6%，研究与试验发展（R&D）经费支出占 GDP 比重达到 3.5% 以上，研发地位居世界前列，国家创新能力进入世界前列，成为世界科技创新强国。

（4）经济发展质量高

经济发展质量高是国家富强的基础和重要体现。到 2030—2049 年，我国经济发展应实现高质量、高效率、可持续的良性循环，在产业高端化、城乡协调化、增长动力优化等方面可与发达国家并跑甚至部分领域领跑。

产业发展跃上中高端继而高端化。走后信息化引领后工业化、后工业化支撑后信息化的新型后工业化道路，推动后信息化与后工业化融合跨越发展，2030 年开始进入后工业化社会并基本实现信息化。到 2049 年，进入后信息化社会，建成智能化、网络化、绿色化、服务化制造新体系，服务方式先进、服务内容丰富、服务质量优质的知识型、网络型、分享型服务业体系，智能化、网络化、生态化农业体系，服务业增加值占 GDP 比重提高到 70%。在全球领先的知识体系和技术体系支撑下，产业发展从跟随并跑转向并跑领跑，产业分工地位从中低端跃上中高端进而迈向高端化，进入世界制造业和服务业强国行列。

城乡二元结构消除。在产业结构不断升级和城乡协同发展的驱动下，城乡二元结构逐渐消除，城乡发展水平趋同。人口城镇化基本结束，城镇化率稳定在 75% 左右。受后工业化、后信息社会个性化定制、网络化分布、柔性化生产的影响，在大城市主导、中小城市和小城镇有序分工、协同发展的城市群中，特色产业小城市小城镇占相当大比例，农村和社区生活具有很大吸引力。

创新成为经济发展的第一强劲动力。随着创新驱动发展战略深入实施和要素配置效率不断提高，到 2049 年，科技进步对经济增长的贡献率提高到 75%以上。信息技术、生物科技、新材料、新能源等领域通用性、渗透性强的科技创新将推动经济增长方式、产业结构和组织体系深刻变革，一些领域出现的颠覆性技术创新可能根本改变生产生活方式和社会面貌。

（5）综合国力和国际影响力更强

国家富强还体现为综合国力和国际影响力大幅提升。除经济实力大大增强外，在维护国家统一、国防军队力量、国际话语权、制度影响力等方面也将同步跃升。

实现国家完全统一。国家富强必须和必然体现为我国要作为统一的独立自主实体屹立于世界民族之林。综合判断中长期世界经济政治格局演变态势，到2049 年，我国将在"和平统一、一国两制"框架下最终解决台湾问题，实现祖国完全统一，并保持香港、澳门、台湾的繁荣稳定，与相关国家和地区的领土领海权益争端得到妥善解决。

军事实力强大。军事实力是国家富强和综合国力强的彰显性力量和保障。我国将积极推进与我国国际地位相称、与国家安全和发展利益相适应的国防和军队建设，加快转变国防安全模式和国家安全保障体系，全面加强军队革命化、现代化、正规化建设，深入推进以信息化为核心的军队现代化，提升国防科技产业发展水平。到 2049 年，军队整体作战能力、现代武器装备水平、海陆空天网控制能力、全球投放能力全面提升，国防安全和军队现代化达到世界一流。

在国际治理中掌握重大话语权。继续高举和平、发展、合作、共赢的旗帜，积极参与全球治理和公共产品供给，致力做世界和平的建设者、全球发展的贡献者、国际秩序的维护者，在国际政治、国际安全、全球经济治理中拥有更多制度性话语权，"人类命运共同体"价值理念成为引导国际社会的主基调，在全球公共物品提供和国际秩序维护中发挥重大作用，负责任大国形象更加稳固。

制度影响力空前增强。继续坚持中国特色社会主义道路自信、理论自信、制度自信、文化自信，不断把中国特色社会主义事业推向前进。到 2049 年，中国特色社会主义制度体系更加完善，中国共产党的治国理政经验更加成熟，中华民族由站起来到富起来、强起来和中国人民从贫穷走向共同富裕的社会主义现代化建设模式和经验广受国际社会赞誉，中国特色社会主义制度的影响力空前提高。

2. 立足国情，求是把握"民主"

民主是社会主义的本质要求、社会主义政治建设的现实目标和社会主义现代化的生命力之源。以新自由主义为理论依据的西方宪政民主遭遇实践上的重大挫折，验证了社会主义民主政治的科学性和适用性。我国社会主义民主是维护人民根本利益的最广泛、最真实、最管用的民主，未来在中国共产党领导下，将一如既往立足国情，继续积极稳妥推进社会主义民主政治建设，加强社会主义法治国家建设。

到 2049 年，要实现更加广泛、更加充分、更加健全、更加有效的人民民主。公民的政治参与能力大幅提高，充分保障在国家政治生活、经济生活、文化生活和社会生活等方面的知情权、参与权、表达权和监督权，有序政治参与的领域进一步拓宽，渠道更加多样，方式更加便捷，在管理国家和社会事务中的主人翁地位充分体现，真正实现人民当家作主。民主制度体系更加健全，党的民主集中制与党内选举制度进一步完善，各级党委普遍实行差额选举，党委领导成员产生的方式和程序更加科学、合理、规范；人民代表大会制度更加完善，基层代表占比进一步上升；更多党外精英人士、公民团体和广大人民群众参与公共决策、执行与监督，协商民主更加程序化、制度化和法治化；政府内部决策权、执行权、监督权相互制约又相互协调的权力结构和运行机制形成，以法定的正常卸任、退休待遇制取代干部职务待遇终身制。

3. 传承创新，"三自"把握"文明"

文明的本意是"人文化成、大明明德"，通过文化建设成风化人，大力弘扬光明之德。未来 30 年，我国文化建设的目标是振兴中华文明。通过坚定文化自觉、文化自信和文化自强信念，深入挖掘中华优秀传统文化，大力弘扬社会主义核心价值观，吸收和借鉴人类优秀文化成果，促进传统文化与现代文化在传承与创新相结合中共生，东方文化与西方文化在交流中互鉴共存，主体文化与多元文化在交融中共荣，马克思主义中国化、时代化、大众化在中国特色社会主义实践中达到新的高度，进一步提升中华文明的品质和影响力、感召力、吸引力。

到 2049 年，马克思主义中国化与传统文化现代化深度融合，社会主义核心价值体系成为全体人民的精神追求和自觉行动，全党全国各族人民团结奋斗的共同思想基础更加牢固。城乡之间、地区之间基本公共文化服务标准统一、均衡分布、便利可及，经营性文化产业优化发展，人民基本文化权益得到更好保障、全民族文化创造活力持续迸发、文化生活更加丰富多彩。教育达到高收入国家平均水平，全体人民思想道德素质和科学文化素质全面提高，社会主义精神文明建设取得历史性提升。文化软实力显著增强，引领世界文化潮流和先进文明的能力明显提高，文化繁荣发展、核心价值突出、时代特征鲜明的社会主义文化强国和历史底蕴深厚、文化多样和谐、文化影响广泛的文明大国形象得以确立，中华民族的归属感、尊严感、荣誉感大幅增强，中华文化的国际影响力显著提高。

4. 公正包容，人本把握"和谐"

和谐是实现好、维护好、发展好最广大人民根本利益的重要体现，是中国特色社会主义现代化建设的本质属性和内在要求。未来30年，继续坚持以人民为中心的发展思想，围绕人与人、人与社会和谐相处，构建合理有序的社会结构、完善公共服务、健全社会治理，不断提高人民生活水平、维护社会公平正义，保障人民享有平等参与发展的权利。

到2049年，社会结构合理有序，中等收入群体占全部人口的60%左右，橄榄型社会结构形成，人人都可以在不同行业、不同地域、不同阶层合理流动。收入分配公平与效率在更高水平相得益彰，按劳分配为主和按要素贡献分配等多种分配方式相结合、初次分配和再分配、微观分配和宏观分配的制度体制机制更加成熟，居民收入差距大幅缩小，基尼系数降至0.35以下，建成共同富裕社会。基本公共服务水平大幅提高、全面覆盖、标准统一、均衡分布，非基本公共服务品种多样、品质优良、品位高雅，全体人民获得更优质的教育、更充分的就业、更满意的收入、更可靠的社会保障、更高水平的医疗卫生服务、更舒适的居住条件和更优美的生活环境。多元共治、和谐善治、文明法治的社会治理格局得以形成，政府、社会、公民合力协调参与社会治理，"礼法合治、德主刑辅"的社会治理理念深入人心，运用法治思维、法治方法、法律制度治理社会成为社会自觉。公平正义普遍彰显、全体人民的利益高度契合，社会力量有效整合，社会成员良性互动，国家经济、政治、文化、社会等建设

成果全民共享，每个人都过上更加幸福安康的生活。人类发展指数提高到 0.90
以上，达到发达国家水平。

5. 天人共生，永续把握"美丽"

美丽是人与自然和谐共生的题中之义，是建成社会主义现代化强国的必然
要求。建设生态文明是中华民族永续发展的万年大计，必须持续推进。未来 30
年，把人民对优美生态环境的向往作为重要奋斗目标，切实践行"绿水青山就
是金山银山"的理念，坚持节约资源和保护环境的基本国策，始终像对待生命
一样对待生态环境，统筹山水林田湖草系统治理，实行最严格的生态环境保护
制度，坚定走生产发展、生活富裕、生态良好的文明发展道路，持续推进美丽
中国建设。

到 2049 年，将形成节约资源和保护环境的空间格局、产业结构、生产方
式、生活方式，主体功能区布局和生态安全屏障全面构筑夯实，循环经济体系
高度发达，覆盖经济社会发展全过程各领域，经济绿色发展程度达到世界先进
水平，能源资源开发利用效率、能源和水资源消耗、建设用地、碳排放总量、
主要污染物排放总量等各项指标水平居于世界前列，生态持续实现动态平衡，
人民群众对生产生活环境满意度大幅提升，**成为人与自然和谐共生的国际典
范**，美丽中国建设目标全面实现。

6. 设置指标，精准把握现代化

"富强""民主""文明""和谐""美丽"，分别体现了对经济、政治、文化、
社会和生态文明建设的要求。综合分析国际国内形势和我国发展条件，参照当
前人均 GDP 在 43000—50000 美元之间国家的相关发展指标，建议设置表 1–7
的主要指标，以便精准把握 2049 年我国建成社会主义现代化强国的具体目标。

到 2049 年，我国物质文明、政治文明、精神文明、社会文明、生态文明
全面提升，国内生产总值稳居全球第一，综合国力进入世界第一梯队行列。国
家治理体系和治理能力实现现代化，成为在诸多领域处于领先水平、领跑地
位，硬实力强大、软实力显著的**现代化强国**，成为经济富裕、政治清明、文化
繁荣、山河秀美、社会和谐、生活安康的**东方大国**，成为告别社会主义初级阶
段、制度文化更具吸引力、充满希望、充满活力的**社会主义大国**，中华民族将
以更加荣光的形象屹立于世界民族之林。

表 1-7　2049 年实现第二个百年目标时的主要指标

指　标	2015 年	2049 年	说　明
➤富强（经济发展方面反映综合实力的指标）			
（1）GDP（万亿美元）	10.9	67.5	约为美国的 1.5 倍，占全球比重约 35%
（2）人均 GDP（美元）	8069	48536	约为 2049 年美国人均 GDP 的一半
（3）居民人均可支配收入（万元）	2.2	13.5	相当于 2015 年 OECD 成员国人均可支配收入的 79%，美国人均可支配收入的 48%
（4）研究与试验经费发展强度（%）	2.1	>3.5	相当于发达国家当前 R&D 投入强度（2015 年日本为 3.5%、韩国为 4.2%、美国为 2.8%）
（5）科技进步贡献率（%）	55.3	75	与美国、日本等国家当前水平相当（这些国家约为 70%—80%）
（6）服务业增加值占 GDP 比重（%）	50.5	70	基本达到当前人均 GDP 为 43000—50000 美元左右的德国、法国、加拿大等国家的水平
➤民主（民主政治类指标）			
（7）基层民主参选率（%）	—	95 以上	
（8）廉政指数	—	95 以上	
➤文明（文化发展类指标）			
（9）文化产业增加值占 GDP 比重（%）	3.97	>10	达到美国当前水平（2013 年美国为 11.3%）
（10）文化娱乐支出占全部消费支出比重（%）	4.8	>10	达到英美当前水平（2013 年美国为 8.8%，英国为 10.2%）
➤和谐（社会发展类指标）			
（11）公共医疗卫生支出占 GDP 比重（%）	4.2	>10	提高到当前人均 GDP 为 43000—50000 美元左右的德国、英国、加拿大等国家水平
（12）教育公共支出占 GDP 比重（%）	4.3	>6	提高到当前人均 GDP 为 43000—50000 美元左右的德国、英国、加拿大等国家水平
（13）人均预期寿命（岁）	76.3	82	达到当前人均 GDP 为 43000—50000 美元左右的德国、英国、加拿大等国家水平
（14）劳动年龄人口平均受教育年限（年）	10.23	>15	基本普及高等教育

（续表）

指　标	2015 年	2049 年	说　明
（15）基尼系数	0.48	<0.35	下降到当前人均 GDP 为 43000—50000 美元左右的德国、英国、加拿大等国家水平
▶美丽（生态文明类指标）			
（16）非化石能源占比（%）	12	35	达到欧盟 2030 年可再生能源消费比重 35% 的目标
（17）电力占终端能源消费比重（%）	25.8	45	
（18）每立方米水资源所产生的 GDP（2010 年不变价 GDP 美元 / 立方米）	14（2014）	75	与日本当前水平基本相当（2014 年日本、德国、英国分别为 73、110、320）
（19）单位能耗产生的 GDP（2011 年美元 GDP/ 千克石油当量）	5.7（2014）	13	与英国当前水平基本相当（2014 年英国 13.7，德国 11.5，日本 10.8，美国 7.5）
（20）细颗粒物 PM2.5 浓度（微克 / 立方米）	58	10	2005 年 WHO 发布的《空气质量准则》认为 PM2.5 平均浓度小于 10 微克 / 立方米是安全的
（21）单位 GDP 二氧化碳排放（千克 /2010 年美元 GDP）	1.3（2013）	0.3	参照当前发达国家和新兴市场国家的水平确定（2013 年美国、韩国、日本、德国、英国分别为 0.3、0.5、0.2、0.2、0.2）
（22）森林覆盖率（%）	21.66	>30	根据《全国国土规划纲要（2016—2030 年）》进一步推断
▶综合指标			
（23）人类发展指数	0.738	>0.91	达到目前人均 GDP 为 43000—50000 美元左右的德国、英国、加拿大等国家水平

注：GDP、人均 GDP、居民人均可支配收入按 2015 年不变价计算。

四、实现第二个百年目标的有利条件、制约因素和重大考验

全面建成小康社会之后，我国经济社会发展跃上新台阶，中国特色社会主义现代化建设迈出新步伐，将为实现第二个百年目标创造有利条件。但我国处于社会主义初级阶段的基本国情没有改变，人民日益增长的美好生活需要和发展不平衡不充分的矛盾仍将长期存在。与此同时，全球格局风云变幻，国际力量对比深度调整，我国发展的外部条件也将发生深刻变化，经济社会发展面临制约因素和重大考验。

（一）有利条件

不断完善创新的指导理论，日益增强的物质技术基础，明显的政治优势、制度优势、人口优势、市场优势和经济规模优势，为实现第二个百年目标创造了极为有利的条件。

1. 以习近平同志为核心的党中央创立了新时代中国特色社会主义思想

中国共产党是十分注重理论创新的政党。与许多发展中国家相比，指导理论优势是我国现代化建设的最重要的优势。改革开放后，邓小平创造性地回答了什么是社会主义，怎么建设社会主义的一系列重大问题，指导党和国家确定了社会主义初级阶段的基本路线、基本国策和奋斗目标。党的十八大以来，以习近平同志为核心的党中央结合国内外形势变化和我国现代化事业发展的新要求，进行艰辛理论探索，做出了中国特色社会主义进入新时代、中国的社会主要矛盾发生转化等重大判断，形成了新时代中国特色社会主义思想。这一重大理论体系创新系统回答了新时代坚持和发展什么样的中国特色社会主义、怎样坚持和发展中国特色社会主义这一重大时代课题，明确了新时代坚持和发展中国特色社会主义的总目标、总任务、基本方略、总体布局、战略布局和发展方向、发展方式、发展动力等基本问题，描绘了未来30年中国社会主义现代化的宏伟蓝图和实施路径，从理论上为我国社会主义现代化建设做出了顶层设计，是长期指导我国现代化建设的行动指南。今后结合国内外形势变化，新时代中国特色社会主义思想还将不断丰富、发展和创新，为现代化建设提供正确的理论指导。

2. 全面建成小康社会为实现第二个百年目标奠定了坚实基础

我国全面建成小康社会，经济实力、科技实力和综合国力又上了一个大台阶，尤其是经济发展方式转变、现代产业体系建设、科技强国和人力资源强国建设等方面取得了重大突破，为未来30年发展奠定了坚实基础。

经济实力显著增强。2009年以来经济总量稳居全球第二大经济体，2017年GDP总量82.7万亿元，折合12.2万亿美元，占全球的份额达到15.2%，超过分别位居全球第三、第四、第五位的英国、法国、日本三大发达经济体总和。2013年以来对世界经济增长的贡献率始终保持在30%以上，2014年以来连续保持第一大贸易国、第一大外汇储备国。更重要的是，近几年来，经济发展方式转变明显加快，需求结构调整已基本到位，供给侧结构性改革取得重要进展，新技术、新产业、新业态、新模式发展势头喜人，新动能日益形成和增强，全要素生产率再度进入上升轨道，为今后的持续发展创造了良好条件。

产业发展基础更加牢固。经过改革开放后近四十年的快速发展，产业创新能力显著提升，产业综合实力明显增强，形成了门类齐全、产业链完整的现代产业体系。2010 年以来制造业增加值已连续七年保持世界第一，高铁、核电、工程机械、通信设备等领域具备全球竞争力，形成了若干具有国际竞争优势的骨干企业，500 余种主要工业产品中有 220 多种产量位居世界第一。特高压输变电设备、百万吨乙烯成套装备、风力发电设备、千万亿次超级计算机等装备产品技术水平已跃居世界前列。

科技创新水平持续提升。党的十八大以来，科技创新能力快速跃升，关键技术不断突破，基础研究国际影响力大幅增强。2017 年，研发人员总量居世界第一位，全社会 R&D 支出达 17500 亿元，位居世界第二。国家综合创新能力跻身世界第 17 位。国际科技论文数连续八年排在世界第二位，2007 年至 2017 年 10 月论文被引用率上升到世界第二位。发明专利申请量连续五年居世界之首，国内有效发明专利拥有量突破 100 万件，是世界上第三个国内发明专利拥有量突破百万件的国家。科技进步贡献率从 2010 年的 50.9% 提高到 2017 年的 57.5%。载人航天、"北斗"导航卫星、探月工程、载人深潜、高速轨道交通等领域技术达到世界先进水平。

人力资源新优势日益显现。各级各类教育全面提质增效，教育总体发展水平进入世界中上行列，对经济社会发展的支撑能力显著增强，2016 年小学净入学率达 99.9%，初中阶段毛入学率为 104%，超过或相当于高收入国家平均水平。高中阶段毛入学率达到 87.5%，高于中高收入国家 83.8% 的平均水平。建成世界规模最大的职业教育体系，高等教育规模位居世界第一。劳动力平均受教育年限由 2000 年的 7.2 年提高到 2017 年的 10.5 年。当前新增劳动力平均受教育年限已超过 13.3 年，相当于大学一年级水平。普通本专科毕业生、研究生毕业人数分别是本世纪初的 7.4 倍、9.6 倍。正迎来新中国成立以来规模最大的海归潮，近十年留学回国人员剧增十余倍，2017 年留学归国人数将达到 60 万人，比 2012 年实现翻番，且有望首次出现留学回国人数超过全年新出国留学生数。

与此同时，初步构建起了覆盖全民的基本公共服务制度体系，文化服务体系不断完善，生态文明建设取得了初步成效，都为实现第二个百年目标奠定了良好基础。

3. 中国特色社会主义具有政治优势和制度优势

中国特色社会主义民主政治和社会主义市场经济体制不断完善，既是改革开放以来经济社会发展取得举世瞩目成就的重要保证，也将为实现第二个百年目标提供制度保障。

坚持中国共产党领导。中国特色社会主义最本质的特征是中国共产党领导，中国特色社会主义制度的最大优势是中国共产党领导。中国共产党以马克思主义为指导思想，以全心全意为人民服务为根本宗旨，以实现共产主义为最高理想，以实现中华民族伟大复兴为社会主义初级阶段的历史使命，具有强大的创造力、凝聚力、战斗力。党处在总揽全局、协调各方的领导地位，是政治稳定、经济发展、民族团结、社会稳定的根本力量，是中国特色社会主义事业的领导核心，也是现代化建设的政治保证。与当今世界上一些因政局动荡、政权更迭而导致社会动乱、经济凋敝、民众生活陷入深重灾难的国家和地区相比，中国共产党领导是我国经济持续健康发展和社会稳定进步的最大"定海神针"。

实行社会主义民主政治。社会主义民主政治具有超强的稳定性、广泛的代表性与强大的效率与动员能力，国家政治稳定、公共政策连续、反映广大人民愿望、代表广大人民利益、决策执行高效，能够有效整合社会资源，组织和动员全社会集中力量办大事，迅速提高生产力和国际竞争力；能真正体现人民意志，汇聚民意民智、凝聚民心民力，能把政府和人民联系起来，把国家的战略与社会、企业、个人的利益诉求有机统一起来，形成社会主义现代化建设的共同意志和磅礴力量。

实行社会主义市场经济制度。日益成熟的社会主义市场经济体制既强调市场在资源配置中起决定性作用，也注重更好发挥政府作用，市场发挥作用的领域不断拓宽、机制不断健全，政府发挥作用的方式不断完善、手段更加科学，有为政府与有效市场密切配合，使市场资源配置效率明显提高。社会主义市场经济体制中以公有制为主体、多种所有制共同发展的基本经济制度和按劳分配为主体、多种分配方式并存的分配制度等，能够激发全社会的创造性和活力，形成现代化建设的磅礴力量。

4.具有明显的经济规模和人口规模优势

经过改革开放近40年的快速发展,经济规模跃居全球第二,同时人口规模保持全球第一,由此形成的经济规模和人口规模优势,将构成未来30年经济持续稳定发展的重要优势之一。

经济规模优势不断显现。稳居世界第二的经济体量、独立完整的经济体系和配套能力很强的产业体系,不仅可以容纳更多专业化分工并促进生产力提高,还有利于产业转型升级和抵抗外部风险。城乡之间、区域之间发展差距较大,各地比较优势不尽相同,具备梯度发展和优势互补的良好条件,经济发展空间大、韧性强、回旋余地大。未来,随着迈向第一大经济体和区域协调发展战略深入推进,经济规模优势将进一步显现,发展空间继续拓展。

人口规模优势延续。2017年人口达到13.9亿,占世界总人口近1/5。人口规模大既为经济发展提供了充分的劳动力,也塑造了巨大的国内市场。我国已成为世界上最大的钢铁市场、汽车市场、移动电话市场和互联网市场,正在由世界上最大的新兴市场演变为比美国还大的世界最大市场。未来30年,尽管人口规模将在2030年前后达到峰值并可能被印度赶超,同时也面临人口老龄化所致的劳动力供给短缺,但随着发展和居民收入水平不断提高,尤其是到2030年左右,中等收入群体扩大将形成世界上最大的消费市场。

综合看,我国将继续拥有世界最大的生产体系和国内市场,仍是最大产能国(生产国)和消费国。2008年金融危机之后,欧美等发达国家纷纷脱虚向实,推行"再工业化"战略,积极抢占全球先进制造业发展制高点,我国也正在抓住新科技产业革命的战略机遇,深入实施创新驱动发展战略,努力推动经济大国向经济强国迈进。在这一过程中,发达国家虽然不愿意看到中国崛起动摇他们在世界经济中的地位,但包括美国在内的西方大国不敢、不愿、也不会轻易与我大规模对抗、冲突,任何国家都无法承受失去中国这个最大制造业供应国与商品市场的风险。

(二)主要制约因素

展望未来,人口老龄化程度日益加深,技术创新能力和人力资本积累水平尚不适应转变经济发展方式和新科技产业革命发展的需要,国际安全环境更加复杂多变,国家治理体系和治理能力与未来发展不相适应,都对顺利实现第二个百年目标形成明显制约。

1. 人口老龄化程度加深

我国人口结构正在并将继续发生不可逆转的重大变化。15—64 岁劳动年龄人口绝对数量减少，占全社会人口比重从 2010 年 74.5% 下降到 2017 年 71.8%。与此同时，65 岁及以上老年人口与 15—64 岁人口之比（老年抚养比）也从 1982 年 8.0% 上升至 2017 年 15.9%。尽管调整了生育政策，生育率可能出现反弹，但根据国际经验和放开二胎政策后的社会反应看，对延缓人口老龄化趋势的作用甚微，少子高龄化将是未来 30 年人口结构的基本特征。根据联合国统计司的数据，2020 年、2030 年、2050 年我国 65 岁及以上人口分别达到 1.68 亿、2.35 亿、4.8 亿，占全世界 65 岁及以上人口总数 23.4%、24.2%、33%。从新中国成立后人口出生高峰带来老年人口的叠加情况看，2030 年之后，1949—1957 年"婴儿潮"出生的人口进入 80 岁高龄，1962—1973 年前半期"婴儿潮"出生的人口进入 65 岁，而后半期"婴儿潮"出生的人口进入 60 岁，这意味着老龄化问题更为突出，高龄化特征明显。

人口年龄结构变化带来一系列矛盾和压力。首先，导致劳动力供给减少，劳动力成本不断上升会影响经济潜在增长率。其次，老龄化加剧还会拉低储蓄率，影响新增投资。全社会储蓄率由 2010 年达到改革开放以来 51.6% 的峰值后已开始趋势性下降，2017 年下降到 45%。未来人口年龄结构变动还将带动全社会储蓄率持续下降，影响全社会资本积累和经济潜在增长率。按照我国人口抚养比每上升 1 个百分点、储蓄率将下降 0.8 个百分点的经验规律（国家发展改革委经济研究所课题组，2011），2049 年全社会储蓄率将下降到 24.4%，届时我国全社会储蓄率将与当前日本、美国的储蓄率相当（图 1-2）。再次，社会抚养比提高，将加大社会保障压力。根据联合国（2017 年）预测，我国老年抚养比 2020 年将达到 17.3%，2030 年、2040 年、2050 年分别达到 25.3%、38.3%、44.1%（图 1-3）。当前，社保支出压力很大，全国基本养老保险基金征缴收入已持续低于同期养老保险基金支出，收支缺口逐年扩大。伴随老龄化加剧态势，养老金支出压力进一步加大，基本养老保险系统的可持续性将受到严峻考验，并加重财政负担。

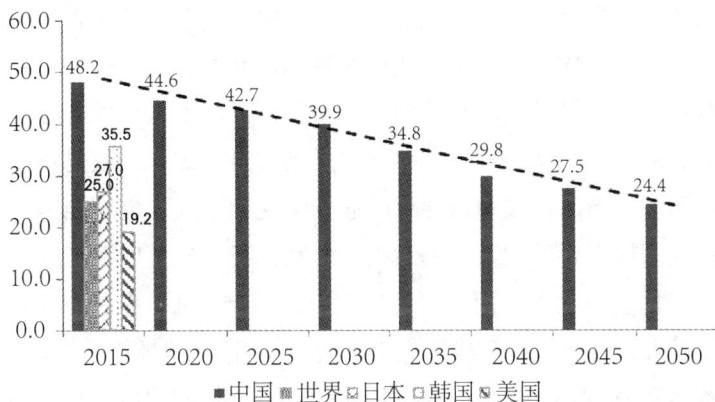

图 1-2　2015—2050 年全社会储蓄率及与其他国家比较（％）

数据来源：根据世界银行数据库中的相关数据测算。

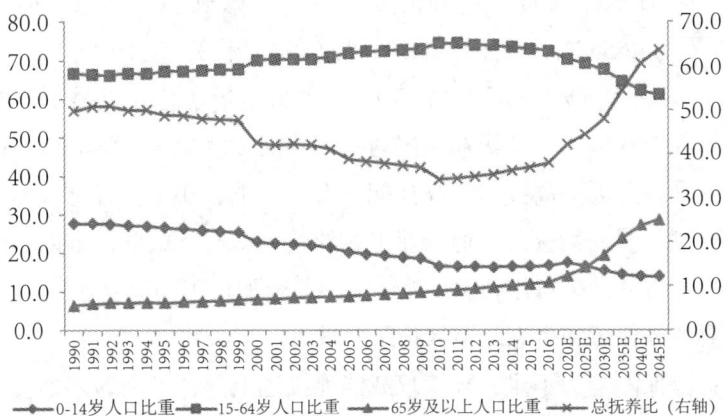

图 1-3　我国人口结构变化趋势（1990—2050）

数据来源：《中国统计年鉴2017》《世界人口展望2017》。

2. 科技创新能力和人力资本积累尚不适应发展方式转变和新科技产业革命发展要求

尽管从研发投入、论文发表和专利申请看，我国已经成为创新大国，但研发投入强度尤其是对制造业、高技术产业的投入明显低于发达国家，加之创新质量、创新软环境与发达国家还存在较大差距，创新资源配置和使用效率不高、共享不够，创新体系不完备，造成科技创新能力不足，研发成果产业化率较低，科技对产业转型升级的支撑引领能力不强，尚不适应发展方式转变和新科技产业革命的要求。当前，许多领域缺乏具有自主知识产权的核心技术，部分关键技术和高端产品依赖进口导致产业升级受制于人。创新能力低，还与企业尚未真正成为最主要的创新主体有很大关系，我国规模以上工业企业研发投入占销售收入比重不足1%，低于发达国家2%—3%的平均水平，企业在创新决策、研发投入、科研组织和成果应用方面的作用亟待加强。

人力资本积累方面，2017年我国劳动力平均受教育年限达到10.5年，与美国劳动力平均受教育年限（13.3年）存在一定差距。尽管科技人力资源总量超过8000万人，R&D人员总量居世界第一，但高端人才稀缺，每百万人口中R&D人员数远远低于发达国家。2016年我国每百万人口中R&D人员数为1177人，同年日本为5231人、韩国为7087人、德国为4431人、英国为4471人、西班牙为2655人，美国为4232人（2014年）、法国为4169人（2014年）、OECD国家为3961人（2014年）。劳动力市场还存在供需不匹配的结构性矛盾，每年700多万大学毕业生中的一部分面临就业难、学非所用困境，而制造业转型升级急需的高技术、高技能型人才严重短缺；拥有全世界规模最大的"流水线型"劳动力资源，但产业工人的整体素质还偏低，难以满足科技产业革命和产业转型升级对创新型、技能型、复合型员工的需要。

3. 重要资源保障和生态环境保护压力很大

重要资源保障能力不足，环境承载能力接近上限，是制约未来发展的一大因素。我国主要资源人均占有量低于世界平均水平，煤炭、石油和天然气人均占有量仅为世界平均水平的67%、5.4%和7.5%，人均占有水资源量仅约为世界人均水平的1/4，人均耕地面积不足1.2亩，不到美国的1/6。2030年之前，资源利用方式难以发生根本性变化，资源消耗总量还会增加，资源约束仍然相当严峻。国际经验表明，人均GDP 7000—18000美元是人均资源消费快速增长时期。2030年之前，我国工业化城镇化尚未完成，仍将是资源消费第一大国。国际能源署预测，2030年前后中国将成为最大的石油消费国；国家发改委能源经济研究所课题组（2016）的研究也表明，2030年前后我国能源消费总量将达到 53 亿吨标准煤的历史最高点。此外，受人口增长和消费需求增加的影响，粮食总产量与总需求缺口扩大，2015 年可能达到 2000 万吨。有研究预测，2030 年我国粮食产量存在 1.4 亿吨的缺口[①]，粮食自给面临较大压力。我国粮食进口主要集中于美国、巴西、阿根廷等国家，集中度超过石油，安全问题突出。

资源消耗强度高，利用效率低，进一步加剧资源短缺。我国已成为煤炭、钢铁、铜等重要资源的世界第一消费大国，石油和电力的世界第二消费大国。2014 年，每立方米水资源所产生的 GDP 为 14 美元（2010 年不变价），每千克石油当量所产生的 GDP 为 5.7 美元（2011 年不变价），不仅大大低于发达国家，也低于韩国、新加坡、印度等新兴市场经济国家（图 1-4、图 1-5）。单位 GDP 二氧化碳排放量远远高于发达国家和新兴市场经济国家（图 1-6）。可再生能源占能源消费总量的比重为 17.1%，还低于全球 18.9% 的平均水平，也低于巴西、印度等新兴市场经济国家（图 1-7）。

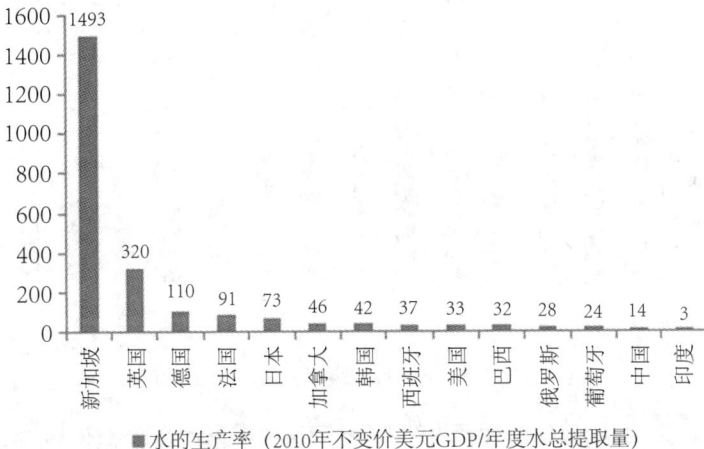

图 1-4　我国水的生产率与其他国家的比较（2014 年）

数据来源：世界银行数据库。图 1-5、1-6、1-7、1-8 同。

粗放式发展方式不仅消耗了大量能源资源，而且带来严峻的生态环境问题。近年来，生态环境危害集中爆发，固体废物、汽车尾气、难降解的塑料

① 源自中国粮油网文章《中国粮食需求与供求缺口预测》，http://www.grainnet.cn/zt/forecast.html。

等有机物、重金属等污染持续增加，生态系统更加脆弱，水土流失加重，天然森林减少，草原退化，环境承载力持续下滑，进入环境修复期和责任承担期。2017年细颗粒物PM2.5浓度达到43微克/立方米，远远高于世界卫生组织要求的10微克/立方米安全值，也高于美国、英国、日本、德国、韩国等国家（图1-8）。我国已成为世界上最大的二氧化碳排放国，碳排放总量超过100亿吨，接近美国和欧盟排放总和。我国是世界上第一温室气体排放大国，每年新增温室气体的排放量占世界新增量的3/4，人均排放量超过7吨，高于世界平均水平。我国提出2030年左右二氧化碳排放达到峰值并努力争取尽早达峰。面对人民群众日益增长的优美环境需要和国际压力，环境标准只会提升和进一步严格执行，2030年之前，经济发展所受到的环境约束依然很强。

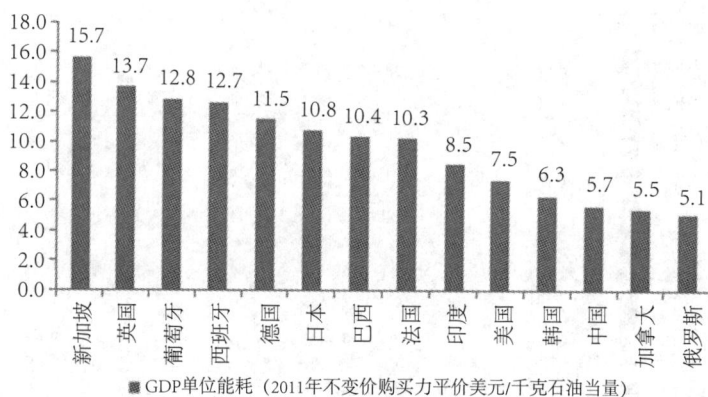

图 1-5　我国单位能耗产生的 GDP 与其他国家的比较（2014 年）

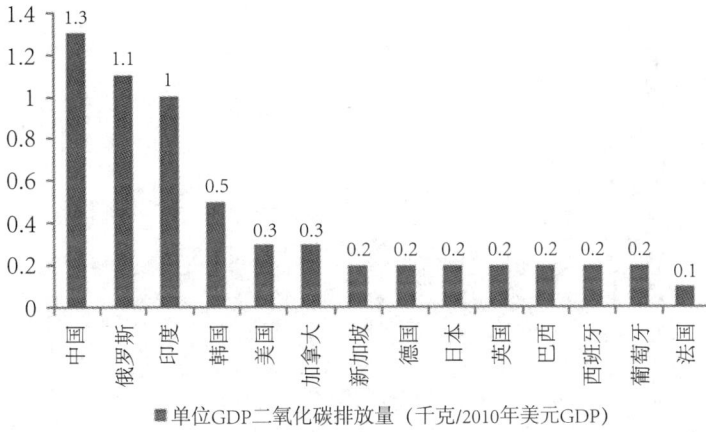

图 1-6 我国单位 GDP 二氧化碳排放量与其他国家的比较（2013 年）

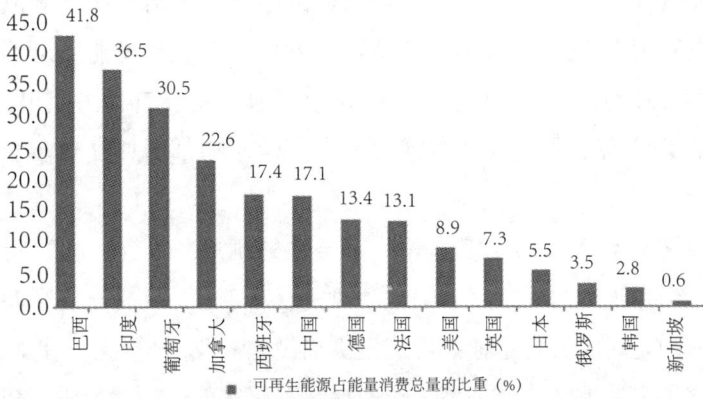

图 1-7 我国可再生能源占能源消费总量的比重与其他国家的比较（2014 年）

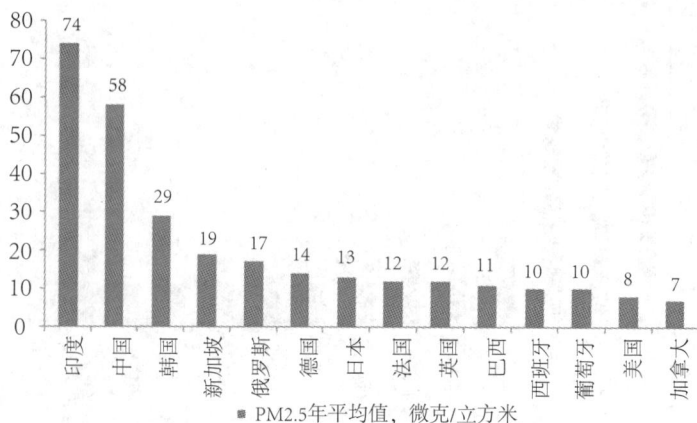

图 1-8 我国 PM2.5 与其他国家的比较（2015 年）

4. 国际和周边区域安全环境更加复杂多变

未来传统军事安全和非传统安全领域的挑战，政治制度和意识形态差异带来的摩擦，地缘政治矛盾和战略猜疑引发的冲突，都可能层出不穷，加之美国为首的西方国家以冷战思维看待我国崛起，还会对我国使出各种遏制、围堵手段，使我国面临的安全挑战比过去任何时期都更加复杂多变，都更具有不确定性。

传统军事安全领域面临多方位、多层次的挑战。尽管大国之间兵戎相见几无可能，但在现行国际秩序下，政治对抗、军事对峙等传统安全问题不会消失，而且在一定时间、特定地区可能会更加激烈。我国与美国、日本、印度和东南亚某些国家的地缘政治关系，长期存在深层次的结构性矛盾。朝鲜半岛严峻对抗局势的波及效应，安全矛盾随时可能激化。美国一直把军事围堵作为遏制、威慑所谓"潜在对手"的主要手段之一。面对我国由大变强，美、日等一些西方国家焦虑感加深，有些发展中国家和周边国家也有疑虑，某些国家倚仗或借助区域外势力的介入来"牵制""平衡"中国，激化地缘政治矛盾冲突，导致我国周边安全环境更复杂多变。

非传统安全主要来自网络安全、金融安全和资源能源安全等领域。网络信息技术的广泛应用是经济全球化背景下开放发展的重要技术基础，但由于我国网络信息技术安全手段发展不平衡和网络治理机制不健全，网络信息安全是一大挑战。我国能源资源对外依存度高，石油、铁、铜、铝、天然气对外依赖度分别高达 60%、70%、70%、50%、30%，尤其是能源对外依存度还面临攀升趋势，资源民族主义和地缘政治冲突将增加能源资源供应的风险性。金融科技创新层出不穷，对传统金融机构、金融模式和金融基础设施形成巨大冲击，也对金融监管构成挑战，保障金融安全的形势比以往更加复杂。此外，境外反华反共势力通过各种渠道越来越多地利用金融、信息等手段，传播谣言或虚假信息，制造或加剧经济动荡，制造恐暴事件，也将影响我国经济社会稳定。

5. 国家治理体系和治理能力建设尚未到位

推进我国治理体系和治理能力现代化的各项改革虽已取得重要进展，但与第二个百年目标经济社会发展的要求相比，与人民对善治善政的要求相比，还有许多亟待攻坚克难的深层次问题。治理体系不适应和治理能力不足，已成为制约经济建设、政治建设、文化建设、社会建设、生态建设质量提升的最关键因素。未来 30 年，随着发展环境和发展阶段变化，还将对国家治理体系和治理能力提出很多制度建设和深化改革的任务。

经济领域，由于要素市场化、国有企业改革、科技体制改革等尚不到位和行政管理体制尚未完全理顺，导致资源配置利用效率较低，影响经济发展质量和效益持续提升。2016 年全员劳动生产率为 25369 美元/人，仅为同年世界平均水平的 75.2%、OECD 国家的 30.3%，远远低于发达国家（图 1-9）。近年来资本产出率持续下降，2007—2016 年，新增单位 GDP 所需的全社会固定资产投资从 2.7 上升到 11.01，所需的资本形成总额从 2.21 上升到 6.11。2015 年，煤炭、原油、铁矿石、钢材、氧化铝和水泥消耗量分别为世界消耗量的 50%、11%、54.97%、44.8%、55.8% 和 57%，而创造的 GDP 只相当于世界总量的14.9%。资源要素利用效率不高，不仅不能有效对冲要素成本上升，还减少了企业利润、居民收入和政府税收，增加了资源环境负担，最终影响经济持续健康发展和经济实力提升。

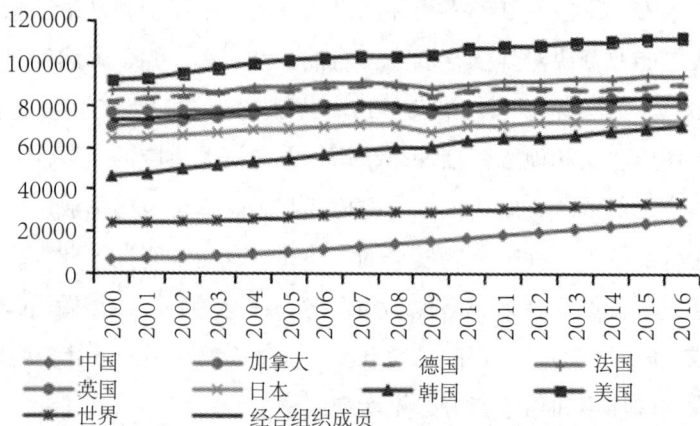

图 1-9　我国与主要发达国家全员劳动生产率比较
（美元／人，2011 年不变价购买力平价美元）

数据来源：世界银行数据库。

政治领域，我国社会主义民主政治制度正在不断完善中。由于实施机制、规范化、程序化还有诸多不到位之处，在体现人民民主的"广泛性、全程性、真实性"上，还存在人大代表和政府官员的选举多流于形式，选举、协商、决策、监督等民主制度尚未落实到位，公民的基本权利保障不够充分，政府决策权、执行权与监督权"三权"尚未有效分离，制衡体制机制不健全等问题，民主政治制度落实程度和实现质量有待提高。社会主义民主政治必须在法治框架下实现，但由于法律规范、实施、监督和保障体系不完善，立法中存在的部门利益法制化倾向和争权诿责，执法中出现的行政机关执法不严、选择性执法、多头执法、滥用执法权，司法中权大于法、钱重于法、同案不同判等损害法律的平等性、权威性现象时有发生，凸显法治国家建设还须进一步加强。

文化领域，文化治理能力不高，加之部分领域的制度建设同社会主义核心价值观不协调，影响人们对平等、公正等核心价值观的认同，造成一些领域道德失范、诚信缺失，一些社会成员人生观、价值观扭曲，用社会主义核心价值体系引领社会思潮、形成社会共识的工作还有许多需要加强和改进。文化发展中政府与市场、政府与社会的关系没有完全理顺，文化事业管理体制改革尚未到位，文化产业发展的体制机制和市场环境尚不完善，造成公共文化服务有效供给不足，农村地区与中西部地区公共文化服务发展滞后；经营性文化服务无效供给比重偏大，文艺创作多而少优，"有数量缺质量、有高原缺高峰"，既影响文化产业整体实力和竞争力，也难以满足人民群众日益增长的文化消费需求。

社会领域，基本公共服务均等化的标准、推进机制、供给方式尚不完善，基础教育在区域间、城乡间、甚至同一地区的不同学校间存在较大质量差异，城乡间、部门间、群体间社会保障制度不统一、保障水平差距大。一些领域体制改革迟缓、运行低效，造成公共服务供给不足与质量低下并存。政府、市场和社会组织的功能定位尚不够清晰，多元共治、和谐善治的法律体系、制度环境和推进机制尚不健全，造成公民参与社会治理的广度和深度不够，影响社会和谐。

生态建设领域，生态考核制度尚不健全，导致生态建设中更多关注数量指标。典型的如，我国有封山育林、退耕还林、天然林保护、"三北"防护林建设等多项森林保育工程，但重点关注森林覆盖率提高，而对森林资源质量关注不够，一定程度上导致森林生态服务能力不高。此外，当前生态文明建设更多依靠行政手段，依靠市场机制和法制手段推进生态文明建设的制度体系尚未建立起来，一定程度上影响生态建设效果。

（三）重大考验

展望未来，我国现代化进程面临"修昔底德陷阱""中等收入陷阱"和"塔西佗陷阱"的重大考验。能否顺利跨越三大传统陷阱，直接关系到我国能否如期实现第二个百年宏伟目标和中华民族伟大历史复兴的中国梦。

1. 新兴大国崛起面临"修昔底德陷阱"的考验

"修昔底德陷阱"指新崛起的大国挑战原有霸权大国，后者势必强力反制，从而不可避免出现战争。西方一些学者和政客常用"修昔底德陷阱"来描述当前及预判今后一个时期中美可能发生严重的对抗、冲突，甚至发生战争。多数人士认为，中美两国经济联系密切、合作领域广泛，加之"核制衡"因素，陷入传统意义上兵戎相见的"修昔底德陷阱"的概率不大。由于历史、文化和制度差异，中美在国家利益、国际秩序和区域安排的诉求上存在明显差异和分歧。展望未来，中国综合国力的迅速上升将深刻影响国际体系的力量结构、制度安排和秩序规范，美国中长期的全球再平衡尤其是亚太再平衡战略，虽然受特朗普上台的短期扰动，但美国绝不会自动放弃其全球霸权和"美国优先"的国家利益。今后一个时期，中美关系进入利益摩擦和矛盾多发期，美国国家安全战略把中国描绘为"战略竞争对手"，今年以来主动挑起贸易战，并有可能利用美元霸权地位对中国发起金融战，能否通过构建新型大国关系，防止跌入"修昔底德陷阱"是重大考验。

2.经济社会发展面临"中等收入陷阱"的考验

"中等收入陷阱"指一个国家和地区经过低收入阶段快速发展，进入中等收入阶段后，由于不能顺利实现发展战略和发展方式转变，出现经济增长动力不足、产业升级无力、城市化进程受阻、贫富分化加剧、社会矛盾凸显等矛盾和问题，导致经济停滞，迟迟不能进入高收入阶段的状态。我国经过近40年快速发展，也面临能否顺利跨越"中等收入陷阱"的考验。

经济增长动力不足。在劳动力、资本形成和资源要素供给发生趋势性改变的情况下，提高全要素生产率是培育增长新动力的关键。研究表明，技术创新和体制改革是过去30多年我国全要素生产率的主要来源。受路径依赖和科技体制尚未理顺的影响，科技创新对驱动经济增长和改善经济增长质量的作用尚未充分发挥出来；此外，作为长期的技术追随者，能否催生出对经济社会产生重大影响的原创性、颠覆性技术，存在一定的不确定性。从发挥体制改革对全要素生产率的提升作用看，深化改革涉及的利益格局调整、治理模式转变等问题更加复杂，能否进一步降低经济运行的制度成本、提升经济运行效率，也存在不确定性。这可能造成未来全要素生产率提高空间缩小，影响经济增长动力转换。

产业转型升级面临困难。从中等收入国家迈向高收入国家行列，产业结构应从工业主导转向服务业主导，从资本密集型的重化工业为主转向知识和技术密集型产业为主。我国企业研发经费占全社会研发经费比重较低，企业创新能力不足，产业创新水平较低，目前制造业很多门类处于国际产业分工中的低端。新科技产业革命中，发达国家拥有技术、资本和市场制度等先发优势，更有可能成为未来全球高附加值终端产品、主要新型装备和新材料的主要生产国和控制国。我国要改变国际分工地位，向产业链价值链高端发展，难免遭遇欧美发达国家的挤压，通过引进来和走出去在全球布局产业体系、实现分工地位提升会面临很大难度。

城镇化进程可能受阻。高水平、高质量的城镇化是从中等收入国家迈进高收入国家行列的重要标志和重要动力。我国进城务工人员还没有完全享受到城镇居民待遇，影响新型城镇化、新型工业化、农业现代化顺利推进，并成为影响社会稳定的重要因素。经济发展进入新常态后，经济增速换挡、财政收入提高放缓，实现基本公共服务对常住人口全覆盖和均等化任重道远。未来，受教育程度更高、融入城市愿望更强烈的新生代农民工不断增加，其享受平等公共服务的要求和维权意识更强，一旦愿望无法实现，可能引发系列社会矛盾，制约城镇化顺利推进。

收入分配差距大、低收入群体就业难和社会阶层固化等社会矛盾突显。首先，近年来收入分配差距尤其是城乡居民收入差距有所缩小，但收入差距过大的问题没有得到根本解决，基尼系数仍在高位，2016 年为 0.465，超过国际通行的 0.4 警戒线（图 1-10）。收入财产差距的自我强化功能，加之新科技产业革命中，普通劳动在生产中的地位下降，收入分配很可能出现有利于资本和高收入、高净值群体、不利于普通劳动者和低收入群体的格局。这意味着，经济发展对收入差距的影响有很大的不确定性，如果缺少有力的政策干预，收入分配矛盾激化将严重影响社会和谐稳定。其次，经济转型升级导致传统产业就业岗位减少，新科技产业革命引致的主要是对高端人才和高技能劳动力的需求，技术革新带动产业结构变迁的速度快于劳动力结构优化速度，产业结构和劳动力结构不匹配问题可能造成大量失业。再次，"富二代""官二代""垄二代"等问题突出，加之教育等基本公共服务资源尚未均等化，以及种种"隐形门槛"的影响，社会向上流动渠道不畅、机会有限，导致社会阶层界限固化。不同阶层之间的矛盾冲突可能加剧，将影响社会稳定。

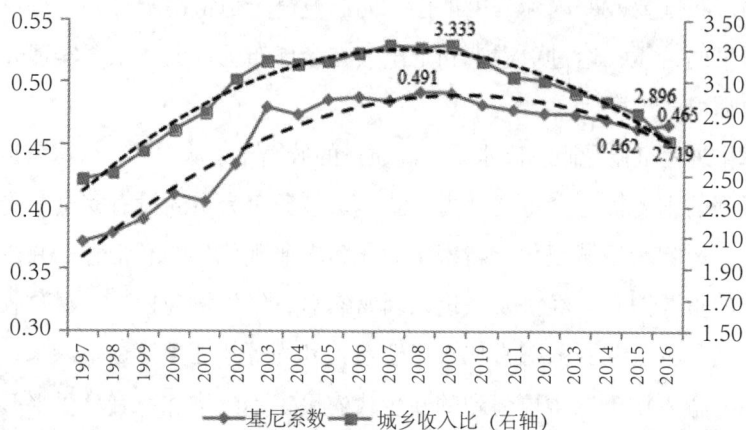

图 1-10　基尼系数和城乡收入比（1997—2016）

数据来源：基尼系数来自国家统计局网站，城乡收入比来自《中国统计年鉴（2016 年）》。

金融风险隐患相当严重。近几年来，我国地方政府债务和企业债务快速上升，社会总杠杆率持续攀升（图 1-11）。2016 年底，全社会杠杆率达到 257% 的历史高位，已进入国际经验显示的风险高发窗口期（250%—280%）。我国以间接融资为主的金融体系尚未根本改变，长期看全社会杠杆率上升是大概率事件。如果不作大力度、深层次改革和相关制度建设，保守估计，2030 年、2049 年全社会杠杆率将达到 320% 和 380%。稳妥有序化解债务风险难度较大，应对不当，可能引发金融危机甚至经济危机。未来，金融产品证券化、金融市场国际化、金融体系虚拟化趋势明显，金融风险点多面广，交叉传染机率更高，风险管控难度加大，若金融监管规则、视野、标准未能及时跟进，将难以避免和防控出现系统性金融风险。

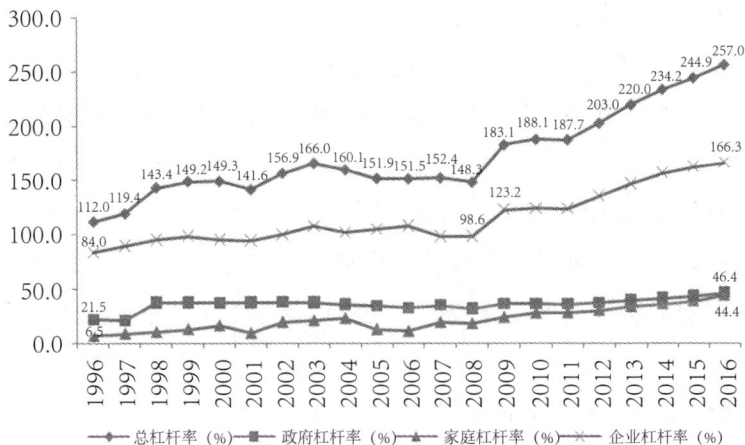

图 1-11　1996—2016 年我国的杠杆率

数据来源：国际清算银行（BIS）网站。

3. 政府治理面临"塔西佗陷阱"的考验

当公权力遭遇公信力危机时，无论政府发表什么言论、颁布什么样的政策，社会公众都不信任，并给予负面评价，这一现象被称之为"塔西佗陷阱"。一个时期以来，由于一些政府机构不作为乱作为、行为失范，信息不透明、公开不及时，施策不连续、不稳定，部分官员滥用权力、寻租贪腐，假公济私，严重损害政府形象，一定程度上削弱了人民对政府的信任基础，还对社会信用产生不良示范效应。商业欺诈、制假售假、偷逃骗税等屡禁不止，重特大生产安全事故、食品药品安全事件时有发生，履约践诺、诚实守信的社会氛围尚未形成。这损害的不仅是当期利益，还影响居民对经济社会发展的预期，并将增加经济社会发展的运行成本，处理不好，甚至引发社会动荡和政治动乱。

五、全面建成小康社会之后经济社会发展的目标和路径

今后一个时期，世情、国情、党情继续发生深刻变化，面临的发展机遇和风险挑战前所未有。结合实现第二个百年目标和中华民族伟大复兴中国梦的战略需要，把握好现代化建设方略和实施路径，明确全面建成小康社会之后经济

社会发展的目标，具有重大现实意义。

（一）求实创新，正确把握全面建成小康社会之后的发展方略

全面建成小康社会之后，我国将开启社会主义现代化建设新征程。改革开放以来尤其是十八大以来对中国社会主义现代化建设的新认识和新探索，体现了马克思主义中国化和中国特色现代化的高度统一，体现了立足中国国情和发展阶段与面向世界和未来的有机结合，体现了全面深入的理论创新和全方位多层次的实践创新良性互动，是长期指导中国特色社会主义现代化事业的行动指南。

1. 坚持"五位一体"总体布局

根据实现第二个百年目标的战略需要，结合经济社会发展的新形势，统筹推进"五位一体"现代化建设。**围绕建设社会主义富强国家**，以提高经济发展质量和效益为中心，深入推进经济现代化建设，力争新中国成立一百年时人均GDP达到发达国家平均水平。**围绕建设社会主义民主法治国家**，以切实实现人民当家作主为宗旨，发展更加广泛、更加充分、更加健全和更加有效的中国特色社会主义民主政治和与其相适应的现代法治体系。**围绕建设社会主义文化强国**，以践行社会主义核心价值观为核心，繁荣发展社会主义文化，为实现第二个百年目标提供强大的精神动力、智力支撑和思想保证。**围绕建设社会主义和谐社会**，以完善公共服务和社会治理为重点，加快建设公平、安全、和谐、稳定的现代化社会，努力促进人的全面发展，实现全体人民共同富裕。**围绕建设美丽中国**，以破解资源约束和改善环境质量为核心，加强生态文明建设，形成人与自然和谐共生的现代化建设新格局。

2. 以新的"四个全面"为战略指引

全面建成小康社会之后，"四个全面"的战略布局应有新内涵，将全面实现现代化、全面深化改革、全面依法治国、全面从严治党作为实现第二个百年目标的战略指引。**全面实现现代化**，把我国建设成为富强民主文明和谐美丽的社会主义现代化强国，**是实现第二个百年目标的核心标准**，要确保2049年全国各地区、经济社会发展各领域都要达到全面实现现代化的标准。**全面深化改革是实现第二个百年目标的动力源泉**，未来30年，面对国际政治经济格局复杂多变、新科技产业革命深入发展和我国经济社会发展条件深刻变化，必须不

断创新体制、完善制度。**全面依法治国是实现第二个百年目标的重要保障**，保持经济社会长期平稳健康发展，必须夯实党和国家长治久安的法治基础。**全面从严治党是实现第二个百年目标的根本保证**，必须不断增强党自我净化、自我完善、自我革新、自我提高的能力，夯实党在中国特色现代化建设中的领导核心地位，不断提高党的执政能力和水平。

3. 丰富和发展新发展理念

创新、协调、绿色、开放、共享的发展理念，体现了对社会主义本质要求和发展方向的科学把握，是社会主义现代化建设的行动指南。在实现第二个百年目标的征程中，应结合国内外形势变化和经济社会发展需要，为创新、协调、绿色、开放、共享的发展理念注入新内涵。

创新是实现第二个百年目标的第一动力。充分发挥创新对经济社会发展的引领作用，坚持理论创新、制度创新、科技创新、文化创新相结合。突出技术创新的主导作用，紧紧把握全球新科技产业革命发展方向和我国经济社会发展的需要，不断提升自主创新能力和科技实力，构建面向国内外的开放式协同创新体系，激发全社会创新积极性，加快创新基础能力和软环境建设，构建具有中国特色的"人本化、自主性、共享式、平台型"科技创新体系。构建军民深度融合创新体系。适应新科技产业革命方向，建立以智能化、网络化、服务化、绿色化为主导的制造业体系和知识型、网络型、分享型服务业新体系，推动农业精准化、智能化、网络化、生态化发展。

协调是实现第二个百年目标的内在要求。以农村人口自由进城和资本有序下乡为重点，促进生产要素在城乡间双向合理流动，促进城乡协调发展。以城市群内外的协调带动区域间更好地协调发展。以完善融合发展机制和政策体系为重点，促进城市群内大中城市和小城镇有机结合，推进城乡一体化发展。以城市群联动来带动相关区域发展，形成城市群地区与非城市群地区协同发展的格局。在增强国家硬实力的同时注重提升软实力，促进软硬实力同步提高。

绿色是实现第二个百年目标的重要体现。牢固树立资源生态关联安全理念，围绕建设美丽中国，努力打造以主体功能区建设为抓手，以完善生态文明制度为重点，以生态科技进步为支撑，绿色生产、绿色生活、绿色环境、资源节约利用体系完善的绿色发展格局，形成节约资源和保护环境相辅相成、相得益彰的发展方式和制度体制机制，建设人与自然和谐共生的现代化社会，满足人民对优美生态环境的需要。

开放是实现第二个百年目标的必由之路。按照主动开放、平衡开放、共赢开放和安全开放的思路，推进高水平对外开放。在保障国家安全的前提下，更大程度开放国内市场，以"一带一路"为重点全方位走出去开拓国际市场，扩大我国和全球共享发展空间。以经济开放为主，带动政治、军事和社会文化等多领域开放合作，实现平衡开放。坚持合作共赢、共建共享，推动形成包容、普惠、平衡、共赢的经济全球化，推动国际社会共同参与构建人类命运共同体。牢固树立安全开放观，在开放中有效维护国家利益，有力保障开放形成的国境外利益。培育对外开放新优势，推进由处于全球价值链中低端向中高端转变，从集聚全球生产要素、融入全球价值链为主，向培育高端生产要素、构建国家价值链体系转变。

共享是实现第二个百年目标的本质要求。坚持以人民为中心的发展思想，通过有效的制度安排，保障发展起点、发展机会、发展权利公平和发展成果全社会所有成员公平分享。以共同富裕为目标，以社会结构合理化、收入分配公平化、公共服务均等化、社会治理现代化为重点，构建共享发展新格局，不断满足人民日益增长的美好生活需要，不断促进社会公平正义，形成有效的社会治理、良好的社会秩序，使人民获得感、幸福感、安全感更加充实、更有保障、更可持续。

4. 坚持和强固"四个自信"

道路自信、理论自信、制度自信、文化自信，是中国特色社会主义事业取得伟大历史成就的经验总结，是建设社会主义现代化强国的根本保障。**道路自信是实现第二个百年目标的方向把握**。毫不动摇地坚持和走好中国特色社会主义道路，将马克思主义基本原理与我国社会主义现代化建设实践紧密结合起来。**理论自信是实现第二个百年目标的行动指南**。始终不渝地坚持和发展中国特色社会主义理论体系，不断深化对共产党执政规律、社会主义建设规律、人类社会发展规律的认识，确保社会主义现代化建设沿着正确轨道前进。**制度自信是实现第二个百年目标的制度保证**。坚持和完善中国特色社会主义制度，充分调动一切积极因素，为现代化建设提供强力支撑。**文化自信是实现第二个百年目标的精神动力**。激发广大人民群众对中华民族优秀文化传统和社会主义先进文化的认同度和自豪感，为现代化建设提供精神动力源泉。

（二）分两步走，第一步在 2035 年基本实现现代化

在建设小康社会的过程中，我国先后提出了现代化建设"三步走"战略和人民生活达到小康水平、全面建设小康社会、全面建成小康社会等阶段性目标。这种循序渐进和与时俱进相统一的战略设计，为小康社会建设和经济社会发展提供了清晰的路线图和明确的历史方位。从 2020 年全面建成小康社会到 2049 年建成富强民主文明和谐美丽的社会主义现代化强国，时间跨度较长、发展水平和状态差别大、发展中存在的不确定性因素多，借鉴改革开放的成功经验，应继续实施分步走战略。

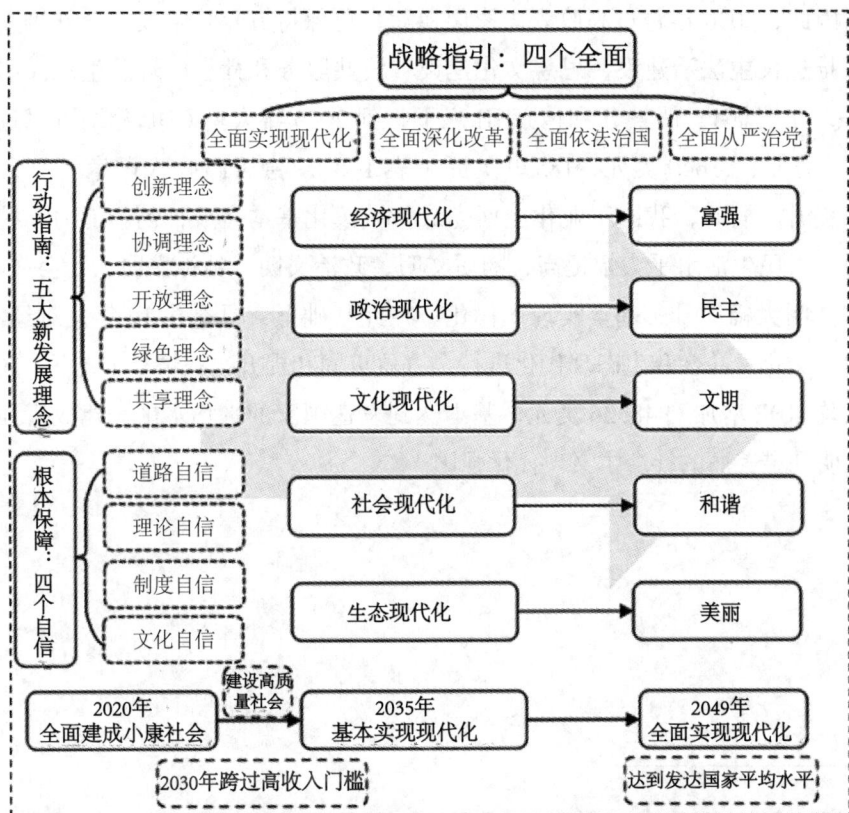

图 1-12　到 2049 年实现第二个百年目标逻辑图

2030年我国将进入高收入国家行列，发展条件、发展趋势、发展格局及面临发展环境都将发生重大变化。按照前面关于未来我国发展的情景预测，2016—2030年，在情景Ⅰ、情景Ⅱ之下，2030年人均GDP分别达到19132、17289美元（2015年不变汇率，下同），可进入高收入国家行列（表1-8）。根据我们的研究，2016—2030年，我国可以保持年均5.7—6.5%的经济增速，同期美国经济增速大约为2.5%，则2028年或2032年我国经济总量可能超越美国，成为全球第一大经济体[①]。2030年，我国资源利用总量可能达到峰值，二氧化碳排放已由峰值转为回落，城乡区域发展也将由非均衡发展转向均衡发展。带动全球经济新一轮繁荣、人类社会生产方式发生根本性变化的新科技产业革命在2030年左右可能形成高潮，世界经济将由第五个周期的下降阶段转为第六周期的上升阶段，我国经济也将进入新的上升期。

因此，2030年跨过高收入国家门槛后，再保持五年稳定发展，并进一步深入推进民主法治建设、思想文化建设、公共服务和社会治理、生态文明建设等，在情景Ⅰ、情景Ⅱ和情景Ⅲ之下，到2035年人均GDP分别可以达到24612美元、21640美元、18579美元（表1-8），稳居高收入国家行列，且位次提升。届时，我国工业化全面完成，城镇化基本完成，创新能力、综合国力、人民生活水平大幅提高，物质文明、政治文明、精神文明、社会文明、生态文明大幅提升，基本实现现代化。在此基础上，再奋斗15年，对经济、政治、文化、社会和生态现代化进行全方位巩固和提升，在情景Ⅰ之下，2049年人均GDP增加到48536美元，基本达到发达国家的平均水平，建成富强民主文明和谐美丽的社会主义现代化强国。

---

① 按照关于未来我国经济增长的情景假设，在情景Ⅱ下，2016—2030年经济年均增速为5.7%，则到2032年可超越美国成为第一大经济体。

表 1-8　三种情景下达到相应发展水平需要的增长条件 [①]

情景	相关指标	2030	2035	2049
	高收入国家门槛值	16790	18537	24459
情景 I	人均 GDP（美元）	19132	24612	48536
	GDP 年均增速（2016—，%）	6.5	6.1	5.5
	TFP 年均增速（2016—，%）	3	3	3
	劳动年龄人口年均增速（2016—，%）	−0.27	−0.45	−0.36
	资本存量年均增速（2016—，%）	4.2	4	3.5
情景 II	人均 GDP（美元）	17289	21640	39636
	GDP 年均增速（2016—，%）	5.7	5.4	4.9
	TFP 年均增速（2016—，%）	2.5	2.5	2.5
	劳动年龄人口年均增速（2016—，%）	−0.27	−0.45	−0.36
	资本存量年均增速（2016—，%）	4.2	4	3.5
情景 III	人均 GDP（美元）	15295	18579	31448
	GDP 年均增速（2016—，%）	4.9	4.6	4.2
	TFP 年均增速（2016—，%）	2	2	2
	劳动年龄人口年均增速（2016—，%）	−0.27	−0.45	−0.36
	资本存量年均增速（2016—，%）	4.2	4	3.5

（三）突出"高质量"发展，制定 2035 年基本实现现代化的目标

2020 年全面建成小康社会之后，要聚焦发展质量不高这一制约经济社会稳定健康持续发展的核心问题，大力实施质量强国战略，围绕建设"高质量社会"，以高质量发展为第一要务，全方位夯实 2035 年基本实现现代化的基础。

推进以提高发展质量和效益为中心，持续稳定健康发展为导向的经济现代

[①] 本表由易信同志根据分报告一中的生产函数基础数据推断。

化建设。深入实施创新驱动发展战略，进一步完善社会主义市场经济制度，推动经济增长主要由投资拉动转向消费、投资、进出口协调拉动，由主要依靠资源要素投入转向主要依靠创新驱动，由传统产业为支柱转向现代产业为支柱。到 2035 年，人均 GDP 有望达到 24612 美元，稳居高收入国家行列，经济总量占全球比重有望达到 27%。消费在经济增长中的主导作用进一步巩固，"世界工厂"转变为世界创新中心和第一大市场。研发投入占 GDP 比重达到 3% 以上，在基础研究和前沿技术研究领域取得一批具有重大影响的科学发现和技术发明，跻身创新型国家前列；创新成为经济社会发展的第一动力，科技进步对经济增长的贡献率接近 70%。制造业智能化、网络化、绿色化、服务化水平显著提升，知识型、网络型、分享型服务业获得较快发展，服务业增加值占比超过 65%，产业综合竞争力进入世界强国行列，工业社会全面转变为后工业化社会、信息社会，并开始向知识社会迈进；建成世界上最大的 ICT（信息通信技术）强国，信息化水平大幅提高。新型城镇化建设成效明显，城镇化率达到 75%，取消户籍制度，改行统一的居民证制度，居民在定居地享有同等公共服务。与世界经济高度融合，国际竞争力大幅增强。

推进党的领导、人民当家作主、依法治国有机统一的政治现代化建设。围绕建成民主有序、法治严明的社会，积极稳妥推进政治体制改革，健全人民当家作主制度体系，加快建设社会主义法治国家。各级人民代表大会依法行使权力，全国人民代表基层代表比例上升，完善各级人大代表直接选举与间接选举相结合的选举制度；协商民主广泛多层制度化发展；制度更加完善，民主形式更加丰富。人民平等参与、平等发展权利得到充分有力保障，建成法治国家、法治政府、法治社会，基本实现国家治理体系和治理能力现代化。

推进以增强引领力、激发创造力为核心的文化现代化建设。实施中华文化提升工程，按照意识形态属性和产业属性相统一、弘扬优秀传统文化与发展现代文化有机统一、发展公益性文化事业和经营性文化产业有机统一、提高社会效益与经济效益有机统一的思路，加快中华文化创造性转化、创新性发展、信息化普及，把跨越时空、超越国度、富有永恒魅力、具有当代价值的文化精神弘扬起来。**实施中华文化走出去工程，**依托大中华文化圈，把继承优秀传统又弘扬时代精神、立足中国又面向世界的当代中国文化创新成果传播出去，向世界展示中华文化的独特魅力。社会主义核心价值观转化为广大人民的情感认同，文化自信明显增强，文化引领力大幅提高，社会文明达到新高度。基本公共文化服务标准化、均等化水平大幅提高，群众基本文化权益充分保障，文化产品丰富多彩，文化产业长足发展，更好满足人民日益增长、不断升级的精神文化需求；国家文化软实力显著增强，中华文化影响更加广泛深入，社会主义文化强国形象在全球基本确立。

推进以改善民生为重点、促进社会和谐为目标的社会现代化建设。围绕建立"共富、共建、共享、共治"社会，完善分配制度，基本公共服务均等化基本实现，优化社会治理方式。到 2035 年，居民人均可支配收入达 72000 元以上，人民生活更为宽裕。收入分配结构趋于公平合理，基尼系数缩小到 0.4以下，中等收入群体占比达到 45% 以上，向全体人民共同富裕迈出坚实步伐。多层次的现代公共服务体系覆盖城乡、不同区域、不同人群，基本养老、基本医疗服务全面覆盖、标准统一。学前教育和高中阶段教育纳入基本公共服务范围，实现全覆盖，高等教育进入普惠化、普遍化、优质化阶段，职业教育多元化发展、质量持续提升，全社会预期受教育年限超过 13 年。政府管理、社会自我调节和公民自治协同治理的现代社会治理格局基本形成，社会充满活力又和谐有序，人民生活幸福感、获得感、安全感明显增强。

推进人与自然和谐相处、提高环境质量的生态现代化建设。牢固树立保护生态环境就是保护生产力、改善生态环境就是发展生产力的绿色发展理念，把生态文明建设融入经济社会发展的各方面和全过程。到 2035 年，生态环境根本好转，美丽中国目标基本实现。主体功能区建设取得显著进展，生产空间集约高效、生活空间宜居适度、生态空间蓝绿交错的格局基本形成，森林覆盖率接近 28%。成为世界上最大的绿色能源国，资源节约型社会和环境友好型社会基本建成，万元国内生产总值能耗、万元 GDP 用水量、万元 GDP 二氧化碳排放、主要污染物排放等指标达到发达国家水平。可持续发展能力显著增强，由生态赤字国家转变为生态平衡国家。

综合分析 2035 年之前的发展环境和发展条件，选取比 2049 年较为详细的指标体系，并参考发展水平相当的发达国家和我国发达地区的"十三五"规划，制定 2035 年基本实现现代化时的主要发展目标，如表 1-9。

表 1-9　2035 年基本实现现代化的指标

指标		2015	2020	2030	2035	年均增速
➤经济现代化						
(1) GDP（万亿美元）		10.9	15.5	27.8	35.7	6.1%
(2) 人均 GDP（美元）		8069	10838	19132	24612	5.7%
(3) 全员劳动生产率（万元／人）		8.7	12.9	24.2	31.6	[22.9]
(4) 工业增加值率		20	25	32.5	35	[15]
(5) 城镇化率		56.1	60	70	75	[18.9]
(6) 服务业增加值占 GDP 比重（%）		50.5	56	63	65	[14.5]
(7) 高新技术产业占规模以上工业增加值比重（%）		11.8	15	20	22.5	[10.7]
(8) 研究与试验发展经费投入强度（%）		2.1	2.5	3.0	>3.0	[0.9]
(9) 专利	每万人口发明专利拥有量（件）	6.3	12	20	25	[18.7]
	PCT[①]专利申请量累计占全球比重（%）	13.7	18	23	25	[11.3]
(10) 科技进步贡献率（%）		55.3	60	65	接近 70	[14.7]
➤政治现代化						
(11) 基层民主参选率（%）		——	>95	>98	>98	——
(12) 每万人拥有社会组织数（个）		——	——	>15	>18	——
(13) 法治建设满意度（%）		——	——	>90	>95	——
➤文化现代化						
(14) 公共文化设施覆盖率（%）		——	——	>90	>95	——
(15) 文化产业增加值占 GDP 比重（%）		3.97	4.5	>6	接近 7	[3.03]
(16) 文化娱乐支出占全部消费支出比重（%）		4.8	5.3	>7	接近 8	[3.2]
➤社会现代化						
(17) 居民人均可支配收入（元）		21966	31391	56205	72072	>6.1%
(18) 基尼系数		0.462	——	0.4 左右	<0.4	[-0.062]

---

① PCT 是《专利合作条约》(Patent Cooperaton Treaty）的英文缩写。根据 PCT 的规定，专利申请人可以通过 PCT 途径递交国际专利申请，向多个国家申请专利。

（续表）

指标	2015	2020	2030	2035	年均增速
（19）劳动年龄人口平均受教育年限（年）	10.23	10.8	12.5	>13	[1.77]
（20）人均预期寿命（岁）	76.34	77.3	79	>80	[3.66]
（21）公共医疗卫生支出占 GDP 比重（%）	4.2	4.5	6	>7	[2.8]
（22）教育公共支出占 GDP 比重（%）	4.3	4.5	5 左右	>5	[0.7]
▶生态现代化					
（23）非化石能源占比（%）	12	15	20	23	[11]
（24）电力占终端能源消费比重（%）	25.8	27	30	35	[9.2]
（25）每立方米水资源所产生的 GDP（2010 年不变价美元 GDP/ 立方米）	14 (2014)	——	40	45	[31]
（26）单位能耗产生的 GDP（2011 年美元 GDP/ 千克石油当量）	5.7 (2014)	——	9.5	10	[4.3]
（27）非化石能源占一次能源消费比重（%）	12	15	18	20	[8]
（28）细颗粒物 PM2.5 平均浓度（微克/ 立方米）	58	——	38	35	[-23]
（29）单位 GDP 二氧化碳排放量（千克/ 2010 年美元 GDP）	1.3 (2013)	0.96	0.56	<0.5	[-0.8]
（30）主要污染物排放强度下降	达到国家下达标准				
（31）森林覆盖率（%）	21.66	23.04	26	接近 28	[6.34]
（32）重要水功能区水质达标率（%）	——	——	80	85	——
（33）受污染地块安全利用率（%）	——	>90	>95	>98	——

注：[ ] 内为累计数。GDP、人均 GDP、全员劳动生产率、居民人均可支配收入按可比价计算，绝对数按 2015 年不变价计算，未特定标注的美元按 2015 年不变价汇率计算。

六、实现第二个百年目标的重大战略措施

未来 30 年，坚定不移把科学发展作为党执政兴国的第一要务，按照内外兼修的思路，一方面主动争取和创造有利的国际环境，避免和防止外来因素干扰，另一方面保持发展的战略定力，努力化解制约因素，有效应对重大考验，确保第二个百年目标顺利实现。

（一）主动营造于我有利的发展环境

高举和平、发展、合作、共赢的旗帜，坚定奉行独立自主的和平外交政策，充分发挥日益富强的大国外交优势和潜力，积极推动构建人类命运共同体，构建新型国际关系，为实现第二个百年目标营造和平、友好、包容的外部环境。

推动建立人类命运共同体。全面、完整、准确地理解和把握"韬光养晦、有所作为"的战略方针，在参与协调全球宏观经济政策、完善国际贸易投资体制、推动国际货币基金组织和世界银行改革中更加积极有为，在维护国际公共安全、应对气候变化中更加务实地承担大国责任，用中国智慧和中国力量促进国际公平正义，推动全球化朝着更加开放、包容、普惠、平衡、共赢的方向发展，推动全球治理更加合理、公平、有序发展。以"一带一路"建设为载体，与世界各国共享发展经验和机遇，为各国提供更广阔的市场、更充足的资本、更丰富的产品、更宝贵的合作契机，共商、共创、共建、共享开放红利。

构建新型国际关系。坚持和平发展道路，坚定不移在和平共处五项原则基础上，全面推进大国外交、周边外交、发展中国家外交和多边外交，推动建设相互尊重、公平正义、合作共赢的新型国际关系。构筑总体稳定、均衡发展的大国关系，推进与美国、俄罗斯、欧洲等国家和地区的协调和合作。按照亲诚惠容理念和与邻为善、以邻为伴周边外交方针，深化同周边国家关系。秉持正确义利观，加强同新兴市场国家和发展中国家团结合作。

主动谋划和塑造有利于我国和平发展的外部环境。顺应我国发展能力提升及与世界发展互动关系增强的趋势，将充分利用与自我创造发展机遇相结合，主动塑造有利于我国和平发展的外部环境。2030年之前重点应放在周边和亚太区域，在充分发挥我国经济影响力的基础上，努力补足政治和军事影响力方面的短板，2030年之后重点放在巩固和提升我国经济、政治和军事等方面的全球影响力。

进一步完善经济领域的开放合作政策和制度框架。深刻把握新一轮科技革命和产业变革推动下的国际贸易规则重构趋势，通过双边多边谈判，降低技术、资本、人才等要素流动的制度性壁垒，提升国际贸易投资规则制定的话语权和影响力。发挥金融开放在对外开放中的重要作用，审慎、渐进、可控地推进资本账户开放，多渠道促进资本项下人民币可兑换，建立规范的人民币回流渠道，继续鼓励人民币离岸市场发展。以"一带一路"为平台，为建立更加公平、公正、合理、有效的国际宏观经济协调机制树立样板、提供经验。

（二）筑牢经济基础

2035 年基本实现现代化、2049 年达到发达国家平均水平，需要具备更加坚实、雄厚的经济基础。今后 30 年，要围绕改善生产要素配置效率和提高全要素生产率，加快体制改革和技术创新，充分挖掘经济增长潜力，为实现第二个百年目标强基固本。

充分挖掘劳动力供给潜力。在"全面二孩"政策框架下选择性鼓励生育，择机全面放开生育限制，大力推进教育现代化，在稳定人口规模、改善人口结构的同时努力提高人口质量。出台渐进式的延迟退休年龄政策，提升老年人力资源开发利用水平。针对不同人群制定差异化的就业促进和社会保障政策，使更多劳动力适应新科技产业革命的要求，努力提高劳动参与率。改革完善国外优秀人才移民制度，研究探索"出国人才回流＋移民吸收人才"相结合的国际化人才强国战略，加快研究制定《移民法》，利用好全球人力资源。

努力促进有效资本形成。加快形成多元化金融机构和完善多层次资本市场，引导更多资金服务于实体经济。健全利率、汇率形成机制，不断提高资金配置效率。持续加大中高端制造业、现代服务业、环境治理等短板领域和薄弱环节投资，超前谋划和实施适应新科技产业革命发展需要的网络化、数字化、智能化新型基础设施投资。在促进合理消费的同时，继续鼓励储蓄和投资，避免储蓄率和投资增速大幅下滑。改革完善有利于吸引外资、吸纳社会资本和有利于加强短板领域的投融资体制。进一步营造稳定公平透明、可预期的营商环境，加快引入国际先进理念、通用行业规范、管理体系和运作经验，建立"统一规范、管理科学、平台开放"的外商投资服务框架，更好利用外资。

持续提高全要素生产率。结合新科技产业革命兴起趋势和经济社会发展需要，推进以破除国企垄断、健全产权制度、促进要素市场化、完善政府管理、扩大开放领域等为主要内容的新一轮大改革大开放，持续释放制度红利。深入实施创新驱动发展战略，努力提升自主创新能力，促进科技成果有效转化，提高科技进步对经济增长的贡献率，释放更多技术创新红利。加快构建与新科技产业革命相适应的管理体制、监管框架、行业标准和知识产权保护制度，利用好产业组织网络化、产业集群虚拟化、组织结构扁平化带来的生产效率和组织效率改善效应，培植全要素生产率新源泉。

（三）努力化解制约因素

1.完善养老保障制度和服务体系，积极应对人口老龄化

除了通过完善生育政策稳定人口规模，通过教育现代化提高人口素质，为经济增长提供高素质劳动力外，还应加快养老保障制度和服务体系建设，努力化解数量庞大的老龄人口对经济社会发展的制约效应。**完善养老保障制度**，首先要提高基本养老保险的统筹层次，尽快调整目前省级统筹为主的基本养老保险制度，先成立中央调剂基金，调节不同地区养老保险资金缺口，逐步过渡到全国统一、中央统筹的社会基础养老保险体系；其次要探索划拨国有资产和国企上缴红利、开征新税种等方式，拓宽养老资金的筹资渠道，加快建立参保缴费与待遇挂钩的激励约束机制，鼓励城乡居民参保缴费；还要推进企业年金和补充医疗保险，发展商业养老保险和社会救助，改变当前过分依赖基本保险、保险形式单一的局面。**完善养老服务体系**，要建立健全居家为基础、社区为依托和机构为支撑的养老服务体系，支持各种形式的社会资本参与养老产业发展。

2.教育和科技现代化先行，加快提高人力资本素质和自主创新能力

充分发挥教育在实现第二个百年目标中的基础先导作用和科技创新的核心动力作用，以2030年教育率先实现现代化和建成国家创新体系为抓手，加快提高人力资本素质和科技创新能力，为转变发展方式、优化经济结构、转换增长动力提供强力支撑，为走在新科技产业革命前列创造条件。

率先实现教育现代化。确立以立德树人为纲、以核心素养为基本标准、强调能力为重的教育质量观，加快变革教育结构、开放教育市场，构建创新型、开放型、多元化的教育体系。**首先，促进基础教育创新发展、均衡发展**，培养学生勇于挑战程式的探索精神、创造性思维能力以及提出和解决实际问题的能力，进一步推进教育资源均等化配置和义务教育均衡发展，避免贫富差距通过教育在代际传递。**其次，实行高等教育强国战略**，促进高等教育特色化差异化发展，改革和完善高等教育管理体制、投资体制、办学体制和现代大学制度，提高高等教育质量尤其是研究生教育质量，调整优化高等职业技术教育结构，有序推进高等教育对外开放，**形成多元化、多层次、多类型的开放式高等教育体系**。**再次**，以普通教育与职业教育、学历教育与非学历教育、正规教育与非正规教育、线下教育与线上教育互相融通为途径，**构建网络化、数字化、个性化、终身化的教育体系**，促进优质学习资源互联互通，建立学分认证、积累和转换制度，共享教育资源，统一教育质量标准，提高终身教育学习效率。

建成国家创新体系。构建彰显大国形象、代表科技进步方向和具有中国特色的"人本化、自主性、共享式、平台型"现代化科技创新体系。**突出"人本化"创新导向**，力求科技产业创新更好地造福人类和提升人民福祉。**突出"自主性"创新导向**，着力提升产业自主创新能力和科技实力。**突出"共享式"创新理念**，构建面向国内外、多层次、多领域的开放式协同创新体系。**强化"平台型"创新方式**，发挥好新型创新平台和社会化、大众化、网络化创新体系在科技成果转化应用和产业发展中的作用。强化企业创新主体地位和主导作用，加快培育一批拥有自主知识产权的创新型领军企业。完善创新生态体系和市场环境，深化科技管理体制、科技成果转化机制改革，加大知识产权包括数字化知识产权的运用和保护，充分调动科研人员和创客创业的积极性创造性。加强知识型、技能型、复合型、创新创业人才培育，着力培养和造就一批战略科技人才、科技领军人才、青年科技人才、工程技术关键人才、核心技术研发人才和高水平创新团队。发挥军民优势互补的作用，构建国家和地方两个层级的军民融合创新体系。大力倡导科学精神、工匠精神、创客精神，进一步培育尊重知识、崇尚创造、追求卓越的创新文化。

3. 完善资源保障和环境支撑体系，努力提高资源环境保障支撑力

积极回应人民群众对美好生态环境的要求，顺应先进生产力和先进文化发展趋势，按照内外并举、"开源"与"节流"并重的思路，加强资源保障支撑体系建设，促进资源节约利用和环境修复保护，有效破解资源环境对经济社会发展的瓶颈约束。

有效节约利用和保障资源供给。推进能源生产和消费革命，构建高效工业化、紧凑城市化发展模式，推动工业高效智能循环发展、城市建设建筑节能，创新能源使用方式、提升能源转换能力，提高能源利用效率。持续高比例发展非化石能源，加快太阳能、风能、生物质能等可再生能源开发利用，构建绿色能源体系。全面推进资源循环化利用，完善企业内部小循环、产业之间中循环、社会系统大循环的循环经济体系，抓好工业化城镇化和大规模基础设施建设产生的大量废旧资源的再生利用。实施节水和节约资源消耗国家行动，降低各类资源消耗。借助"一带一路"倡议，加强与沿线国家的能源资源合作，更充分有效利用国外资源。

加强生态修复和环境保护。树立资源生态关联安全理念，全面评估生态系统的承载能力，降低社会经济活动的资源消耗和环境负荷强度和水平，引导生态足迹稳步下降。实施"生态能源新战略"，将碳排放和污染规模与等级评估列为"负资产"，核减国民经济社会发展水平和质量。优化生态安全屏障体系，持续深入开展国土绿化行动，完善天然林保护制度，健全耕地草原森林河流湖泊休养生息制度，构建生态廊道和生物多样性保护网络，提升生态系统质量和稳定性。坚持全民共治、源头防治，持续实施大气污染防治行动，加快水污染防治，强化土壤污染管控和修复，加强固体废弃物和垃圾处置，有效控制温室气体排放。构建政府为主导、企业为主体、社会组织和公众共同参与的环境治理体系，推进污染物达标排放和总量减排。积极参与全球环境治理，落实减排承诺。

加强生态文明制度建设。建立健全代内公平和代际公平、程序公平和分享公平的生态产权制度，明确政府、企业、居民在水资源、能源、矿产资源、土地等资源开发和废弃物及污染排放整治中的责权利。加快形成水资源、能源及各类环境要素的价格形成机制和市场交易机制，促进资源供需均衡和有效配置。以完善资源税和适时推出环境税为重点，进一步完善促进资源节约利用和环境保护的财政税收制度。倡导简约适度、绿色低碳的生活方式，完善激励约束制度体系。建立绿色GDP考核体系。改革生态环境监管体制，实现对资源利用、生态修复和污染防控的统一管理。

4. 按照总体安全观的要求，全面提高国家安全保障能力

牢固树立总体国家安全观，以增强军事安全保障能力和发展非传统安全保障能力为重点，构建集政治安全、国土安全、军事安全、经济安全、文化安全、社会安全、科技安全、信息安全、生态安全、资源安全、核安全等于一体的国家安全保障体系，有效增强安全保障能力，确保我国主权独立、领土完整、政治稳定，生存和发展权益不受侵犯。

"软硬并重"增强军事安全保障能力。全面推进军事理论现代化、军队组织形态现代化、军事人员现代化、武器装备现代化，提高基于网络信息体系的联合作战能力、全域作战能力，建设世界一流军队，推进国防和军队现代化。构建与国家利益边界扩展相适应的安全保障体系，积极发展全球投放能力。加强与美、俄、欧洲在全球热点问题上的国际安全政策协调，尝试创建国际协调互助的热点降温和冲突化解机制。以反恐、反海盗、反分裂势力、控制地区热点为指向，以提供装备、联合演训、交流培训、实战联合部署等形式，开展和深化与周边国家军事合作，形成军事合作常态化机制。

"内外并举"发展非传统安全保障能力。加快推进能源生产革命与能源技术革命，加强国家油气储备体系建设；拓展能源国际合作，在加强与中东、中亚国家能源合作的同时，积极布局美洲、非洲等地区油气投资，扩大与新兴油气资源国的能源合作，促进能源进口多元化，规避能源进口来源和通道风险，**确保能源进口安全**。加快金融领域的发展和改革，以建立审慎监管制度、最后贷款人制度、存款保险制度等为重点，完善国内金融安全网；积极稳妥推动金融业对外开放，以持有充裕的外汇储备、与其他国家中央银行建立双边多边货币互换等措施，织密织牢防范外来金融冲击的安全网，加强与其他国家金融安全网的合作，**确保金融安全**。大力发展网络信息安全技术，**加强网络信息安全**的国际合作。增强对境内"三股势力"的防控能力，消除境内恐怖主义产生的社会根源，持续加强打击恐怖主义的国际合作。

5.适应国内外形势变化和发展需要，不断提升国家治理体系和治理能力现代化水平

适应未来30年形势变化和发展需要，全面深化经济体制、政治体制、文化体制、社会体制、生态文明体制改革，进一步理顺政府和市场、国家与社会、中央与地方、政治权力与公民权利的关系，推进国家治理体系制度化、科学化、规范化、程序化和治理能力现代化。

经济领域，以完善产权制度和要素市场化配置为重点，深化产权制度、国企国资、土地、户籍、金融、科技、财税、行政管理等体制改革，加快现代市场体系建设，促进各类产权归属清晰、权责明确、保护严格、流转顺畅，国有企业和民营企业有机融合、协调共进、共同发展，土地、劳动力和资金等资源要素合理配置、高效使用，以企业为主导、市场为导向、产学研深度融合的技术创新体系日益完善，加快形成事权和支出责任相适应的中央与地方财政关系，政府职能转变到位，完善统一开放竞争有序的市场体系，为高质量发展营造良好的制度环境。

政治领域，完善社会主义民主政治的体制、规范、程序和运行机制，提高党科学执政、民主执政、依法执政水平，提高人大、政府、政协和法院、检察院依法履职能力，按照上下结合方式不断健全民主制度、丰富民主形式，提高人民群众依法管理国家事务、经济社会文化事务的能力。

文化领域，理顺政府、市场、社会在文化领域的关系，深化文化事业管理体制和运行机制改革，完善文化产业发展的体制机制和市场环境，创新文化产品和服务供给方式，不断解放和发展文化生产力。

社会领域，推进治理主体向政府、社会、公民多元化协同转变，治理向度由"单向"向"互动"转变，治理机制从政府管理向合作共治转变，治理能力从注重专项行动能力向全面提升综合能力转变，形成有为政府、有效市场和有机社会相结合的社会治理格局。

生态领域，进一步完善国土空间有序开发有效保护制度、环境治理和生态修复制度，推动建立绿色发展的长效机制，推进生态文明制度建设由主要依靠行政手段向更多依靠法治和经济手段转变。

（四）有效应对重大考验

常怀忧患意识，居安思危，未雨绸缪，有效应对重大考验，确保顺利跨越三大传统陷阱，创造13多亿人口发展中大国和平崛起、科学发展、文明发展的国际典范。

1. 加强合作，管控风险，避免陷入"修昔底德陷阱"

"修昔底德陷阱"根源在于大国之间发生战略误判。构建中美两国政治上互尊互信、经济上互惠互利、合作共赢、良性竞争的新型大国关系，妥善管控风险，是规避"修昔底德陷阱"风险的关键所在。进一步加强中美战略对话等多层次、多领域的交流沟通，增信释疑，承认制度、文化差异性，尊重各自核心利益，扩大利益契合点，化解矛盾摩擦，促使美方跳出冷战思维和"自我中心主义"，共同展示推动全球共赢发展的大国责任。坚持"永不称霸"的政治承诺，打破"国强必霸"的大国崛起模式。归根结底要立足自身发展，增强国际话语权"软实力"与经济、科技、军事"硬实力"，提高应对各种矛盾挑战的能力。

2. **多措并举，确保跨越"中等收入陷阱"**

构建现代化产业体系。实施信息化引领、智能化驱动、绿色化转型、服务化融合、新基础设施支撑战略；全面推进制造业技术创新、商业模式创新和服务创新，**加快构建智能化、网络化、绿色化、服务化新型制造体系**；推动互联网、大数据、人工智能和实体经济深度融合，大力发展众包设计研发、网络化协同制造、云制造、分享制造等制造新模式，推动制造业与服务业深入融合、协同发展，推进智能制造和服务型制造发展。**构建知识型、网络型、分享型服务业新体系**，大力发展以科技服务业、"互联网＋"和信息服务业为代表的技术、知识和人力资本密集型的知识型服务业，推进以互联网等新型服务业态为基础的网络集成服务创新，推动住宿、餐饮、交通、教育服务、养老服务、健康服务以及旅游领域分享型服务新业态发展。推动农业精准化、网络化、生态化发展，全面实现农业现代化。

有效化解城乡之间和城镇内部的二元结构矛盾。深入推进户籍制度与公共服务、土地制度、财税体制协同联动改革，加快农村转移人口市民化。取消歧视性公共服务政策，实现基本公共服务常住人口全覆盖，确保进城务工人员及其随迁家庭成员平等享有基本公共服务，逐步将社会救助、社会福利向农村转移人口扩面延伸。在加快农村土地制度改革基础上，按照"自愿、有偿、渐进"原则，建立土地及农村资产退出机制，为农村转移人口落户及真正融入城市提供发展资本。

加快构建更有效更高水平保障改善民生的体制和政策体系。建立健全"基本公共服务均等优质化保障起点公平""市场化初次分配制度促进机会公平""再分配确保结果相对公平"的分层次、多功能收入分配制度。加快完善基础教育资源均等化、要素贡献市场评价制度、就业、社保、税收、公共服务等制度，拓宽居民劳动收入和财产性收入渠道，促进更多低收入者跨入中等收入群体。扩大以财产税为重点的直接税征收范围和征收力度，加快建立健全综合和分类相结合的个人所得税制度，加快建立房产税、遗产税，有效发挥税制对个人收入分配的调节作用。

完善基本公共服务均等化保障机制，包括：进一步明确均等化的目标、责任等；明晰中央和地方政府事权与支出责任，以基本公共服务支出能力均等化为原则，调整完善中央对地方一般性转移支付制度，建立起支撑均等化的地方财力均等化制度；适时适度扩大基本公共服务范围、提高基本公共服务标准。完善公共服务供给体制，开放公共服务市场，推动公共服务供给主体多元化。

积极稳妥化解各种社会矛盾。从源头化解收入分配差距扩大等社会矛盾。加强对低技能劳动者的教育和培训，推动建设知识型、技术型、创新型劳动者大军，防范新科技产业革命、机器人技术和机器人产业发展可能造成的大规模失业风险。加快促进教育公平和就业创业公平，畅通社会纵向流动的通道，防止社会阶层固化。密切关注环境污染、食品药品安全等风险易发点，加强社会稳定风险评估，提高政府及时应对和有效化解社会突发事件的能力。

密切防范金融风险，应适应新科技产业革命推动金融体系变革和金融产品创新的新形势，完善金融监管体系，加快从机构监管向功能监管转变，防范数字货币、区块链技术、大数据、人工智能等在金融业广泛应用可能引发的新风险。适应人民币国际化深入推进的需要，做好货币政策框架更新、资本项目开放改革和主动谋划主权货币国际化的政策权衡，密切防范可能发生的异常资本流动、资产泡沫、流动性紧张等伴生风险，确保不发生系统性、区域性金融风险。

3. 提升政府公信力，有效避免"塔西佗陷阱"

各级政府必须把诚信施政作为重要准则，在思想认识、言论行动、决策反馈上对公众高度负责，政策要切实保持一致性、连续性。政府工作人员要严守诚信的道德底线，形成"诚信为本、操守为重"的良好风尚，引导推动全社会信用体系的建立。加强政务诚信建设，建立政务领域失信记录，实施失信惩戒措施，不断提升公务员诚信履职意识和各级人民政府诚信行政水平。不断拓宽人民有序政治参与的途径，形成多元共治、官民互信的政治生态。建设基于大数据的社会治理和公共服务平台，全面提升政府公共服务和社会治理能力，实现政府治理现代化。

（执笔：郭春丽）

参考资料目录：

1. 何传启：《如何成为一个现代化国家》，北京大学出版社 2017 年版。

2. 国家教育咨询委员会现代大学制度建设组：《建设高等教育强国专题研究》，《教育决策咨询》（总第 202 期）2017 年 4 月 6 日。

3. 国家教育咨询委员会终身教育体制机制建设组：《影响教育现代化全局的终身学习》，《教育决策咨询》（总第 199 期）2017 年 4 月 1 日。

4. 迟汗青：《盈缩论——关于中国战略机遇期的研究》，《学习与探索》2016 年第 10 期。

5. 盛斌、马斌：《中国经济学如何研究开放发展》，《改革》2016 年第 7 期。

6. 谭海鸣、姚余栋、郭树强、宁辰：《老龄化、人口迁移、金融杠杆与经济长周期》，《经济研究》2016 年第 2 期。

7. 陆旸、蔡昉：《从人口红利到改革红利：基于中国潜在增长率的模拟》，《世界经济》2016 年第 1 期。

8. 国家发改委能源经济研究所课题组：《重塑能源：面向 2050 年的中国能源消费和生产革命路线图》，《经济研究参考》2016 年第 21 期。

9. 易信、杜秦川：《2030、2050 年我国潜在增长率变化趋势及实现第二个百年目标评估》，经济所 2016 年度基础课题内部报告。

10. 韩宏伟：《超越"塔西佗陷阱"：政府公信力的困境与救赎》，《湖北社会科学》2015 年第 7 期。

11. 袁伟华：《权利转移、新型大国关系与战略机遇期》，《国际关系研究》2015 年第 4 期。

12. 王华杰、薛忠义：《社会治理现代化：内涵、问题与出路》，《中州学刊》2015 年第 4 期。

13. 张蕴岭：《中国发展战略机遇期的国际环境》，《国际经济评论》2014 年第 2 期。

14. 吴汉东：《国家治理现代化的三个维度：共治、善治与法治》，《法制与社会发展》2014 年第 5 期。

15. 徐猛：《社会治理现代化的科学内涵、价值取向及实现路径》，《学术与探索》2014 年第 5 期。

16. 陆旸、蔡昉:《人口结构变化对潜在增长率的影响:中国和日本的比较》,《世界经济》2014 年第 1 期。

17. 张宇燕:《战略机遇期,内生与外生》,《世界经济与政治》2014 年第 1 期。

18. 世界银行、国务院发展研究中心:《2030 年的中国:建设现代化和谐有创造力的社会》,中国财政经济出版社 2013 年版。

19. 中国社会科学院经济研究所课题组:《中国经济长期增长路径、效率与潜在增长水平》,《经济研究》2012 年第 11 期。

20. 中国社会科学院工业经济研究所课题组:《第三次工业革命与中国制造业的应对战略》,《学习与探索》2012 年第 9 期。

21. 马晓河:《"中等收入陷阱"的国际观照和中国策略》,《改革》2011 年第 11 期。

22. 孔泾源:《"中等收入陷阱"的国际背景、成因举证与中国对策》,《改革》2011 年第 10 期。

23. 胡鞍钢等:《2030 中国:迈向共同富裕》,中国人民大学出版社 2011 年版。

24. 李善同:《"十二五"时期至 2030 年我国经济增长前景展望》,《经济研究参考》2010 年第 43 期。

25. 董德刚:《略论"富强民主文明和谐"四维理想》,《中共中央党校学报》2006 年第 6 期。

附录：2035 年基本实现现代化主要指标和目标测算

GDP 及其占世界比重、人均 GDP。综合考虑 2035 年前国际发展环境和国内发展条件变化，以及劳动力、资本、全要素生产率、改革红利等增长因素的变化趋势，采用生产函数法测算我国潜在经济增长率，在此基础上测算 GDP 及其占世界比重、人均 GDP（参见第七章）。

全员劳动生产率。基于劳动年龄人口和就业参与率测算得到全国就业总人数，按照情景 I 下国内生产总值，测算得到 2020 年、2030 年、2035 年全员劳动生产率分别约为 12.9 万元 / 人、24.2 万元 / 人和 31.6 万元 / 人。

工业增加值率。综合考虑我国产业转型升级趋势，预计工业增加值率由 2015 年的 20% 提高到 2035 年 35%，与当前发达国家 35% 的平均水平相当，略低于当前美国、德国工业增加值率水平（40%）。

高新技术产业占规模以上工业增加值比重。参考当前上海、北京等发达省（市、区）高新技术产业占规模以上工业增加值比重不足 30%，结合未来我国高新技术产业发展趋势，预计全国高新技术产业占规模以上工业增加值比重将由 2015 年的 11.8% 倍增到 2035 年 22.5%。

科技进步贡献率和 R&D 投入强度。《国家创新驱动发展战略纲要》提出，2020 年科技进步贡献率提高到 60% 以上，2030 年 R&D 投入强度（占 GDP 比重）提高到 2.8%。考虑到科技进步贡献率提高速度放缓，预计 2035 年科技进步贡献率接近 70%。结合"十三五"规划提出的 2020 年研发投入强度及未来研发投入变化趋势，设定 2035 年 R&D 投入强度大于 3%。

文化产业增加值占 GDP 比重。结合近年来我国文化产业发展趋势，并参考韩国 2013 年文化产业增加值占 GDP 比重超过 6% 的水平，设定 2035 年我国文化产业增加值占 GDP 比重接近 7%。

居民人均可支配收入。预测 2016—2035 年情景 I 下我国 GDP 年均增长率约为 6.1%，按照各年居民人均可支配收入与经济增长同步要求，测算出 2020 年居民人均可支配收入为 31391 元、2030 年为 56205 元、2035 年为 72072 元。

基尼系数。综合考虑要素供给结构变化、产业结构调整、城镇化、科技发展变革及制度等影响收入分配因素的变化趋势，预计 2035 年基尼系数为 0.4 以下。

劳动年龄人口平均受教育年限。参考《中国教育现代化（2030）》、国家"十三五"规划纲要设定。

人均预期寿命。参考《"健康中国2030"规划纲要》设定。

公共医疗卫生支出占GDP比重。考虑我国经济发展趋势、医疗卫生供需现状等，并参考日本、韩国当前水平设定。

教育公共支出占GDP比重。参考《中国教育现代化（2030）》，并参照日本、韩国当前水平设定。

每立方米水资源所产生的GDP。考虑我国水资源供求状况和经济发展趋势，参考韩国、加拿大当前发展水平（2014年每立方米水资源所产生的GDP分别是42、46美元），设定2035年每立方米水资源所产生的GDP为45美元（2010年不变价）。

细颗粒物PM2.5平均浓度。PM2.5小于10微克/立方米，是世界卫生组织提出的空气安全标准。考虑到一些国家难以一步到位，世界卫生组织提出了35、25和15微克/立方米三个过渡期目标值。结合大气污染趋势及治理状况，并参考上海等市"十三五"规划纲要确立的2020年目标值，设定我国2035年细颗粒物PM2.5平均浓度目标值为35微克/立方米。

每万人发明专利拥有量、每万人拥有社会组织数、法治建设满意度。参考江苏、广东等省的"十三五"规划设定。

PCT专利申请量累计占全球比重。结合《国家创新驱动发展战略纲要》关于2020年进入创新型国家行列、2030年跻身创新型国家前列的部署及创新发展趋势，预计PCT专利申请量累计占全球比重由2015年的13.7%提高到2035年25%，与当前美国PCT专利申请量累计占全球比重基本相当。

非化石能源消费比重。2015年，我国非化石能源消费比重达到12%。根据我国已确定的非化石能源发展目标，到2020年、2030年非化石能源消费比重分别达到15%、20%，同时参考欧盟关于2030年可再生能源消费比重达到35%的目标要求，并结合未来新能源技术突破发展趋势，预计到2035年、2050年我国非化石能源消费比重可分别达到23%、35%。

电能占终端能源消费比重。2015年，我国电能占终端能源消费比重达到25.8%。电能是清洁、高效、便利的终端能源载体，提高电能占终端能源消费比例是必然趋势，根据国家《电力发展"十三五"规划》的目标，到2020年电能占终端能源消费比重达到27%。结合我国电力发展趋势、低碳发展要求及电气化发展规律，预计到2035年、2050年我国电能占终端能源消费比重可分别达到35%、45%。

单位能耗产生的GDP。考虑我国能源供求、经济发展趋势等，并参照日本当前水平而设定。

非化石能源占一次能源消费。根据我国能源绿色低碳发展目标设定。

单位GDP二氧化碳排放量。2005年我国单位GDP二氧化碳排放量为1.6千克，按照2009年哥本哈根联合国气候变化大会上我国关于2020年、2030年单位GDP二氧化碳排放量比2005年分别下降40%—45%、60%—65%的承诺，2020年、2030年应分别下降到0.88—0.96千克、0.56—0.64千克，预计2035年下降到0.5千克以下。

森林覆盖率。参考《全国国土规划纲要（2016—2030)》设定。

重要水功能区水质达标率。参考《国务院关于印发水污染防治行动计划的通知》（国发〔2015〕17号），以及北京"十三五"规划设定。

受污染地块安全利用率。参考《国务院关于印发土壤污染防治行动计划的通知》（国发〔2016〕31号）确立的2030年目标设定。

（数据测算：易信）

分　论　篇

第二章 未来30年科技产业革命
变化趋势及我国创新发展的建议

新一代信息技术的快速发展及其与新能源技术、生物技术、新材料技术的不断突破和交叉融合，不仅将推动产业形态和生产组织方式发生深刻变革，促进产业向智能化、网络化、绿色化方向发展，而且将改变人口流动方向和人们生活工作方式，推动城乡结构发生重大变化，加剧社会两极分化，增加行政管理难度，推动全球贸易投资格局和规则加速重构。在这一大背景下，实现第二个百年目标，迫切需要抓住新一轮科技产业革命发展机遇，立足科技产业创新发展基础和优势，明确2035年和2049年我国科技水平和产业结构的目标状态，实施"信息化引领、智能化崛起、绿色化转型和服务化融合"四大战略，构建具有中国特色的"人本化、自主性、共享式、平台型"科技产业创新体系，大力培育新技术、新产业、新业态、新模式，实现科技产业创新从"跟跑""并跑"向"领跑"转变，有效发挥创新对经济社会发展的驱动引领作用。

当前，全球新一轮科技革命和产业变革蓄势待发，科技创新正在以前所未有的速度融合、渗透到人类社会的各个方面。未来30年，国家之间的竞争将更大程度上取决于科技创新的竞争，谁拥有更强的科技实力，谁能通过产业创新保持国际引领、导向和控制地位，谁就能成为未来世界的领导者。中国作为正在快速崛起的经济大国，是否能够抓住新一轮科技产业革命发展机遇，实现科技产业创新从"跟跑""并跑"向"领跑"转变，关系到第二个百年目标的实现和中华民族伟大复兴。

一、未来 30 年新一轮科技产业革命发展趋势

世界近代历史表明，每一轮科技革命和产业变革都对人类社会进步和生产生活方式产生了重大影响。自 18 世纪以来，人类已经经历了以机械、电气、电子技术创新和大规模应用为特征的几次科技革命和工业革命。当前，全球创新活动日趋活跃，新兴学科不断涌现，学科交叉融合加速，新一轮科技产业革命正在全球范围内孕育兴起。按照科技产业革命历史演变规律，未来 30 年，世界将处在新一轮科技革命和产业变革重大变革期。

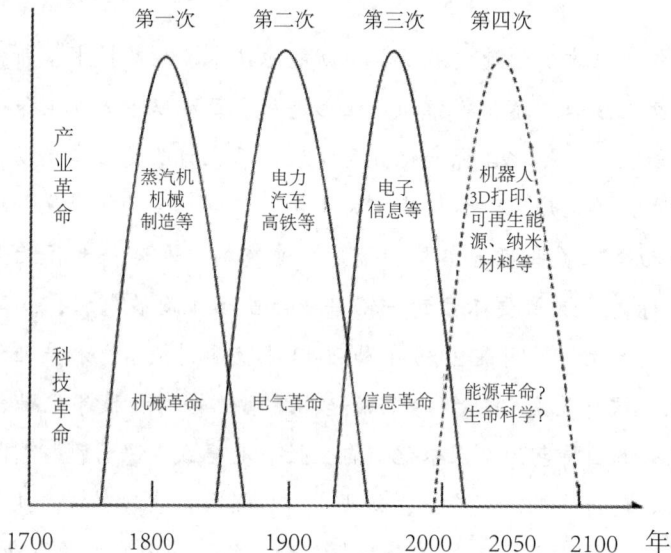

图 2-1　科技革命与产业革命变化趋势

（一）科技创新加速发展，颠覆性技术层出不穷

随着各国将研发投入集中在信息网络、生物科技、清洁能源、新材料等领域，未来科技创新将呈现加速或超加速发展态势，新的科技概念不断涌现，颠覆性技术创新层出不穷，脑科学、量子计算、材料基因组等一些重大科学问题和关键核心技术将发生革命性突破。根据各国和机构对未来 30 年可能要产生的新兴技术和颠覆性技术的预测，大数据分析技术、人工智能技术、增材制

造、合成生物技术、机器人技术、能源和低碳技术、纳米技术和材料科学、量子计算等将成为引领未来科技和产业发展主导力量（表 2-1）。

表 2-1　不同国家和机构对未来 30 年主导和关键技术的预测

国家及机构	报告名称	未来主导的关键技术
经济合作与发展组织（OECD）	《未来研究趋势展望》	物联网、大数据分析、人工智能、神经技术、微纳卫星、纳米材料、增材制造、先进能源储存技术、合成生物学、数据区块环链技术
美国陆军部	《2016—2045 新兴科技趋势》	机器人与自主系统、增材制造、大数据分析、人效增强、移动和云计算、医疗进步、能源、智慧城市、物联网、食物与水技术、量子计算、先进数码产品、虚拟现实与增强现实、气候变化技术、先进材料、新型武器、太空、合成生物等
英国	《技术与创新未来：英国 2030 年的增长机会》	材料和纳米技术、能源和低碳技术、生物和制药技术、数字和网络技术
日本	日本进行了第 10 次科学技术预测，提出了 2020—2050 年间 10 个最重要的技术方向	再生听觉和视觉的医疗技术、抑制癌症的预防药物、海洋矿产开采和采矿技术、没有安全漏洞和允许远程开发的技术开发软件、老年人自助支持系统、低成本健康管理系统、低价和容易导入的痴呆援助系统、超大规模计算技术、大数据分析技术、100 万千瓦级的核反应堆退役和放射性废物处理技术

资料来源：根据相关资料整理。

（二）多技术领域融合交叉，催生产业重大变革

与以往历次科技产业革命不同，新一轮科技产业革命的显著特征是信息技术、互联网技术的深度发展及其与生物、能源、材料等多学科、多技术领域相互渗透、交叉融合、群体突破，并促使产业领域颠覆性技术不断涌现、新的产业组织形态和商业模式层出不穷。未来 30 年，新一代信息技术、生物技术、新能源技术、智能制造技术领域不断突破和相互融合，将成为提升产业创新能力和竞争力的技术基点，推动产业向智能化、网络化、绿色化方向演进和发展。

信息技术颠覆性创新加快。未来 30 年，信息技术在科技创新中的主导地位将继续提升，云计算、物联网、大数据、人工智能、3D 打印技术等广泛应用和新兴产业的蓬勃发展，将推动人类社会由信息时代迈入后信息时代。**一是**

移动互联、云计算、智能终端设备快速发展，大数据指数级增长，催生大量新型服务与应用。二是人工智能和机器人技术在工业、消费领域逐步应用，新一代机器人将突破感知、智能等核心技术瓶颈，服务机器人、自动驾驶汽车、快递无人机、智能穿戴设备等将日益普及。三是以机器人、增材制造等为代表的先进制造技术推动制造业向智能化、服务化方向升级。

生命科学和生物技术获得突破性发展。一是新一代育种技术、农业应用生物组学技术等取得新突破，并将创造农业生物新品种，提高农产品产量和品质。二是基因测序、干细胞与再生医学、分子靶向治疗、远程医疗等技术大规模应用，医学模式将进入个性化精准诊治和低成本普惠医疗的新阶段。2030—2050 年，基因测序技术、干细胞与再生医学将有可能攻克已知的人类基因问题和所有疾病。三是合成生物学进入快速发展阶段。四是人类脑科学研究有望取得突破，通过描绘出人脑活动图谱和工作机理，极大地带动人工智能、医疗等技术和产业发展。

绿色能源技术推动产业绿色可持续发展。未来 30 年新能源革命将持续爆发，并对能源格局带来颠覆性影响。一是随着各国和地区对节能减排和环境保护意识增强，以及太阳能、风能、地热能等可再生能源开发、存贮和传输技术的进步，全球范围内天然气、核电、水电、生物质能、风能、太阳能等在内的低碳清洁能源将大幅增加，非化石能源与清洁能源在能源格局中的占比随之提高。国际可再生能源署 (IRENA) 预测，到 2050 年清洁能源的份额会达到 65%。二是分布式、智能化、低碳化的新能源技术将取得重大突破，可再生能源、非常规油气技术实现大规模应用。三是可再生能源技术与能源储存技术、先进能源装备和互联网深度结合，并通过智能电网进行大数据分析、能源调配，形成能源互联网。

先进新材料技术广泛开发和应用。以纳米科技和量子点技术、石墨烯材料为代表的新材料技术将展现出诱人的应用前景。纳米材料以及新型材料，如泡沫金属以及陶瓷复合材料将会被用在服装、建材、汽车等多个产业。

（三）创新全球化、多极化，创新方式深刻变革

未来 30 年，人才、资本、技术、产品和信息等创新要素全球流动的速度、范围和规模都将达到空前水平，技术转移和产业重组不断加快。世界科技创新

版图呈现多极化发展趋势，全球创新中心分布日趋分散化，创新生活实验室、制造实验室、众筹、众包、众智等多样化新型创新平台和模式不断涌现，科研和创新活动将呈现出个性化、开放化、网络化、集群化发展趋势。

二、新一轮科技产业革命对经济社会发展的影响

新一轮科技产业革命在未来 30 年逐渐走向高潮，其产生的颠覆性技术将不断创造新产品、新需求、新业态、新产业、新模式，将深度改变人类生产生活方式和产业形态，重塑工业社会产生的基本社会结构和政治形态，引领整个社会由工业社会转变为信息社会和后信息社会。其主要标志和特征是：

第一，信息和知识成为主导整个社会发展的最重要的生产力要素。在新一轮科技产业革命的推动下，创造性知识和信息快速增长，知识、信息、数据等无形资本的作用日益突出，特别是数据成为新的生产要素，其重要性超过了金融资本、原材料和能源，成为整个社会发展最重要的战略资源。同时，以开发和利用信息、数据和知识资源为目的经济活动迅速扩大，逐渐取代工业生产活动而成为经济活动的主要内容，使得经济结构呈现出服务化、信息化、知识化特征。

第二，以高新技术、高度知识化为特征的服务业占主导地位。新一轮科技产业革命将推动产业结构发生巨大变革，智能工具的广泛使用将加快产业结构向服务化转型，科技含量高的信息服务、知识服务等所创造的产值与其他经济部门所创产值相比占绝对优势，成为整个社会最重要的支柱产业和经济发展的引擎。

第三，技术型、智力型、知识型劳动者成为社会就业的主导力量。新一轮科技产业革命的发展将推动就业结构发生显著变化，信息化生产方式的出现，新的劳动与就业方式开始形成。人力资本或知识积累已成为改变经济系统产出的显著变量，劳动力主体不再是机械的操作者，而是信息的生产者和传播者；知识型劳动者成为信息社会生产和管理运作的主体，从事信息职业的人数与其他部门职业的人数相比已占绝对优势。

第四，大规模协同与共享成为社会生产协作结构的显著特征。互联网和信息技术的发展和应用，推动泛在、高速、互联互通的信息网络成为重要的社会

基础设施，实体空间天然限制被进一步打破，跨行业、跨区域、跨国界的大规模协同与共享将突破工业社会传统的分工结构、市场结构，引发生产、交易、消费结构的深刻变革。

（一）产业形态和生产组织方式发生深刻变革

新一代信息技术的快速发展及其与新能源技术、生物技术、新材料技术的交叉融合，将对全球创新驱动发展和产业结构升级产生颠覆性影响。主要体现为以下三个方面：

三次产业高度融合、边界模糊。在新一轮科技产业革命背景下，工业化和信息化、制造业与服务业深度融合，产品生产过程和服务过程无法分割，传统的行业界限将逐渐消失，新技术、新产品、新业态、新模式不断涌现，现代产业体系加速重构，传统统计意义的三次产业结构数量比例关系将无法度量产业现代化程度。

"五化"成为现代化产业体系新特征。在新一轮科技产业革命的推动下，现代产业体系发生重大变革，传统产业加速升级，新兴产业不断涌现，并呈现智能化、网络化、绿色化、服务化、知识化发展趋势。**一是**物联网、云计算、大数据和移动互联网等新一代信息通信技术的广泛应用，推动着制造业产品、装备、工艺、管理、服务向智能化方向发展。智能制造与机器人技术不仅会促进制造业发展，也将促进制造新业态产生。**二是**互联网技术与制造业的结合，使得制造业研发设计、产品生产、销售管理等全链条网络化，生产布局更加分散化，工厂规模更加小型化，产业链分工发生巨大变化。**三是**新材料、新能源技术和低碳技术在产业发展中广泛应用，对减少产业发展的能耗和碳排放、实现生产过程清洁化、低碳化将发挥更大作用，绿色低碳、可持续发展将进一步成为全球产业创新发展的方向。**四是**服务化不再单纯是服务业比重上升并占据主导地位，而更多地体现在信息技术与先进制造技术、智能制造技术融合，全生命周期管理、供应链管理等服务日趋重要，生产过程服务化趋势增强。**五是**新一轮科技产业革命将推动整个经济社会发展越来越依赖于知识的创新和应用，知识创新将推动知识密集型产业成为新的主导产业，使产业结构呈现出明显的知识化特征。

生产方式、制造和服务模式加速变革。在新一轮科技产业革命背景下，数字技术、网络技术和智能技术日益渗透融入到产品研发、设计、制造的全过程，将推动产品的生产过程产生重大变革。一是研发设计技术的数字化、网络化、智能化日益明显，设计环节和制造环节之间的时间缩短，新产品进入市场的时间成本将大幅降低。二是个性化、定制化生产方式成为主流。人机共融的智能制造模式、智能材料与 3D 打印结合形成的 4D 打印技术，将推动制造业由大批量标准化的生产方式转变为以互联网为支撑的智能化大规模定制生产方式，提升生产制造过程的自动化、智能化、柔性化和绿色化水平，促进制造业向产业价值链高端迈进。

（二）逆"城市化"浪潮推动城乡结构再调整

未来在新一轮科技产业革命的推动下，人口流动的方向、人类居住和生活方式将发生根本改变，城镇结构也将发生重大变化，城镇人口分布将呈现两极分化趋势。

城市化率到达一定水平，城市人口将出现逆向流动趋势，乡村成为新一代中产阶级向往的"新家园"。 从世界城市化发展规律看，城市化最终将会形成"富人的乡下和穷人的城市"，即城镇化率到了 65%—70% 水平的时候，就会出现逆城市化现象，城市居民尤其是富人和中产阶级开始向乡村移动。例如，欧洲大部分中产阶层居住在小乡镇上。德国 80% 左右的人口居住在 2 万人左右的小镇。伴随新型城镇化的推进，到 2050 年，中国城镇化率将达到 70% 左右，大量中产阶级将向 3—5 万人口的特色小城镇或乡村流动，中国城乡结构将发生重大变化。

新一轮科技产业革命将改变人们生活和工作方式，中小城镇和乡村成为中国中产阶级最向往的地方。 互联网、物联网等信息技术的广泛应用，将推动全日制工作方式朝着弹性工作方式转变，人们不用再聚集到实体办公室集体工作，利用互联网和智能设备，可以实现弹性地、自由地安排自己的工作时间与空间，分布式协作办公将成为趋势。这种职业和工作方式的改变，将促使向往特色小城镇舒适生活和乡村田园生活的中产阶级，特别是从事新技术和新业态的人员逃离大城市的交通拥堵、高生活成本。与此同时，万物互联、人工智能等技术的发展，也将使得未来的教育、医疗实现在线化、远程化，居住在中小城镇或乡村同样能够获得大城市的教育和医疗资源，这也将促使越来越多的人口向中小城镇和乡村转移。

（三）社会阶层两极分化趋势进一步加剧

新一轮科技产业革命不仅将使世界经济发生深刻变革，也会造成社会结构的重大变化，这一影响将更多地体现社会阶层分化、不平等等方面。

机器人和自动化可能造成大规模失业。一方面，移动互联网、云计算、大数据等信息技术的发展和应用，将催生大量自由职业者，引发新型的弹性工作革命。如共享经济的发展，个体劳动者成为自由职业者。另一方面，随着机器人的应用和普及，大量的简单工作，如汽车司机、服务员甚至秘书等将被机器人替代。数百万工作被机器取代的下岗职工将会给社会造成巨大冲击，导致经济不稳定与社会动荡。牛津大学和美国劳工统计局共同发布的数据显示，到2035年美国数百万劳动力将被机器人取代。

表 2-2　自动化风险最高的职业

职　业	概　率
电话销售员	0.99
保税代理人	0.99
保险签订、车辆定损人员	0.98
裁判和其他赛事官员	0.98
法律秘书	0.98
餐馆、休息室和咖啡店工作人员	0.97
房产经纪人	0.97
农场劳务承包商	0.97
秘书和行政助手（法律、医疗和高管助手除外）	0.96
快递员、邮递员	0.94

资料来源：克劳斯·施瓦布：《第四次工业革命》，中信出版社2016年版。

社会阶层两极分化进一步加剧。随着机器人的应用，未来社会精英主要集中在少数软件设计和管理者手中，中产阶层可能由于大规模失业而陷入贫困状态，进而导致中产阶级的消失。同时，尽管基因测序、再生医学的发展将会攻克许多疑难疾病，但高昂的医疗价格有可能只有富人才能享受到高端医疗服务，穷人与富人之间的救命资源将出现极大地不均，社会贫富差距可能进一步扩大。

（四）文化转型加速、伦理道德面临挑战

科技是文化发展的推动力，历史上每一次科技革命，都给文化发展带来了革命性影响，改变了文化的传播形态。在新一轮科技产业革命背景下，新的科技进步对文化创新的驱动作用将越来越强，并对文化传播和交流产生重要影响。

新一轮科技产业革命将促进文化全球化和新文化的形成和发展。在科技的作用下，以前相对固化的文化时空被打破，文化传播地域获得了极大拓展，全球范围内各种文化相互融合，将催生新型文化业态，形成新的主流文化。未来30年，社交科技将会给人们带来可以创造出各自微型文化圈的力量。与此同时，社交网络的发展，也可能使人们脱离现实社会，使得人际交往网络化、虚拟化。

人工智能和生命科学技术的突破可能造成前所未有的伦理和文化挑战。未来30年，高级机器人、可植入技术、定制婴儿、人造生命、家用仿生人和人体再生等一系列突破，将彻底改变人类对生命、家庭的认知，可能造成极大的伦理和文化挑战，推动社会文化转型。

（五）政治参与多元化和行政管理难度加大

大数据、云计算等信息技术不断创新应用，将促进政治参与多元化，并为社会治理带来新理念、新方法、新途径，有利于政府更好提升治理能力。但同时，社会结构的变化、人类和信息流动性的剧增，都将对政府治理能力带来严峻挑战。

社会政治参与扩大化与高风险化并存。信息技术和网络传媒的发展和广泛应用，有利于公众更好、更全面地了解政治信息，使普通公众的政治参与"话语权"越来越大，推动政治社会化、民主化。同时，由于每个人都可以直接在网络上选择性地发布各种信息或接受各种信息，多元主体的平等价值诉求不断高涨，各种网络事件层出不穷，政府将会发现舆论越来越难被直接控制。

政府治理能力面临挑战。随着新技术应用和新兴产业发展，承担社会治理的责任将从政府转向平台、消费者、第三方治理机构等多元主体，这种责任的分散化可能导致治理责任边界模糊，对原有法律、标准和监管模式带来严峻挑战。同时，自由职业者、非正规就业群体大量出现，城市流动人口增多，政府社会治理压力将持续增大。

网络安全问题更加突出。随着万物互联的实现，汽车、家电、电厂、路灯以及数百万个事物相互连接，将使网络暴露的风险大大增加，网络攻击的后果也会越来越严重。恐怖分子、犯罪集团以及敌对势力将会将互联网、物联网作为新的攻击手段，国家、企业以及个人的数据将会面临越来越隐蔽的攻击。

（六）全球贸易投资格局和规则加速重构

未来30年，在新一轮科技产业革命推动下，各国和各地区的距离将进一步缩小，经济发展的物理障碍日益减少，将推动全球化进入更高水平的网络化、一体化"新型包容性全球化"阶段。

经济全球化趋势不确定性增大。随着科技革命的发展，全球化市场中的基础设施建设和产业发展的成本都将大大缩减，并更加容易地实现基础设施互联互通和产业、技术的紧密联系，形成全球产品和全球服务，进而可能加速全球化进程。但由于大数据、物联网等技术的应用可以使得世界经济分割为不同区域，严格挑选成员的多边贸易地区性安排，将可能在很大程度上取代全球一视同仁、不加挑选的开放贸易，进而影响经济全球化进程。

国际贸易投资规则加速重构。随着人工智能技术、机器人技术、3D打印技术等发展和应用，全球贸易规则谈判将从实体贸易领域转向数字贸易领域，贸易规则谈判的重点从原来边境措施转向境内措施。贸易投资规则除了关注投资管理、知识产权保护、环境保护等议题外，更多的重点将放在智能制造、交叉行业、混合行业的标准统一，非边界、非物质的市场准入和公平竞争等内容上。

国际贸易投资格局发生变革。新技术和产业的发展，将会对国际贸易投资格局产生重大影响。到2050年，跨境物质生产直接投资可能增长放缓，而技术等无形资产跨境投资将会快速增长，全球服务贸易将迎来大发展。传统跨国公司面临全球全要素的重新布局和配置，以技术、知识和智能资源为支撑的新型跨国公司将成为全球化的主导力量。

三、未来 30 年我国科技水平和产业结构的目标状态

从世界现代化强国发展历史看，工业化是经济现代化的基础和动力。我国对工业化发展阶段的理论认识源于社会主义初级阶段理论。十一届三中全会以后，中国共产党把马克思主义政治经济学基本原理同改革开放新的实践结合起来，通过认真分析中国国情，逐步形成了社会主义初级阶段理论。1987年，党的十三大报告首次系统提出了社会主义初级阶段的理论，并明确指出要在社会主义初级阶段实现工业化和社会现代化的历史任务。1997年，党的十五大报告进一步拓展了社会主义初级阶段的发展与转型特征。2012年，党的十八大更是把社会主义初级阶段的理论提到了建设中国特色社会主义总依据的高度。

社会主义初级阶段理论对中国所处的工业化阶段进行了描述，指出"我国社会主义初级阶段，是逐步摆脱不发达状态，基本实现社会主义现代化的历史阶段；是由农业人口占很大比重、主要依靠手工劳动的农业国，转变为非农业人口占多数、包括现代农业和现代服务业的工业化的国家的历史阶段。"这不仅明确了我国社会主义初级阶段工业化的特征，而且也体现了我国完成工业化和社会主义现代化的长期性和艰巨性。

经过改革开放以来30多年的快速工业化，我国已实现了从农业国到工业化国家的转变，并已成为世界最大的工业生产国、工业制品出口国和制造业中心，正在从以制造业为主向服务业为主的经济结构转变。从工业化阶段的经验性判定指标来看，当前，我国总体上已处于工业化的中后期阶段（由工业化中期向后期阶段过渡阶段），完成工业化仍是未来一段时间经济发展最重要的任务。

按照社会主义初级阶段理论，未来30年，中国将走完社会主义初级阶段的最后阶段，并在2020年基本实现工业化，到本世纪中叶基本实现社会主义现代化。按照工业化理论，不同工业化发展阶段受不同的要素驱动，工业化中期阶段经济增长主要依靠资本投入，而工业化后期阶段则主要依靠技术进步和创新活动。这意味着未来30年在新一轮科技革命的驱动下，随着技术创新开始大规模爆发，我国工业化进程将加速推进。在这一过程中，我国通过坚持工

业化与信息化相结合、实施新型再工业化战略和创新驱动发展战略，以及通过京津冀协同发展、长江经济带建设等区域协调发展战略，工业化先行地区带动工业化后发地区，将推动工业化落后地区加速赶超发展，进而实现整体工业化进程的推进。在 2020 年基本实现工业化的基础上，预计 2030 年前后，我国将在总体上完成工业化并进入后工业化阶段[①]。

因此，未来 30 年，中国必须抓住新一轮科技产业革命发展机遇，以建设社会主义现代化国家为目标，以全面实现工业化和现代化为着力点，构建科学高效的创新体系和知识化、智能化、服务化为主导的现代产业体系，力争建成世界现代化强国。

（一）未来 30 年科技发展水平目标

从发展基础来看，党的十八大以来，我国科技整体能力持续提升，一些重要领域跻身世界先进行列，量子通信、高速铁路、载人航天、探月工程、超级计算机等等若干前沿和新兴领域研究已取得一批世界领先重大成果。2016 年，我国研发人员总量居世界第一位，研究与试验发展（R&D）经费支出 15677 亿，位居世界第二，国家综合创新能力跻身世界第 17 位。未来 30 年，中国将处于技术追赶后半程，进入世界前沿的科技领域将逐步增多，中国科技发展水平将进入世界前列。

1. 第一阶段：2035 年目标

到 2035 年，基础研究和重大前沿科技领域、重点领域核心关键技术取得实质性突破，国家创新能力显著提升，形成具有中国特色、引领全球学术、科技的中国学派、创新中心，与发达国家的差距不断缩小，一些高端领域的技术创新呈现全球"领跑"态势，形成全球科技创新引领力，跻身创新型国家前列。

——**国家创新竞争力显著提升**。科技原始创新与再创新能力显著提升，基础研究和前沿技术研究领域取得一批具有重大影响的科学发现和技术发明，前瞻性基础研究、引领性原创成果等核心技术自主创新实现系统性突破。研发投

[①] 根据相关研究机构预测，2030年我国将实现全面工业化。如中国社会科学院工业经济研究所发布的《2017工业化蓝皮书》认为，2030年前后，中国将全面实现工业化，成为一个真正意义上的工业化国家。

入强度位居世界前列，研究与试验发展（R&D）经费支出占国内生产总值比重超过 3.0%，基础研究占全社会研发投入比例达到 10% 以上。知识产权创造与运用能力、科技成果产业转化能力达到世界中等水平。

——**科技成果国际影响力显著提升**。科技应用创新体系更加完善，云计算、大数据、物联网等核心技术达到国际先进水平。部分关键共性技术、前沿引领技术、现代工程技术、颠覆性技术在全球率先取得突破。在前沿优势领域培育出一批具有国际声望的领军人才和研发机构，国际科技论文被引用次数达到世界第一，在世界专利强势国家和地区所获得的专利数位居全球前列，部分原创成果成为世界科技发展和人类文明进步的重要标志。

——**科技对经济的贡献力显著提升**。科技进步对经济增长的贡献率接近70%，实现科技与经济深度融合、相互促进、协同发展。

——**全球创新资源集聚力显著提升**。科技创新基础设施和服务体系健全，创新驱动的体制机制基本完善，形成开放自由、和谐有序的创新创业生态体系，对全球高端人才、知识、技术、资本等各类创新要素集聚增强，创新资源配置效率大幅提高，成为全球创新中心。

2. 第二阶段：2049 年目标

到 2049 年，"人本化"科技创新体系全面形成，研发地位居世界前列，国家创新竞争力、产业创新能力达到世界领先水平，成为世界上创新能力最强、创业最活跃的国家，建成世界科技强国。

——研究与试验发展（R&D）经费支出占国内生产总值比重大于 3.5%，基础研究占全社会研发投入比例达到 15% 以上。

——人工智能和机器人技术、新能源技术、基因组学、纳米材料等前沿创新技术研发走在世界前列，新兴产业位于全球价值链高端环节，形成上海、北京等全球性城市、区域性城市为载体的若干具有全球影响力的科技创新中心，引领全球创新发展潮流。

——全要素生产率稳步提升，科技进步对经济增长贡献率达到 75% 以上。

——在世界前沿技术和新兴产业领域涌现出一批具有竞争力的世界级研发机构、研究型大学和创新型企业，聚集一批站在国际前沿、具有国际视野的战略科学家、科学大师、科技领军人才，成为世界重要科学中心和创新创业聚集高地。

（二）未来30年产业结构目标

未来30年，在新一轮科技革命和产业革命的影响下，我国将全面完成工业化并进入后工业化阶段，其经济特征将表现为：一是制造业高度发达，制造业与信息化、互联网化、数字化深度融合，工业技术上逐渐领先并成为全球创新基地；二是服务业大发展建立在高度发达的制造业基础之上，服务业所占比重持续上升并占主导地位；三是信息技术迅速发展，并进入"信息时代"，信息、知识成为最重要的经济增长的驱动要素。

以2035年为时点，将未来30年产业结构目标阶段划分为两个阶段，加速推进新型工业化进程，构建智能化、知识化、服务化为主导的现代产业体系。

1. 第一阶段：2035年目标[①]

到2035年，基本实现工业现代化，我国制造业整体水平达到世界制造强国阵营中等水平，产业综合竞争力进入世界强国行列，东部发达地区的产业发展率先进入后工业化阶段。

——**产业技术创新能力显著提升**。产业创新能力大幅增强，关键领域科学研究和前沿技术实现原创性重大突破，若干领域创新成果水平进入世界前列，优势行业形成全球创新引领能力。

——**产业服务化、绿色化水平显著提升**。到2035年，服务业增加值占GDP比重达到65%左右。绿色发展理念成为产业全领域全过程的普遍要求，重点行业单位产品能耗接近世界先进水平。

——**产业知识化、智能化、网络化水平显著提升**。知识型产业比重大幅提高，高技术产业占制造业增加值比例不断上升，形成一批具有较强国际竞争力的产业集群，在全球产业分工和价值链中的地位显著提升。先进制造技术与信息技术、智能技术高度融合，产业智能化、网络化改造全面完成，并基本达到发达国家水平。

——**产业质量和品牌化显著提升**。产品质量大幅提升，形成一批质量高端、全球具有竞争力的国际消费品品牌，产品质量竞争力和品牌竞争力位居世

---

① 贯彻落实党的十九大精神，将2030年的目标设定修改为2035年基本实现现代化时的目标状态。

界前列，建成质量强国。

——**产业资源配置力显著提升**。跨产业链环节协同研发、众包设计协同创新、集成智能化创新、开放式平台创新等新模式成熟应用，建成具有全球竞争力的产业创新平台，形成全球产业资源配置能力。

2. 第二阶段：2049 年目标

到 2049 年，我国产业综合实力进入世界强国前列，建成全球领先的知识体系、技术体系和现代产业体系，全面实现工业化现代化，为把我国建成富强民主文明和谐美丽的社会主义现代化强国提供强有力的支撑。

——产业技术水平全面占优，高科技产业在 GDP 中占比突破 60%，在体现产业技术水平的标志性领域取得全球控制权。

——产业投入产出效率、工业单位工业增加值能耗及污染物排放达到世界先进水平。

——制造业主要领域形成明显竞争优势，高新制造环节引领力强，智能制造广泛普及，大规模个性化定制模式成熟应用，形成智能化、网络化、绿色化、服务化现代制造新体系，世界制造强国地位进一步提升。

——服务业增加值占 GDP 比重达到 70% 左右，建成服务方式先进、服务内容丰富、服务质量高端的知识型、网络型、分享型服务业新体系。

——农业现代化全面实现，形成精准化、网络化、生态化农业新体系，达到世界农业中等发达水平。

四、未来 30 年我国科技产业创新发展总体思路和重大建议

（一）总体思路

按照建成富强民主文明和谐美丽的社会主义现代化强国的第二个百年目标战略要求，紧紧把握全球新一轮科技产业革命发展大方向、大趋势，以实现经济现代化为目标，以市场化为原则，以人本化、自主性、共享式、平台型科技创新为核心，以信息化引领工业化为主要内容，坚定不移地走中国特色自主创新和中国特色新型工业化道路，着力提升原始创新能力，推动开放式创新、协同创新和包容性创新，大力培育新技术、新产业、新业态、新模式，构建智能化、网络化、知识化、服务化、绿色化的现代化产业新体系，实现科技产业向

高质量发展，逐步建成世界科技强国和制造强国，有效发挥创新对经济社会发展的驱动引领作用，为实现第二个百年奋斗目标和中华民族伟大复兴中国梦提供强大动力和重要支撑。

主要原则包括：

——**坚持市场导向，激发创新创业新活力**。发挥市场对技术、人才等创新要素和创新资源配置的决定性作用，强化企业技术创新主体地位，激发市场发展活力。发挥政府对战略研究、规划引导、研发投入、创新体制机制建设、新兴产业培育等的重要作用，营造创新要素和产业发展互动融合的市场环境。

——**坚持自主创新，培育产业竞争新优势**。坚持把科技创新摆在经济社会发展全局的核心位置，强化原创性、自主性基础研究和前沿技术创新，突破核心关键技术，形成自主发展能力，推动产业链、创新链、价值链融合和有效配置，促进产业发展质量和效益整体提升，在未来产业竞争中占据制高点。

——**坚持前瞻引领，增强长远发展新动力**。围绕经济社会发展和国家安全重大战略需求，强化战略谋划和前瞻部署，紧密跟踪世界前沿技术和产业发展新动态、新趋势，积极开辟新领域、新方向，提升科学研究水平和国际影响力，推动优势技术和标准国际化应用，争夺科技产业发展的主动权和话语权。

——**坚持以人为本，提升创新发展软实力**。坚持以人为本的核心理念，肩负大国责任和使命，致力于解决人类共同面临的人口、资源、环境等难题，加强世界前沿科技攻关，使科技创新朝着人类福祉的方向发展。把服务于人的需求放在首位，以创造价值和提升人民生活品质为核心推动科技产业创新。

——**坚持开放合作，提升产业全球竞争力**。以全球化视野，以更开放的理念、更包容的方式，搭建国际创新合作平台，高标准、大范围、跨领域推动国际经济技术交流与产业合作，促进创新要素自由流动，最大限度用好全球人力资源、全球市场和全球要素，全面提升技术创新能力和产业全球竞争力。

（二）战略部署

未来30年，在由工业化后期到全面实现工业化现代化的过程中，要通过实施"信息化引领、智能化崛起、绿色化转型和服务化融合"四大战略，以更快的速度、更科学的方式、更低的风险实现工业化和现代化。

——**信息化引领战略**。未来30年，随着信息技术深度应用和超加速发展趋势，我国将从"信息化支撑工业化"阶段迈向"信息化引领工业化"和"信息化主导"阶段。要坚持以现代化为目标、工业化为基础、信息化为主导，加快发展新一代信息技术产业，推动信息技术与新能源、纳米材料、生命科学和生物技术等技术融合，带动产业创新能力、质量和服务水平、品牌影响力和国际规则主导权全面提升。

——**智能化崛起战略**。顺应信息化和新技术融合发展和应用趋势，推动信息技术、智能技术和先进制造技术融合发展，加强智能制造核心技术攻关和关键零部件研发，全面提升智能制造创新能力和国际化水平。加强机器学习、智能机器人和人际交互等前沿领域研究，推动无人驾驶汽车、无人机、智能机器人、可穿戴设备等智能产品和设备应用，促进产业智能化转型升级，实现以智能化支撑的大国崛起战略。

——**绿色化转型战略**。顺应能源革命和绿色革命发展趋势，加快高效节能技术、互联网与分布式能源技术、智能电网与储能技术、可再生能源利用技术等技术研发，推动可再生能源高比例发展，构建绿色能源供给体系，解决能源消费瓶颈问题。推动产业节能减排，发展循环经济、低碳经济，全面推行绿色制造，实现产业绿色、低碳、可持续发展转变。

——**服务化融合战略**。顺应工业化社会向后工业化社会转型的经济服务化趋势，推动农业、工业和服务业深入融合发展，形成现代农业、工业与服务业良性互动发展格局。防范金融化、制造业空心化等先行工业化国家出现的问题，实施"新型再工业化"战略，推动制造业和服务业融合发展，促进服务型制造向专业化、协同化、智能化方向发展。

（三）重大建议

未来30年，在我国全面实现工业化的基础上，以知识化、智能化为引领的后工业化，将促进我国由工业社会进一步加快转向信息社会，进而步入后信息社会。要在现有物质基础上加快通过创新能力建设、创新人才培育、创新政策完善、创新效率提升，构建具有中国特色的"人本化、自主性、共享式、平台型"科技产业创新体系，进一步建设与未来新一轮科技革命相适应的，以智能化、知识化为主导的现代产业体系，确保为实现第二个百年目标提供有效支撑。

1. 突出"人本化"创新导向，力求科技产业创新更好地造福人类和提升人民福祉

坚持"人本化"创新是未来中国立足于世界科技和产业发展的基石。以解决人类共同面临的全球性问题和挑战、围绕人的需求提升生活品质为出发点，着力推进责任性创新、包容性创新，形成体现大国责任和中国特色的科技产业创新体系。

第一，强化大国责任和担当，树立"负责任创新"理念。未来 30 年，中国将逐步迈向世界科技强国、制造强国和经济强国，作为正在崛起的大国，必须充分考虑科技创新可能给全人类、全球带来的重大影响和巨大威胁，强化负责任创新，以帮助人类创造繁荣和可持续发展的未来为出发点，致力于解决人类共同面临的气候变暖、能源危机、资源环境恶化等问题和挑战，加强世界前沿重大科技研究和攻关，引领全球创新导向，力求使创新更好地造福人类。

第二，以人的需求为导向，强化包容性创新理念。未来人工智能、基因组学等领域的科技创新可能进一步造成社会精英阶层和普通大众阶层差距扩大和不平等。针对这一社会问题，应坚持包容性理念，强化以创造价值和提升人民生活品质为核心的普惠化科技创新，支持引导企业开展更多贴近人民生活、满足群众需求的包容性创新，着力为低收入群体的福利而创造和提供更多的机会。

第三，突出防范大规模失业风险，强化知识性创新理念。未来人工智能和机器人技术的发展，在创造很多新就业岗位的同时，也将会对低技能的就业产生巨大冲击。我国在推动机器人技术和机器人产业发展的同时，要把握中国作为人口大国的客观实际，以提升人的素质为出发点，加强对低技能劳动者的教育和培训，提升劳动者的知识运用和创造能力，推动建设知识型、技能型、创新型劳动者大军，防范可能造成的大规模失业风险。

2. 突出"自主性"创新导向，着力提升产业自主创新能力和科技实力

制定战略性技术预见和变革性产业路线图，加大科技研发投入，提升科技原始创新能力，推动科技产业创新发展。

第一，加强基础前沿研究，提升科技原创能力。加强面向世界科技前沿和国家战略需求的基础前沿研究，实施脑科学、量子计算与量子通信、纳米科

学、基因组学等大科学计划，提升前沿领域关键科学研究能力。支持多学科、跨领域技术交叉与融合，推动网络数据科学、量子信息学、生物医学、纳米科学与技术、生物信息学等学科发展，前瞻性开辟科技创新新领域、新方向，力争在更多领域引领世界科学研究方向和技术创新。

第二，**瞄准世界科技前沿，突破基础核心技术**。准确把握科技产业革命发展趋势，加大对新一代信息、材料、生物、能源等世界前沿科技的前瞻部署。面向 2035 年，重点突破 5G 技术、大数据分析、高性能计算、3D 打印、石墨烯材料、智能机器人等一批关键共性技术和核心技术，培育新兴先导产业和支柱产业。面向 2049 年，加强脑科学与人工智能、量子通信与量子计算、干细胞与再生医学、合成生物学、纳米材料等的前瞻布局和科技攻关，力争取得一批具有全球影响力的重大基础研究成果，引领国际产业发展方向。

3. 突出"共享式"创新理念，构建面向国内外的开放式协同创新体系

树立共享理念，强化市场导向、企业主导的创新体系建设，着力构建多元化、多层次的开放式协同创新体系，提高创新质量和效率。

第一，**构建国内多层次协同创新网络**。面向基础前沿技术和关键核心技术领域，围绕重要产业发展，整合科研院所、企业资源，通过设立开放实验室、产业创新联盟、创新孵化器等多种模式，构建关键技术和共性技术的研究开发体系。

第二，**全面融入和布局全球创新网络**。坚持开放创新的大方向，深度参与新一轮科技产业革命的技术研发、国际标准制定和战略分工，主动参与全球创新网络和创新规则的构建，提升国际标准和全球创新规则制定的主导权。积极发起脑科学、表型组、材料基因组等全球性大科技合作计划，提升科技创新引领力。依托科技伙伴计划和政府间科技创新合作机制，加强"一带一路"沿线国家和地区科技产业合作和交流。鼓励国内企业在海外设立研发机构和收购高技术中小企业，参与国际标准研究和制定，抢占国际产业竞争高地。

第三，**推动建立跨国高水平创新平台**。推动中国制造 2025 和德国工业4.0、法国新工业计划、英国制造 2050、日本机器人新战略等有效对接，促进跨国企业和研究机构创新合作，实现优势互补，共同推动新一轮工业革命发展，提升我国科技产业发展的国际主导权和话语权。

第四，**整合共享全球人才和创新资源**。消除制约科研活动、创新人才等的跨境流动与合作的体制机制和政策障碍，立足于"千人计划"，引进一批从事国际前沿科技研究、带动新兴学科发展的科学家团队和掌握国际领先核心技术、有助于提升技术和产业发展主导权的高端人才，提升对全球创新要素和资源的吸引力和集聚力，推动我国科研实力与国际先进水平接轨。

4. 强化"平台型创新"驱动，实现技术突破和产业应用创新高度融合发展

未来新一轮科技产业革命将促进大型科研设施开放共享，基于互联网的创新平台将成为引领科技产业创新发展的重要方式。要以重点产业和领域为载体，强化创新平台和新型创新组织发展，推动创新主体、创新流程、创新模式变革，构建社会化、大众化、网络化创新体系，促进科技成果转化应用和产业发展。

第一，培育多样化新型创新平台和新型组织。发挥"互联网+"优势，推动建设开放式大企业创新创业平台，形成大中小企业联合创新创业新局面，提高创新效率。鼓励科研院所、高校、企业、普通创客深度融通，发展创新生活实验室、制造实验室、众筹、众包、众智等多样化新型创新平台，促进各类新型生产组织、新型研发组织、新型服务组织、新型社会组织发展和成长，激发科技产业创新发展活力。

第二，激发小企业和个人创业者创新潜能。顺应创新组织小型化、分散化和创客化趋势，高度重视小企业和个人创业者在科技产业创新发展中的重要作用，通过构建完善政策促进体系，推动中小企业和个人创业者加入各类科研院所和大企业创新平台，引导中小企业和个人创业者提升创新能力，释放创业创新潜能。

5. 全方位推动创新系统协同共建，提高创新体系整体效能

适应未来创新主体、创新模式变化，要全方位加强创新能力建设，优化创新环境和创新机制，促进全社会创新资源合理配置和高效利用。

第一，加强国家创新体系建设。国家创新体系建设是一个系统工程，在创造和改进知识与技术，并实现其在生产、生活领域高效运用的同时，要加强科技与经济、金融、贸易和教育的整合和协同共建，形成科技创新的智力资本、金融资本和国际资本的强大支撑。

第二，加强知识型、技能型、创新型人才培育。着力培养科技领军人才、青年科学家、核心技术研发人才和高水平创新团队，形成一批具有国际水平的战略科技人才。同时，要加快改革现行教育体制，创新教育模式，加强产业应用型、技能型、知识型人才培养，跨界拓展知识技能，提高技能人才的动手能力、知识创造能力和信息技术运用能力，形成未来工业化和科技创新人才支撑。

第三，倡导和培育创新文化。大力倡导科学精神、工匠精神、创客精神，进一步培育尊重知识、崇尚创造、追求卓越的创新文化，推动教育由灌输式教学向启发式教学转变，由重视知识单向传授向重视创造知识转变。尽力保护和鼓励人才的好奇心与想象力，培养创造性思维能力以及运用已有知识提出和解决实际问题的能力。

第四，建立健全有利于创新的制度和政策。深化科技管理体制、科技成果转化机制改革，更大程度调动科研人员和创客创业的积极性和创造性。加大知识产权包括数字化知识产权的运用和保护，强化知识产权司法保护，健全创新和设计成果激励保护机制，提升对知识创新的保护水平。全面推动创业型、创新型创新的政策、法制和文化环境建设，形成更加完善的创新生态体系和市场环境。

6.加快推进工业现代化进程，构建知识化、智能化为主导的产业新体系

未来30年，在我国全面完成工业化并逐步迈向后工业化阶段的过程中，必须结合新一轮科技产业革命发展，构建与后工业化阶段相适应的知识化、智能化新型产业体系，有力推动新型工业化和现代化进程。

第一，构建智能化、网络化、绿色化、服务化新型制造体系，推动制造强国建设。围绕"中国制造2025"战略和"互联网＋"战略，以智能化、网络化、服务化、绿色化为方向，全面推进制造业技术创新、商业模式创新和服务创新，实现"中国制造向中国创造转变、中国速度向中国质量转变、中国产品向中国品牌转变"。一是推动互联网、大数据、人工智能和实体经济深度融合，强化智能制造发展，推动信息化、智能化、柔性化生产，培育智能制造新模式，重塑制造业产业链、供应链和价值链。二是大力发展众包设计研发、网络化协同制造、云制造、分享制造等制造新模式，构建开放创新的制造业互联网生态系统，增强对全球产业链、创新链和需求链的整合能力。三是推动制造业与服务业深入融合、协同发展，强化创新和知识资本的价值创造与整合运用，大力发展基于信息技术应用的研发设计、现代供应链服务、个性化定制服务、信息技术服务等服务，推进服务型制造发展，促进制造业技术进步、组织创新

和效率提升。四是加快新型绿色低碳技术和清洁能源技术开发应用，推动生产方式绿色化、低碳化，构建绿色制造体系。加快太阳能、风能、生物质能等可再生能源开发和利用，构建绿色能源体系。

第二，构建知识型、网络型、分享型服务业新体系，推动服务经济大发展。 准确把握后工业化社会的特点，面对从工业经济向服务经济和知识经济转型的大趋势，构建知识型、网络型、分享型服务业新体系。一是大力发展以科技服务业、"互联网＋"和信息服务业为代表的技术、知识和人力资本密集型的知识型服务业，推动现代服务业向高端化发展，实现从现代服务业向知识型服务业转型。二是大力发展基于互联网的新型服务业态和平台，推动网络集成服务创新，实现服务内容标准化、服务流程系统化、服务人员规范化和服务资源社会化，提高服务效果和质量。三是顺应分享经济发展趋势，推动住宿、餐饮、交通、教育服务、养老服务、健康服务以及旅游领域分享型服务新业态发展，积极拓展分享型服务业新领域，优化社会资源配置，着力满足新一代中产阶级服务消费需求，促进服务经济大发展。

第三，推动精准化、网络化、生态化农业发展，全面实现农业现代化。 实施乡村振兴战略，推进新一代信息技术、生物技术在农业领域的广泛应用，推动农业精准化、智能化、网络化、生态化发展，力争率先实现农业现代化。一是大力发展大数据与农业相结合的精准农业，提高农业作业的精准化、高效化。二是利用"互联网＋农业"思维整合耕地、播种、施肥、收割、存储、育种、销售等农业产业链各环节技术和信息，实现农业生产全过程的信息感知、智能决策、自动控制和精准管理，促进农业全产业链网络化升级。三是遵循绿色发展理念，利用信息技术、生物技术优化农业资源配置，推进生态农业、循环农业和低碳农业的发展，着力减少污染，改善生态环境。

7. 发挥创新对经济社会引领作用，构建支撑科技创新的良好经济社会环境

针对新一轮科技产业革命对未来城乡结构、社会变革、政府治理等各个方面产生的重要影响，要趋利避害，用新技术、新手段解决未来经济社会发展面临的问题，充分发挥创新对经济社会的引领作用，构建支撑科技产业创新的良好社会环境。

第一，以科技创新推进新型城镇化建设，促进大中城市、中小城镇和乡村

协调发展，推动城乡一体化发展。一方面，顺应新型城镇化进程中人口向大城市集聚的趋势，以宜居为目标，充分利用大数据、物联网等新技术，加强城市管理和服务体系智能化建设，推动城市治理智能化转型，提升城市治理和服务水平，防治"大城市病"。另一方面，顺应未来"逆城市化"、城镇结构和城镇人口分布变化趋势，前瞻性谋划生态环境优良宜居的特色中小城镇和具有自然景观、历史人文、乡土特色、乡愁记忆特色的乡村建设，加强信息化基础设施配备和远程医疗、在线教育等公共服务体系建设，促进城乡一体化发展。

第二，**顺应生产小型化、分散化趋势，超前谋划科学合理的新型基础设施体系**。未来新一轮科技产业革命背景下，生产的小型化、分散化、专业化将导致与大规模集中生产相匹配的港口、能源等大型基础设施造过剩和资源浪费。例如，从沿海港口来看，未来生产的小型化和本地化将促使运输需求分散化，3D打印将大幅缩短海运运距，同时陆上运输和航空运输也会替代部分沿海运输，大规模沿海港口建设将不适合未来发展需要，分散化将成为沿海港口发展趋势。因此，在2020年之后，我国应充分考虑未来产业和生产方式变革趋势，合理谋划与未来生产小型化、本地化、分散化相适应的新型基础设施体系，加强数字基础设施建设，推动基础设施智能化、网络化建设，尽可能避免对港口、能源等大型基础设施的集中过度投资。

第三，**运用新一代信息技术全面提升政府公共服务和社会治理能力，实现治理现代化**。针对未来政府治理可能面临的问题和挑战，要利用互联网的技术特性，建设基于大数据的社会治理和公共服务平台，构建适应后信息社会、智能社会的生态化、多方协同的治理机制和治理形态。一是在公共服务方面，运用互联网、大数据、物联网等现代信息技术，提供精准的公共产品和公共服务，丰富公共服务内容，提升公共服务水平。二是在政府社会治理方面，依托互联网构建多元化的互动平台，创新政府治理模式，把公众参与纳入规范有序的轨道，建设更加负责、更有效率、更加开放、更有回应性的政府。三是在网络治理和网络安全方面，研究制定信息安全隐私保护、知识产权保护、数据资源开发等方向的法律法规、管理制度和相关政策，构建有效的网络社会风险预警和管控机制。特别是针对网络安全问题，要依托人工智能等技术的发展，加快构建新型网络安防架构，改变被动应对网络攻击的局面。

第四，深刻把握新一轮科技产业革命推动下国际贸易规则重构趋势，提升国际贸易投资规则制定的主导权。高度关注新一轮科技产业革命对经济全球化的影响，密切跟踪国际贸易规则重构的新动向，通过双边谈判降低技术、资本、人才等创新要素国内外流动的制度性壁垒，争取在国际贸易规则制定中的主动权和主导权，打造更具包容性、合作联动、公正合理的国际贸易投资治理新体系，促进科技产业创新更好更快发展。

（执笔：路红艳）

参考资料目录：

1. 潘教峰：《中国加速迈向世界创新中心》,《参考消息网》2017 年 3 月 24 日。

2. 隆国强：《培育经济增长新动能的三个维度》,《中国发展观察》2016 年第 14 期。

3. 路甬祥：《中国智造与中国创造》,《全球化》2016 年第 9 期。

4. 何传启：《科技革命与东方复兴》,《高科技与产业化》2016 年第 6 期。

5. 类淑霞、李劲、郑祎：《日本第 10 次科学技术预测及对我国的启示》,《农村经济与科技》2016 年第 5 期。

6. 赵昌文：《"十三五"时期中国产业发展新动向》,《财经问题研究》2016 年第 3 期。

7. 克劳斯·施瓦布：《第四次工业革命》,中信出版社 2016 年版。

8. 亚力克·罗斯：《新一轮产业革命——科技革命如何改变商业世界》,中信出版社 2016 年版。

9. 王广宇：《2049：智能崛起——新一代信息技术产业中长期发展战略》,中信出版社 2016 年版。

10. 张冬梅：《美国陆军部,〈2016—2045 年新兴科技趋势〉解读》,http://mt. sohu.com/20161020/n470726431.shtml。

11. 中国可再生能源学会：《2049 年中国科技与社会远景：可再生能源与低碳社会》, 中国科学技术出版社 2016 年版。

12. 郭铁成：《中国制造 2025：智能时代的国家战略》,《学术前沿》2015 年第 10 期。

13. 柯正言：《打造世界科技强国的路径选择》,《决策与信息》2015 年第 8 期。

14. 肖林：《未来 30 年上海迈向全球城市的产业创新发展战略》,《科学发展》2015 年第 8 期。

15. 肖林：《未来 30 年上海全球科技创新中心与人才战略》,《科学发展》2015 年第 7 期。

16. 白春礼：《创造未来的科技发展新趋势》,《人民日报》2015 年 7 月

5 日。

17. 麦肯锡全球研究院：《中国的数字化转型》,2015 年研究报告。

18. 藤原洋：《精益制造 2030：第四次工业革命》，东方出版社 2015 年版。

19. 世界银行、国务院发展研究中心：《2030 年的中国》，中国财政经济出版社 2013 年版。

20. 何传启：《科技革命与世界现代化——第六次科技革命的方向和挑战》，《江海学刊》2012 年第 1 期。

21. 杰里米·里夫金：《第三次工业革命：新经济模式如何改变世界》，中信出版社 2012 年版。

22. 何传启：《中国现代化面临的挑战与未来前景》，《理论与现代化》2010 年第 6 期。

23. 刘春平：《我国应对颠覆性技术创新需要重点布局七大领域》，《中国科协创新战略研究院：创新研究报告》2010 年第 18 期。

第三章　未来 30 年我国城乡区域结构变化趋势及
促进协调发展的建议

面向 2049 年，分析了影响中国城乡区域发展的经济、人口、技术、环境、地缘、国际等六大因素，从城镇化的空间组织形态、人口迁徙流动的中长期趋势、区域增长新特征等方面指出了未来城乡区域发展趋势，分析了生态环境、老龄化、生产组织、要素市场、就业分化等方面可能面临的突出矛盾。基于此，提出城乡区域协调发展应把握好从城乡间／区域间转变为城市群内外、城市建设的重心从打造国家中心城市到建设世界城市、城乡统筹重点从"人口进城管理"转向"资本下乡管理"、区域增长的重点从沿海单向集聚转向多元复合集聚等四大转变，稳步推进动态城镇化向静态城镇化转变；并提出以人民为中心提高城镇化质量、以世界城市为重点推动都市圈／城市群发展、以重点轴带为支撑促进城市群联动、以城市激发农村为路径形成统筹城乡新模式、以减少隔离为重点推进包容的城镇化、以讲好我国"城市故事"为途径传播价值理念等建议。

一、未来 30 年影响区域和城乡结构的因素

为了增长的空间生产，过去一段时期一直是我国区域、城乡结构变动的主要逻辑。未来，这一逻辑逐渐发生松动，产业结构、人口结构、技术进步、生态环境、周边态势等影响因素间的一致性趋弱而相互干扰增强，遍在的增长趋于结束，对区域和城乡结构变动的认知更加复杂多维并相互交织。

（一）经济因素：总量和产业结构变动影响着人口就业分布，从而持续改

变着空间结构

改革开放 40 年来，经济增长一直是影响中国宏观空间结构的中长期变动的最主要驱动力，向世界开放让中国东南沿海地区的外向型加工制造业得到快速发展，这打破了过去通过计划经济体制向特定资源能源产地、三线地区、交通枢纽地区配置产能的规律，沿海地区的加工贸易吸引了大量中西部人口流入务工，流出地尤以河南、安徽、四川等人口大省为主。一直延续到了今天"孔雀东南飞"现象正在出现新的变化：一方面，人口向东南沿海迁移的增量在放缓，农民工年度增量从 2010 年的 1245 万人减少到 2016 年的 424 万人；另一方面，由于北上广深杭等中心城市在新一轮以创新为动能的发展中表现良好，比苏州、无锡、唐山等类型的制造业城市有更好的综合发展态势，因此有的学者如陆铭（2016）将正在发生的这一现象称之为中国的"大城市化"，尽管此观点还存在一定争议，但伴随中国城市化的"人口的二次迁移"，正在深刻影响着中国未来的区域格局。

（二）人口因素：老龄化少子化将引起人口总量减少和流动性下降，用工成本的提高将重塑区域要素禀赋

在欧洲和日本，严重的老龄化和多年的低生育率正在成为区域城乡发展的困扰，尽管各国政府不断提高福利政策鼓励国民多生孩子，但生育率仍然难以提升。2015 年日本务农人员数量为 209 万人，比 30 年前的 1985 年的 542 万人减少了 60%，部分农村地区因人口减少甚至走向消亡。中国也即将面临着老龄化和少子化的冲击，2015 年 60 岁及以上人口达到 2.22 亿，占总人口的 16.15%，65 岁以上人口为 14434 万人，占比超过 10%。据世界卫生组织预测，到 2049 年，中国将有 35% 的人口超过 60 岁，成为世界上老龄化最严重的国家。老龄化将增加城市公共服务支出，对符合老年人身体特点的人行道、过街天桥、城市运输、休闲公园等城市设施的投资将会增加。尽管中国放开了二胎政策，但国家统计局根据 1‰人口抽样调查数据推算，2016 年全国出生人口为 1786 万，生育水平为 1.7 以上，仍然处在较低水平。老龄化和少子化不仅会引起社会保障费用、老年人设施费用等支出增加，还会使得农村人口持续减少而导致农村的进一步衰落，而与此同时，特大城市的老龄化可能会引发从业人员不足等问题，用工成本的提高将重塑区域要素禀赋和比

较优势，改变了企业选址决策行为，这要求改变将人口作为经济增长源的传统模式。

（三）技术因素：技术的进步如无人驾驶、新一代通信技术、人工智能，将形成"空间的稀释"效应和"空间尺度的上移"

据 Google 公司预测，无人驾驶在近几年取得突破并推广是大概率事件，将对城市空间结构产生重要影响。过去，我们对城市空间的安排，主要基于地租曲线的差异，其背后是居民交通费用和居住费用的权衡，无人驾驶将使单位距离的交通成本特别是时间成本下降，城市地租曲线将变得更加平缓，这将促使城市功能向郊区延伸，人们居住在更远的郊区成为可能，中国城市群内的郊区化将会成为下一个时期的主要特征。无人驾驶将导致"空间的稀释"，城市治理越来越需要从国家凯恩斯主义，转向推动形成地方共同参与的区域协调机制，在此过程中，"空间尺度的上移"使得空间规划技术方法的创新、行政区划的调整将长期伴随着我国的城镇化进程。通信技术的进步也在继续深刻改变着人们的交流方式，视频等即时交流工具改变了人们的行为方式，大量面对面的会议将会被线上交流所替代，工作和生活的边界日益模糊，人们对写字楼、大型商场等空间的需求将有所减少，人们无论是生产还是生活，对城市中心的空间需求都在下降，因此城市中心衰败的风险在实质性上升。此外，正如世界银行 2016 年《世界发展报告》所述，在新技术应用的背景下，居民使用数字设施的能力差异将造成新的区域差异，发达的都市和落后的乡村之间将出现所谓的"数字鸿沟"。这意味着尚未消除的区域差距，会成为新的区域差距的内生变量。

（四）环境因素：生态质量和人居环境将成为影响人们区位选择的重要因素

纵观全球范围内一些主要国家和城市的中长期发展展望，它们普遍比较重视应对能源危机和全球气候变化、改变低效的土地利用模式，并对环境景观、绿色空间、自然遗产等给予了特别的关注。"美国 2050"中提出了生态环境保护中"大型景观保护"的新模式，强调生态环境保护的基础地理尺度以及保护的跨区域性和综合性，为生态空间保护的管制单元提供了一个新视角。随着我国居民收入的提高，就业和收入在人口迁徙中的决定性作用将有所下降，对于广大新富裕起来的中产阶级，越来越无法容忍大城市的交通拥堵、空气污染等城市问题，开始对生态质量和人居环境更加重视，并且作为其居住区位选择的重要因素，他们不再像前一阶段向就业岗位多、收入高的东南沿海地区迁徙，而是开始向环境好的中小城市迁徙。于是，越来越多的山清水秀、空气清新、环境优美的中小城市成为新时期的明星城镇，在区域空间结构特别是城市群内部空间结构中产生较大影响。

（五）地缘因素：周边国家和地区发展的态势将对中国的区域格局产生重要影响

正如中国与西方关系改善带来的对外开放让东南沿海地区得到快速发展一样，周边国家和地区发展态势及与中国的关系将对区域格局产生重要影响，根据英国经济学人智库（EIU）预测，亚洲经济体的增长还将维持到2050年，届时亚洲占全球GDP的份额将从2014年的32%升高到53%，以亚洲的崛起为代表的地缘环境变化，将给我国区域格局产生新的影响，有望为整个沿海地区发展提供新一轮机遇。首先，朝鲜问题能否在未来30多年中得到解决，这关系着中国东北地区的稳定与发展。其次，印度也是需要考虑的因素，尽管印度目前在中国贸易中的份额还比较小，2016年与印度贸易仅占我国贸易总额的不到8%，但种种迹象表明，伴随着印度经济的起飞，到2049年，印度将成为全球前三大经济体之一，成为我国前三大贸易伙伴之一，占到我国贸易总额的15%以上，与印度贸易密切的一些地区将获得比较好的发展机会。"一带一路"框架下，中国—东盟的合作进展将增强国内广西、海南、云南、贵州等有关地区的发展动力。

（六）国际因素：全球化背景下的世界经济格局调整将对我国国土空间开发提出新要求

近几十年来，经济全球化通过释放市场的力量，推动了全球生产体系的兴起，促进了全球贸易与生产的蓬勃发展。经济全球化在带来繁荣和发展的同时，也带来了贫困、冲突、分配不公和环境污染等问题。特别是随着2008年国际金融危机的爆发，经过近十年的调整，全球经济并没有迎来理想的复苏，相反却陷入持续的结构性低迷，贸易保护主义不断升级、全球多边机制不振、各类区域性的贸易投资协定碎片化，美欧的移民政策、投资政策、监管政策等朝着去全球化方向发展。受欧美政治和经济形势的影响，这种"逆全球化"潮流不断涌现，民粹主义不断抬头，他们呼吁"封锁边境、强调民族主义、本国第一、管好自己"。贸易保护主义再次抬头，使自由贸易理念边缘化。

经验表明，每一次世界经济格局的调整，都会改变经济要素流动的方向和经济存量的历史格局，都会带来全球城市体系"金字塔尖"的转移，重构新兴国家的国土空间开发格局，其中城市体系、空间组织和空间形态的变化最为明显[①]。经济全球化与逆全球化的摇摆将对在缓慢复苏中的世界经济和进入新常态的中国经济产生很大影响。过去20年，中国对世界经济增长的贡献和在世界经济的份额明显提高，是世界经济增长的重要引擎和这次世界经济格局调整的"受益者"。尽管经济全球化和逆全球化会在一定时间周期内反转，但总体上看，金融危机前的全球化发展格局将难以再现。逆全球化的趋势将让中国区域格局呈现内向化的变动，使经济全球化背景下以出口导向为动力塑造的沿海率先发展格局受到调整，中西部地区的国家中心城市和区域性中心城市将得到好的发展机会，逐步形成具有国际竞争力的城市和城市群。

表3-1 主要机构对中长期世界经济格局变化的预测

预测机构	世界经济格局变化
国际货币基金组织（2008）	中国将于2049年成为世界第一大经济体。由于亚洲经济的崛起，整个国家政治经济关注的焦点将出现向东方、向亚洲转移的趋势。
美国国家情报委员会（2008）	由于新兴国家日益强大，经济日益全球化、财富从西方向东方转移，非国家因素影响力增强，到2025年时，国际体系将全面改观。尽管到2025年，美国可能依然是唯一超级大国，但美国的相对实力，哪怕在军事领域的优势，都将江河日下。
英国经济学人智库（EIU，2015）	到2050年，全球的经济增长与其历史平均水平相比，预计不会出现剧烈下滑。然而，几乎每个地区的经济增长在2030年之后都会放缓。美国、中国和印度将成为前三大经济体，中国和印度在解决全球性议题方面发挥更加重要的作用，如气候变化、国际安全、全球经济治理等。
高盛（2009）	中国将在2027年成为全球最大经济体，届时经济总量将达到21万亿美元（按市场汇率）。到2050年，世界经济格局将会经历洗牌，全球新的六大经济体将变成中国、美国、印度、日本、巴西和俄罗斯。

资料来源：美国国家情报委员会（2004）：《展望2020 描绘全球未来》；美国国家情报委员会（2008）：《全球趋势2025——一个转型的世界》；高盛（2009）：《现代世界中的中国》；英国经济学人智库（2015）：《长期宏观经济展望——2050年主要发展趋势》。

---

① 陆大道：《中国区域经济发展新因素、新格局》，《地理研究》2003年第3期。

二、未来 30 年我国城乡区域结构的发展趋势

（一）大都市区在全国的经济组织中将扮演更为重要的角色

"十二五"规划纲要中第一次提出以城市群作为我国城镇化的主体形态，在《国家新型城镇化规划》和《"十三五"规划纲要》中都延续了这样的表述。应该说，从全球城镇化的规律看，城市在一定区域的成群集聚分布是一个客观过程，也是一个普遍趋势。美国东北部和五大湖两大城市群集中了全美近 40% 的人口，日本东京、大阪、名古屋三大都市圈集聚人口、经济规模占全日本总量的 60% 以上，英国一半人口集中在国土面积不足 1/5 的大伦敦都市圈。美国 2050 年发展战略明确提出，把 11 个大都市连绵区打造为支撑经济可持续发展、增强国家竞争力的重点区域。近年来，我国城镇体系空间布局呈现出非常明显的城市群指向，国家提出的 22 个城市群地区成为推进城镇化和吸纳城镇人口的主要地区。而在城市群内部，城市群的中心城市由于具有更强的要素集聚和配置能力、科技创新能力等，拥有更好的产业发展环境和更多的就业岗位，因此也吸引了更多人才。目前北上广深 4 个中心城市占到了全国城镇人口的将近 10%，而 19 个副省级以上城市占全国城镇人口的 20%。以这些中心城市为核心的都市圈在城镇化和区域经济发展中作用突出，例如杭州都市圈周边，嘉兴、湖州等城市具有十分重要的功能，而嘉兴和湖州下辖的嘉善、长兴等同样在都市圈中占据重要功能而有较好的发展。总体上看，未来中国将逐步形成以京、津、沪、杭、广、深、成都、重庆、武汉、沈阳、郑州、南京等都市圈为中心的"三核多极"城镇格局。

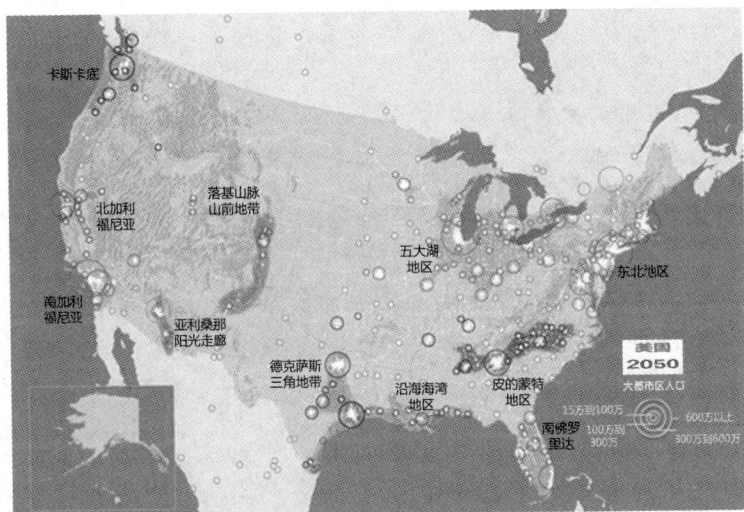

图 3-1　美国 2050 中提出的 11 个城市群

（二）一定程度上北方的衰落及人口南迁会成为持续性现象

2015 年以来，我国区域经济分化态势显著，总体而言，南北分化态势显著。西南地区、中部的南方省区、东南沿海地区经济增长好于西北、中部北方省区以及东北地区。而许多学者（申兵，2015；等等）的研究认为南北分化的态势仍将持续，我国经济重心也将进一步南移。而按照县级单元的分析同样支撑了上述结论，如果把经济增速低于 0% 的定义为一级衰退、低于 2% 的定义为二级衰退，2015 年，这两类地区主要分布在东北三省、山西、蒙西、陕北、新疆、川西，另外还包括鲁西北、冀中南。其中沿海地区除了辽宁沿海外，还包括唐山、东营、茂名，主要是以重化工业为主、国有企业占主导、计划经济思维重、营商环境有待改善的地区。展望未来，由于受营商环境、区域政策、引领型产业、开放水平等多种因素影响，增长的南北分化将在较长时期内长期存在。

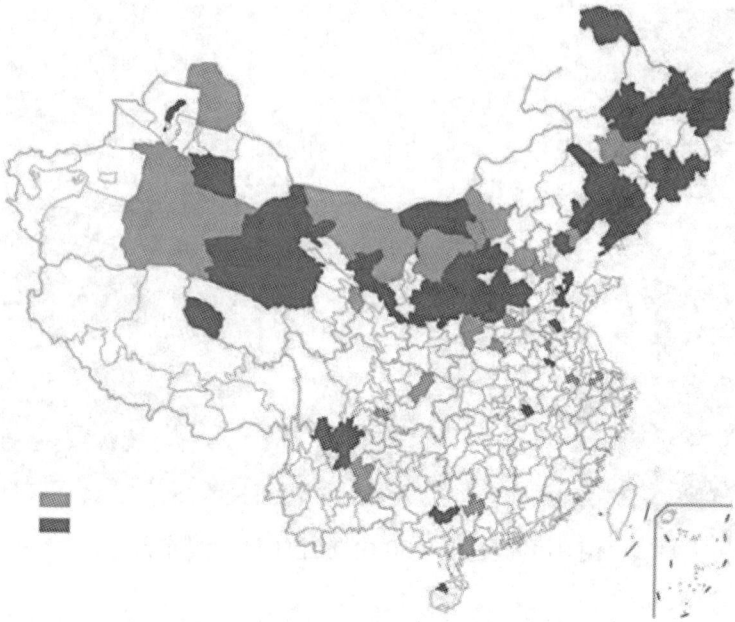

图 3-2　2015 年中国经济增长缓慢和衰退地区

（三）东部沿海地区经过艰难的调整后，率先实现转型引领和优化发展

东部地区引领了中国前一阶段的增长，目前正呈现出放缓的态势，本质上是既有发展模式和发展动力遇到了瓶颈，进入了相对疲软的调整期。过去两三年，一些东部省份加快转型步伐，但由于采取的态度和措施不同，取得的结果也各异，浙江抢抓了互联网为引领的新经济发展趋势，实现了较为成功的转型。广东则是较早开展腾笼换鸟，抓住了产业发展的制高点，在通信、生物等方面取得了较大进展，同时对传统加工产业集群进行了升级，取得了较好成果。而同为经济大省的山东、江苏则转型步伐较缓慢，特别是山东，在新产业培育、传统产业改造、对外开放等多个方面缺少进展，因此发展的速度和质量都有所下滑。江苏也存在类似问题，经历了以电子信息等为主的加工制造业快速发展后，迫切需要切换新的发展模式和发展路径，从而形成转型发展的新动能。未来需要东部地区的经济强省、大省沿着土地、劳动力、资本、技术、知识的轨迹逐步实现转型升级，培育高级生产要素，构建新比较优势，带领全国实现转型升级。

　　（四）由于对贫困地区的异地扶贫搬迁和人口外迁，全国范围内人口分布趋于集中

　　2015 年，中央扶贫开发工作会议提出到 2020 年 7000 万贫困人口全部脱贫的目标。在 7000 万中，其中异地搬迁 1000 万人口，主要分布在中西部地区的山地、高原、荒漠化土地、生态脆弱区域，自然条件严酷、生存环境恶劣、发展条件严重欠缺。从区域板块看，西部地区 12 省区市建档立卡搬迁人口约 664 万人，占总量的 67.7%，计划同步搬迁约 423 万人；中部地区 6 省建档立卡搬迁人口 296 万人，占总量的 30.2%，计划同步搬迁约 144 万人；东部地区 4 省建档立卡搬迁人口约 21 万人，占总量的 2.1%，计划同步搬迁约 80 万人。

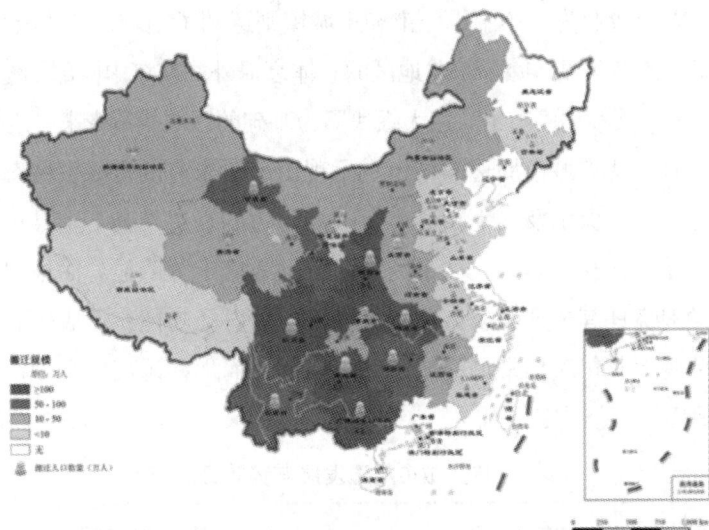

图 3-3　"十三五"异地扶贫搬迁任务分布图

　　在完成 2020 年扶贫目标后，我国会调整贫困标准，继续推动扶贫工作。根据联合国 2014 年发布的《联合国千年发展目标报告（2014）》，强调"为了所有人""一个也不要落下"的包容性。可以预见，2020 年以后的扶贫工作会更加注重"以人民为中心"，用人的扶贫替代区域扶贫，用人的发展替代区域发展。在区位偏远、交通不便、以省际交界地区为主的贫困地区人口将通过政府、市场等多种力量逐步迁徙到城市群地区，人口的区域分布和城乡分布更加趋于集中。一些省会城市和省内区域性中心城市将会在吸纳新时期（贫困）人

口转移中扮演重要角色，如重庆、成都、西安、长沙等城市，及成渝、关中、长株潭等城市群地区。

（五）国际金融危机以来，我国区域结构从"板块格局"向"中心—外围结构"演化

改革开放以来，我国陆续提出了东部率先（1979）、西部开发（2000）、东北振兴（2003）、中部崛起（2006）战略，形成了以四大板块为基础的区域协调发展思路。2008年金融危机以后，全球总需求下滑，再加上发达国家的再工业化，对我国的产业形成了较大影响，我国经济增长格局也随之逐渐发生深刻变化，一个直接的结果是，那些以服务业为主的特大城市和大城市呈现出比较好的发展态势，而广大以制造业为主的中小城市和小城镇则遇到了困难，一些资源型城市、加工工业城市尤为明显。除了东北地区的总体衰退外，在东中西部都有一些城市出现经济下滑，某种程度上给"四大板块"为基础的区域政策带来一定挑战。

与此同时，特大城市周边的城市也呈现出前所未有的良好发展态势，比如北京周边的廊坊、保定及其下辖县市，上海周边的嘉兴及其下辖县市，深圳周边的惠州及其下辖县市等。大城市的外溢带动效应十分明显。而根据发达经济体的经验，围绕具有全球竞争力的特大城市配置各类功能，形成中心外围的都市圈结构是后工业化时期常见的城镇组织模式，而那些远离中心城市的地区则增长速度放缓，经济占比下降。

表3-2 特大城市周边发展态势较好的城市

中心城市	周边城市（一级）	周边城市（二级）
北京、天津	廊坊、保定	香河、三河、大厂、固安、永清、霸州、涿州、高碑店、徐水、蓟县、宝坻、武清等
上海、杭州	苏州、南通、嘉兴、湖州、绍兴	嘉善、桐乡、德清、萧山、余杭、昆山、太仓、海门、长兴等
广州、深圳	东莞、惠州、中山、江门、佛山	惠东、惠阳、博罗、三水、四会、丛化、增城、高明等
青岛	威海、日照	胶州、即墨、高密、诸城、莱西等
成都	德阳、绵阳、资阳	都江堰、温江、龙泉驿、简阳、新都、郫都、金堂等
长沙	株洲、湘潭	浏阳、宁乡、长沙县、醴陵、株洲县等

（六）三大战略是对我国高增长地区的重新表述，具有中长期意义

经过三年多的实践，"一带一路"、京津冀协同发展、长江经济带建设三大战略正呈现出与四大板块深度融合、交相辉映态势，各地纷纷结合自身条件加快与三大战略对接。从全国格局看，四大板块是既有区域协调发展战略的总框架、总背景，而"三大战略"则几乎涵盖了四大板块中发展较好的一些地区沿海、沿江、沿陇海和环首都地区，从这层意义上讲，三大战略是中国告别了遍在的高增长后，对高增长地区的重新表述，是对中国优势地区的回归，具有中长期意义，未来无论国家区域战略在表述上如何变化，但三大战略（空间形态为"三沿一环"[①]）的总体框架将会保持长期稳定，是支撑我国经济增长的主要力量。

三、未来 30 年城乡区域协调发展面临的突出矛盾

尽管我们取得了历史性的成就，但是从城乡、区域协调发展看，还将面临着一些突出的矛盾和问题。

（一）生态环境面临形势依然十分严峻

中国过去的工业化城镇化所取得的成绩斐然，但没考虑到付出的巨大代价也是备受学界批评的一个方面，其中最重要的是生态环境恶化的趋势没有得到有效遏制。资源消耗过快，2015 年我国 GDP 占全球的 15.4%，却消耗了全球 44.80% 的钢铁、45.88% 的铜、49% 的铝，而我国铁矿石、铜矿、铝土资源储量仅占全球的 12.11%、4.29%、2.96%。大拆大建造成极大浪费，我国建筑平均寿命仅 30 年，而美国为 74 年，英国为 132 年。全国有 1/3 的城市高峰通勤受到拥堵的威胁，一些县城、小城镇由于对机动化缺少充分准备，交通拥堵也较严重。PM2.5 等大气污染严重影响了居民健康，2015 年，全国地级以上城市 78.4% 空气质量超标，京津冀地区 13 个地级以上城市空气达标天数仅为 52.4%。而随着居民对生态环境的重视，一个区域的生态环境质量正在成为人口流动的重要考虑因素之一，好的生态、宜居的环境对人才特别是高端人才的吸引力变得更加重要。

---

① "三沿一环"是指沿海、沿边、沿长江和环京津。

（二）老龄化对城市发展影响不容忽视

人口老龄化通过影响劳动力供给而对区域经济发展产生影响，人口老龄化减少了劳动力供给数量、老化了劳动力年龄结构，从而抑制了区域经济发展。从过去20多年不同地区的老龄化程度变化来看，一方面，尽管全国东中西部的老龄化率都在提高，但中西部地区提高的速度要快于东部地区，中西部地区未来受到老龄化的冲击要大于东部地区。另一方面，由于东部地区老龄化的绝对程度更高，所以东部地区的深度老龄化对城市建设、产业结构、社会管理等多个方面产生重要影响，老龄化引起的劳动力紧缺，将使各个城市对劳动力的态度发生转变，从过去的排斥转向未来的争抢。老龄化也制约了城市产业结构选择，劳动力密集型产业将不再是发展的重点，而与此同时，围绕老年人需求的社区养老、家政服务会迅速发展，面向老龄化的生命、健康、医药等产业将成为各国或各地竞相发展的行业。

（三）生产要素区际长距离大跨度流动

受经济布局与资源分布不协调的影响，每年我国大量的劳动力、资源、能源等生产要素及商品都必须长距离大跨度流动或调动，并且呈现规模越来越大、距离越来越长的趋势。以能源为例，20世纪80年代，我国能源供应的平均运距不足400公里，1990年扩展到500公里的范围；20世纪90年代中期以来，我国国内能源的供应半径突破了1000公里的大关，到2000年达到1310公里，2005年超过1550公里。各种生产要素及商品的大规模长距离调动，对我国物流组织带来的压力越来越大，在增加了运输过程中的损耗的同时，也提高了我国经济空间组织的成本和风险。目前，我国的流通费用比重与发达国家相比高出10多个百分点，2009年我国地区生产总值约为日本的96%，然而全部货运量却为日本的2.6倍，货运周转量超过日本的11倍。

（四）城乡统一要素市场改革相对滞后

我国向市场经济转型的过程中，商品市场的建设进程比较快，而要素领域的市场建设则相对滞后，特别是土地、劳动力和资金这三大生产要素。土地用途二元管制、城乡二元户籍藩篱、利率汇率的非市场干预等都是特别突出的问题，要素价格的扭曲被认为是质疑中国市场经济的重要方面，下一步通过市场化改革，赋予生产要素所有者拥有生产要素的完整权利、参与市场竞争的平等机会、风险承担和收益追逐的对称性，释放要素自由流动、自由竞争的活力，对于形成新的发展动能至关重要。

要素市场化改革对区域格局的影响主要表现在：一是大幅改善中西部地区的营商环境，让中西部的一些核心地区能够吸引到更多的企业、拥有更好的发展机会。二是城乡统一的土地市场的建立将会对我国城乡结构产生重要影响，农村的发展潜力得到释放，城乡差距在总体上将会有所缩小。三是金融领域、资产价格的改革，将会使东部窗口地区如上海、深圳等与全球金融中心如纽约、伦敦等地的交流更加频繁，其在全球城镇网络中的位势会有所上升。

（五）都市区劳动力市场两极分化严重

当前和今后很长一段时期，中国的制造业从中心城市向郊区迁移的趋势将持续，中心城区制造业衰退和外迁带来的一个严重后果是中等收入工作机会减少，蓝领中产阶级境况恶化，劳动力市场两极分化严重。中心城区的制造业迁出之后，产业结构将以生产性服务业和高技术产业为主，在就业岗位上具有极化特征，高薪工作和大量低薪工作比重过大，而中等收入的工作为数甚少，其直接后果是本地大量低技能劳动力难以分享经济发展成果。例如，纽约曼哈顿虽然有大量的工作岗位，但多为面向金融业白领的，而生活在哈莱姆贫民窟的穷人们却难以拿到数量有限的低薪工作岗位。这种由于劳动力市场两极分化而导致的城市空间上的隔离，在西方发达国家都有不同程度的出现，也很可能是未来中国城市发展中的一大挑战。

四、城乡和区域协调发展的目标状态及促进协调的总体思路

城乡区域协调发展应把握好从城乡间／区域间转变为城市群内外、城市建设的重心从打造国家中心城市到建设世界城市、城乡统筹重点从"人口进城管理"转向"资本下乡管理"、区域增长的重点从沿海单向集聚转向多元复合集聚等转变，积极适应城镇化由动态向静态转变的深度调整。

（一）面向2049年的城乡区域协调发展的目标状态

1. 城乡协调发展的目标状态

——2030年前后城镇化将到达顶部，城镇化率基本稳定在70%左右。关于我国城镇化率的未来，许多机构都进行了预测。例如2030年的城镇化率，世界

银行预计为70%左右，联合国开发计划署预计将达到70%。中国社科院预测为67.81%，清华大学国情研究院预测为60%—65%。目前关于城镇化速度放缓的声音也很多，比如，IMF的报告认为，中国前往城市的30岁以下的年轻人数量正在稳定缩减；李铁认为，中国继续每年1%的城镇化增长率难度较大。综合考虑经济、技术、环境、人口、地缘及国际等因素。我们认为，2030年之前我国仍能保持每年0.5—0.7个百分点的城镇化速度，并到2030年前后城镇化将到达顶部，基本稳定在70%上下。城镇化速度放缓的同时，应更加注重提升城镇化质量。与此同时，人口自由流动的障碍基本消除，基本公共服务基本实现均衡配置。

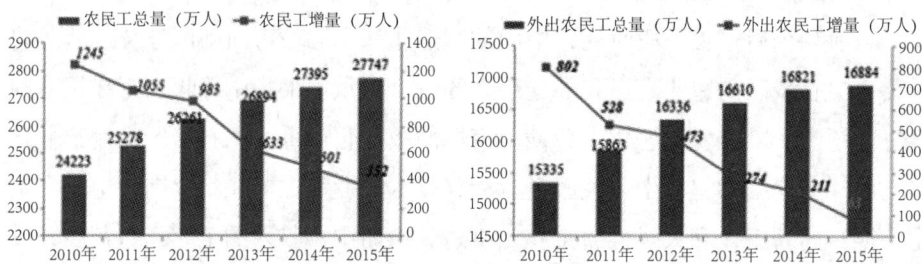

图3-4　中国农民工数量变动

2. 区域协调发展的目标状态

东部地区在经历了艰难调整后，转型升级取得成效，构建了新比较优势，在全国转型发展中继续发挥引领作用。我国目前的832个贫困县和5630万贫困人口将摘帽脱贫，贫困地区基本消除。在全国层面，逐步从点轴开发进入到网络开发阶段，多中心网络化的城镇布局、空间开发和创新引领格局基本形成，城市群地区集聚能力进一步增强，一些主要发展轴线的支撑作用更加突出，而重点生态功能区的生态功能进一步发挥，财政转移支付力度加大。不同地区尽管人均GDP有所差异，但基本实现人均财政支出基本均等，城乡基本公共服务均衡配置。大气、水等环境质量走过拐点，生态环境质量大幅提高。

（二）2020—2049年区域和城乡协调发展的总体思路

1. 总体思路

随着产业结构的不断调整，各地的比较优势也在发生动态变化，区域空间组织方式发生相应变化，我们建议 2020—2049 年中国区域城乡协调发展的总体思路为：更加突出以人民为中心的发展理念，把增进人民福祉、促进人的全面发展作为推进城乡区域协调发展的出发点和落脚点。更加注重把生态环境成本记入发展的全过程，促进人与自然的协调发展。面向新的国际竞争条件下的新业态需求，更加注重培育创新生态，持续抢抓全球新产业的先机，形成源源不断的动能更替的内生动力。以深化改革为动力，完善生产要素市场建设，促进生产要素自由流动和高效配置。完善促进人口流动的各类政策，从根本上完善进城人口的公共服务问题，进一步释放人口流动对中国经济的促进作用，并通过人口自发迁徙优化人口分布格局。

2. 把握好四大转变

协调发展的重点从城乡间、区域间变为城市群内外。城市群作为城镇化的主体形态，是一个全球普遍趋势。长期以来，我国的发展差距具有城乡间和地区间双重特征，地区间差距包括沿海和内地之间、东中西三大地带之间、四大板块之间等，城乡间差距则具有遍在性。而"十二五"以来，地区内部城乡差距不断缩小，但地区间差距却持续拉大。未来，在 2035 年之前，随着区域协调发展的推进，区域间人均财政支出、基本公共服务等会趋于均衡。而与此同时，城市群内部由于其更强的要素集聚和配置能力、科技创新能力、人才吸引能力等，拥有更好的产业、就业机会，而城市群外的区域则缺少发展机会，城市群内外差距更加突出，这将成为 2035 年以后我国面临的新挑战之一。

城市建设的重点从打造国家中心城市到建设世界城市。在一个城市群里，核心城市是关键，在城镇化快速发展阶段，城市群核心城市通过争取国家政策来增加发展机会，一些二线城市围绕"国家中心城市"的竞争已经白热化。到 2035 年，我国基本实现现代化，这些二线城市将有望实现跻身一线、建成国家中心城市的目标，而随着国家中心城市地位的稳固，这些城市的竞争将进一步转向世界城市地位的争夺。在国外这种趋势已经显现，除已有的世界城市外，许多二线城市也纷纷提出建设世界城市、全球城市，如里约提出 2030 年成为南半球最出色的城市，约翰内斯堡提出 2030 年成为世界一流城市。要想成为世界城市，像原来那样通过政策等外生变量支持（如项目投放）是不行的，还要内生地完善功能，特别是一些具有全球价值的功能，城市发展的着力点发生转换。

区域增长的重点从向沿海单向流动转向多元复合集聚。随着支撑传统城市增长的阶段性因素逐渐消失，不同地区的生命周期出现较大差异，再加上产业结构的持续调整，人口流动态势从向沿海地区单向集聚变得更加多元，区域再平衡特征显著。一是三大战略与四大板块的叠加，形成了对高增长地区的新表述。二是随着沿海地区经济放缓，特别是制造业的下降，人口向中西部中心城市回流趋势显著，例如广东、江苏、浙江等跨省外来人口在下降，安徽、浙江、四川、湖北等省外出人口下降。三是一些传统优势地区由于产业竞争力下降和发展阶段变化，出现了衰退和人口持续流出，如东北、华北等地区。四是一些具有良好自然、人文环境的地区，在新业态培育中发展较快。

城乡统筹的重点从"人口进城管理"到"资本下乡管理"。在人口乡—城转移完成之后，城镇化率相对稳定，此时经济增长的源泉主要来自于两个方面，一是人口在城市中的创新活动，二是城市和农村的要素互动导致效率提高的部分。对于我国来讲，第二部分的意义尤为重要，2035年前后，我国仍然有约30%的人口（约4亿人）生活在农村，这既是一个巨大的市场，也是一个广阔的平台，如何通过积极有效的制度安排，让城市要素与农村要素之间能够更加有效地对接，让城市资本的驱动力、人才的创造力与农村的土地、特色资源等搭配起来，使城市配置资源的外延得以扩大，更好地激发和带动农村，形成国民经济增长新的动力。

3. 分两个阶段推进城镇化

2035年将是中国迈向2049年的一个重要节点，在2035年之前，中国的城镇化和城市发展主要解决的是动态的问题，主要是人口进城、城市增长带来的一系列问题和应对；此后，我国基本实现现代化，主要需要解决静态的问题，人口进城后在城市内部的各种空间、社会关系的协调与处理。

2017—2035年：动态的城镇化。尽管目前我国城镇化速度有所放缓，但仍能保持一定速度。根据测算，近几年受二胎政策等影响，仅城市人口自然增长即可使城镇化率每年提高0.55个百分点，尽管这慢于韩国、日本等相同城镇化阶段（城镇化率55%—60%）时的速度，但仍然快于巴西、意大利、法国等国家相同发展水平时的速度。这一时期城镇化率持续提升的主流特征没有变，我国城市面临的仍然是由于供给的总量性不足或区域性不足带来的问题，诸如城镇人口增长带来的对居住空间、就业岗位、生态环境、公共服务等的需求，以及人口大规模跨区域流动导致的流出地和流入地失衡等区域性不足问题。城镇化和城市政策的核心是扩大供给，城市建设在不停地补欠账、补短板，尽管如此，各类城市问题仍层出不穷。

2035—2049 年：静态的城镇化。2035 年前后城镇化率将达到 70% 上下，此后保持相对稳定，城镇化进程进入了一个速度上的"静态"阶段，尽管城镇化率不再提高，但内部的调整持续深化。一方面，城镇内部社会隔离和居住隔离问题更加突出，一些亚群体和亚文化陆续形成并持续发酵，人们城市内部居住区位发生调整，大城市郊区环境较好的地区变得更具吸引力，而告别增长时代后由于财政收入减少，老城区则出现了活力下降甚至衰败，城市治理的重要性凸显。另一方面，到 2035 年前后，我国基本实现现代化，几乎所有省份都开始进入后工业化社会，其在工业化、城镇化上的阶段差异不再那么突出，各省份发展机会和发展效率相对均衡，尽管人口大规模乡—城转移已经过去，但在城—城之间的重新调整成为主体，城市的自然生态、人文环境甚至精神气质成为区域再平衡的主导因素。

表 3-3　动态的和静态的城镇化比较

	动态的城镇化	静态的城镇化
时间阶段	2017—2035	2035—2049
城镇化速度	城镇化以总量扩张为主，年均提高 0.6—0.8 个百分点	城镇化以静态调整为主，城镇化率保持较高水平，速度缓慢
主要特征	城市问题频发 人口流动加剧区域失衡 环境问题引起重视但未越过拐点	后工业化城市社会空间分异 人口流动主要呈现为大都市区内部的区位调整 环境治理越过拐点
区域发展	区域多极化格局 三大战略和四大板块融合发展	区域协调水平在缓慢调整中逐步提升 大都市区在区域发展中的角色更加重要
空间管制	空间管制滞后于经济发展	空间管制工具和制度完善
区域治理	区域治理仍然存在部分缺位	区域治理手段丰富、多元

五、面向 2049 年促进城乡区域协调发展的重大建议

面向未来的静态城镇化，需要推动区域政策的调整，从而有助于更好地实现区域再平衡。政策着力点需要从面向区域改为面向人，更加注重以培育世界城市来推动都市圈／城市群发展，注重以城市激发农村，注重减少隔离推进包容城镇化，以讲好我国"城市故事"为途径传播价值理念。

（一）以人民为中心提高城镇化质量

要牢固树立以人民为中心的发展理念，以尊重城镇化规律为基础，以促进城乡要素平等交换、双向流动为基本取向，以非户籍人口落户城镇为主线，提高城镇化质量。

明确各级政府对农业转移人口市民化的责任。适度加大中央政府责任，调动流入地政府接纳非户籍人口并在子女义务教育、基本医疗和基本住房等方面的积极性，为提高各级城市的承载力和包容性创造条件。

建立以产权为基础的城乡要素平等交换机制。落实党的十八届三中全会《决定》关于赋予农民更多财产权利、鼓励社会资本投向农村建设，允许企业和社会组织在农村兴办各类事业等规定，在加快建立城乡统一建设用地市场的同时，研究制定规范社会资本进入农村的管理细则，为生产要素城乡双向流动奠定制度基础。

健全城乡基层群众自治制度。鼓励和支持社会各方面参与城市治理，提高城乡居民特别是新市民对社区公共事务的参与度和话语权，实现政府治理和社会自我调节、居民自治良性互动。积极引导社会组织参与城市社会管理，适合由社会组织提供的公共服务和解决的事项交由社会组织承担。

（二）以世界城市为重点推动都市圈／城市群发展

未来应突出世界城市的引领、组织、带动作用，以全国城镇体系规划确定的 4 个世界城市和 11 个国家中心城市为重点，培育壮大重点城市群，有力带动和支撑区域经济发展。

```
┌─────────────────────────────────────────────────────────────┐
│   专栏 3-1   以核心城市带动都市圈/城市群发展                      │
├─────────────────────────────────────────────────────────────┤
│  ● 以北京、天津为中心，引领京津冀城市群，促进环渤海地区协同发展；    │
│  ● 以上海为中心，引领长江三角洲城市群，带动长江三角洲地区优化发展；  │
│  ● 以广州、深圳为中心，引领珠江三角洲城市群，带动珠江口大湾区及珠江—西江 │
│  流域整体发展；                                                 │
│  ● 以武汉为中心，引领长江中游城市群，带动中部地区加快发展；        │
│  ● 以郑州为中心，引领中原城市群，带动中部地区加快发展；            │
│  ● 以重庆、成都为中心，引领成渝城市群，带动壮大西南地区跨越发展；    │
│  ● 以西安为中心，引领关中平原城市群，带动西北地区集聚发展；        │
│  ● 以沈阳、哈尔滨为中心，引领哈长城市群，带动东北地区振兴发展。      │
└─────────────────────────────────────────────────────────────┘
```

以建设世界城市为导向提升中心城市国际化功能。 未来我国的国家中心城市应瞄准建设世界城市，着力提升国际化水平，占有全球生产网络关键节点，汇聚大量跨国公司总部和世界级产业集群，对全球资本、人才、知识、信息与技术等具有强大的集聚和配置能力，同时推动国际化功能向区域延伸，形成区域城镇共同承担的功能体系。

```
┌─────────────────────────────────────────────────────────────┐
│   专栏 3-2   GaWC 世界城市排名中的中国城市（2016）                 │
├─────────────────────────────────────────────────────────────┤
│  ● Alpha++：无                                                 │
│  ● Alpha+：香港、北京、上海                                       │
│  ● Alpha-：台北                                                │
│  ● Beta+：                                                    │
│  ● Beta：深圳                                                 │
│  ● Beta-：成都、天津                                           │
│  ● Gamma+：南京、杭州、青岛                                      │
│  ● Gamma：大连、重庆、厦门                                       │
│  ● Gamma-：苏州、长沙、西安、沈阳                                 │
│  ● High sufficiency：济南                                      │
│  ● Sufficiency：昆明、福州、澳门、太原、长春、合肥、宁波、郑州、南宁、乌鲁木齐 │
└─────────────────────────────────────────────────────────────┘
```

资料来源：The World According to GaWC 2016.

加快完善都市圈内部交通网络。 加快完善都市圈内部交通网络体系，完善城际铁路、市郊铁路和城市轨道交通，进一步促进都市圈内各种交通设施紧密衔接，提高运输速度和效率，支撑和促进城市群内城市新区、郊区新城、新市镇以及特色小镇发展。

强化城市群之间的高铁交通网。城镇化快速阶段大规模建设高速铁路，让我国的城镇化形态与国外有显著区别，未来应进一步完善高速铁路网络，加强与既有的大江大河骨架的叠加，加强跨区域交通网和城际、市内交通网的融合。

完善都市圈区域治理体系。培育多元社会群体参与协同治理，鼓励成立相关行业和地区仲裁委员会，建立有利于都市圈（城市群）协调发展的利益分配机制，促进合作办区、资源共享、共同发展。

（三）以城市激发农村为路径形成统筹城乡新模式

必须摆脱现在农村要素向城市流动集聚、农村支持城市、农村城市化的传统做法，要加快完善制度设计，构建"静态城镇化"阶段的统筹城乡新模式。

完善村集体经济组织的法律体系。抓紧研究制定农村集体经济组织相关法律，赋予农村集体经济组织法人资格。全面开展农村集体资产清产核资。探索发展集体经济有效途径，鼓励地方开展资源变资产、资金变股金、农民变股东等改革，增强集体经济发展活力和实力。

适当加大农村要素供给。探索建立农业农村发展用地保障机制，将年度新增建设用地计划指标确定一定比例用于支持农村新产业新业态发展。

加强城市资本和农村要素对接。支持通过村庄整治、宅基地整理等节约的建设用地采取入股、联营等方式，发展乡村休闲旅游养老等产业和农村三产融合发展。

构建城乡统一的建设用地市场。保障农民公平分享土地增值收益，完善城市资本下乡的领域、形式、收益分配等规定，制定投资强度、用地标准、设计条件等准入门槛和要求。

（四）以减少隔离为重点推进包容的城镇化

在城镇化后期西方国家普遍出现了隔离（Segregation）问题，无论是法国、英国等发达国家，还是巴西、墨西哥、菲律宾等发展中国家，种族间、宗教间、阶层间的空间、社会、文化隔离现象都十分突出。未来我国应以"减少隔离"为重点，推进包容的城镇化。

公平分享就业和公共服务。让人们能够获得分享城镇化成果的均等机会，即在生产力最高的地方获得就业机会，积累财富和储蓄，在全国范围获得同质的公共服务。

促进各群体的无门槛融合。应通过改革促进农业转移人口融入城市，为他们提供与城市居民同等的社会服务，确保农村地区获得同质同量的公共服务，促进包容性。推进有关财权事权关系改革促进各群体融合，重新平衡中央与地方政府的职能，中央应当对基本社会保障等全国性政策承担更大责任。

发挥社会组织在城市组织中的作用。城市政府要对城市居民的多元特性有足够的思想准备，城市政策需要更充分酝酿，群体间的冲突需要建立化解机制，发挥社会组织在政府和公众间的缓解作用，让各方能在合理的平台上充分讨论争取自身利益和主张。

推动自下而上的城市治理模式。政府不再是城镇化进程的主要实施者，而是要为城镇化创造条件。政府可以通过更平衡的政绩考核指标和延长官员任期来推动包容的城镇化，归根到底要形成对下负责、自下而上的治理模式。

（五）以讲好中国"城市故事"为途径传播中国价值

面向2049年，必须推动自身的城市发展理念与国际更加对接，从过去的实践看，我国在城市发展上的许多经验对发展中国家具有价值。

正在发生的中国"城市故事"具有超越国情的普遍价值。2016年召开的第三次联合国住房和城市可持续发展大会（简称"人居三"）给我们打开了一扇窗，让我们有机会从全球视角来客观回顾和审视过去20年我国正在发生的"城市故事"。正如联合国人居署执行主任克洛斯博士所言，中国充分发挥城镇化对于发展经济、改善人民生活方面的积极作用，有许多成功的经验引起世界舞台的普遍关注，值得与其他国家分享。

中国面对城镇化的开放态度值得向全球推广。我国并没有像发达国家一样把城镇化认为是"挑战"，相反认为城镇化是"最大的内需潜力和发展动能所在"，并且提出了"人民城市为人民"的理念。这与《新城市议程》中倡导的人人享有城市的理念一致。

摸索出了应对城镇化问题和推动城市发展的一整套经验。包括：更加重视规划引领作用，出台了大尺度的区域规划、城市群规划，推动大城市和特大城市总体规划的及时修编，实现中心城区控制性详细规划全覆盖；形成了以新城新区为代表的大尺度推进城市建设的模式和经验，实现城市功能和面貌快速改观。这些都体现了我们的体制优势。

形成了以地生财、以地融资推动城市建设模式。我国解决了城镇化进程中基础设施建设和公共服务供给的资金需求，以棚户区改造为切入点，大规模推动棚户区改造等保障性住房建设，给发展中国家提供了许多可借鉴的经验。

（执笔：刘保奎）

参考资料目录：

1.*QUITO DECLARATION ON SUSTAINABLE CITIES AND HUMAN SETTLEMENTS FOR ALL*（《新城市议程（New Urban Agenda）》），2016年。

2. 史育龙、申兵、刘保奎、欧阳慧：《对我国城镇化速度及趋势的再认识》，《宏观经济研究》2017年第8期。

3. 樊杰：《我国空间治理体系现代化在"十九大"后的新态势》，《中国科学院院刊》2017年第4期。

4. 樊杰、孔维锋、刘汉初、赵艳楠：《对第二个百年目标导向下的区域发展机遇与挑战的科学认知》，《经济地理》2017年第1期。

5. 李铁、徐勤贤：《城镇化视角下的人口发展》，《人口研究》2017年第1期。

6. 申兵、党丽娟：《区域经济分化的特征、趋势与对策》，《宏观经济管理》2016年第10期。

7. 张军扩：《开创区域协调发展新局面》，《人民日报》2016年8月5日。

8. 王一鸣：《"十三五"时期推动区域协调发展的几点思考》，《中国发展观察》2016年第3期。

9. 王一鸣：《向着第一个百年目标奋勇前进——学习〈中共中央关于制定国民经济和社会发展第十三个五年规划的建议〉的认识和体会》，《国家行政学院学报》2016年第1期。

10. 住房和城乡建设部：《第三次联合国住房和城市可持续发展大会（"人居三"）中国国家报告（中文版）》，2016年。

11. 肖金成、汪阳红：《"十三五"时期区域协调发展的战略思路》，《光明日报》2015年9月23日。

12. 国务院发展研究中心、世界银行：《中国：推进高效、包容、可持续的城镇化》，中国发展出版社2014年版。

13. 王一鸣：《中国经济增长的中期趋势和经济转型》，《宏观经济研究》2013年第11期。

14. 陆大道：《中国区域经济发展新因素、新格局》，《地理研究》2003年第3期。

第四章　未来 30 年我国资源环境趋势及促进绿色发展的建议

　　未来 30 多年，全球资源和生态环境约束总体严峻，我国资源环境约束会经历"先紧后松"的阶段性变化。破解我国资源能源生态环境约束，应以建成生态社会为目标，牢固树立绿色发展理念，坚持全面节约、高效利用、政府主导、社会协同、综合治理、分类施策的原则，系统推进生态文明建设，把科技进步和制度创新作为破解资源环境约束的强力支撑，多侧发力破解资源环境等约束。为此，应尽快完善资源环境利用和保护的激励约束制度，提高资源能源的持续供应保障能力，加快健全促进资源环境可持续发展支持体系，发展绿色经济形成节能减排的长效机制，推动能源结构优化，保障资源能源和生态环境安全等。

一、对未来 30 年资源环境形势的判断

（一）我国资源能源与生态环境现状特征

　　长期以来，由于我国粗放的经济增长方式与不合理的产业结构，以及资源利用与环境保护的制度不完善，导致主要战略性资源数量持续下降、资源利用效率较低、环境问题不断恶化，进而使资源环境压力对经济社会发展的制约越来越明显。党的十八大以来，我国加大生态环境保护力度，加快生态文明建设，但资源约束和生态恶化趋势尚未得到根本扭转，生态保护与开发建设活动的矛盾依然突出，生态环境形势依然严峻。

1. 重要资源人均占有量偏少且利用效率低

我国资源人均少、利用效率不高，一些主要资源人均占有量与世界平均水平相比普遍偏低，煤炭、石油和天然气的人均占有量仅为世界平均水平的67%、5.4%和7.5%（王仲颖等，2016）。因此导致大量进口，比如2014年，我国重要能源资源对外依存度进一步攀升，石油、铁、铜、铝分别约为59%、70%、70%、50%。此外，不少地方新增建设用地接近或超过承载能力上限。与此同时，能源资源的利用效率偏低。如2012年，我国单位GDP能耗分别约是世界平均水平、美国和日本的1.4倍、1.7倍、2.3倍之多，也高于巴西等新兴工业化国家。2013年，我国GDP约为世界的12.3%，但却消耗了全球22.4%的能源和47.3%的钢铁。目前，我国能源加工转换、储运终端利用的综合效率仅为38%，比发达国家约低10个百分点。尽管耗煤仍高于国际先进水平30克标准煤/千瓦时，工业锅炉和窑炉的热效率比国际先进水平低20多个百分点，电厂用电率和输电线损率仍明显高于发达国家电力生产、输送损害水平（王仲颖等，2016）。

淡水资源严重短缺。中国淡水资源仅占世界的8%，人均占有水资源量仅约为世界人均水平的1/4，是世界公认的贫水国，而且淡水无法进口，更加重了短缺。正常年份，全国缺水量达500多亿立方米，水资源匹配性差，600多个城市中有400多个缺水。我国部分地区水资源开发已经接近或超过水资源和水环境承载能力，引发河道断流、湖泊干涸、湿地萎缩、绿洲退化、地面沉降等生态问题。然而，长期以来，我国用水方式比较粗放，水资源短缺和用水浪费并存，水资源产出率仅为世界平均水平的62%。据中国科学院生态与环境领域战略研究组（2009）研究，中国的水资源具有以下四个特点：一是缺水严重，除城市、工业缺水严重外，全国农田每年因缺水造成的粮食减产为750亿—1000亿千克。二是水利用效率低，水浪费严重，目前中国农业灌溉水的利用系数仅为0.3—0.4，水的农业生产效率为0.8千克/立方米，不及发达国家的一半。三是开采利用不合理，加上河流上下游用水缺乏科学规划和统筹调度，对地下水的掠夺性开采，引起了一系列生态退化问题。四是水污染没有得到有效的控制，从城市、工矿、企业排出来未经处理的污水，已至少使七大江河、五大湖泊20%—30%的水体遭受污染，仅黄河流域四级水污染河段1.2万千米，占干支流总长度的60%以上。

土地资源质量总体偏低。从土地数量看，据《2016年中国国土资源公报》显示，截至2015年末，全国共有农用地64545.68万公顷，其中耕地13499.87

万公顷（20.25 亿亩），园地 1432.33 万公顷，林地 25299.20 万公顷，牧草地
21942.06 万公顷；建设用地 3859.33 万公顷，含城镇村及工矿用地 3142.98 万公
顷。**从耕地质量看**，据全国耕地质量评价成果显示，中等地面积占全国耕地评
定总面积的 52.8%，低等地面积占全国耕地评定总面积的 17.7%，全国耕地平均
质量等别为 9.96 等，总体偏低。根据第一次全国水利普查水土保持情况普查成
果，中国现有土壤侵蚀总面积 294.9 万平方千米，占普查范围总面积的 31.1%。

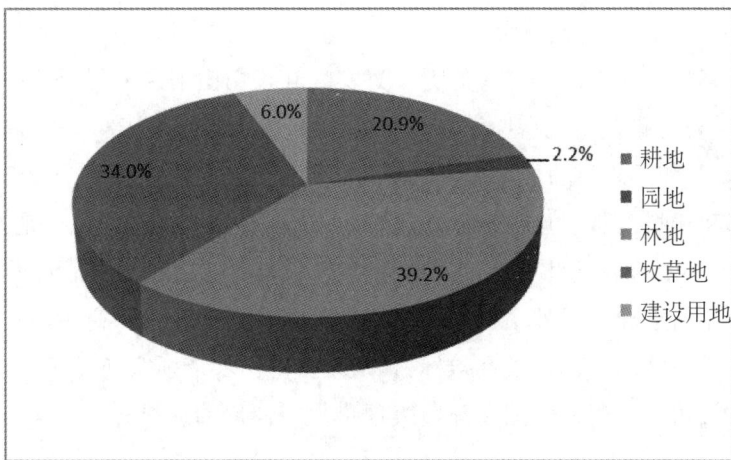

图 4-1　全国农用地分布构成

森林资源生态有所改善。第八次全国森林资源清查（2009—2013 年）结果
显示，中国森林资源进入了数量增长、质量提升的稳步发展时期，全国现有森
林面积 2.08 亿公顷，活立木总蓄积 164.33 亿立方米。森林覆盖率 21.63%，但
远低于世界 31% 的平均水平，人均森林面积仅为世界的 1/4。森林面积和森林
蓄积分别位居世界第 5 位和第 6 位，人工林面积居世界首位。与第七次全国
森林资源清查（2004—2008 年）相比，森林面积增加 1223 万公顷，森林覆盖
率上升 1.27 个百分点，活立木总蓄积和森林蓄积分别增加 15.20 亿立方米和
14.16 亿立方米。随着森林总量增加、结构改善和质量提高，森林生态功能在
增强。全国森林植被总生物量 170.02 亿吨，总碳储量达 84.27 亿吨；年涵养水
源量 5807.09 亿立方米，年固土量 81.91 亿吨，年保肥量 4.30 亿吨，年吸收污

小康之后的中国

染物量 0.38 亿吨，年滞尘量 58.45 亿吨。

表 4-1　第八次全国森林资源清查　我国森林资源主要指标在全球排名

主要指标	森林面积	人均森林面积	森林覆盖率
世界排名	5（落后于国土面积排名）	仅为世界的 1/4	100 名外

2. 生态环境质量总体不佳

我国生态环境质量不容乐观。据《2015 年中国环境状况公报》显示，2591
个县域中，生态环境质量为"优"和"良"的县域占国土面积的 45.1%，主
要分布在秦岭淮河以南及东北的大小兴安岭和长白山地区；"一般"的县域占
24.3%，主要分布在华北平原、东北平原中西部、内蒙古中部、青藏高原等地
区；"较差"和"差"的县域占 30.6%，主要分布在内蒙古西部、甘肃中西部、
西藏西部和新疆大部。但仔细观察会发现，"优""良"的县域主要是人迹罕至
的风景区，所以不应为生态环境质量为"优""良"的县域占国土面积为 45.1%
的表面数字所误导。另外，根据耶鲁大学环境法律与政策研究中心在 2008 年
发布的首份正式的《环保表现指标》，从报告对 149 个国家和地区的环保表现
进行的排名可以发现，中国在环境表现指数中评价的总得分仅为 65 分，排名
第 105 位，总体比较靠后。

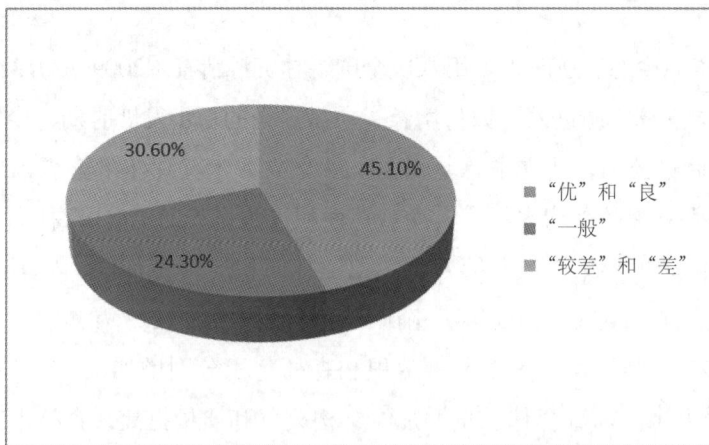

图 4-2　我国不同类型生态环境质量县域占比

　　水质量水污染令人堪忧。根据《2015 年中国环境公报》显示，我国 967 个地表水国控断面（点位）开展了水质监测，Ⅰ—Ⅲ类、Ⅳ—Ⅴ类和劣Ⅴ类水质断面分别占 64.5%、26.7% 和 8.8%。5118 个地下水水质监测点中，水质为较差级的监测点比例为 42.5%，极差级的监测点比例为 18.8%。在枯水期、丰水期和平水期，监测的 68 条河流入海断面水质劣于第Ⅴ类地表水水质标准的比例分别为 35%、29% 和 38%。陆源入海排污口达标排放次数比例为 55%。监测的河口、海湾、珊瑚礁等生态系统中 76% 处于亚健康或不健康状态。赤潮灾害次数和累计面积均较上年明显增加，绿潮灾害分布面积为近五年最大。

　　严重荒漠化在近年轻微减轻。据第五次全国荒漠化和沙化监测结果显示，截至 2014 年，我国荒漠化土地面积 261.16 万平方千米，沙化土地面积 172.12 万平方千米。与 2009 年相比，五年间荒漠化土地面积净减少 12120 平方千米，年均减少 2424 平方千米；沙化土地面积净减少 9902 平方千米，年均减少 1980 平方千米。自 2004 年以来，全国荒漠化和沙化状况连续三个监测期"双缩减"，呈现整体遏制、持续缩减、功能增强、效果明显的良好态势，但防治形势依然严峻。

表 4-2　我国荒漠化和沙化土地面积变化对比

年份	2014	2009	净减少面积
荒漠化土地面积（km²）	261.16 万	262.36 万	1.2 万
沙化土地面积（km²）	172.12 万	173.11 万	0.99 万

　　大气污染依然比较严重。根据《2015 年中国环境公报》显示，2015 年，全国 338 个地级以上城市中，265 个城市环境空气质量超标，占 78.4%。338 个地级以上城市平均达标天数比例为 76.7%；平均超标天数比例为 23.3%。各指标分析表明，PM2.5 年均浓度范围为 11—125 微克 / 立方米，平均为 50 微克 / 立方米（超过国家二级标准 0.43 倍）；日均值超标天数占监测天数的比例为 17.5%；达标城市比例为 22.5%。从酸雨频率看，2015 年，480 个监测降水的城市（区、县）中，酸雨频率平均值为 14.0%。出现酸雨的城市比例为 40.4%，酸雨频率在 25% 以上、50% 以上、75% 以上的城市比例分别为

20.8%、12.7%、5.0%。

表4-3　我国空气质量主要指标表现

指标	城市环境空气质量超标比例	城市平均达标天数比例	PM2.5年均浓度超过国家二级标准	PM2.5达标城市比例	出现酸雨的城市比例
水平	78.4%	76.7%	0.43倍	22.5%	40.4%

综合来看，造成我国生态环境不佳的主要原因有：**一是**在工业化过程中长期是以煤为主的能源结构，经济粗放式增长，造纸、酿造、建材、冶金等行业的发展使环境污染和生态破坏日益加剧；**二是**在农业和农村发展过程中，化肥和农药的使用、养殖业的无序发展等加剧了农村环境污染；**三是**在社会消费转型当中，电子废弃物、机动车尾气、有害建筑材料和室内装饰不当等各类新的污染呈迅速上升趋势，但垃圾并未及时得到有效处理。生态环境污染带来了巨大的经济损失，如表4-4。

表4-4　环境污染造成我国经济损失估算

估算机构和时间	中国社会科学院，20世纪90年代末	中国环保总局，2011年	世界银行，2007年	天津市环境科学研究院，2015年
年损失程度	1800多亿元	约占GDP7.6%	1000亿美元	2400亿元

（二）全球资源和生态环境约束依然严峻

随着世界各国经济社会不断发展和全球气候变化影响加剧，未来30年全球资源环境等问题将更趋复杂，传统的资源利用方式、利用效率已难以适应新形势，资源供需矛盾和环境生态恶果将更加突出。

1.淡水资源日益稀缺

当前地球表面上人类实际可利用的淡水只占全球水总量0.014%，且分布极不平衡。由于全球人口急剧增长、工业迅速发展，造成人类对水资源的需求飞速增加。20世纪，世界人口增加了2倍，但人类用水量却增加了5倍。现代工业文明也使大量水生态系统受到污染，物种减少，鱼类灭绝，水域周边生态系统严重退化。退化的水资源环境进一步导致水分配失调，洪涝灾害严重，江河断流，水土流失加剧，污染蚕食了大量可供消费的水资源。

据联合国统计数据，当前每天大约有 11 亿人口得不到干净的水，每天大约 6000 名儿童死于不卫生的水和不合格的卫生条件所引起的疾病。随着水污染造成的危害加剧，世界上许多国家正面临着水资源的危机。据联合国估计，到 2025 年世界上无法获得安全饮用水的人数将增加到 23 亿，生活在水源紧张和经常缺水国家的人数将在 2025 年达到 30 亿。同时，水资源危机带来的生态系统恶化和生物多样性破坏，也将严重威胁人类生存。另据中国科学院生态与环境领域战略研究组（2009）估计，预计到 2030 年，约有 39 亿多的人口（约占当时世界总人口的 47%）将生活在严重缺水的地区，尤其是非 OECD 国家：将有超过 50 亿的人口（约占世界总人口的 67%）缺乏公共排水设施，比现在多 11 亿人。沿海水体中将有近 5500 万吨的氮来自于内陆，与 2000 年相比增长 40%；其中，具有较高侵蚀风险的土地面积将增加 1/3 以上，达到 2700 万平方千米（约占世界土地总面积的 21%）。

2. 全球气候变化影响加剧

根据世界气象组织和联合国环境规划署设立的政府间气候变化专门委员会（IPCC）第五次评估报告显示，人类对气候系统的影响很明显，自 1850 年以来的过去 30 年里，每 10 年的地球表面温度都依次会比前一个 10 年更高，近年来人为温室气体排放达到了历史最高值。该报告预估目前的政策和温室气体排放趋势将导致全球温度快速升高，二氧化碳的累积排放在很大程度上会决定 21 世纪末期及以后的全球平均表面变暖，所有经过评估的排放情景都预估表面温度在 21 世纪呈上升趋势。2016—2035 年期间全球平均表面温度可能比 1986—2005 年期间升高 0.3℃—0.7℃。随着全球表面平均温度上升，大部分陆地地区逐日和季节时间尺度上发生高温极端事件的频率都将增高，而低温极端事件的频率将降低。

3. 生物多样性持续下降

中国科学院生态与环境领域战略研究组（2009）研究指出，到 2030 年，全球生物多样性将持续丧失，尤其是亚非地区。导致生物多样性丧失的主要原因包括土地利用的变化、自然资源的不可持续利用、外来物种入侵、全球气候变化和污染。这可以从过去几十年中用于维护生物多样性的保护区的数量已显著增长反映出来。预计未来由于农业和城市土地利用将加速扩张，生物多样性仍将面临严峻挑战，陆地和海洋的生物保护区将日益增多，在保护方面日益发挥重要作用。

4. 生态恶化难以改观

根据联合国环境规划署的估计，全球当前有 1/4 的土地受到荒漠化的威胁，超过 2.5 亿的世界人口遭受着荒漠化的直接影响。同时，由于耕地和牧场变得贫瘠，使得 100 多个国家的超过 10 亿人口的生计问题处于危险境地。干旱可以触发荒漠化，但是人类自身的活动，诸如过度耕种、过度放牧、毁林、灌溉力等，通常是主要诱因。严重的荒漠化现象已经促使联合国拟定了《在发生严重干旱和 / 或荒漠化的国家特别是在非洲防治荒漠化的公约》(简称《公约》)，旨在应对这一问题。这个由 172 个国家缔结的公约为防荒漠化的一切活动提供了基本框架，《公约》注重土地生产力的提高、土地的改造，强调民众参与，强调为当地人民创造"有利的环境"来扭转土地退化。

5. 环境污染继续加重

一是全球城市空气质量将进一步下降。在大多数地区，空气中可吸入颗粒物（PM10）的浓度已开始超过其目标水平。据 OECD（2008）对 2030 年全球环境的展望，在 OECD 国家，人为空气污染的主要来源仍然是公路交通运输和化石燃料的使用。在很多发展中国家，木材的燃烧也是空气污染的主要来源。虽然在过去的几十年中，大多数发达国家已减少了空气污染，但来自其他发展中国家的污染正在逐步破坏空气质量较好地区的空气质量管理，这正成为国际性问题。因此，未来空气污染从一个大陆到另一个大陆的传输可能会变得越来越严重，应更加关注处理海洋运输、地面空气污染物质的前体物等。**二是废弃物对人类健康和环境构成的风险持续增大**。未来几十年，对快速增加的城市废弃物的管理将成为非 OECD 国家的一个巨大挑战。尽管发达国家的城市废弃物仍在增加，但增速减缓。OECD（2008）认为随着全球原料需求量和废弃物产生量与处理量的持续增长，传统的单一政策可能不足以提高原料利用率，也难弥补原料生产和利用中产生的废弃物对环境造成的影响。应探索新的综合性方法，以平衡原料的整个生命周期中废弃物对环境的影响，应更加重视原料的利用率、产品的设计和再利用、对废弃物的预防、报废原料和产品的循环利用、对残留物的无害环境管理。**三是化学品也给生态健康带来巨大的威胁。**人类生活中的化学品等有毒污染物不仅具有毒性，同时有其他效应如致癌、致畸、致突变性，而且还具有内分泌干扰效应，直接威胁人类的生存和繁衍，对人类健康的影响也将持续加大。

（三）未来 30 年我国资源环境约束"先紧后松"

两类不同的趋势性力量会影响未来 30 年我国资源能源生态环境变化趋势，一类是使我国资源能源生态环境趋于恶化的力量，一类是使我国资源能源生态环境趋于改善的力量。从全世界各国发展经验和能源资源、生态环境变化的规律看，我国大体进入了这样的阶段：使我国资源能源生态环境趋于恶化的力量在未来发挥的作用正逐渐趋于减弱，而使我国资源能源生态环境趋于改善的力量正逐渐增强，两股力量强弱对比变化的交点很可能在 2030 年前后，在此之前，前一类力量会相对占上风，带动我国资源能源生态环境总体趋于恶化；后一类力量在此之后可能会逐渐占上风，带动我国资源能源生态环境趋于改善。两股力量的交汇作用，将使未来 30 年我国资源能源生态环境约束总体上很可能"先趋紧后趋松"。

总体看，在 2030 年前后经历了转折点后，由于有多种因素可能会影响资源能源生态环境不能同步实现的改善，如果再经过 5 年左右的巩固发展期，即到 2035 年，资源能源生态环境将可能实现有效改善。一是在这两种趋势性力量相互作用的过程中，导致我国资源能源生态环境恶化的力量并不会总是处于下风并很快消失，而导致我国资源能源生态环境改善的力量也不会总是处于上风而据压倒性优势。二是考虑到我国东中西区域和城乡发展的不平衡和不充分性和呈现的梯度性，使得我国资源能源生态环境从根本上改善也是不同步的，需要几年过渡巩固期。三是资源能源生态环境等各方面的转折变化很可能并不是完全同步的，大体估计的话，各方面的转折变化带来的总结果的转折变化不会晚于 2035 年。因此，由于多维因素的影响及其带来的两种趋势力量的对峙反复，最终趋于稳定，才能确保根本改善。

构成两股力量的主要因素因其阶段性变化而在作用方向上也会变化，主要体现为：经济处于工业化基本完成并进入现代服务业化阶段、人口增长总体不断放缓、经济进入中高速和低速增长阶段、人口城市化水平继续上升并在随后趋稳或进一步下降、资源环境产权制度逐渐完备且相关法律法规逐步执行到位、生态环境科技水平将取得较大进展、全社会生态环境保护观念逐渐增强且治理生态环境的资金投入等逐渐加大等。这些主要的趋势性力量的阶段性影响如下：

1. 从总体看，未来 30 年我国资源环境约束将呈现两阶段变化

世界主要发达国家的经济发展过程表明，存在比较明显的"环境库兹涅茨曲线"，即经济发展与环境变化呈现倒 U 型关系，我国未来很可能经历"先趋紧后趋松"的资源环境约束。过去 30 多年中，由于我国人均资源禀赋相对不足、资源利用效率偏低，加之资源环境产权制度不完备及相关法律法规执行不到位、生态环境科技进展较慢、环境保护观念较弱和治理生态环境的资金投入不足等，导致传统发展方式带来的资源环境约束日益趋紧，生态环境风险逐步凸显。预计未来 10—15 年，我国经济将处于从工业化阶段向现代服务业化阶段转变进程中，经济将继续保持中高速增长，由此导致对资源利用的总量很可能仍将上升，只是其增速随着经济增速的放缓或许会有所放缓，**由此推之，2030 年前后资源利用总量可能会达到峰值。在此期间，我国资源环境约束很可能仍然会不断增强**。

另一方面，从长期看，随着我国人口增长和经济增速基本放缓、经济处于工业化基本完成并进入现代服务业化阶段、资源环境产权制度基本完备且相关法律法规逐步执行到位、生态环境科技进展将取得较大进展、环境保护观念增强和治理生态环境的资金投入加大等，预计这些"正能量"的作用将会持续增强，最终将使我国逐渐摆脱粗放式增长，进入生态环境逐渐改善的新阶段，将逐步缓解我国资源环境约束。**由此预计，2035—2049 年，我国又将进入资源环境约束总体趋于改善的阶段**。

2. 从能源结构看，2030 年前后需求有望达到峰值，随后进入绿色化、智能化发展阶段

我国是世界第一大煤炭生产和消费国，我国煤炭产量占世界总量的 47%，消费量约占全球一半。2016 年，煤炭在我国能源消费中的占比高达 64%，远高于 30% 的世界平均水平，而石油消费占比不到 20%，天然气消费约占 6%。中

国煤炭消费占比远高于其他大的经济体，很多发达国家的煤炭消费占比较低，如欧洲国家多低于10%，多的也就20%多。从全世界看，当前能源消费结构中石油占比是第一位的，2015年大约是38%，天然气的占比大约是25%，煤炭消费大约占28%，而全球煤炭消费中约一半是由中国消费的。**我国作为一个以煤炭为能源消费主体且能源消费量大的发展中国家，这种能源禀赋也决定了煤炭在相当长时间内仍是我国的基础能源。**

国际经验也表明，能源结构转型实际上是对涉及能源消费构成、供应形式以及相应的经济结构、生活方式与消费观念在内的庞大系统的优化和调整过程，历时较为漫长且需要循序渐进。以英国为例，从能源生产结构看，英国北海油田20世纪70年代开始产油，之后成为世界重要的油气生产国，2000年起开始更多地从低碳能源领域获得能源供给。2014年英国能源生产构成依次为石油(39%)、天然气（32%）、煤炭（7%）以及低碳能源（22%），能源消费结构中化石能源占比达到85.4%，其中石油和天然气消费占比均为34.4%，煤炭消费占比为16.6%。正是英国有北海油田丰富的油气资源支撑，才使煤炭在能源消费总量中的比重下降有了条件，但英国用半个多世纪的时间才基本完成能源转型，煤炭在能源消费中的占比从1958年的76%下降到2014的16.6%。我国是个富煤、贫油、少气的国家，火电主要是燃煤发电，英国则是燃煤、燃气发电各占一半。我国没有其他替代能源充足供给，发电用煤占比约50%；工业、供热等领域直接燃烧用煤量超过20%，煤炭占比很难下降。同时，煤炭主要作为工业燃料、生活散烧使用，集中程度低，难于系统治理，污染物排放系数远远高于燃煤电厂。我国散烧燃煤用量约9亿—10亿吨，严重影响生态环境，是重污染天气频发的原因之一。根据环境库兹涅茨曲线并参照当今发达国家能源转型经验，预计未来30年将进入煤炭等传统能源消耗减小并逐步向新能源转型、资源利用效率逐步提高、逐渐摆脱粗放式增长且生态环境污染逐渐改善、资源环境约束缓解的新阶段。因此有预测表明，中国以煤炭为主导的能源消费可能在2030年以后才会出现拐点。

对我国能源革命转型进程的研究多认为2030年和2049或2050年是两个重要节点。能源转型的焦点和核心还是在可再生能源的利用上，但由于可再生能源革命难以通过自身的能源生产来实现，仍需要化石能源的推动，并且是多种可再生能源领域的技术创新才能保证实现，而这在我国存在一定难度。**据国家发改委能源经济研究所课题组（2016）研究，2030 年前后我国能源需求总量将达到 53 亿吨标准煤，能源需求将达到历史最高点。**2027 年全国二氧化碳排放达峰，2030 年非化石能源占一次能源消费量的比重达到 28%，单位 GDP 的二氧化碳排放强度比 2005 年下降 70%。2030 年前后中国石油需求量达到峰值，需求达到 7.5 亿吨左右，比目前水平高 2 亿吨，石油对外依存度可控制在 70% 左右的水平，石油供应安全压力有所缓解。2030 年二氧化硫排放从 2020 年的 1500 万吨下降到 900 多万吨，氮氧化物排放从 2020 年的 1400 万吨下降到 700 多万吨。**2030—2049 年，将进入以"非化石能源高比例"为目标的绿色化、智能化发展阶段。**预计煤电装机从 2030 年 10 亿千瓦左右下降到 2049 年的 5.5 亿千瓦。2049 年可再生能源电力占全国发电的平均比重超过 3/4，全国将有相当一部分区县或社区实现 100% 电力由可再生能源提供。预计 2040 年前后，一次能源消费总量达峰、建筑部门能源消费达峰、交通运输部门能源消费达峰，二氧化碳排放总量从 2030 年的 95 亿吨下降到 2049 年的 46 亿吨，单位 GDP 二氧化碳排放强度比 2005 年下降 93%，二氧化硫排放从 2030 年的不到 1000 万吨降到 300 万吨左右，"美丽中国"目标能如期实现。2049 年一次能源消费量将控制在 34 亿吨标准煤左右，仅比 2010 年高出 9%，单位 GDP 能耗强度比 2005 年下降 80%，非化石能源占一次能源消费量的比重达到 56%，非化石发电占全国电力比重达 83%。

3. 从生态变化看，2030 年前水土流失仍将恶化，之后将会逐步改善

水土等生态破坏及其治理趋势跟经济发展阶段变化具有比较密切的关系。中国是世界上受荒漠化危害较为严重的国家之一，中国水土流失表现为流失面积大、波及范围广、发展速度快、侵蚀模数高、泥沙流失量大、生态危害较为严重。根据环保部（2016）环境公报，尽管经过去十多年对水土流失治理的努力，但我国的荒漠化发展速度并没有明显减小。治理改善我国环境并非易事。中国严重的水土流失几乎遍及所有大江河流域，目前水土流失面积达 367 万平方千米，占中国陆地总面积的 38%，每年因水土流失损失的土壤 50 亿吨；因水土流失而毁掉的耕地达 270 万平方千米，年均损失约 6 万平方千米。由于泥沙淤积，全国湖泊面积缩小了 186 万平方千米，占现有湖泊面积的 40%，江

河引洪能力降低，使灾害频发。如此大存量的水土流失和荒漠化现象，在治理改善速度缓慢、较难提高或赶不上破坏的速度的情况下，**意味着在未来十多年也即 2030 年前后**，我国水土流失和荒漠化现象的边际变化或绝对规模仍很可能会呈现趋势性增加，这也就意味着，我国水土流失和荒漠化问题在未来的一段时间，至少是中短期内仍然较难得到明显缓解。

2035—2049 年，水土等生态会进入总体上较明显的改善阶段。一是我国经济已经进入现代服务业化阶段或中后期，对水土生态等资源利用强度要弱于工业化快速阶段或服务业化前期；二是对水土生态治理诉求会越来越强，导致政府和全社会治理资金的投入都很可能进入新的质变阶段，从根本上逐步实现水土生态治理改善；三是水土生态治理技术会发生比较明显的进步，会对改善水土生态等发挥越来越大、越来越突出的作用；四是全社会生态环保理念会越来越强，经济社会发展进入现代服务业中后期，人类很关注生态家园。

4. 从环境污染看，2030 年前后部分领域污染仍会加剧，之后稳步好转

未来我国环境污染的变化和我国城镇化进程密切相关。我国的城镇化率刚过 50% 不久，根据反映城市化规律的诺色姆 S 曲线规律，正处于城镇化快速推进期。从世界各国经验看，我国未来城镇化进程还有较大空间，且这同时也是一个比较明显地会出现生态环境污染恶化的时期。随着我国城镇化的快速推进，城市人口和经济规模不断扩张，预计到 2030 年我国人口总数将超过 14.5 亿人，达到 21 世纪峰值（联合国，2013），在此后将迎来转折。

在城镇化水平继续提升阶段，城镇环境污染仍趋上升。根据世界银行统计，世界 20 个污染最严重的城市中，中国有 16 个。城市环境污染的快速上升与中国快速工业化和城镇化密切相关，尤其是过去 15 年，我国常住人口城镇化率保持了年均 1 个百分点的上升速度。据中国科学院生态与环境领域战略研究组（2009）研究预测，到 2020 年，我国城市生活污水和垃圾产生量将比 2000 年分别增长约 1.3 倍和 2 倍。到 2030 年，中国工业用水需求将增至 5 倍以上。我国城市已呈现出水资源短缺与过度开发、能源利用效率低下、空间发展与土地利用失控、交通拥挤、废弃物排放剧增等严峻态势。根据城镇化变化规律，预计未来 15 年左右，我国城镇化水平仍将持续上升，由此使城市环境污染可能加剧。特别是新污染物质危害风险加大。随着我国经济社会发

展，居民生活垃圾中的新污染物质和持久性有机污染物越来越多。越来越多的城镇废水、电子垃圾、废弃的汽车、工业危险废物、新化学物质及其他有害废物大量进入环境，环境中有毒污染物不仅具有毒性，同时还有致癌、致畸、致突变性和内分泌干扰等效应，直接威胁野生动物甚至人类的生存和繁衍。一些有毒污染物（如持久性有机污染物）在环境中难降解（滞留时间长）、高脂溶性（水溶性很低），可以在食物链中富集，能够通过蒸发—冷凝大气和水的输送而影响到区域和全球环境。这给城市生态保护与环境污染控制增加难度，并很可能派生出严重的二次环境污染。此外，大城市落后工业将向快速发展的中小城镇转移，也会进一步加重中小城镇的环境污染。城市的高速集约化发展和农村城市化，还将增加对水环境和生态系统的压力，造成城区的自然水系、植被格局和物种组成发生明显变化，农田和保护地面积减少，区域生态系统的调节能力下降。**此外**，城市排放的污物，包括废水、废气和固体废弃物，都对农村产生极大的影响；反之，农村产生的各种污染物，也正在并将更为显著地影响城市环境。2030 年之后，随着我国城市化进程放缓或趋于稳定，叠加人口老龄化加重，又会导致人口从城市流向分散的周边郊区或农村。同时，伴随着全社会倡导绿色消费生活观念，城镇化带来的环境污染也趋于缓解。

5. 我国粮食安全面临较大压力

一方面，我国粮食自给仍面临较大压力。虽然我国粮食总产量从 2003—2015 年实现"十二连增"，但同期我国的人口增长和消费需求上升，使得我国粮食的总需求量也持续攀升，总产量与总需求缺口持续放大，2010 年需求高于产量 352 万吨，2015 年的缺口达到了 2000 万吨。国内粮食产量不足导致中国粮食进口量的大幅增长，2014 年首次突破 1 亿吨，2015 年我国的粮食进口量相比 2002 年增长了 7.8 倍。**有研究预测，2030 年粮食产量有约 1.4 亿吨的缺口**[①]。**与此同时**，中国的粮食价格也在不断增长，2009 年至 2016 年的小麦和大米的价格分别上涨约 59% 和 69%，进一步推高了食品价格，并且，从各国长期经验看，未来粮价上涨的可能要高于下降的可能。**此外**，我国的耕地面积和

---

① 源自中国粮油网文章《中国粮食需求与供求缺口预测》，http://www.grainnet.cn/zt/forecast.html。

人均耕地面积都快速下降。我国的耕地面积从 1991 年开始便逐步减少，年均减少约 433 万亩，如今的人均耕地面积已减少到不足 1.2 亩，不到美国的 1/6。**另一方面，我国粮食安全也存在较大压力。**根据英国经济学人杂志最新公布的《2016 世界粮食安全指数报告》，西方国家占领了全球粮食安全系数排行榜第一梯队，大大领先于我国，我国排在 42 位，排在粮食严重依赖进口的日本（18 位）和韩国（24 位）之后。而且，当前国际市场一年的粮食贸易量尚不超过 4 亿吨，既不可能都为我国进口，也很难保证在特殊时刻能买得到、运得回国。我国的粮食进口主要集中于美国、巴西、阿根廷等国家，粮食集中度甚至超过石油主产地，这对粮食安全构成了一定威胁。

随着我国总人口数逐渐趋于稳定或减少，以及农业科技进步带来的单产量提高等，预计 2035—2049 年，我国粮食等基本作物自给压力逐步趋于缓解。

6. 环保的国际责任在未来一段时间仍会较大

我国前所未有的碳排放总量，已经引起巨大的关于我国环保减排的国际责任的讨论和压力。从近两三百年的世界主要大国的发展历程看，后发国家走向发达国家后，民众对生活品质的要求会明显提高，环保诉求会明显增强，也由此导致发达国家会将这种压力和责任转嫁给后发的发展中国家。而在过去的三十多年，中国作为人口第一大国和当今发展最快的经济体，化石能源消费激增，我国的碳排放总量在 2014 年就达到了破纪录的 105 亿吨，是唯一一个年排放量超过 100 亿吨的国家，也是人类历史上唯一国家。

从趋势看，我国未来的环保的国际责任会先趋升后趋降。1850—2014 年的 160 多年间，全球总的人为碳排放量约为 14383 亿吨，前 6 大累计排放国占据近 3/4。欧美远超其他国家和地区，美国累计排放 3770 亿吨，欧盟为 3261 亿吨，中国为 1711 亿吨。如果根据 1850 年以来全球各国累计碳排放量的历史情况推算，如果中、美、欧保持 2014 年的排放量不变，则经过 23 年和 39 年，即分别到 2017 年和 2053 年，我国的累计排放量将分别超过欧盟和美国（蔡斌，2016）[①]。而在更加现代发达的 21 世纪里，人类的观念显然不会像 19、20 世纪那样尚未对环境生态和健康引起足够重视，无疑会更难容忍碳

---

① 引自网络能源评论文章《全球碳排放你要知道的数字》。

排放污染，这必然要求我国承担更加甚于以往大国的环保减排的国际责任。**这就意味着 2030 年前后仍很可能将面临仍然增大的环保的国际责任，随后逐渐趋于改善。**随着我国能源消费在 2030 年前后达到峰值后，我国未来的碳排放总量和污染也将逐渐减少，**预计 2035 年后我国环保减排的国际责任也将逐渐减轻。**

7.技术进步和治理水平提升在缓解资源生态环境等约束中的作用日渐增强

近年来，"互联网 +"快速发展，如"互联网 + 环保"、新能源汽车、无人驾驶、共享单车、智能电力等各种新业态、新模式不断涌现，为治污技术进步和改善资源约束带来了希望。如广东省 2015 年已经印发实施的《广东省"互联网 +"行动计划（2015—2020 年）》，利用互联网和大数据实施精准治污，通过云计算、模型分析等大数据技术，构建环境质量与环境容量、排污总量之间的动态联系，运用大数据系统精准管理，政府、社会组织和公众通过网络化、智能化协同化合作，实现在线实时高效监管，有力地提高了环境污染防治能力。这种做法正在全国推广。再如，新能源汽车、无人驾驶、共享单车等的出现，正在不断且将持续地改变国人日常生活的能源消费结构，将使能源利用的清洁化、低碳化水平持续提升，也会缓解传统交通模式对环境生态的污染。再比如，智能电力电网的发展普及，会极大地提高能源电力的转换传输效率，进而改善资源能源约束并缓解环境污染。与此同时，从各地推进生态主体功能区建设等新治理实践看，也有助于缓解资源能源生态环境压力。

此外，如果保持现有资源环境政策不变，我国生态环境质量恶化势头逐步扭转，大约在 2035 年以前能够实现资源能源生态环境的改善。如果政策执行力越强，则资源能源生态环境改善就越早。

二、破除资源环境约束及促进绿色发展的战略思考

破解能源资源和生态环境约束是一项长期的系统工程，应根据我国资源环境条件和阶段性变化特征，在确保经济社会可持续发展的基础上，牢固树立绿色发展理念，坚持全面节约、高效利用、政府主导、社会协同、综合治理、分类施策的原则，系统推进生态文明建设，把科技进步和制度创新作为破解资源

环境约束的强力支撑，多侧发力，最终建成生态社会。

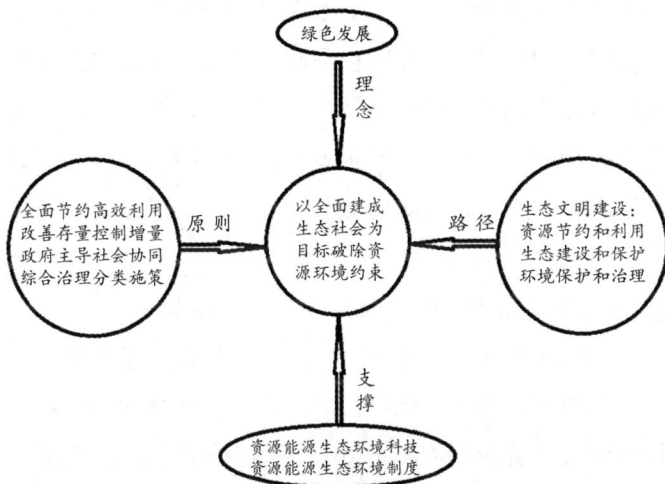

图4-3　破除资源环境约束的战略路径

（一）坚持以绿色发展理念为指引

我国如今已成为世界第二大经济体，资源能源生态环境约束问题日益突出，人民对绿色、环保生活的追求日趋强烈。在此背景下，急需对经济建设和绿色环保的关系做出新思考和平衡。绿色发展是从源头上破解我国资源环境约束瓶颈、提高发展质量的关键，也是生态可持续的关键。绿色发展要求在加强资源能源全面节约高效利用和保护生态环境的前提下推动经济发展，同时，生产提供绿色环保的产品服务满足人民需要，本身也是绿色发展。辩证地看，推动全面节约和高效利用资源是缓解资源环境约束、实现第二个百年目标的重要保证，是推进绿色发展、协调发展和生态现代化的重要途径，也是建设资源能源节约型、生态环境友好型社会并实现人与自然社会和谐共生的内在要求。

未来30年，以绿色发展为主线，必须坚持节约优先、保护优先、自然恢复为主的方针，还自然以宁静、和谐、美丽。应以生态空间管控引导绿色发展，以生态环境保护推进供给侧结构性改革，保障生态空间、提升生态质量、改善生态功能、强化生态监管，以绿色科技创新引领生态环境治理，促进重点区域绿色、协调发展，形成节约资源和保护环境的空间格局、产业结构、生产生活方式。

同时，应从制度、政策、生产、消费等方面做好绿色发展的配套支撑等。应加快建立绿色生产和消费的法律制度和政策导向，建立健全绿色低碳循环发展的经济体系。构建市场导向的绿色技术创新体系，发展绿色金融。推进能源生产和消费革命，构建清洁低碳、安全高效的能源体系。推进资源全面节约和循环利用，实施国家节水行动，降低能耗、物耗，实现生产系统和生活系统循环链接。

（二）以建成生态社会为目标，破除资源环境约束

生态社会是体现生态文明的社会，生态文明是在反思工业文明的理念和实践的基础上建立的尊重、顺应、保护自然的理念，其基本内涵是人类尊重顺应自然生态规律，使人口资源环境相均衡、经济社会生态效益相统一。按照生态文明的理念和原则，尊重、顺应并保护自然，不仅要使生态的天然供给处于最佳状态，更重要的是要控制对生态的需求，确保人类生态足迹必须要低于生态承载能力，确保生态安全。坚持和形成人与自然和谐共生观念，树立和践行绿水青山就是金山银山的理念，坚持节约资源和保护环境的基本国策，像对待生命一样对待生态环境，统筹山水林田湖草系统治理。最终实现人与自然、人与人、人与社会的包容互利、和谐共生，以及生产和消费、经济与社会、城乡与地区之间的平衡协调。

建成生态社会，需实现资源能源生态环境经济关联安全。经济发展离不开资源能源生态环境安全。水资源、土壤资源和大气污染、环境能源等构成的约束会对资源能源环境生态和经济安全带来挑战，彼此之间又相互联系、相互影响，土地是化石能源、风能、太阳能和生物能源的基础，水资源也是矿产、食物、能源的基础，页岩气等的开采也与水直接关联，由此带来的资源关联安全问题在未来日益凸显。资源关联安全包括资源的可获得性、价格可接受性和运输安全性，任何一个关联节点出现风险，资源环境和能源安全、生态安全都很难保障。中国的资源生态关联安全形势在未来会日益严峻，应在国家层面树立资源生态关联安全理念并建立应对机制。同时，中国也需要将全球资源关联安全纳入议事日程，寻求国际合作，有区别地承担责任，共同分担以分散压力，确保实现持久安全。

建立生态社会的软硬环境。应改变消费方式以降低生态足迹，顺应自然以维护生态系统生产力，在整个生态系统层面评估承载能力并合理降低社会经济活动强度和水平，退田还湖并避免违背自然规律等以给自然生态系统以必须的修复空间，在全社会引导建立促进生态公平消费、生态公正消费、生态增长、生态繁荣和生态优先的法制制度保障等。应强化生态文化建设，倡导生态消费；倡导生态伦理，普及生态意识，将生态意识上升为主流思潮、时尚观念、民族意识，形成重视生态、保护生态、绿色消费的观念；挖掘传统生态文化，丰富生态文化建设内涵，结合生态文明建设需求，构建系统的中国特色生态文化体系；应加强生态文化宣传和对外推广，引领国际舆论话语权。

（三）坚持政府与社会协同原则

政府主导、社会参与。持续推进我国生态文明建设和综合破解资源能源生态环境约束是一体两面的系统工程，是保证我国未来30多年经济社会可持续发展必须做好的基础工作，是确保实现第二个百年目标和中华民族伟大复兴中国梦的基本要求和应有之义。要做到"持续"推进我国生态文明建设和综合破解资源能源生态环境约束，就是为我国长期提供一项重要的公共产品，然而，经济学理论和世界各国的资源能源生态环境保护的历史实践表明，市场机制在解决涉及公共产品供给和外部性问题方面的能力和灵活性有限。因此，持续推进生态文明建设和综合破解资源能源生态环境约束必须由政府来主导推动。在政府主导的前提下，全社会共同参与，灵活运用市场规则。

综合治理、分类施策。不同资源能源的开发利用方式、特点不同，对生态环境的影响也会各有差异，进行治理改善的机制方式和效力也有优劣。应根据我国资源能源利用是否可再生、可替代和生态环境污染是否可治理、易治理等情况分类施策，总体上都应以促进相关科技进步等措施来提供全方位支撑。对于不可再生、不可替代的资源能源，应优先严控需求、管制供给，提高资源利用效率；对于可再生、可替代的资源能源，应加快寻找开发可替代的资源能源；对于造成生态环境污染不可治理后果的资源利用，应当严加限制，加快寻找开发可替代的资源能源；对于造成生态环境污染可治理后果的资源利用，应通过生态环境科技进步加快治理。

全面节约、高效利用。强化约束性指标管理，实行总量和强度双控，推行合同能源管理和合同节水管理。坚持最严格的节约用地制度，建立健全用能权、用水权、排污权、碳排放权初始分配制度。探索建立实行耕地休耕轮作制度试点，确保土地肥力可持续。倡导合理绿色消费模式，塑造全民节能环保理念。

存量优化、增量控制。完善资金补偿、实物补偿、政策补偿、智力补偿，开展生态受益地区对生态保护地区的对口协作、定向软硬件基础支援建设、产业转移和产业链延伸型补偿、异地开发、共建园区等多种补偿，完善跨省区域（流域）生态补偿长效机制。生态补偿财政主导与碳汇、排污权交易、水权交易、押金退款制度、生态标识等市场方式相结合，将资金支持与人才培养、就业培训、技术援助和产业扶持相结合，形成合力。制定引领性的综合促进法规，组建国家生态文明建设、生态补偿治理和修复领导小组和顾问委员会，编撰生态文明建设行为导则，引领和规范生态文明建设、生态补偿和修复等。实行严格的环境保护制度，形成政府、企业、公众共治的环境治理体系。深入实施大气、水、土壤污染防治行动计划，推进多污染综合防治和环境治理，实施工业污染源全面达标排放计划，实现城镇生活污水垃圾处理设施全覆盖和稳定运行，整治生态环境恶化。

（四）以生态文明建设为抓手推动资源利用和环境保护

生态文明建设是"五位一体"总体布局和"四个全面"战略布局的重要内容，生态文明建设事关经济社会发展全局和人民群众切身利益，是实现可持续发展的重要基石和保障，是未来推进绿色发展、改善生态环境的路径。

系统推进生态文明建设须紧扣资源节约利用、生态建设和保护、环境保护和治理。坚持格局优化，构建科学合理集约的生态空间体系。坚持规划先行，建设优美舒适宜居的生态人居体系。坚持以文化人，培育和谐文明多元的生态文化体系。坚持产业升级，发展绿色低碳循环的生态经济体系。坚持标本兼治，构建清洁稳定的生态环境体系。生态文明建设需依托自然资源产权制度、国土开发保护制度、空间规划体系、环境治理与生态保护市场体系等重要制度体系。应健全绿色高效决策制度，应建立生态有价评估制度，健全产权管用制度，建立生态补偿制度，健全完善重点生态功能区生态补偿机制，建立生态损害的追究补偿制度。

应持续加大生态系统保护力度。实施重要生态系统保护和修复重大工程，优化生态安全屏障体系，提升生态系统质量和稳定性。开展国土绿化行动，推进荒漠化、石漠化、水土流失综合治理。完善天然林保护制度，扩大退耕还林还草。建立市场化、多元化生态补偿机制。**应着力解决突出环境问题**。持续实施大气污染防治行动，加快水污染防治，强化土壤污染管控和修复，加强农业面源污染防治，开展农村人居环境整治行动，加强固体废弃物和垃圾处置。健全环保信用评价、信息强制性披露、严惩重罚等制度。构建政府为主导、企业为主体、社会组织和公众共同参与的环境治理体系。积极参与全球生态环境治理，落实减排承诺。

全方位实施"生态能源新战略"。主要包括：一是确立"能源生态体系"。确保能源发展和生态环境的统一，在能源规划和发展过程中，**应将碳排放和污染规模与等级评估列为"负资产"核减国民经济社会发展水平和质量**。二是**将"人的全面发展"作为能源战略的核心内容，进一步明确"能源开发为人，能源利用于人，提高能效便人，发展绿色能源宜人"的指导思想**。三是确立"多能并存、清洁高效利用"的发展方式，在能源内部做加减法，把重点放在能源使用方式和能源转换能力的提升上。四是推动能源管理一体化。整合分散在国家发改委、国家能源局、农业部门、国有企业（电力、石油、煤炭）等部门的能源管理职责，实行一体化管理、系统治理。

（五）以科技进步和制度建设为支撑实现可持续发展

科技进步是破解资源能源生态环境约束的关键支撑。从世界各国经济发展和资源环境关系演变的历史经验看，从历史上罗马俱乐部等世界著名研究机构对人类社会发展面临的资源环境约束困境及未来出路看，人类要在持续发展的背景下走出资源环境等约束，其必由之路都在于科技进步。因此，为应对资源环境约束以实现可持续发展，应促进资源能源和生态环境领域的科技进步。应从增强全球气候变化应对、提高资源能源利用效率、改善水土生态质量、提升人居环境质量、保护生物与生态系统多样性等多方面全方位攻关，重点围绕资源能源利用绿色化、低碳化、智能化、高效化方向推动技术创新，在不同时间和空间尺度上认知环境演变规律、发展生态系统修复与污染控制技术、建立生态系统与环境质量演变的立体检测网络、系统布局典型实验示范保育区等方面，解决核心科技问题，突破关键技术障碍，进行系统集成，示范推广。

特定的资源能源生态环境保护制度安排，必然会导致人保护资源能源生态环境的特定行为。通过实施生态文明制度，通过改革创新着力构建产权制度等法律制度体系，通过激励引导企业实行严格的资源管理制度等，都会使人的行为向缓解资源能源生态环境约束方面转型。**政府层面**，要加快深化生态文明体制改革，把生态文明制度的"四梁八柱"建立起来，确保落地，把生态文明建设纳入制度化、法治化轨道。要着力通过深化改革完善资源能源生态环境保护的产权制度等法律制度，完善激励约束制度体系，建立保护生态环境的长效机制。**企业层面**，应激励引导企业建立科学、合理、高效的资源能源利用管理制度，对执行不力的企业等依法督察问责，严惩环境违法违规行为。**社会层面**，应建立具有明显强制约束力的相关奖惩制度，激励人们不能、不愿、不敢违法、违规、违章等，真正使资源能源生态环境保护变为全社会的自觉行为。

三、未来 30 年促进绿色发展的目标和建议

（一）基本目标及主要指标考虑

根据环境质量和资源利用变化趋势，综合考虑我国经济社会可持续发展和资源生产环境承载力。从中长期考虑破解资源环境约束，以"十三五"规划目标值为起点，以 21 世纪中叶为终点，分两个阶段推动资源环境问题的全面改善。即到 2035 年左右，实现资源节约程度和利用效率大幅提高，生态环境质量环境根本好转，美丽中国目标基本实现；到 21 世纪中叶，资源利用效率国际领先，生态环境质量世界居优。

资源节约和利用。严管用水强度，严格节水标准。健全节水技术标准体系，制定用水产品、重点用水行业、城市节水等方面的领跑者指标。根据国务院发布《关于实行最严格水资源管理制度的意见》，加强用水定额和计划管理，明确各行业节水要求，健全取水计量、水质监测和供用、耗排监控体系，到 2020 年，万元 GDP 用水量、万元工业增加值用水量较 2015 年分别降低 25%、

20%，农田灌溉水有效利用系数提高到 0.55 以上。到 2030 年，万元工业增加值用水量（以 2000 年不变价计，下同）降低到 40 立方米以下，农田灌溉水有效利用系数提高到 0.6 以上。如果以此为基准按照相关指标匀速变化推算，到 2049 年，使以上指标在 2030 年的基础上再分别降低约 30%、30%，农田灌溉水有效利用系数提高到 0.7 以上。根据国务院印发的《"十三五"节能减排工作方案》对全国节能减排工作的部署，到 2020 年，全国万元 GDP 能耗比 2015 年下降 15%，能源消费总量控制在 50 亿吨标准煤以内。如果以此为基准按照相关指标匀速变化规划，到 2030 年，全国万元 GDP 能耗较 2020 年下降 17%，能源消费总量控制在 65 亿吨标准煤以内。到 2049 年，全国万元 GDP 能耗较 2030 年再下降 20%，能源消费总量控制在 80 亿吨标准煤以内。但在 2020—2035 和 2035—2049 年两个相同的时间段内，实现资源节约和利用的难度和付出的精力也不对等的，所以，改善进度很可能不会是匀速进行的，很大程度上是先难后易的。因此，综合考虑各方面的影响因素和时间跨度等，实现第一阶段目标最晚应该不晚于 2035 年。

生态建设和保护。根据国务院正式批复同意《全国水土保持规划（2015—2030 年）》。到 2020 年，基本建成与我国经济社会发展相适应的水土流失综合防治体系。全国新增水土流失治理面积 32 万平方千米，其中新增水蚀治理面积 29 万平方千米，年均减少土壤流失量 8 亿吨。到 2030 年，建成与我国经济社会发展相适应的水土流失综合防治体系，全国新增水土流失治理面积 94 万平方千米，其中新增水蚀治理面积 86 万平方千米，年均减少土壤流失量 15 亿吨。如果以此为基准按照相关指标匀速变化规划，到 2049 年，完全建成与我国经济社会发展相适应的水土流失综合防治体系，全国新增水土流失治理面积 222 万平方千米，其中新增水蚀治理面积 143 万平方千米，年均减少土壤流失 30 亿吨。

环境保护和治理。环境质量是根本目标，污染减排是重要手段。环境治理的重点就是坚决做好大气、水、土壤污染防治，使全国空气质量总体改善，消除工业生产污染和城市生活污染，实现农村清洁环境。根据国务院印发的《"十三五"节能减排工作方案》，到 2020 年，全国化学需氧量、氨氮、二氧化硫、氮氧化物排放总量控制在 2001 万吨、207 万吨、1580 万吨、1574 万吨以内，比 2015 年分别下降 10%、10%、15% 和 15%，全国挥发性有机物排放总量比 2015 年下降 10% 以上。如果以此为基准按照相关指标匀速变化规划，到 2030 年，全国化学需氧量、氨氮、二氧化硫、氮氧化物排放较 2020 年分别下降 11%、11%、17.3% 和 17.3%，全国挥发性有机物排放总量较 2020 年下降 11% 以上。到 2049 年，全国化学需氧量、氨氮、二氧化硫、氮氧化物排放总量较 2030 年分别下降 12%、12%、20% 和 20%。全国挥发性有机物排放总量较 2030 年下降 12% 以上。但在两个相同的时间段内遏制资源生态环境恶化的难度和付出的精力也不对等的，所以，环境保护和治理进度很可能不会是匀速进行的，很大程度上是先难后易的。因此，综合考虑各方面的影响因素和时间跨度等，大体上可以认为，实现第一阶段目标应该不晚于 2035 年。

表 4-5　未来 30 年促进绿色发展的指标和目标

类别	指标	2020 年	2035 年	2049 年
资源节约和利用	全国年用水总量	6700 亿立方米以内	<7000 亿立方米	<7600 亿立方米
	万元 GDP 用水量	较 2015 年降低 25%，降到 65 立方米以下	<40 立方米	较 2035 年降约 30%
	万元工业增加值用水量	较 2015 年降低 20%	较 2020 年降约 25%	较 2035 年降约 30%
	农田灌溉水有效利用系数	提高到 0.55 以上	>0.6	>0.7
	万元 GDP 能耗	较 2015 年下降 15%	较 2020 年下降 17%	较 2035 年下降 20%
	全国能源消费总量	50 亿吨标准煤以内	<65 亿吨标准煤	<80 亿吨标准煤
	矿产资源产出率提高比例	较 2015 年提高 15%	较 2020 年提高 18%	较 2020 年提高 21%
生态建设和保护	新增水土流失治理面积（km²）	32	94	222
	新增水蚀治理面积（km²）	29	86	143
	年均减少土壤流失量（亿吨）	8	15	30
	重要江河湖泊等功能区水质达标率	>80%，水源地水质全面达标	>95%	>98%

（续表）

类别	指标	2020 年	2035 年	2049 年
环境保护和治理	主要污染物排放	较 2015 年降 30%—50%	较 2020 年下降约 40%	较 2035 年下降约 50%
	全国化学需氧量	较 2015 年下降 10%	较 2020 年下降 11%	较 2035 年下降 12%
	氨氮化物排放总量	较 2015 年下降 10%	较 2020 年下降 11%	较 2035 年下降 12%
	SO^2 排放总量	较 2015 年下降 15%	较 2020 年下降 17%	较 2035 年下降 20%
	氮氧化物排放总量	较 2015 年下降 15%	较 2020 年下降 17%	较 2035 年下降 20%
	挥发性有机物排放总量	较 2015 年下降 10% 多	较 2020 年下降 11% 多	较 2035 年下降 12% 多
	市污水收集处理率	分别达到 85%、95%	分别达到 100%、100%	2035 年全覆盖基础上，实现高效循环利用
	农村环境综合整治建制村数量	新增完成环境综合整治建制村 13 万个	完成环境综合整治建制村 39 万多个	完成全部近 70 万个建制村综合整治

（二）政策建议

破解资源环境约束，实现经济社会全面协调可持续发展，应将战略重点放在生态文明建设的基本制度安排和政策保障方面，构建综合决策机制和协调管理机制，完善的政策法规体系，并通过广泛的公众参与提高法律的可执行性和执法水平，促进资源和能源节约集约利用和生态环境保护。加强可持续发展能力建设，需从"开源"和"节流"两方面同时入手，破除资源环境约束，实现经济社会发展与资源环境的可持续发展。开源即提高资源保障能力和环境承载力，节流则是减少资源的低效率利用和减少对环境损害，需多措并举综合施策。

1. 完善资源环境利用和保护的激励约束制度

首次，加快推进并完善水资源、能源、矿产资源、土地、排污权等领域的产权制度改革。 主要是明确中央、地方、企业和当地居民在资源开发利用中的权责利，形成有效激励约束。**其次，加快形成水资源、能源及各类环境要素的市场决定价格机制和完备交易机制。** 充分发挥市场机制在自然资源优化配置中的作用，通过有效价格信号实现资源的供需均衡和有效配置，最大限度促进资源高效利用。**最后，加快完善资源利用和促进环境保护等财政税收制度。** 在统筹考虑的基础上，配合央地财政金融税收体制改革的步伐，考虑逐步完善资源税并适时推出环境税。

2. 提高各类资源特别是能源的持续供应保障能力

首先，应科学合理规划各类资源开采开发利用，确保各类资源能源的可持续利用。对于不可再生资源和资源匮乏地区，要着力提高资源的开采利用效率，避免过度开采的短期行为；对于可再生资源和资源丰裕地区要科学规划资源开采，要保护可再生资源的再生产能力。**其次，将能源保障置于资源保障最优先的地位**。将保障能源供应放到更加优先的地位，通过加快技术创新提高能源利用效率，通过技术进步持续改善能源生产和消费结构，应当拓展能源（主要是石油和页岩气）的来源途径，不断开发新能源和可再生能源如风能、太阳能等。**最后，充分运用国内外资源和国内外市场破解我国资源约束**。应以口粮自给为重点，审慎放开饲料和工业用粮；以加强国内粮食综合生产能力为主，质量并重；统筹粮食贸易战略制定，高效利用国际市场资源，可考虑进口单产较低的粮食品种，也应着力建立安全可靠的常态化的海外农产品等资源进口网络，通过进口商品粮食等突破水土资源禀赋等制约，缓解耕地和水资源等各类资源环境压力；应强化粮食产业全球布局，加强与"一带一路"沿线粮食、资源、能源丰富国家的共同开发合作，充分利用国外资源，保障来自于国外的粮食和能源等可靠、及时、充足的供给。

3. 加快健全促进资源环境可持续发展的支撑体系

首先，通过对国内外现行资源环境法律法规和政策的全面评价比较，加快健全有利于我国资源环境可持续利用、发展的相关法规、政策、管理及决策等体系，充分运用法律和制度手段等。**其次**，建立有利于资源高效开发利用和环境保护的综合决策机制，使各部门之间协调行动形成持续建设生态文明的强大部门合力。**再次**，改革完善生态环境监管体制。加强对生态文明建设的总体设计和组织领导，完善生态环境管理制度，统一行使所有国土空间用途管制、环境保护和生态修复职责，统一行使监管城乡各类污染排放和行政执法职责。**最后**，加强生态环保宣传教育，提高全社会环境保护意识和能力，保障社会公众在可持续发展重大事项方面的参与权。

4. 加快发展绿色经济，形成节能减排的长效机制

应积极促进绿色经济发展，加强节能减排基础能力建设，建立完善促进节能减排目标的考核制度，强化节能减排管理。**一方面**，应逐步建立实施绿色 GDP 考核体系，加强环境统计和监测体系建设，通过逐步建立全国环境信息网络来及时

准确地掌握环境质量和污染动态。**另一方面**，应加快推进重点领域节能减排。一是建立循环经济体系，实施全方位、多领域的废旧物品回收和利用，实现清洁生产和循环利用。二是鼓励引导建筑等相关领域积极发展绿色建筑、智能建筑等。三是在交通领域逐步提高机动车排放标准，通过多种政策支持推广节能汽车等。

5. 推动能源结构优化，保障资源能源和生态安全

确定适度和可接受的经济增长速度，为能源转型释放空间。调整煤炭消费政策，推动煤炭产业"自我革命"。转变自我规划思路，将稳油气增长政策调整为以能效、竞争力和服务为中心的新油气政策。在良性增长中促进可再生能源和核电协同发展，共同增强非化石能源的地位；以终端消费的电气化政策推动能源转型升级；实施碳排放顶层设计、综合治理和制度保障，采取有可衡量、透明和可监督的具体措施；将能源转型纳入国际合作政策之中。

（执笔：杜飞轮、杜秦川）

参考资料目录：

1.United Nations Population Division，2013，*World Population Prospects: The 2012 Revision*, New York.

2. 中华人民共和国国土资源部：《2015 年中国国土资源公报》，2017 年 4 月。

3. 国务院：《"十三五"节能减排工作方案》，《新华网》2017 年 1 月 5 日。

4. 中华人民共和国国土资源部、国家发展和改革委员会：《全国土地整治规划（2016—2020 年）》，2017 年 1 月。

5. 周大地：《中国绿色低碳转型期遭遇能源结构煤炭比例偏高矛盾》，《新华网》2016 年 11 月 24 日。

6. 中华人民共和国国土资源部：《全国矿产资源规划纲要（2016—2020 年）》，2016 年 11 月。

7. 国家发改委能源经济研究所课题组：《重塑能源：面向 2049 年的中国能源消费和生产革命路线图》，《经济研究参考》2016 年第 21 期。

8. 中华人民共和国环境保护部：《2015 年中国环境状况公报》，2016 年 5 月。

9. 中华人民共和国环境保护部：《全国生态保护"十三五"规划纲要》，2016 年。

10. 潘家华：《中国的环境治理与生态建设》，中国社会科学出版社 2016 年版。

11. 王仲颖、张有生：《生态文明建设与能源转型》，中国经济出版社 2016 年版。

12. 中国社会科学院世界经济与政治研究所：《世界能源中国展望》课题组：《世界能源中国展望（2015—2016）》，中国社会科学出版社 2016 年版。

13. 中华人民共和国环境水利部水土保持司：《〈全国水土保持规划（2015—2030 年）〉解读》，2015 年 10 月。

14. 中华人民共和国环境水利部：《全国水土保持规划（2015—2030 年）》，2015 年。

15. 政府间气候变化专门委员会（IPCC）：《全球气候变化综合报告（第五

次评估报告)》，2014 年。

　　16. 姚聪莉 :《资源环境约束下的中国新型工业化道路研究》，西北大学博士学位论文 2009 年。

　　17. 中国科学院生态与环境领域战略研究组 :《中国至 2049 年生态与环境科技发展路线图》，科学出版社 2009 年版。

　　18. 李智广、曹炜、刘秉正 :《我国水土流失状况与发展趋势研究》,《中国水土保持科学》2008 年第 2 期。

　　19. 钱正英、张光斗 :《中国可持续发展水资源战略研究》，中国水利水电出版社 2007 年版。

　　20. 孟庆瑜 :《我国自然资源产权制度的改革与创新——一种可持续发展的检视与反思》,《中国人口资源环境》2003 年第 1 期。

　　21. 夏军 :《华北地区水循环与水资源安全 : 问题与挑战》,《地理科学进展》2002 年第 6 期。

第五章　未来 30 年我国面临的国际环境及
促进开放发展的思路

对未来 30 年国际环境的分析表明，从中长期来看，支撑"和平、合作与发展"的主要力量并未发生改变，"和平与发展"的时代主题仍然没有变化，"两超多强"的权力格局会更趋明显，干扰和平与发展的不稳定不确定因素可能更加错综复杂。随着发展实力和国际影响力的增强，我国将由积极利用战略机遇期转向主动塑造战略机遇期。顺利实现第二个百年奋斗目标要求进一步提升开放发展的水平和质量。目前我国开放发展面临着从以要素集聚为重点向要素集聚和要素培育并重转变的挑战，安全体系错位以及政治价值分歧和意识形态差异带来的挑战等。以"共建人类命运共同体"为基本目标，我国应该按照提升主动开放、推进平衡开放、坚持共赢开放和强调安全开放的思路促进开放发展。应坚持高水平引进来和高质量走出去并重，提升要素集聚与要素培育并重型开放发展水平；从战略高度规划中美关系，积极合作、坚决斗争；树立自信，主动塑造价值意识，以开放发展支撑我国价值理念输出；增强安全保障能力，扩大安全合作，有效支撑安全开放。

一、未来 30 年我国发展面临的国际环境

国际环境是影响我国经济社会发展战略选择和发展路径的重要因素。未来 30 年，我国按照"两个一百年"奋斗目标全力推进现代化建设，客观上将进一步增强我国与世界发展的互动联系。在此背景下，明确判断未来 30 年国际政治经济形势的变化趋势对于我国更好设计现代化的推进路径具有重要意义。从

研究的角度，我们分别基于国际经济政治长周期理论、全球中长期矛盾发展演变以及全球经济版图演变等三个层面分析未来30年国际环境的发展变化趋势。

（一）基于国际经济政治长周期理论的分析

从世界发展历史来看，国际政治经济的发展变化有着比较明显的长周期特征。按照"康德拉季耶夫"长周期理论，全球经济存在着50—60年的长周期，每个长周期的上半场和下半场分别处于上升和下降状态，时间大体相同。后续其他学者的研究进一步发现，在经济全球化和技术进步推动下，长周期时间可能缩短为40年左右。根据相关研究，从1789年开始至今，全球经济大体经历了五个长周期，前四个长周期分别是：1789—1849年的第一个长周期，共60年；1849—1896年的第二个长周期，共47年；1896—1945年的第三个长周期，共49年；第二次世界大战后到20世纪90年代信息革命之前的第四个长周期（初步估计为1945—1989年），大约45年。目前，全球经济正处于第五个长周期，始于20世纪90年代初的信息技术革命，按照40年左右的周期长度计算，预计将于2030年左右结束。德赛（2016）根据康德拉季耶夫周期的计算认为，我们将看到至少长达10—15年的经济下行期（从2009年算起，直到2025年甚至2030年）。根据这些研究可以得到基于经济长周期理论的初步判断：当前正处于全球经济的第五个长周期，该周期始于1989年，预计将于2030年左右结束。其中，1989年至2007年为周期上升部分，历时约18年；2007年至2030年左右为周期下降部分，历时约23年。根据周期演化的动态特征，2030年之后，全球经济将再次步入新的长周期，即第六个长周期，其中2030年至2050年左右为第六个长周期的上升部分，2050年之后将步入第六个长周期的下降部分。

国际政治领域也存在着类似的长周期理论。在西方国际关系学界，探讨循环式的大国兴起以及由此引发全球性霸权战争现象的思想流派影响深远。能够观察到的是，在每个世纪世界总会出现一个有实力、有意志且有智识与道德动力的强国依其价值观来塑造整个国际体系（基辛格，1998）[1]。美国学者莫德尔斯基据此提出了国际政治发展的长周期理论。根据该理论，国际政治的循环

---

① 亨利·基辛格：《大外交》，海南出版社1998年版。

周期约为 100 年至 120 年，每个国际政治周期都有一个全球领导者，领导者地位的确立是在前一个周期的尾部阶段，通过战争的形式产生。过去 500 年的人类历史可以划分为 5 个国际政治长周期，分别是：1518—1608 年的第一个周期，全球领导者为葡萄牙；1609—1713 年的第二个周期，全球领导者为英国；1714—1815 年的第三个周期，全球领导者为英国；1816—1945 年的第四个周期，领导者为美国；以及 1945 年至今的第五个周期，目前该周期的领导者仍然是美国。按照 100 年至 120 年左右的时间计算，第五个国际政治长周期预计于 21 世纪中叶前结束。

在人类发展基本矛盾规律尚发挥作用，并且政治经济关系相互嵌入演化的特征没有发生本质改变的情况下，虽然两大长周期理论所预测的时间点和结果不一定会准确出现，但人类社会发展的基本演变过程和基本形态仍极有可能重复出现。因此，基于国际经济政治长周期理论判断未来 30 年总体国际形势：**一是 2030 年之前，全球经济总体处于周期下降阶段，这种周期下降不一定意味着经济萧条，但相对于上半个周期的景气繁荣，总体将处于乏力和波折阶段；而国际政治方面，美国仍握有全球领导地位，但却过了权力鼎盛时期，随着潜在竞争对手的实力增强，大国之间的各类摩擦也将逐步增多。二是 2030 年左右至 2050 年，全球经济总体处于新周期的上升阶段，开启第六个经济增长长周期，经济力量对比可能发生更加显著的变化；在国际政治方面，全球领导权力的竞争会更趋激烈，新的政治长周期可能开启，替代美国的新的全球领导国家地位或可进一步确立。**

（二）基于全球中长期矛盾发展演变的分析

全球主要矛盾的发展变化是决定国际政治经济格局演变的主要因素。大国之间的关系是全球主要矛盾的主要方面。从中长期看，美国、欧洲、俄罗斯、中国仍将是国际关系的决定性力量，其中美国仍将处于相对优势地位，但相对其鼎盛时期衰落的迹象更为明显。这也就决定了中美矛盾、美俄矛盾、美欧矛盾是对国际格局产生重大影响的全球中长期矛盾的主要内容。

合作与竞争仍将是中美关系的主基调。中美矛盾是未来中长期国际主要矛盾之一。随着中美实力差距的不断缩小以及实力地位向互换方向发展的趋势更加明显，中美竞争性合作关系将更为突出。中国国力的增强将会影响美国全球利益的三大支柱。中国经济体量的扩大、在国际投资贸易中逐渐占有更大份额、对区域经济整合能力的增强等，将限制美元资本输出的空间，削弱美元资本的增值能力。中国制造业整体相对于美国制造业日益取得优势地位、在高端制造领域不断缩小与美国的差距等，压缩了美国制造业发展空间，与美国在相关领域的就业形成竞争。2018年以来美国不断挑起贸易摩擦，遏制中国高技术产业发展的意图显性化[①]，美对华战略已经由"接触"为主逐渐转向"遏制"为主，有一定管控的中美贸易战可能成为长期状态。中国军事力量日益强大对美国在地区安全秩序中的主导地位构成突出挑战。美国倾向于强化对华军事围堵和凸显军事存在的必要性。作为世界第一、第二大经济体，中美经济联系的密切程度客观上决定了只有合作才符合双方利益，也符合世界经济发展的大趋势。从长期看，中美经济关系总体会继续朝着深化合作的方向发展，经济合作的"压舱石"作用仍然十分重要；但这并不排除在中短期内，由于美方非理性行为而使得两国经济合作出现倒退。对此，我国既要坚持合作的总体战略方向，但对于短期"挑衅"行为也应予以坚决还击，在必要时采取以斗争促使合作的战术。作为两个具有重要影响力的世界大国，在人类需要共同应对的挑战上，如应对气候变化、反对恐怖主义、维护资源环境安全等，中美需要合作起来承担大国责任的空间更为广泛。**总体来看，中美矛盾是中国实力相对上升和美国实力相对衰落的必然结果。从中长期看，中美之间的竞争并不会带来类似美苏"冷战"的局面，而更可能是一种"冷和平"的关系，经济和文化领域将以合作为主，竞争将主要集中在政治和军事领域，总体呈现出竞争性合作的特点。**

美俄军事安全对抗或增强。美俄矛盾是中长期国际社会另一主要矛盾，主体是军事安全矛盾。军事霸权是美国国际利益的支柱之一，但面临俄罗斯的强大挑战。俄美在欧洲方向和北极方向互为主要威胁，在中东展开间接斗争，在亚太地区俄亦直接或通过传统军事联系对美构成重要挑战。冷战迄今，俄美军事安全斗争的总体趋势是美战略进攻，俄战略收缩。俄美矛盾的核心是美全球霸权企图与俄庞大军事能力的对抗。美国对俄罗斯延续冷战政策：一方面要实

[①] 2018年6月15日，美国特朗普政府宣布要对从中国进口的约500亿美元商品加征25%关税，其中约340亿美元商品从7月6日开始加征25%关税；7月10日，美国公布了新一轮征税清单，表示要对价值2000亿美元的中国商品征收额外价值10%关税。

质性压缩俄安全空间，削弱其战略威胁；另一方面则是通过延续并强化与俄对抗关系，为北约继续生存寻找依据，并通过北约强化对欧洲盟友的控制，以北约为基础建立美国主导的全球安全体系。在长期和战略上，当一方被较大削弱，比如在俄罗斯地缘安全局势显著恶化的情况下，俄美对抗反而会增强。

美欧政治经济矛盾或加剧。美欧矛盾是有显著共同利益基础上的矛盾，主要表现在政治和经济两方面。经济方面的矛盾是欧洲对美元资本构成挑战。欧洲货币一体化在全球范围内与美元构成弱竞争关系，限制美元资本输出场所，削弱了美元资本在全球范围的颠覆性能力。欧洲货币一体化是未来全球储备货币多元化的一个重要基础，从而构成对美元资本霸权的挑战，美不断对欧元发展施加干扰。美欧政治矛盾是欧洲政治独立自主倾向与美限制控制该倾向的矛盾。美欧虽有共同价值观，有相互利用的一面，但欧洲重视多极平衡的世界格局，对美国独霸持反对立场。在欧洲安全独立问题上，法德不断尝试建立独立的一体化欧洲安全机制，但始终受到北约的抑制。美欧对欧洲安全主导权的争夺是长期的。

各方面矛盾关系错综复杂，美国仍是国际矛盾体系的核心。中长期美国尽管相对衰落但仍拥有超强实力。美国的总体策略是，通过制造地区热点、激化矛盾对抗以及由美国主导来调和矛盾，以维系美国对国际秩序的控制。各国各地区都倾向于尝试以激化外部矛盾的方式来转移内部矛盾。比如特朗普宣称以对华贸易战来解决国内就业问题，可以看作是美试图通过激化中美矛盾来转移其内部阶层之间矛盾的主要表现。从中长期看，如果国内矛盾仍难以获得有效化解，在此情况下，美国有可能会采取对抗性更强的策略，对中国不断扩大的影响予以遏制，但这种对抗不是你死我活的绝对对抗，而更可能是相互牵制的相对对抗。各主要矛盾之间也存在此消彼长、相互平衡的情况。比如，在对中俄以及欧洲关系平衡中获取最大利益是美国政府一贯的外交策略。在根本矛盾不变的情况下，各国会根据形势权衡策略以应对现时的最主要矛盾。

"和平、合作与发展"的时代主题没有变化，但各种不稳定不确定因素更趋复杂。从全球主要矛盾关系及其发展来看，大国间矛盾是主要方面，虽然矛盾与对抗仍然存在，但密切合作的潜力和空间更大。这主要体现在：一是国际社会对维护和平、追求和平有高度共识。主要大国拥有核武器实际上形成了一种"核平衡""核和平"的制衡关系。从中长期看，世界上没有一个国家有能力承担一场大规模全面战争的后果。虽然局部区域的冲突或代理人战争仍会存在，但维护世界总体和平局面的意愿更强烈，"和平"仍然是人类社会发展追求的核心目标之一。二是经济全球化的潮流不可逆转，各国经济联系更加密切，合作的诉求更强烈。20世纪90年代初开始的全球化是第一次真正意义上的市场经济全球化，市场已经成为各国经济紧密合作的主要推动力量。新一轮科技革命和产业变革将会进一步压缩国家之间的空间距离，"无国界"经济活动将达到一个新的发展水平。国家间密切的经济联系决定形成了"一荣俱荣、一损俱损"的格局，加强合作是符合各国根本利益的必然选择。三是发展仍然是世界前进的动力。过去几十年中，去殖民化的任务基本完成，世界所有国家都获得了主权独立。作为一个独立的国家，无论大国、小国，只有不断发展才能真正维护主权独立；各国不断发展共同推动了世界整体发展。未来30年，各国对不断发展、向更高水平发展的渴求仍然是推动世界前进的动力。因此，从总体上看，各国之间的合作是无限的、长远的，矛盾冲突是有限的、暂时的，这就决定了和平、合作与发展仍然是时代的主题。但同时也必须看到，由于利益分歧的客观存在，以及国际体系中力量格局的重大变化，利益摩擦可能会越来越频繁，各种传统与非传统安全的挑战会更加严峻，新的维系和平与威胁和平的力量均在成长，大国之间竞争性合作的色彩可能会更浓厚，这也意味着干扰世界和平与发展的不稳定不确定因素可能会更错综复杂。

（三）基于全球经济版图演变的分析

关于世界经济长期增长的预测基本形成了一个比较一致的认识，即未来30年左右世界经济增长将总体放缓。在这一背景下，基于过去数十年发展的"量"的积累，各国经济实力对比将会发生"质"的变化，直接体现为全球经济版图的演变。应该说，未来30年全球经济版图的演变可能是"最激动人心"的变化，这既关系到中美两国经济实力对比以及由此导致的全球第一经济大国位置何时发生变更，也关系到发展中国家相对于发达国家在全球经济体系中地位的转折性变化，以及由此是否导致世界格局的多极化发展等。按照这样的思路，我们主要从三个方面讨论未来全球经济版图的演变及对应的国际形势变化。

中国终将成为世界第一经济大国，但发展水平仍与美国有明显差距。中美经济竞赛是全球经济版图预测中的核心内容。经济学人智库（EIU，2015）对2050年世界主要发展趋势进行了预测分析，以名义国民生产总值计算，中国将在2026年赶超美国成为世界最大经济体，并且至少将这一领先地位保持至2050年；印度有望成为第三大经济体。世界银行和国务院发展研究中心课题组（2013）预测，虽然中国经济增长会发生明显减速，但到2030年中国将超过美国成为世界最大的经济体。美国农业部（2016）对2030年的全球主要经济体发展趋势进行了预测[①]，结果显示，2030年美国仍可能为世界第一大经济体，预计GDP可达24.8万亿美元，占全球经济的比重约为20%，2017年美国GDP占全球经济比重约为24%；紧随其后的是中国，占全球经济比重约15.2%。但从人均发展水平看，中国仍然与美国有较大差距。根据美国农业部的预测，2030年虽然中国GDP总量约为美国的90%，但实际人均GDP只相当于美国的22%。经济学人智库的相关预测表明，到2050年中国人均收入水平有望超过日本，人均消费能力从2014年相当于美国的14%增至2050年的50%。

发展中国家将成为全球经济增长的主要力量。作为一个整体，发展中国家相对较快的经济增长速度决定了其在全球经济中所占份额将显著提升，这也被认为是发展中国家整体崛起的一个重要标志。根据美国农业部的预测，2030年发展中国家占全球GDP的比重将从2010年的33.5%提高到46.4%，提升近13个百分点；发达国家占全球GDP的比重将从63.3%下降到50.9%（图5-1）。世界银行和国务院发展研究中心的预测表明，发展中国家将在2030年确立其在全球经济中的主导地位，将贡献全球经济增长的2/3，而只有1/3的增长将来源于目前的高收入国家。经济学人智库的预测表明，新兴市场国家的经济增长将比发达经济体更为显著，包括中国和印度的发展中国家极有可能赶超现有全球领导者，到2050年，如印度尼西亚和墨西哥将赶超意大利和俄罗斯，跻身全球十大经济体（按市场汇率计算）。如果按照购买力平价，2050年全球十大经济体中将有六个来自发展中国家，G20中的发展中成员在2050年以前将保持4.6%的年增长率，是发达国家年增长率的两倍以上（表5-1）（尤里·达杜

---

① 美国农业部官方网站给出了主要经济体从2010年至2030年的经济总量和经济增长率（预测）数据。具体参见https://www.ers.usda.gov/data-products/international-macroeconomic-data-set.aspx。

什、威廉·肖，2014）。

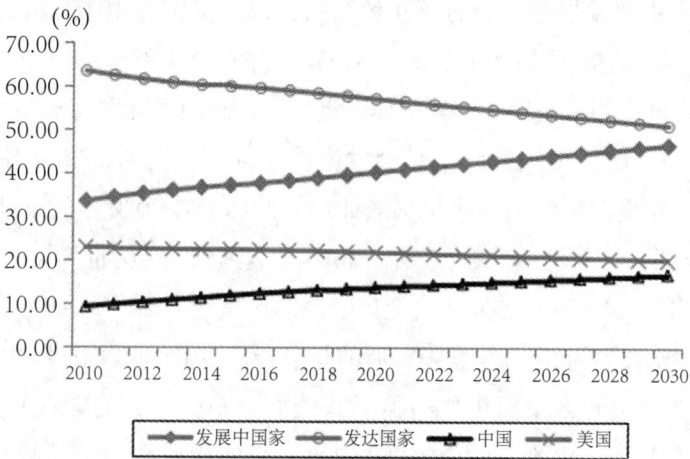

图 5-1　发达和发展中国家实际 GDP 占全球的份额

资料来源：https://www.ers.usda.gov/data-products/international-macroeconomic-data-set.aspx

表 5-1　世界十大经济体

（G20 各国 GDP 在全球 GDP 中所占百分比，按 PPP 计算）

2010 年（%）		2050 年（%）	
美国	26.4	中国	33.2
中国	18.2	美国	17.5
日本	7.8	印度	15.4
印度	7.2	巴西	4.3
德国	5.3	墨西哥	3.4
俄罗斯	4.0	俄罗斯	3.3
巴西	3.9	印尼	2.7
英国	3.9	日本	2.7
法国	3.9	英国	2.1
意大利	3.2	德国	2.1

资料来源：尤里·达杜什、威廉·肖，《2050：重塑世界的朱格诺》，社会科学文献出版社 2014 年版。

一个相对更均衡世界的"两超多强"格局更趋明显。从中国成为世界第二大经济体开始，中国蓬勃向上的发展势头客观上决定了世界单极化格局的结束。随着发展中国家在全球经济总量中份额的提升，未来的世界将会是一个相对更均衡的世界。作为一个整体，发展中国家在全球发展中的影响力将会显著增强。但就发展中国家内部看，除中国和印度外大多数发展中国家与发达国家的发展差距并未明显缩小。同时，其他发达国家在全球经济中所占份额将会明显下降且实力相当，与中美的总量差距将显著拉大。未来欧洲一体化受阻甚或倒退，欧盟国家难以成为世界格局中积极产生影响的"一极"。根据多数预测结论，2030 年前后中国将超越美国成为第一大经济体，中美经济总量将远超后面的国家；2050 年，以中国和印度为代表的新兴经济体在经济总量上明显超越发达国家，在一个相对更均衡的世界中形成"两超多强"的格局。中美分别作为新兴力量和传统力量的代表，在未来数十年内极有可能围绕全球主导权展开激烈竞争。

二、未来 30 年我国战略机遇期的总体判断

对未来 30 年我国发展面临的国际环境的分析表明，我国朝着第二个百年目标的奋斗将面临与以往不同的外部环境与条件。对我国长期发展而言，这些外部环境与条件究竟意味着更多的机遇还是更多的挑战，需要结合可能影响发展的内部因素予以综合考虑，而这实际上就是对未来 30 年我国是否仍然处于战略机遇期给出总体判断，并以此作为调整或完善中长期发展战略的基本依据。

（一）战略机遇期的概念及其主要特征

"战略机遇期"虽然已经成为正式的文件用语，但其概念并没有统一或权威的界定。在相关研究中，研究者从不同的角度尝试界定战略机遇期的概念。综合来看，战略机遇期是指由影响一国发展的内外部各种因素综合作用形成的，能够为经济社会发展提供良好条件或契机，并对其国际地位、历史轨迹等产生全局性、长远性、决定性影响的特定历史时期。按照这一理解，战略机遇期实际上是从时间、空间和价值三个维度对我国内外部发展环境的总体判断。从时间维度看，战略机遇期是一个相对较长的时间跨度或阶段，不是 3—5 年的短期概念，而是一个中长期的概念。从空间维度看，对战略机遇期判断的范

围涉及众多领域，包括经济、社会、政治、安全等领域，是对发展全局具有决定性作用的各种影响。从价值维度看，战略机遇期意味着在较大时间跨度内存在对特定主体重大利好影响的机缘或态势 [①]。

战略机遇期具有两大突出特征：一是客观性。战略机遇期是由多种因素相互作用形成的特定时空态势，是客观的，有条件的。从决定战略机遇期的首要因素——国际大局大势来看，对世界上大多数国家而言，国际政治经济发展大潮流是客观的，难以轻易改变的。二是互动性。在相同时空背景下，国际发展环境虽然对很多国家而言相差不大，但由于各国在基础条件和战略自觉方面有明显差异，内外部发展环境和条件的相互作用既可能形成战略机遇期，也可能没有。同时，当战略机遇期形成或出现时，一国是否具备比较充分的发现和利用战略机遇期的能力也直接影响了战略机遇期能否真正成为一国快速发展的黄金时期。

（二）关于战略机遇期的认识和发展历程

关于战略机遇期的最初判断和认识可以追溯到 20 世纪 70 年代末。在结束 10 年动乱后，邓小平同志基于对国际形势的敏锐观察和深刻分析，果断做出世界大战打不起来的战略判断，提出要推进改革开放，坚持以经济建设为中心。这一阶段，对战略机遇期认识的核心主要体现为中国有了相对和平的外部发展环境，以及要充分利用和平的环境来发展经济。到 20 世纪 90 年代，全球化、多极化、信息化、和平发展这些基本趋势更加清楚地显现出来，我国对战略机遇期的认识逐渐从战略层面扩展到时代特征、趋势以及区域合作的发展上。

2002 年党的十六大报告首次正式提出"战略机遇期"，即"综观全局，21世纪头二十年，对我国来说，是一个必须紧紧抓住并且可以大有作为的重要战略机遇期"。2007 年党的十七大报告进一步要求"顺应国内外形势发展变化，抓住和用好重要战略机遇期"。2012 年党的十八大报告再次指出"综观国际国内大势，我国发展仍处于可以大有作为的重要战略机遇期。我们要准确判断重要战略机遇期内涵和条件的变化，全面把握机遇，沉着应对挑战，赢得主动，赢得优势，赢得未来，确保到二○二○年实现全面建成小康社会宏伟目标。"

---

① 王在邦：《试论战略机遇期新阶段内涵与条件的变化》，《现代国际关系》2013年第7期。

应该说，自 2002 年首次正式提出"战略机遇期"以来，我国的发展实践证明了对重要战略机遇期的判断是完全正确的。该判断的形成基于三个层面的认识：一是从时代特征与基本趋势看，经济全球化的加速发展使得各国相互依存日益深化，和平、发展与合作是时代主题，中国与世界经济良性互动增强，特别是加入 WTO 为中国提供了深度融入全球化的有利条件。二是从国际战略格局看，越来越多新兴和发展中经济体开始走上快速发展道路，国际力量对比呈现均衡化发展趋势。三是从区域安全环境看，亚洲金融危机后，亚洲国家更深刻认识到加强区域经济合作的重要性，为我国通过开放来加快发展提供了良好的区域安全环境。

2008 年国际金融危机以来国际国内环境都发生了一系列重大变化，2015 年党的十八届五中全会提出"'十三五'时期我国发展仍处于可以大有作为的重要战略机遇期，但战略机遇期内涵发生深刻变化，我国发展既面临许多有利条件，也面临不少风险挑战"。具体分析，战略机遇期内涵的变化主要体现在以下方面：一是世界经济进入深度调整期，发达经济体可能陷入长期停滞的结构性低迷，新兴经济体增速明显回落。我国利用世界经济较快增长加快发展的条件发生了改变。二是新一轮科技革命和产业变革蓄势待发，正处于技术进步转变为新兴经济增长点的关键时期，我国传统比较优势弱化，在国际分工体系中面临"上挤下压"，快速发展的空间受限。三是随着新兴市场和发展中国家群体性崛起，发展中经济体实力相对上升，以西方国家为主导的全球治理体系出现变革迹象，但争夺全球治理和国际规则主导权的较量十分激烈。四是随着我国经济实力的显著增强，国际社会期待我国能够在国际事务中承担更多责任和发挥更大的作用，客观上要求我国必须统筹好国内国际、政治经济外交等各方面工作。

（三）由积极利用转向主动塑造战略机遇期

"二十一世纪头二十年是我国必须紧紧抓住并且可以大有作为的重要战略机遇期"，党的十九大报告再次明确提出"当前，国内外形势正在发生深刻复杂变化，我国发展仍处于重要战略机遇期"，这为我国谋划和推进第一个百年目标"全面建成小康社会"提供了正确的战略判断，确保了第一个百年目标能够顺利实现。立足当下、着眼未来，朝向第二个百年目标奋斗的历史征程即将正式开启，迫切要求对未来 30 年我国是否仍然处于可以大有作为的战略机遇期给出比较明确的判断。

综合未来 30 年国内国际形势的发展趋势，从实现中华民族伟大复兴的历史高度，我们认为关于战略机遇期的判断应该包括三个层面：

第一，从"有"或"没有"的层面看，战略机遇期并不存在消失的问题。从我国关于战略机遇期的认识和发展历程来看，"战略机遇期"已经超越了"和平"或"战争"的这种对抗性外部环境的判断，是对我国发展内外部环境和条件的综合认识，把握的是世界发展大格局中中国发展的"势"。从未来 30 年世界发展大格局的变化趋势看，世界政治经济格局的深刻变化已经发生，美国单极超强和霸权的地位已经进入到逐渐衰落的历史发展通道；我国作为有民族复兴理想的世界经济、政治和军事大国，蓬勃向上发展的势头已经形成。我国的发展与世界的关系已经不再是能否获得发展空间的问题，而是我国能够创造多大与世界其他国家共享发展空间的问题。相对良好的发展环境和更大的发展空间已经不再是"可遇不可求"的，而是我国崛起发展中的必备条件。因此，从这个意义上来看，对于我国这样的大国而言"战略机遇期"并不存在消失的问题，改变的将是战略机遇期的形成方式以及战略机遇期的内涵与条件。进一步来看，在未来 30 年的发展过程中，战略机遇期对前 15 年左右中国的发展具有更为重要的意义，这是我国能否顺利成为世界第一经济大国并进而对国际政治经济格局产生决定性影响的关键阶段。因此，未来 15 年左右我国发展的关键词应该是在"顺势而为"基础上增加"勇争上游"。

第二，从战略机遇期的形成方式的层面看，由顺势而为、相对被动利用转变为主动塑造战略机遇期。概括地讲，战略机遇期的产生有内生和外生之分。战略机遇期的外生性是指，良好的发展机会与条件外在于或独立于该国的选择或行为。战略机遇期的内生性则是指，对特定国家来说，有利于发展的机会与环境内在于或取决于该国的选择或行为，即战略机遇期更多来自于主动创造或采取行动成功化挑战为机遇。按照一国把握、利用或创造战略机遇期的能力，大体可分为四种类型[①]：一是国内能力比较薄弱，无法把握和利用外部提供的战

[①] 宋泓：《未来10—15年中国拥有自主发展的新机遇》，《国际经济评论》2014年第1期。

略机遇。二是国内能力达到了可以充分利用外部战略机遇的水平，从而将战略机遇转变为经济社会的快速发展。三是对外依赖减弱、自主发展能力增强，不仅可以比较充分利用外部战略机遇，而且抵御外部冲击的能力显著提高，发展的内生动力更强。四是当一国特别是一个大国能对世界政治经济格局产生重要影响后，在相当程度上可以通过自身的行为和影响创造发展空间或战略机遇期。应该说，改革开放40年来，我国发展的重要战略机遇期主要还体现为一系列外部发展机遇。同时期也有一些发展中国家面临着与我国相似的发展机遇，比如印度。相比较而言，我国成功地将机遇转化为快速发展的成就根本在于具有更强的机遇利用能力，能够抓住机遇、顺势而为。

从自身发展能力和与世界发展的互动关系来看，目前我国正处于由充分利用机遇向主动塑造战略机遇转变的阶段，展望未来30年，我国发展的战略机遇期将更多地来自于主动塑造，即战略机遇期的内生性将更明显。这是由于：

一是从经济发展的角度看，在内生增长动力驱动下，我国成为带动世界发展的主要力量，未来将更多通过带动其他国家的发展来实现自身的发展。 2030年前后我国成为世界第一大经济体将成为大概率事件，2049年将可能达到中等发达国家水平，2030—2049年我国将成为世界第一大市场。庞大的经济体量和巨大的国内市场空间决定了我国未来的发展将不再以利用世界的发展机会为主，而是以通过自身发展为其他国家提供发展机会来实现共同发展为主。这在客观上决定了我国未来的发展空间和发展机遇更多的是"由内而外，再由外而内"的正反馈机制作用的结果，换言之，发展机遇和空间更多的是主动塑造的。从这个角度看，"一带一路"倡议可以视为我国在新的时代背景下，通过促进共享发展来主动营造良好的外部发展环境的积极有为战略，是主动塑造战略机遇期的重要体现。

二是随着自身崛起和未来"两超多强"世界格局的逐步形成，建立合理的崛起大国与世界的互动关系要求我国主动谋划发展、塑造发展环境。 在世界发展格局变革的大趋势下，我国作为崛起大国和新兴发展力量的代表，在改革完善国际治理体系中肩负着更多责任，承载着更多的期待，必然会面临着与美国等传统主导力量更多的摩擦和竞争。美国采取"有进有退"的策略影响国际治理规则从而达到减缓其霸权影响削弱的目的。比如，为维护军事霸权对美国霸权地位的支撑作用，美国着力强化以北约为主体的西方军事安全机制；而为了重塑经济增长动力，谋求自身利益最大化，美国在全球化及其有关治理机制方面逐步倒退，以贸易保护主义阻碍全球化，以退出"巴黎协定"阻碍全球公共治理①。这为全球治理体系的变革增添了许多不稳定因素，也在相当程度上决定了新兴力量与传统力量的竞争与冲突将广泛存在于多个领域。在这一背景下，作为崛起大国，我国要建立与世界互动的合理关系客观上要求应该对中国自身发展及与世界互动发展的格局有更强的战略谋划，直接体现为应以主动谋划发展和塑造相对有利的发展环境来确立并巩固中国的全球领导性大国地位。

第三，**主动塑造战略机遇期的阶段性特征**。未来 30 年，我国应主动塑造战略机遇期更加凸显了战略机遇期的互动性特征，也就是说，我国应在准确把握国际大局大势的前提下，以尽可能地实现中国发展与世界发展的良性互动为目标，灵活调整某一具体时段实现该目标所需要采取的策略和政策措施等。从总体看，面向未来，我国主动塑造战略机遇期大体具有两个阶段性特征：**一是2030 年之前，战略机遇期的塑造应体现出积极主动作为以拓展发展空间的特点**。2030 年之前，对中国而言，不仅是进一步增强经济发展实力以增强自身发展对其他国家发展带动作用的关键阶段，而且是提升国际政治影响力从而增加争夺世界主导权砝码的关键阶段。我国主动塑造的战略机遇期，应直接服务于构建以我为中心的亚洲价值链网络，真正成为最有活力的亚洲区域增长的策源地；应直接服务于厚植我在亚洲区域的全面影响力，尤其是注重补足政治和军事影响力方面的短板。总体而言，这一阶段战略机遇期的塑造，在一定程度上还比较侧重于良好的经济发展环境，在政治和军事发展方面的重点是"补短板"。**二是 2030—2049 年，战略机遇期的塑造应体现出巩固和提升我国全球影响力的特点**。2030—2049 年，全球经济总体处于新周期的上升阶段，全球领导权格局的实质性变化将推动新的政治长周期开启。对我国而言，在 1840 年后的 200 年左右的时间内，经历了 100 余年的衰落和 100 年左右的复兴发展，已经到了再次历史性崛起的关头。2030 年之前以强化我国在亚洲区域影响力为重点的发展，已经为巩固和提升我国的全球影响力奠定了坚实的基础。2030—

---

① 2017年6月1日，美国总统特朗普宣布美国退出《巴黎协定》（气候变化协定）。

2049 年是我国顺利实现伟大复兴或再次历史性崛起的"关键一跳"，对巩固和提升我国经济、政治和军事等全方面的全球影响力提出了更高要求。这一阶段战略机遇期的塑造，要突出协调、全面的特点，即为经济、政治和军事全球影响力的巩固和提升塑造良好的条件或环境。

三、面向未来我国开放发展面临的主要挑战

从未来 30 年我国面临的国际环境来看，"和平与发展"仍然是时代主题，但面临的不稳定性不确定性风险可能会增大，这就意味着我国朝向第二个百年目标迈进和实现中华民族伟大复兴的道路可能不会是一帆风顺的。另一方面，从对战略机遇期的判断来看，未来 30 年中国的大国崛起必然要求有良好的发展环境和发展空间，而随着中国综合实力的增强和世界发展格局的变化，更多地要通过主动塑造战略机遇期来获得有利的发展条件。综合来看，要顺利实现第二个百年目标，我国在相对更复杂的国际环境中要更加积极主动作为，这就对作为联通国内国际桥梁纽带的开放发展提出了更高的要求，对提升开放发展的水平和质量带来了挑战。

（一）开放发展框架缺乏对国家利益明确和具体的界定

开放发展是国家繁荣发展的必由之路。而作为最基础的要求，开放发展首先要维护好国家利益。国家利益是指一个国家为保证自己的生存、安全与发展，在对外关系中所表现出的利益。从中长期发展看，随着我国发展实力的增强，与世界互动联系的广度和深度都将达到一个前所未有的程度，中国的利益将遍布世界，需要首先维护的国家利益的范围也会大大扩展。特别在中国崛起过程中，与在位大国及传统世界权力主导力量之间的竞争和摩擦会广泛存在于各个领域，在对外开放中有效维护我国的国家利益特别是重要或核心国家利益关乎稳定发展的大局，更直接影响第二个百年目标能否顺利实现。

但从目前情况看，我国开放发展框架内缺乏关于国家利益的明确、具体的界定，比如什么是国家生死攸关的利益，哪些是极其重要的利益、重要利益和次要利益等，可能影响对外开放中有效维护国家利益的效果。另外，从开放发展具体落实的层面看，在实际推进走出去的过程中，比如在"一带一路"倡议中，由于国家重要利益界定的不清晰和认识的不到位，同时存在着国家利益

"泛化"和"虚化"的问题，一些直接体现国家战略意图的对外合作项目没能获得有力的国家支持，而部分应由市场机制自发作用的合作项目却过多占用了国家资源。

究其原因，可能主要包括：一是虽然我国开放发展已经进入到引进来和走出去并重的双向开放阶段，但在理念上还未完成转换。开放发展中更熟悉的是引进来，对走出去以及随之而来的国家利益边界的扩充还未形成充分的认识，因而对如何维护更大边界范围内的国家利益还未形成完整的机制安排。二是在利益安全的判断上可能仍比较倾向于通过输送经济利益来获取对国家安全、主权和领土完整等核心国家利益的维护，缺乏其他有效维护国家利益的手段。

（二）开放发展面临着从以要素集聚为重点转向要素集聚和高端要素培育并重的挑战

过去 30 余年我国走过的开放型发展道路可以概括为"要素集聚型"，即以开放政策吸引外部高端生产要素流入，借此动员起国内闲置与低效使用的生产要素，以这种要素的内外集聚参与国际贸易分工，获得相对更高的要素回报，实现经济较快增长。一国在国际分工体系中的地位最终还是由该国拥有的或者能够配置使用的要素水平和质量所决定的。虽然在很短的时间内我国外向型经济获得了很大发展，成为世界最大货物出口国、第二大货物进口国，但由于自主拥有或能够配置使用的高端生产要素，如核心技术、品牌、运营模式等仍然相对较少，我国在国际分工体系中总体处于中低端环节。

未来 30 年我国向第二个百年目标奋斗所需要的发展环境和发展空间将更多地依赖于主动塑造，这就对我国主动塑造战略机遇期的能力提出了很大的挑战。这也意味着，对外开放的重点应从利用能力的建设转向塑造能力的建设，首先要求自身必须具备相当数量和水平的高端要素，其次要求具有较强的在世界范围内基于自身利益考虑配置各类要素的能力，其中核心就是高端要素的培育。

应该说，目前我国开放发展正处于由要素集聚为主向要素集聚和要素培育并重转变的阶段：一方面，要素集聚带来的经济增长和社会发展的边际效益开始下降；另一方面，以我为主建立国际价值链体系进而培育高端生产要素的探索已经开启，比如一些有竞争力的企业开始进行价值链延伸型对外投资。就阶段转变的客观性而言，从以要素集聚为重点向要素集聚和要素培育并重的转变会是一个相对较长的时期，另外，在主观认识或理念上，从国家利益角度对开放型经济与政治、外交和军事等领域对外联系的统筹安排还需进一步完善。因此，中长期开放发展都会面临着高端要素加快培育，统筹要素集聚与要素培育的挑战。而2030年前后是我国经济实力赶超美国成为世界第一，并且为2049年左右达到中等发达国家水平奠定基础的关键阶段，这一时期，也是开放发展能否顺利实现阶段转变的关键时期。

（三）开放发展面临着中美矛盾上升带来的挑战

从长期看，我国对世界的影响是通过地区性的影响来实现的。我国与东北亚、东南亚之间形成高度的经济融合将是我国强化地区性影响并进而影响世界的可行基础。在我国综合国力长足进步、有能力以开放发展主动促进区域融合并产生全球性影响，同时主动构建国际治理新机制的情况下，美国霸权基础被削弱，中美矛盾在国际矛盾体系中的地位进一步上升，美国将强化对华政策的遏制方面，而这必然会对我国开放发展构成重大挑战。

美国可能从两个方面加强对我国的遏制：一方面，美将继续强化对我军事围堵，用地区安全矛盾的激化来抵消我国经济融合的影响。而在这一过程中，欧洲国家基于对华经济合作和政治军事对抗的两手策略而追随军事围堵。另一方面，美将对我进行经济围堵，包括贸易制裁，试图以区域机制代替全球多边经济自由机制，以求将中国排除在外。奥巴马政府时期主导达成跨太平洋伙伴关系协定（TPP），特朗普政府采取一对一谈判对等贸易的方式来践行"美国第一"，虽然方式不同，但内含的对华经济围堵逻辑是一致的。美国还可能利用同盟关系在我推进区域整合进程中制造分歧和不稳定因素等。

同时，我们也需要注意到美国对华遏制政策存在一些内在的限制性因素。我们必须认识到，由于我国自身实力的增强而导致美国丧失绝对优势，由于中美关系的重要，特别是庞大的经贸往来规模，以及中美因一些共同利益的存在而产生的协调合作的必要，美国对我国遏制不太可能过度激化而走向全面对抗，中美关系的消长进退将经历一个较长的历史时期。而这在客观上也决定了中美矛盾在中长期始终是我国开放发展面临的一个重要挑战。

（四）开放发展面临着安全体系错位与缺陷带来的挑战

　　我国的开放发展面临着来自传统军事安全和非传统安全领域的严重挑战，安全环境更加复杂多变，更加具有不确定性。传统军事安全领域的挑战是多方位、多层次的。美国对我国的军事围堵作为双方政治斗争的主要形式之一，对我国军事安全构成挑战。其次，我国周边地区长期存在着经济融合与军事安全机制相对分割的状态，安全环境比较脆弱，不利于我深化对外开放。经济体量和发展水平以及其他诸多因素决定了周边地区的经济融合实质上围绕我国展开，而历史现实因素决定了周边各国的军事安全体系是围绕美国构建的。经济融合体系与军事安全体系的分割必然演化为各国内部经济政策和政治政策之间难以调和的矛盾，对各国深度参与我国的开放发展和执行长期稳定的安全战略都造成重大的干扰。日本、印度等周边大国与我国存在深刻地缘政治经济关系，总体上对我大国崛起持有警惕甚或敌视态度。周边发展中国家对我国由大变强既希望能分享发展的好处，又存疑虑，难以避免会在诸如南海、领土争端等问题上与我国产生摩擦。另外，随着我国对外开放深入发展，资源开发、市场供给、商品人员流通必然在全球范围内展开，利益的全球化要求对利益的军事安全保障也必须全球化。在全球经济政治发展不平衡、各国内外矛盾广泛存在的条件下，此起彼伏的热点事件、热点地区升温和冲突的爆发将造成对我国全球利益的频繁干扰。我国对全球利益的军事安全保障体系的不足使得对外开放的深化受到挑战。

　　就非传统安全领域而言，恐怖主义和网络信息安全对我国开放发展构成的挑战也不容忽视。恐怖主义的现实威胁非常严重。在我国对外开放的若干空间节点上存在产生恐怖主义的社会基础，并且还存在与国内一些极端势力，如"藏独""疆独"等勾结制造事端的风险。网络信息技术的广泛应用是现代经济社会开放发展的重要技术基础，对所有国家的开放发展都已经并且仍将继续产生重大的推动作用。由于网络信息技术安全手段发展不平衡和网络治理机制不健全，网络信息安全形势日益严峻，网络和信息系统遭受攻击破坏、发生重大安全事件，将对政治安全和经济安全产生重大影响，对开放发展构成挑战。

　　（五）开放发展面临着政治价值分歧和意识形态差异带来的挑战

　　一般而言，开放发展战略的实施需要良好的政治互信氛围。推进深度的区域经济融合更需要相当程度的政治合作，以及参与国国内针对经济融合的比较一致的政治立场。由于政治价值分歧和社会意识差异的存在，我国对外开放合作的伙伴国在推行对华开放政策时，一般而言面临程度不同的内部政治阻力，以及外部势力以政治价值或社会意识形态为名的各种干预。其中，在西方把持价值标准和主流媒体话语权的前提下，鼓动舆论对东道国政府对华经济合作进行道德绑架也是常用的手段。近年来，在我国与周边国家的经济合作中屡次出现合作被诋毁甚至导致合作中断的事件。而从未来发展环境看，相似事件很可能成为干扰我对外合作顺利开展的重要因素。另外，互联网的开放特性为源于外部的政治渗透和政治动员提供了更为便捷和隐匿的途径。在经济融合面临基于政治价值分歧和意识形态差异形成的政治阻力的情况下，经济融合进程或者延缓，或者我国不得不为达成合作而做出更大让步。

四、面向未来促进开放发展的目标、思路与建议

开放发展是我国顺利实现第二个百年奋斗目标的必然选择。面向未来开放发展面临的诸多挑战更说明了我们要从战略的高度和历史的维度科学谋划内外联动发展的总体格局。在更好把握第二个百年目标的前提下，应明确促进开放发展的基本目标和总体思路，并针对面临的主要挑战提出进一步促进开放发展的对策建议。

（一）促进开放发展的基本目标

以习近平同志为核心的党中央提出的"构建人类命运共同体"是对世界前途和中国道路的一种战略判断和战略选择，宣示着当前和今后中国将继续坚持走与其他国家互利共赢的发展道路，共同发展、共同安全和共同富裕。可以说，构建人类命运共同体的战略判断与实现中华民族伟大复兴的战略目标是对中国未来内外联动发展格局的高度概括。从这个角度看，"构建人类命运共同体"可以看作是我国自身发展及与世界互动发展长期不懈努力的目标。

展望2030年前后，我国应以更加积极主动、有作为、有担当的开放姿态，奉行互利共赢的开放战略，持续提高对外开放深度广度；开放更加平衡，在经济开放带动下，政治、军事、社会文化的开放合作将获得巨大发展；形成中国与周边国家比较紧密的产业分工合作链条；人民币作为区域主导货币的地位将获得坚实的经济基础，在全球货币、汇率体系中发挥与美元、欧元更加平衡的

储备货币作用。

面向 2049 年，构建人类命运共同体的开放发展取得初步成效，具体包括：构建起以我国为主的亚洲价值链体系，实现较高程度的区域经济融合；实现更高水平上要素集聚和要素培育并重的开放；人民币有望成为仅次于美元的国际储备、交易和结算货币；形成面向全球的贸易、投融资、生产、服务网络；有效推动国际治理体系改革发展，推动建设相互尊重、公平正义、合作共赢的新型国际关系，在亚洲区域内构建广泛的命运共同体，成为国际影响力领先的国家。

（二）促进开放发展的总体思路

面向 2049 年，开放发展要着重解决的是如何将我国综合实力有效转化为有力的全球影响力，如何使中国发展的价值理念成为获得世界广泛认同的发展理念。因此，面向 2049 年促进开放发展的基本思路主要体现为：

一是提升主动开放。一方面要提升主动开放的力度，具体表现为在保障国家安全的前提下，更大程度地开放国内市场，使巨大的市场空间成为促进共享发展的空间。另一方面要提升主动开放的质量。高水平引进来和高质量走出去并重，有效培育我国国际竞争新优势。同时要提升主动参与全球经济治理的层次，服务于中国价值理念获得国际认同。

二是推进平衡开放。在推进区域开放格局平衡发展的基础上，中长期推进平衡开放的重点更多在于不同领域开放合作的统筹协调和相互促进。未来开放发展的大趋势将是融合式的开放，经济、政治、军事、文化和社会等多领域的开放合作将是各国密切联系的主要内容。推进平衡开放，应更注重发挥经济开放对政治、军事和社会文化等领域开放合作的带动作用，以及不同领域开放合作的互补、互促作用。

三是坚持共赢开放。经济全球化是不可逆转的发展潮流。我国作为全球化的受益者和重要贡献者，应在引导经济全球化健康发展，推动建设开放、包容、普惠、平衡、共赢的经济全球化等方面发挥积极作用。坚持共赢开放，推动构建开放型世界经济，以开放发展为各国创造更广阔的发展空间，促进形成互利共赢的合作格局。

四是强调安全开放。安全开放是开放发展得以可持续并且达到互利共赢目标的重要保障。强调安全开放，既包括在开放中有效维护国家利益，也包括有力保障开放形成的中国全球利益。随着开放程度不断提升，要与时俱进地形成全面的国家安全观。对大国而言，开放应有助于扩大国家利益边界，国家利益边界也是国家安全边界，只有建立起与之相匹配的安全保障能力，才能为国际影响力的发挥提供坚实的基础。因此，应以安全保障能力的建设为重点促进安全开放。

（三）促进开放发展的若干建议

面向 2049 年，按照进一步开放发展所要实现的基本目标要求，针对面临的突出挑战，从确保基本目标实现的角度提出以下对策建议：

一是在开放发展框架内清晰界定国家利益，并明确提出对外开放需要维护的国家核心利益。国家利益反映了权力、权利和利益的统一，其基本要求是国家主权独立、领土完整、生存和发展权益不受侵犯。在国家间相互联系更为紧密的前提下，开放发展的基础性要求即是维护国家核心利益，而开放发展本身又能实现对国家利益的拓展，利益导向必然是开放发展的基本遵循。在我国开放发展框架内，对外开放需要维护的或者需要实现的国家核心利益应该包括：（1）安全利益。开放发展中要维护国家主权独立、领土完整和国家安全。这是维护国家利益的底线要求。随着我国对外开放深入发展，在境外参与各项经济社会活动的人员越来越多，境外资产规模日益增长，这意味着需要维护的人员安全和资产安全等国家安全利益的范围也会更加广泛。（2）政治利益。开放发展中需要维护的国家政治利益的核心是中国宪法确立的国家政治制度和核心价值观，确保政体和政治稳定，包括共产党的领导、社会主义制度、中国特色社会主义道路。（3）发展利益。开放发展需要实现的国家发展利益体现在开放要为经济社会长期可持续发展提供基本保障。也就是说，在对外活动中要维护我国包括发展机会和发展空间等在内的基本发展权益，即经济持续发展和社会稳定发展的利益。应按照有助于内外联动发展的思路谋划和布局对外经济合作。无论是引进来还是走出去，都应明确需要维护的国家核心利益，以此作为各类开放活动的基本遵循。

二是高水平引进来和高质量走出去并重，提升要素集聚与要素培育并重型开放发展水平。（1）高水平引进来，要更好地利用国际优质要素，并带动国内高端要素培育。以促进国内创业创新和提升国内产品、服务质量为出发点，高水平引资、引技和引智。提高利用外资的质量和效益。全面实施外资准入前国民待遇加负面清单管理模式，扩大现代服务业和高端制造业外商投资准入。鼓励外资更多投向先进制造、高新技术、节能环保等高端产业。在引资的同时，要更注重引进人力资本、技术资本和知识资本，促进引资与引技、引智的有效融合，最大限度地促进技术、人才等融入我国产业体系。比如探索技术移民制度，完善海外人才的国民待遇。（2）高质量走出去，要更好地利用国际市场和国际要素配置渠道，促进高端要素的培育和增强配置能力。推动我国品牌企业参与境外基础设施和产能合作，输出技术、标准和服务，提升企业竞争力。推动企业利用产品、资本的纽带，全面建立"国内与全球"之间的知识流动管道，促进国内知识要素的培育。稳步推进人民币国际化。发挥好"一带一路"倡议推进人民币国际化的平台引领作用，积极推动能源、大宗商品贸易的人民币计价结算，依托基础设施、产业园区等建立以人民币贷款、直接投资为主的融资体系，扩大人民币的使用范围；扩大与沿线国家的货币互换范围与规模，提高人民币官方认可度和国际影响力，进一步强化人民币的官方储备货币职能。

三是从战略高度对中美关系进行长远规划，积极合作、坚决斗争，弱化对开放发展的挑战。（1）立足自身发展，在长期中实现中美综合国力的平衡。综合国力是中美关系斗争合作的基础，我国综合国力的增长是中美深化合作、消除对抗的根本动力，中美国力对比的此消彼长必然经历长期的过程，因此我国必须立足自身发展以作为应对中美矛盾挑战的根本策略。（2）管控分歧，扩大共同利益和协调合作。中美关系已有稳定的贸易投资关系作为共同利益纽带，"斗则俱损、合则两利"既是现实，也是我国应持续向美方决策层灌输的意识。中美战略合作的需求依旧存在。在既有共同利益基础上，一方面中美矛盾不可能激化至关系破裂的局面，这意味着分歧相对于共同利益是次要的，必须也是能够管控的，另一方面发掘、培育、塑造中美新的利益交汇点并相应地展开合作，有利于巩固、壮大中美关系中的积极方面。在守住国家利益底线的前提下，应"软中带硬、以柔克刚"，机动灵活应对美国采取的竞争性对抗措施，避免陷入两国"战略对抗"的局面。（3）针对美国的军事围堵进行坚决斗争。中美正面军事对抗、美以武力阻断我国和平发展进程的可能性不能排除，必须发展与我国国家利益相称的军事力量，随时准备军事斗争，对美国的围堵挑衅予以有理有利有节的坚决还击，打消其铤而走险的念头，为开放发展创造安全环境。

四是增强安全保障能力，扩大安全合作，有效支撑安全开放。按照总体国家安全观的要求，全面加强国家安全保障体系建设，有效增强安全保障能力，积极扩大安全合作。（1）增强传统军事安全保障能力。应建立清晰持久的军事战略，强化军事体制改革适应现代战争的需要，实现与国力相适应的稳定较快的军事投入增长，推动军事技术装备的现代化以缩小与发达水平的差距，加强军事演训以维持高水平的战斗潜能。（2）发展非传统安全保障能力。增强对境内"三股势力"的防控能力，消除境内恐怖主义产生的社会根源，持续加强打击恐怖主义的国际合作。结合民间力量大力发展网络信息安全技术，完善网络空间治理，加强网络信息安全的国际合作。（3）主动塑造共同安全利益，扩大与开放体系相协调的军事合作。以反恐、反海盗、反分裂势力、控制地区热点为指向，以提供装备、联合演训、交流培训、实战联合部署等形式，主动扩大与周边国家军事合作范围，形成军事合作常态化机制，逐步扭转经济融合与安全体系错配的局面。（4）构建与利益全球化相适应的安全保障体系。加强前沿部署，大力发展全球投送能力，加强与俄罗斯、欧洲在全球热点的国际安全政策协调，尝试创建国际协调互助的热点降温和冲突化解机制。

五是树立自信，主动塑造价值意识，促进以开放发展支撑我国价值理念输出。（1）坚持我国的政治价值和社会意识。实践表明我国政治体制和社会意识很好地适应了发展需要，有诸多经验可供国际社会参考借鉴。我们必须丰富深化对我国政治价值和社会意识的理解和论述，主动予以传播。（2）坚持独立自主的和平外交政策。我国要继续坚持独立自主的和平外交理念，坚决反对霸权主义，充分发挥日益富强的大国外交优势和潜力，积极推动建立公正合理的国际政治经济新秩序，不断营造和平友好包容的外部环境。（3）经济合作与价值意识输出紧密结合。以主动重塑开放合作对象国的政治价值和社会意识为目标，以贸易投资、人员往来为政治价值和社会意识输出载体，有意识地以我国经济发展成就及与对象国的合作成果来论证政治价值判断和社会意识选择的合理性，增强对开放合作伙伴的说服力。（4）提高文化开放水平，推动软实力增长。加大文化投入，大幅度提高精神文化活动水平，将政治价值和社会意识分散寓含于高品质文化产品，大力持续推动官方民间各层次文化交流输出，以柔性方式长期渐进推动民间亲和力形成。（5）在舆论阵地与西方媒体正面对话。在官方舆论正面表述的同时，善于利用网络新媒体，鼓励草根微观交流讨论，从基层瓦解西方权威对我国政治价值和社会意识的消极讨论。

（执笔：王蕴）

参考资料目录：

1.Gary Clyde Hufbauer，2016，"Why Globalization Pays". https://piie.com/blogs/realtime-economic-issues-watch/why-globalization-pays.

2.The World Bank, 2006, "The Road to 2050: Sustainable Development for the 21st Century".

3. 蔡明阳：《逆全球化背景下的中国对外开放策略》，《当代经济管理》2017 年第 5 期。

4. 蔡昉：《全球化的政治经济学及中国策略》，《世界经济与政治》2016 年第 11 期。

5. 黄琪轩、李晨阳：《大国市场开拓的国际政治经济学——模式比较及对"一带一路"的启示》，《世界经济与政治》2016 年第 5 期。

6. 德赛·梅格纳德：《自大——无视危机的经济学家与经济周期探寻》，人民邮电出版社 2016 年版。

7. 安格斯·麦迪森：《中国经济的长期表现：公元 960—2030 年（修订版）》，上海人民出版社 2016 年版。

8. 经济学人智库：《长期宏观经济展望——2050 年主要发展趋势》，2015 年 6 月。

9. 张幼文：《中国开放型发展道路的特性》，《学术月刊》2015 年第 6 期。

10. 张占斌、周跃辉：《从经济大国迈向经济强国》，《经济研究参考》2015 年第 6 期。

11. 李少军：《双重身份与中国的机遇期》，《国际经济评论》2014 年第 2 期。

12. 张蕴岭：《中国发展战略机遇期的国际环境》，《国际经济评论》2014 年第 2 期。

13. 宋泓：《未来 10—15 年中国拥有自主发展的新机遇》，《国际经济评论》2014 年第 1 期。

14. 阿吉翁·菲利普、彼得·霍依特：《内生增长理论》，北京大学出版社 2014 年版。

15. 布莱恩·阿瑟：《技术的本质：技术是什么，它是如何进化的》，浙江人民出版社 2014 年版。

16. 尤里·达杜什、威廉·肖:《2050：重塑世界的朱格诺》，社会科学文献出版社 2014 年版。

17. 王在邦:《试论战略机遇期新阶段内涵与条件的变化》,《现代国际关系》2013 年第 7 期。

18. 刘鹤:《两次全球大危机的比较研究》，中国经济出版社 2013 年版。

19. 叶荷:《中国面临不一样的战略机遇期》,《国际经济评论》2012 年第 5 期。

20. 罗伯特·杰克逊、乔格·索伦森:《国际关系学理论与方法》，中国人民大学出版社 2012 年版。

21. 张文木:《世界地缘政治中的中国国家安全利益分析》，中国社会科学出版社 2012 年版。

22. 温迪·道伯森:《亚洲新势力 2030：世界经济重心转移》，中国金融出版社 2010 年版。

23. 崔建树:《霸权转移的周期逻辑——莫德尔斯基国际政治长周期理论及其缺陷》,《世界经济与政治》2007 年第 12 期。

24. 周建明、王海良:《国家大战略、国家安全战略与国家利益》,《世界经济与政治》2002 年第 7 期。

25. 魏光明:《世界政治的周期性现象及其理论分析》,《世界经济与政治》2000 年第 11 期。

26. 亨利·基辛格:《大外交》，海南出版社 1998 年版。

27. 李好好、班耀波:《第五个康德拉捷夫经济长周期》,《中央财经大学学报》1997 年第 9 期。

28. 时殷弘:《国际政治的世纪性规律及其对中国的启示》,《战略与管理》1995 年第 5 期。

第六章　未来30年我国社会发展趋势及促进共享发展的建议

内容提要：改革开放40年来，随着经济发展和各类社会发展政策的实施，我国社会发展取得显著进展。从中长期来看，社会发展将在经济发展水平提高、经济结构优化、经济体制完善以及人口结构变化、科技进步等一系列因素的推动下，形成新的趋势和特征，社会结构向橄榄型转变，收入分配差距缩小，公共服务水平提高，社会治理转向多元共治。在发展趋势分析基础上，我们提出，未来30年推动我国社会发展的总体思路是以社会结构现代化、基本公共服务均等化、社会治理现代化为目标，以共建、共治、共享为基本原则，推动形成橄榄型社会结构，显著改善收入分配结构，完善包容性的公共服务体系，实现公共服务均等可及，构建开放的社会治理框架，建成公平、安全、和谐、稳定的现代化社会。针对制约社会发展的主要问题特别是体制问题，建议改革户籍制度，强化保障起点、机会平等的基本公共服务，促进阶层间的良性社会流动；建立基本公共服务均等化保障机制，完善再分配政策，缩小不同人群间收入和享有公共服务的差距；动态调整基本公共服务范围和标准，增加供给主体和方式，提高公共服务供给水平、质量和效率；构建社会治理新体制，推进社会治理现代化，维护社会稳定和谐。

一、改革开放以来社会发展进展状况

改革开放40年来，伴随我国经济快速发展，社会结构发生了巨大变动，收入分配结构伴随收入增长而发生变化，公共服务体系逐步健全，社会治理多维度转变，共同推动社会领域获得前所未有的发展。

（一）社会结构发展状况

社会结构是一个国家或地区占有一定资源、机会的社会成员的组成方式及其关系格局，包含人口结构、家庭结构、社会组织结构、城乡结构、区域结构、就业结构、收入分配结构、消费结构、社会阶层结构等若干重要子结构[①]。

改革开放40年来，我国经济高速增长，城镇化、工业化、市场化进程加快，推动原来农业社会的社会结构转变为工业社会的社会结构。作为社会结构的基础结构，我国人口的年龄结构呈现老年人口比例上升、劳动年龄人口比例下降等特征，素质结构不断升级，空间分布结构发生了"农村→城镇→中小城市→大城市""西部、东北、中部地区→东部地区"的变化；家庭结构呈现规模小型化、类型多样化的变化；社会组织结构不断优化，数量不断增加，成为国家与市场之外的重要整合力量；城乡结构从农村人口为主转变为城镇常住人口为主，城乡二元结构变为城市内部的二元结构；区域结构从东中西部发展相对均衡到明显分化，在发展水平上东部最高、中部次之、西部最低；三次产业就业结构从"三、一、二"的发展型模式升级为"三、二、一"的现代模式；居民消费结构从生存型、温饱型走向小康型、富裕型，呈现出现代社会消费结构的趋高级化重要特征。

社会阶层结构是社会结构的核心。社会学界对社会阶层结构大多采取职业分类标准。如陆学艺（2002）提出了以职业分类为基础，以组织资源、经济资源和文化资源占有状况为依据的社会阶层划分标准。李晓壮（2016）认为这一划分标准具有较高的可信度和权威性。理由有三：一是社会分工的直观表现是职业结构的分化；二是职业结构表现出的组织资源、经济资源和文化资源的轮廓较为清晰；三是国际社会经济地位指数（International Socioeconomic Index，简称 ISEI）测量方法也是以职业分类为基础的。按照上述分类标准，改革开放以来，**我国社会阶层结构在经济转轨与社会转型双重推动下发生了深刻变动：从"倒丁字形"转变为"金字塔形"，从"两个阶级一个阶层"分化为"十大社会阶层"[②]。**

---

① 陆学艺、宋国恺：《调整社会结构是社会建设的核心》，《北京日报》2010年4月26日。
② 包括：国家与社会管理者、经理人员、私营企业主、科技专业人员、办事人员、个体工商户、商业服务人员、产业工人、农业劳动者和失业半失业人员。

我们采用上述分类标准，根据全国人口普查分职业大类、中类数据，将就业人口分为社会中上层、社会中间层与社会中下层三个层级。从占有的组织资源、经济资源与文化资源看，国家机关、党群组织、企业、事业单位负责人占有的最多，是社会中上层的主体；专业技术人员、办事人员和有关人员占有的居中，属于社会中间层；商业、服务业人员、农、林、牧、渔、水利业生产人员、生产、运输设备操作人员及有关人员占有的最少，属于社会中下层。根据第五次、第六次全国人口普查数据，我国社会中上层所占比重从 1.67% 提高到 1.77%，社会中间层所占比重从 8.80% 提高到 11.16%，社会中下层所占比重则从 89.47% 减少到 86.97%（表 6-1）。总体上看，我国社会中间层所占比重较小，而且分布不平衡，呈现向城市集中、向东部地区集中的特征。北京、上海、天津社会中间层比重较大，正在向橄榄型社会结构过渡，四川、贵州、云南社会中间层比重较小，是全国社会结构现代化的掣肘。

表 6-1　我国社会阶层结构变化情况（2000、2010 年）(%)

地区	社会中上层		社会中间层		社会中下层	
	2000 年	2010 年	2000 年	2010 年	2000 年	2010 年
全国	1.67	1.77	8.80	11.16	89.47	86.97
北京	5.68	2.97	28.03	35.86	66.28	61.17
天津	4.02	3.67	19.57	21.48	76.34	74.56
上海	3.42	5.27	24.63	28.51	71.94	66.16
四川	0.92	1.05	6.35	8.05	92.65	90.79
贵州	0.99	1.00	5.64	8.07	93.33	90.83
云南	0.91	0.83	6.10	7.48	92.95	91.66

注：1. 社会中上层包括全国人口普查职业大类中的国家机关、党群组织、企业、事业单位负责人。

2. 社会中间层包括全国人口普查职业大类中的专业技术人员、办事人员和有关人员。

3. 社会中下层包括全国人口普查职业大类中的商业、服务业人员、农、林、牧、渔、水利业生产人员、生产、运输设备操作人员及有关人员。

数据来源：第五次全国人口普查数据、第六次全国人口普查数据。

这样的社会阶层结构，实际上是工业社会初期阶段的社会结构，同我国工业社会中期阶段的经济结构很不协调[1]，既不能适应我国经济发展方式转变对高

---

① 陆学艺：《社会建设就是建设社会现代化》，《社会学研究》2011年第4期。

素质劳动者的要求，又不能适应我国社会稳定和谐对中产阶层过半的要求，不仅成为我国经济社会现代化进程中的巨大障碍，而且成为我国目前众多经济社会矛盾的主要根源。

（二）收入分配结构变化状况

改革开放以来，我国收入分配结构变化呈现以下趋势性特征。**一是**国民收入初次分配格局中，居民部门收入份额长期下降后开始回升，相应地企业部门收入份额由持续上升转为下降，转向的时点为 2009 年。政府部门收入份额大体稳定。再分配格局变化与初次分配基本一致。**二是**要素收入分配格局中，劳动者报酬占比总体下降，2012 年起逐年上升。第三产业比重快速上升是劳动者报酬占比上升的主要原因。**三是**居民收入差距明显扩大。2016 年基尼系数为 0.465，较 1997 年高 0.094，表明居民收入差距扩大。基尼系数走势先升后降，峰值为 2008 年的 0.491。**四是**城乡居民收入差距总体上先扩大后缩小。城乡居民人均收入倍差峰值出现在 2009 年，其后逐年缩小，2016 年为 2.72。

不同于社会阶层结构以职业分类为基础划分的社会中上层、社会中间层与社会中下层，收入分配结构一般以收入为标准划分高收入群体、中等收入群体与低收入群体。改革开放以来，我国收入分配结构同样实现了从"倒丁字形"向"金字塔形"的转变，目前同样面临扩大中等收入群体的任务。

（三）公共服务发展状况

改革开放以来，我国公共服务体系建设得到巨大推进，特别是 2006 年首次明确提出实现城乡基本公共服务均等化目标以来，主要反映在以下方面。**一是国民受教育机会显著增加。** 1986 年我国明确实行九年义务教育制度，到 2017 年，九年义务教育巩固率达到 93.8%，进城务工人员随迁子女在流入地公办学校就读或享受政府购买服务的比例达到 87.5%。**二是医疗服务投入和效果大幅提高。** 2017 年，国家基本公共卫生服务经费和城乡居民基本医疗保险财政补助标准分别提高到每人每年 50 元和 450 元，人民健康水平总体上达到中高收入国家平均水平。**三是社会保障基本实现制度全覆盖。** 养老和医疗保险均实现制度全覆盖，失业、工伤和生育保险制度也已建立起来。城乡低保相继实现制度全覆盖，目前约 6600 万人被纳入城乡最低生活保障，基本实现了动态管理下的应保尽保。

（四）社会治理发展状况

改革开放 40 年来，我国社会治理的理念、体系、机制、能力都发生了深刻变革。**一是社会治理理念从平均、集中、富强、统合向公正、民主、共享、和谐转变**。过程公正理念取代了结果平均理念，更加注重民主的决策理念取代了高度集中的决策理念，"发展成果人人共享"理念取代了单纯追求"国家富强"的理念，建设社会主义和谐社会的理念取代了政府、单位对民众绝对统合的理念。**二是社会治理体系从一元统合向多元参与转变**。社会治理主体从各级党委或党支部，转变为以各级党组织和政府组织为主、各类企事业单位和各种民间组织协同。**三是社会治理机制从集权管理向分权治理转变**。40 年来，我国社会治理权力经历了从党委乃至党委书记个人高度集权向中央向地方分权、政府向企业分权、国家向社会分权的转变。① **四是社会治理能力从注重管制能力向提升服务能力转变**。40 年的社会治理中，政府对社会公众管制的成分日益减少，服务的比重日益增多，直至提出建设服务型政府，提升公共服务能力和水平。

二、未来 30 年影响社会发展的主要因素

长期看，影响社会发展的主要因素，包括经济发展水平、经济结构变化、经济体制状况，以及人口结构变化、技术变革、对公平的主观诉求等。这些因素对社会发展各方面有着复杂的影响。

（一）经济发展水平提升

社会发展与经济发展有着密切的联系，在两者相互影响的关系中，经济发展居于基础和主导的地位。一方面，社会发展必须与经济发展水平基本适应，才能形成两者间良性互动的关系，使经济社会发展具有可持续性，这对于保持社会稳定具有十分关键的作用。社会发展过度滞后于经济发展，以及追求超越经济发展水平的社会发展，都可能带来社会不稳定、经济发展效率难以提升甚至下降等问题，危及经济社会发展的可持续性。社会发展与经济发展相适应，并不意味着两者完全同步。从发达国家的经验看，随着人均国民收入上升，社

---

① 俞可平：《中国治理变迁30年(1978—2008)》，《吉林大学社会科学学报》2008年第3期。

会发展投入不是保持同比例上升，而是占比倾向于上升，数据显示，OECD 国家广义的社会保障支出额度[①]占据 GDP 的比例在 1960 年平均仅为 8% 左右，到 2013 年上升到了 22%。[②]2020—2049 年，我国将在全面建成小康社会的基础上，进一步实现人均 GDP 达到中等发达国家水平的目标，经历由中高收入迈向高收入的过程。顺应上述规律，未来 30 年我国社会发展的投入增长应适当快于经济增长。另一方面，经济发展水平决定了可用于社会发展的资源，一定程度上构成了社会发展水平的"天花板"。社会发展需要大量公共性的投入，这类投入主要来源于政府强制征收的税收等财政收入，其规模与国民收入总规模、宏观税负比重相关，即使是在可以发行政府债务的情况下，可用的公共性资源仍然是受经济发展水平限制的。由于经济规模增大、增长动力转换等多重因素，未来 30 年，我国经济增长和财政收入增长总体上将呈放缓趋势，会给社会发展投入的增长带来一定制约。

（二）经济结构调整升级

经济结构是社会结构的基础，由经济结构变化带动的收入分配结构、人口分布结构等变化，对社会结构具有决定性影响，也是影响社会发展的主要因素。如产业结构调整会对收入在要素间的分配产生重要影响。分产业看，劳动报酬占比最高的是第一产业，其次为第三产业，第二产业最低。因此第一、三产业比重高，国民收入中劳动报酬占比也会较高，第二产业比重高则相反。我国产业结构变化大致在 2011 年出现转折，由第二、三产业比重均上升转变为第二产业比重下降、第三产业比重上升。未来 30 年，当前产业结构升级的趋势将会持续，这将使收入分配进一步向劳动报酬倾斜。

经济结构调整还会带动人口的城乡和区域分布调整。从我国过去 40 年的实践看，第二产业比重提高即工业化进程是带动人口城镇化的主要因素，但受农村转移劳动力供给充裕、户籍制度改革滞后、城市公共服务覆盖人口有限等影响，这一时期的城镇化稳定性有所欠缺。未来 30 年，随着第三产业比重进

[①] 不仅包括社会保险、救助、福利，还包括一部分公共卫生、医疗补贴、教育补贴等。

[②] Willem Arema, Pauline From, Maxime Ladaique：《How much do OECD countries spend on social protection and how redistributive are their tax/benefit systems?》胡乃军编译：《经合组织国家社会保障支出比较》，《中国社会保障》2014 年第 6 期。

一步提高，城镇化水平也将进一步提高，并且稳定性有望加强。城镇化趋势对加快社会发展以提高城市承载人口的能力，包括弥补公共服务空白、消除社会治理盲区等提出了要求。目前常住人口城镇化与户籍人口城镇化间存在较大差距，"十三五"时期有望通过推进常住人口市民化提高户籍人口城镇化率，以及通过实施居住证制度保障非户籍常住人口享有基本公共服务，一定程度上解决上述问题。但从预期指标看，到2020年户籍人口城镇化率与常住人口城镇化率仍有15个百分点的差距。因此2020—2049年，解决公共服务、社会治理的人口全覆盖，仍将是社会发展的主要任务之一。

（三）人口老龄化

人口年龄结构既是影响一国经济发展潜力的主要因素，也是一国社会发展必须重视的关键因素。人口老龄化已成为全球关注的议题，已经并将继续对社会发展产生深刻的影响。按照联合国的标准，我国已于1999年进入老龄化社会，并且近年老年人口数量增长较快，老龄化程度不断加深。预测普遍认为，到2050年我国65岁以上人口将增加超过2亿人，占比由目前约10%上升到30%左右[①]。

人口老龄化的一个重要特征是劳动年龄人口比例下降。2012年起我国劳动年龄人口数量已开始减少，根据联合国的预测，这一趋势将长期延续，到2050年15—64岁人口数量不足8亿人，比目前减少2亿人左右。劳动年龄人口减少会导致劳动要素的相对稀缺程度上升，从而改变要素相对价格进而收入要素分配的状况，在一定时期内我国劳动者报酬在GDP中的比重将会提升，但中长期随着经济潜在增长率下降，劳动者报酬占比可能转为大体平稳的趋势。劳动力要素规模的收缩需要劳动生产率上升加以弥补，人力资本素质的重要性将进一步提升，教育现代化作为关键的应对措施，需要加快步伐，包括增加教育公共服务供给和均等化水平以延长全民受教育年限，以及提升职业教育、职业培训等的可及性、多样性和质量，形成劳动者持续积累人力资本的终身教育模式。与此同时，由于即使考虑全面二孩政策的影响，预计未来我国0—15岁人

---

① 联合国2015年《世界人口展望》预测，到2050年中国65岁以上人口数量将达到3.7亿，占总人口比重接近28%；美国布鲁金斯学会2017年的报告指出，到2050年中国65岁以上人口占总人口比重将上升至33%以上。

口规模仍将持续下降趋势，也给教育资源配置调整提出了一定要求。

此外，人口老龄化将伴随非传染性疾病比重大幅上升、失能半失能和高龄老人大幅增加等状况，对医疗和养老服务的需求必然快速增长，同时，医疗服务需要从治疗性向预防性转变，养老服务则应适应不同人群的需求实现多层次供给。这些都是未来社会发展中必须积极应对的挑战。

（四）市场机制进一步成熟完善

市场机制的成熟完善程度，会对收入分配结构产生影响。市场机制不完善的情况下，资源配置扭曲包括劳动力配置扭曲，会导致收入无法真正按贡献分配。在我国过去体制转轨的历程中，以上原因导致了劳动者报酬受到挤压及居民间收入差距拉大等问题。但是，并不是说市场机制完善了，就能解决这些问题。实际上，在较为成熟完善的市场机制下，收入不按贡献分配的问题能得到很大改善，收入差距拉大的问题却仍可能存在甚至加剧。也就是说，单纯靠市场是难以解决收入分配问题的。[1]2020—2049年，十八届三中全会提出的深化经济体制改革任务基本完成，我国市场经济制度将会较为成熟完善，一方面，公平竞争的市场环境、要素的自由流动，将实现资源的优化配置和收入按贡献分配，市场机制不完善引起的收入不平等问题基本得以消除；另一方面，市场机制自身带来的收入差距扩大问题，则需要政府完善再分配制度和政策、强化再分配职能来加以解决。

市场机制的成熟完善，还会给公共服务供给带来一些变化。主要是政府可以通过一定的机制、模式设计，在公共基础设施建设和公共服务供给中引入私人部门参与，发挥市场机制的作用提高公共服务供给的效率。从发达国家PPP模式的发展特别是应用领域的不断拓展，可以看出引入市场机制给公共服务供给带来的一些好处。当然，国内外PPP实践也表明，模式设计不当有可能带来一些问题，因此在公共服务供给引入市场机制方面还需进一步探索。我国也已经开始运用PPP模式，未来随着市场机制更加完善，特别是法治化程度提高，PPP模式应用的范围能够进一步扩大，市场机制能够在提高公共服务供给效率方面发挥更大的作用。

---

[1] 皮凯蒂：《21世纪资本论》，中信出版社2014年版。

（五）对公平的诉求增强

改革开放以来，我国为了更好地调动各方面积极性发展经济，改变国家的贫困落后状态，积累共同富裕的物质基础，实行了"鼓励一部分地区、一部分人先富裕起来"的非均衡发展战略，公平一定程度上让位于效率，加之体制转轨过程中再分配、公共服务等方面制度改革存在滞后，结果是收入差距有所扩大，城乡间、地区间、人群间公共服务水平的差距拉大而不是缩小了。这种状况客观上要求在完成全面建成小康社会目标后，努力实现第二个百年目标时，对效率与公平的权衡方面做出一定转变，提高对公平的重视程度，特别是更好地发挥政府作用，完善促进共同富裕的体制机制，如进一步提升教育公共服务均等化水平、完善收入再分配制度、对贫困和"近贫"人口提供必要的多样化社会保障和救助服务等，以此促进公平和共同富裕。在落实以上要求方面，社会建设和社会发展承担着更重的任务。

未来随着居民收入增加、中产阶层扩大，公众的权利意识将不断增强，对不公平及其引发的社会问题关注度会更高，参与社会治理和公共政策决策以改变不公平问题的意愿也会更强。社会发展必须适应这种变化，回应公众对公平的期望和诉求，否则很可能带来不同群体间的矛盾冲突，使社会不稳定性增大，对经济社会发展的可持续性构成威胁。

（六）科技的发展和应用

科技特别是技术革命的发生不仅影响经济发展，其对社会发展的影响也不容忽视。从收入分配方面看，技术革命会改变资本和劳动之间的要素收入分配结构。与历史上两次技术革命均在使机器成为人类肌肉力量的延展不同，我们正在和将要经历的新一轮技术变革，是由机器从事更多认知性的工作，以及使动力控制系统实现自动化。[1]这种科技发展趋势和基于此发生的技术革命，将使生产要素中的资本和高技能劳动力需求相对上升，低技能劳动力需求下降，由此带来劳动者之间、劳动与资本之间的分化程度加大，资本收益将会挤占劳动力报酬，特别是中低端劳动者的报酬，劳动者内部收入差距也可能拉大。

---

① 埃里克·布莱恩约弗森、安德鲁·麦卡菲：《第二次机器革命》，中信出版社2014年版。

从公共服务方面看，科技正在并将进一步构成推动公共服务供给能力提升、质量改善、效率提升的一种重要力量。举例来说，以互联网技术为基础实现的远程教育、远程医疗，使服务的可及性、普惠性、共享性得以大大提高。未来随着大数据、云计算、物联网等科技持续向公共服务领域渗透，获得更广泛的应用，科技还将不断释放促进公共服务供给改进的积极效应。

从社会治理方面看，互联网信息技术的发展特别是移动互联网的快速普及，使信息传播受空间的限制大大降低，传播范围广、实时性高。公众获取的信息与过去相比极大地丰富，对不同群体间存在的不公平感知更强。同时，互联网也成为公众反映对社会发展诉求的平台，个人的诉求经由网络平台更容易引起群体的关注、响应，以及引发不同群体间的矛盾，等等。可以说，科技发展给社会治理带来了更高的要求和一系列新的挑战。

三、未来 30 年我国社会发展变化趋势

未来 30 年，在多重因素的影响下，社会结构、收入分配结构、公共服务、社会治理发展趋势将呈现一些新的变化和特征。总体来看，社会结构向橄榄型转变，收入分配差距缩小，公共服务水平提高，社会治理转向多元共治。

（一）逐步形成橄榄型社会结构

未来我国新型城镇化进程加快，产业结构转型升级，市场化程度日益提高，将推动社会阶层结构及城乡、就业结构转变呈现以下趋势和特征：

到 2035 年，我国将开始向橄榄型社会结构转变，部分发达地区将会率先形成橄榄型社会结构，部分欠发达地区达到目前全国平均水平。社会中间层比重按照 21 世纪第一个十年（2000—2010 年）增长率为 26.82%、第二、三、四、五个十年增长率依次提高 8、7、6、5 个百分点计算，到 2035 年，社会中间层比重预计增加到 26.44%。随着不同社会阶层收入以递减的速度提高，不同社会阶层收入差距将会缩小，社会中间层将会真正成为中产阶层。随着新型城镇化进程加快，城乡结构将进一步升级，户籍人口城镇化率与常住人口城镇化率都将增长，并且前者的速度快于后者。随着产业结构转型升级，就业结构中第一、二、三产业的比例将进一步发生变化，制造业升级换代可能导致产业工人减少，服务业成为劳动者的主要就业领域。到 2049 年，我国将会形成橄

榄型社会结构。社会中间层比重预计增加到 48.20%，他们同时属于中等收入群体，像这样组织资源、经济资源与文化资源都处于中间的中产阶层届时可能更多，达到 50% 以上，而且在城乡、区域之间的分布更加均衡。城乡结构将进一步变化，户籍人口城镇化率与常住人口城镇化率的差别逐步缩小，自由迁徙有望实现。就业结构将进一步升级，服务业就业人员或将占全部就业人员的一半以上。

（二）收入差距缩小、收入分配结构改善

综合考虑要素供给结构变化、产业结构调整、城镇化、科技发展变革及制度等影响因素，在分别对乐观情形和悲观情形下我国城镇化水平、产业结构变化、生产要素条件、制度因素进行预判的基础上，预计 2020—2049 年我国收入分配格局可能呈现以下发展趋势和特征：

一是居民收入差距将有所缩小，基尼系数将会降低。分情景及阶段看，乐观情形下，2020—2035 年期间基尼系数较有可能略有下降，大体维持在 0.4 左右，呈高位徘徊特征，2035—2049 年期间基尼系数则进一步下降，到 2049 年达到 0.3—0.4 的区间；悲观情形下，基尼系数下降的速度较慢，2020—2035 年期间基尼系数可能在 0.45 左右高位徘徊，到 2049 年期间基尼系数可能降至 0.4 左右。

二是城乡居民收入差距将会缩小，城乡收入比下降。分情景及阶段看，乐观情形下，2020—2035 年期间城乡名义收入比将明显下降，到 2035 年降至 2 左右，2035—2049 年期间则较可能基本保持稳定；悲观情形下，城乡名义收入比下降的速度较慢，到 2035 年可能降至 2.5 左右，2035—2049 年期间同样会基本保持稳定。

三是要素收入分配结构方面，劳动者报酬占比将持续上升。劳动者报酬上升可能在近中期比较明显，远期存在一定不确定性。分情景及阶段看，乐观情形下，到 2035 年，劳动者报酬占 GDP 比重将升至 55%，到 2049 年进一步升至 60%；悲观情形下，劳动者报酬占比到 2035 年可能超过 50%，但后续趋势具有较大不确定性，有可能持续在 50% 左右徘徊。相应地，三部门收入份额将呈现居民部门份额上升、企业部门份额下降、政府部门份额稳中略降的特征。

四是中等收入群体数量增加，所占比重将会上升。关于中等收入群体比重变化趋势，由于对中等收入群体的界定标准不同，不同研究者的预测结果存在差异。按照李实的界定标准，2013年我国中等收入群体占全国人口的比重为24.03%，到2025年这一比重将超过50%；按照苏海南的界定标准，2015年我国中等收入群体比重为20%，建议将2020年目标设定为中等收入群体比重达到28%以上；按照瑞信研究院的界定标准，2015年我国中等收入群体比重仅为7.93%，到2030年仅为26%左右，到2049年仅为37%左右。综合不同研究结论，我们预计我国中等收入群体比重到2035年为38%，到2049年为46%。

表6-2　我国中等收入群体的界定与预测

来源	中等收入群体的界定	当前规模测算	未来规模预测
李实	以全球230个国家的中值收入为标准，分别以全球230个国家中值收入的66.6%和300%为下限和上限	2013年，我国中等收入群体比重为24.03%（约 3.27亿人）	假定收入分布不变且居民收入增长率保持在6.5%，到2020年，中等收入群体比重可达到43%；到2025年可超过50%（最乐观）
苏海南	以国家统计局公布的全国或当地城镇居民家计调查折算的劳动者平均收入水平为下限，以高于平均收入2.5倍为上限，个人收入稳定；家庭住房问题已基本解决；拥有一定数量的金融资产	2015年，我国中等收入群体比重为20%，约达2.8亿人以上	建议设定目标：到2020年，中等收入群体比重达到28%以上，人数达到4亿人以上（到2030年，中等收入群体比重可达到35%左右；到2049年，可达到46%左右）（较中性）
国际通行标准	收入处于社会平均收入或收入中位数及其附近区间的劳动者。按照2015年收入水平，我国中等收入群体是指收入处于22000元附近区间的劳动者	2015年，我国中等收入群体（比重10.18%）约有1.4亿人	到2020年，中等收入群体比重可达到21%左右；到2030年，可达到28%左右；到2049年，可达到39%左右（较保守）
瑞信研究院	财富在32万元至320万元之间	2015年，我国中等收入群体（比重7.93%）约达1.09亿人	到2020年，中等收入群体比重可达到19%左右；到2030年，可达到26%左右；到2049年，可达到37%左右（最保守）

资料来源：张瑾、胡玉杰，《我国有条件实现中等收入群体倍增——第九届中挪社会政策论坛暨第82次中国改革国际论坛专家观点综述（1）》，《简报》总第1119期（2017年4月10日）。

（三）公共服务水平持续提高

影响公共服务未来发展趋势的因素既有需求侧的，也有供给侧的。综合考虑影响不同公共服务领域的供需两侧因素，2020—2049 年，我国主要公共服务领域可能呈现以下发展趋势和特点：

教育领域，未来受人口年龄、城乡分布等结构变化产生的教育需求变化带动，教育供给结构将出现适应性调整，调整的方向：**一是**当前已基本实现全覆盖的义务教育，供给总量将呈收缩趋势，布局方面出现城镇服务供给比例提高的变化，同时城乡、区域间教学质量向均等化方向发展；**二是**当前仍存在缺口的学前教育和高中阶段教育，供给总量将先增加，到 2035 年有望普及高中阶段教育，其后供给总量将适应需求变化有所收缩，布局变化同样是城镇服务供给比例逐步提高，在普及学前教育和高中阶段教育的过程中，政府购买服务等方式的应用将增加；**三是**高等教育，总量还将有所扩大，但到 2049 年可能会趋于稳定，更重要的变化趋势是高等教育质量将持续提升，同时供给有望适度多元化发展；**四是**职业培训及终身教育，总量将持续增加，增速可能随时间推移有所放缓，同时供给将更加多元化，提供服务的方式也将更灵活多样，远程服务的比例有望不断上升。

医疗卫生领域，未来主要受人口年龄结构等需求侧因素及科技发展等供给侧因素影响，可能出现以下趋势和特点：**一是**医疗卫生机构分布更加均衡，同时基层医疗卫生机构能力提升、人员流动性增强、远程医疗等发展，不同机构间、城乡间、地区间医疗服务水平差距将会缩小；**二是**医疗卫生服务内容适应需求向偏重预防和非传染性疾病等转变，特别是医疗与照护结合的服务模式将持续较快发展，更加重视健康预期寿命的延长即维持健康的生存状态；**三是**医疗保险保障范围进一步扩大、保障水平进一步提高，医疗服务总支出中个人负担部分进一步下降。

社会保障和社会福利方面，由于经济发展水平提高和全社会对公平的要求更加强烈等因素，未来可能出现以下趋势和特点：**一是** 2035 年前基本社会保险实现全覆盖，职工和城乡居民基础养老金水平差距将逐步缩小；**二是**针对低收入家庭、残疾人、孤儿和孤寡老人等弱势群体的基本生活保障和社会救助，将在保障生存权利的基础上，向更加注重发展权利的方向转变，包括对低收入家庭以及刚过低收入标准的"近贫"家庭成员提供接受教育、医疗等基本公共服务及就业的平等机会，尽可能避免贫困的代际传递；三是对老年人实施的社会福利，标准将逐步提高，并由货币补助为主向更多提供服务转变，基本养老服务供给中可以更多运用政府购买服务的方式，基本养老服务覆盖面不断扩大将带动养老服务设施和人员较快增加。

（四）社会治理从多元参与向多元共治转变

影响社会治理的主要因素，需求侧是社会公众不断增强的参与社会政策决策、社会管理的要求，供给侧是科技进步带来的社会治理工具更加丰富和高效。综合考虑社会治理的现状及供需两侧因素的影响，2020—2049年，我国社会治理可能呈现以下发展趋势和特点：

到2035年，我国社会治理的理念、体系、机制、能力都将发生变革。**一是社会治理理念从公正、民主、共享、和谐向高度公正、充分民主、广泛共享、普遍和谐转变**。在这一转变过程中，公正的程度、民主的深度、共享的广度、和谐的宽度都将进一步加强。**二是社会治理体系从多元参与向多元治理转变**。"党委领导、政府负责、社会协同、公众参与、法治保障"的社会治理体制逐步完善，社会从党委和政府的附属转变为对党委和政府的协同。**三是社会治理机制从分权治理向合作治理转变**。地方、社会组织、企业不再是政府尤其是中央政府分权的被动接受者，而是社会治理的合作者。**四是社会治理能力从提升服务能力向注重常态治理能力转变**。社会治理不再纠结于管理还是服务，而是将服务和管理作为一枚硬币的两面而统一起来。社会治理主体将从现在注重提升自身的应急管理能力向注重提升常态治理能力转变。

到2049年，实现社会治理现代化，包括社会治理理念、体系、机制、能力的现代化。**一是社会治理理念进一步创新，并将"公""本""中""和""仁"作为核心元素**。[①]这是在深入分析我国基本国情的

---

① 公，"分其厶（'私'的本字）以与人为公"，"公"指社会治理的公共、公平、公正、公开、公信。本，"木下曰本"。意指社会治理以民为本、顺应民意、正本清源。中，像旗杆正中竖立，"中"指政社边界清晰、政社地位平等、政社关系亲清。和，千人一口，同声相应，意指尊重民众的多样性，实现社会和谐和平。仁，从"人二"本指人与人之间亲善，意指在社会治理中仁德爱民，实现人的自由而全面发展。

基础上，将传统社会治理理念现代化和马克思社会治理理念中国化的结果。**二是社会治理体系从多元治理向多元共治转变**。现代化社会治理体系以政府、市场、社会三分为核心，以转变政府职能、落实政社分开、依靠群团组织为基本路径。**三是社会治理机制从分权治理向合作共治转变**。现代化社会治理机制以政府与社会、公众等合作共治为核心，以政府规范自身、政府与社会组织、公众关系平衡为路径。**四是社会治理能力从注重常态治理能力向全面提升综合能力转变**。党的政治领导能力、常态治理能力、应急管理能力、安全保障能力全面加强，政府与社会关系优化，社会运行状态平稳和谐。①

四、未来制约社会发展的突出矛盾和问题

尽管改革开放 40 年来社会发展取得显著进展，未来经济发展、制度完善等因素也将对社会发展产生积极推动作用，但社会发展也面临一些领域改革滞后带来的诸多问题。

（一）制约社会结构优化的主要问题

一是城乡就业市场尚未统一，户籍制度仍然存在，农村户籍人口难以取得与城镇户籍人口同等的就业机会，可能制约城乡结构向现代化推进。

二是农村集体土地制度与城市管理制度、融资制度制约就业结构进一步优化。农民没有土地财产权，农业规模化与产业化难以真正实现，制约农业就业人员进一步减少；以小微企业为主的服务业往往成为大城市管理的打击对象，再加上融资难、融资贵，制约服务业就业人员进一步增加。

三是以教育、就业为主的社会流动机制僵化制约社会阶层结构优化，甚至导致社会阶层固化，激发社会矛盾。教育均等化存在障碍，教育分割造成个人受教育程度与发展机会不平等，导致"寒门难出贵子"，农民工难以成为高技能人员。居民跨行业、跨所有制就业面临制度性障碍与利益集团阻碍，导致底层流动的代际传承，农民及其子女转换阶层的渠道十分狭窄。

四是社会资源向上层集聚，收入分配调节政策被上层社会、强势群体绑架，制约中国形成"两头小、中间大"的橄榄型收入分配结构。由于户籍制度

---

① 杨宜勇、曾志敏：《社会治理现代化的政策设计：着眼"十三五"》，《改革》2016年第8期。

的分割，城市和农村实际上是相对独立的社会分层体系，中产阶层主要在城市而且是东部地区的大城市，农民工则处于非城非乡的尴尬状态。中国要形成现代化的收入分配结构任重道远。

（二）制约收入分配结构改善的主要问题

一是财产差距对收入差距的固化作用有加强的趋势。近年我国居民间财产差距急剧扩大，速度远超过收入差距扩大速度，成为当前和未来居民收入差距扩大的一个重要来源。根据李实等学者的研究，全国最高的 10% 人群占有的财产份额已从 2002 年的 39% 提高到 2010 年的 64%，财产差距的基尼系数从 2002 年的 0.54 上升到 2010 年的 0.74。北京大学中国社会科学调查中心发布的《中国民生发展报告 2014》指出，2012 年我国的家庭净财产基尼系数达到 0.73，顶端 1% 的家庭占有全国 1/3 的财产，而底端 25% 的家庭只拥有财产总量的 1% 左右。这种情况导致财产收入不平等对总体收入不平等的贡献率不断加大，抵消有利于收入差距缩小的其他因素的积极作用，形成财产差距对收入差距的较强固化作用。

二是再分配制度不完善、功能弱。从初次分配的情况看，我国的居民收入差距与很多国家包括一些发达国家相比并不大，与美国、英国、法国、日本、澳大利亚等国家比较接近，明显小于德国、意大利、葡萄牙等国家。但是，OECD 国家经过再分配后，基尼系数平均下降约 0.14，英国、法国、日本、德国等国均降至 0.3 左右的水平。有研究显示，2003—2010 年期间，我国再分配导致住户部门收入占比下降，甚至有研究指出，综合考虑地区生活成本、住房、社会保障等因素，我国的再分配不仅未能使基尼系数缩小，反而略有增大，显示再分配制度和政策存在严重问题，没有发挥应有的缩小收入分配差距的作用。[①]

（三）制约基本公共服务均等化和公共服务水平提升的主要问题

一是基本公共服务均等化的保障机制不健全。基本公共服务均等化仍缺乏法治保障。国际经验表明，建立健全基本公共服务的法律体系，能够为基本公共服务均等化提供制度保障，对均等化责任的落实进而目标的实现有重要作

[①] 张车伟、程杰、赵文：《再分配调节不足：中国收入差距拉大的主因》，《中国社会科学报》2012 年 5 月 21 日。

用。我国公共服务领域立法相对滞后，法治程度不高，已有的规划、政府文件等约束力不强，不利于基本公共服务均等化的实现。同时，财政体制主要是各级政府事权和财力划分的相关制度仍不健全，地方特别是基层的基本公共服务事权或支出责任较重而财力不足，各地财力不均等程度仍较高，影响基本公共服务均等化的实现。

二是不同公共服务领域发展不平衡，还存在突出的短板。在经济实力和财政能力有限的情况下，对公共服务进行一定的优先序排列，在领域上有所侧重是必要的，但也产生了当前公共服务内部发展显著不平衡的问题，发展较快的有教育、突发公共卫生事件医疗救治等领域，而养老、残疾人服务等领域则长期滞后，不论与其他领域还是与本领域的需求相比，都存在较大缺口。这已成为亟待解决的问题。

三是公共服务供给体制和模式不适应发展的需要。我国公共服务不同领域改革进展不一，供给体制存在不同的问题。一些领域体制僵化，缺乏必要的激励机制，运行低效、供给不足且严重缺乏适应需求调整的灵活性；一些领域过度市场化，保障功能弱化，不均衡、不公平问题加剧。此外，公共服务供给中"重物轻人""重建轻管"的倾向长期存在，一定程度上导致公共服务供给与实际需求不相适应，以及资源利用不充分等问题。

（四）制约社会治理现代化的主要问题

一是党从建设党向改革党转变，改革进入深水区，改革的主要对象变成既得利益者和改革者自身。"帕累托改进"难以再现，"塔西佗陷阱"随时可能出现。

二是政府边界从无限向有限转变，但在政社分界过程中，政府及其下属部门放弃寻租空间较小职能的动力大于放弃寻租空间较大职能的动力。

三是社会组织从附属型向协同型转变，但官办社会组织与民间社会组织都难以取得同政府平等的地位，导致社会治理新格局难以形成。

四是同质的单一性社会逐步向异质的多样化社会转化，民众的阶层固化和地域流动并存，社会矛盾增多，社会风险加剧，导致社会治理综合成本显著上升^①。

五、未来 30 年推动我国社会发展的思路和建议

（一）总体思路

未来 30 年推动我国社会发展，要以社会结构现代化、基本公共服务均等化、社会治理现代化为目标，以共担、共治、共享为基本原则，畅通社会流动渠道，共建弹性社会结构，推动形成橄榄型社会结构，显著改善收入分配结构，完善包容性的公共服务体系，实现公共服务均等可及，构建开放的社会治理框架，释放社会发展活力，持续提升社会发展质量，提高全体人民的社会认同感、安全感和信任感，建成公平、安全、和谐、稳定的现代化社会。

（二）主要目标

2035 年的社会发展目标：

——**形成向橄榄型社会结构转变的过渡形态**。社会结构达到工业化中期阶段。按照第二个十年社会中间层所占比重增长率提高 8 个百分点、第三个十年提高 7—8 个百分点的速度实现社会中间层所占比重加速增长，争取到 2035 年，社会中间层占全部就业人口的比重达到 30% 左右，收入稳步提高；社会中上层占全部就业人口的比重达到 5% 左右，收入有所提高；社会中下层占全部就业人口的比重降低到 65% 左右，收入迅速提高；商业服务业人员中分化出高技能人员阶层，并逐步充实到社会中间层。

——**收入分配结构有所改善**。初次分配后基尼系数降至 0.40 左右，再分配制度经调整开始发挥缩小收入差距的积极作用，再分配后基尼系数降低 0.05 左右，城乡名义收入比降至 2 左右，居民收入差距有所缩小；劳动者报酬占比降至 55% 左右，居民部门收入份额有所提升；中等收入群体占全国人口的比重达到 40% 左右。

——**基本公共服务均等化基本实现、公共服务提质提效**。基本公共服务均等化基本实现，普及高中阶段教育，社会保险统筹层次提高，不同人群的基本社会保险待遇标准基本统一；将专项救助由低收入人群向"近贫"人群扩展；

---

① 孔伟艳、杨宜勇：《社会治理理念现代化漫谈》，《群言》2017年第6期。

多元供给的模式基本形成，公共服务效率普遍提高，特别是医疗卫生机构分工协调改进、远程服务增加带来医疗公共服务效率明显提高。

——**多元协调共治的社会治理基本形成**。社会共识进一步凝聚，社会治理理念从公正、民主、共享、和谐向高度公正、充分民主、广泛共享、普遍和谐转变；社会治理体系从多元参与向多元治理转变，"党委领导、政府主导、社会协同、公众参与、法治保障"的社会治理格局加快形成，政府从只"负责"不"领导"转变为"主导"，社会从政府的附属转变为对政府的协同；社会治理机制从分权治理向合作治理转变，地方、社会组织、企业都成为社会治理的合作者；社会治理能力从提升服务能力向注重常态治理能力转变。

2049 年的社会发展目标：

——**橄榄型社会结构形成**。社会结构达到工业化中后期阶段。按照第四个十年社会中间层所占比重增长率提高 6 个百分点、第五个十年提高 5—6 个百分点的速度实现社会中间层所占比重加速增长，争取到 2049 年，包括专业技术人员、办事人员和其他人员、商业服务业人员中的高技能人员在内的社会中间层占全部就业人口的比重达到 50% 以上，在城乡、区域之间的分布更加均衡，收入稳步提高，成为中产阶层；社会中上层占全部就业人口的比重达到 10% 左右；包括商业服务业中的低技能人员、产业工人、农业劳动者在内的社会中下层占全部就业人口的比重降低到 40% 以下。社会成员在城乡之间实现自由迁徙，在不同所有制之间实现自由流动。

——**收入分配结构明显改善**。初次分配后基尼系数降至 0.35—0.4 之间，再分配制度健全、功能进一步增强，再分配后基尼系数降低 0.1 以上，城乡名义收入比保持在 2 左右，居民收入差距明显缩小；劳动者报酬占比降至 60% 左右，居民部门收入份额进一步提升；中等收入群体占全国人口的比重达到 50% 左右。

——**基本公共服务提标、公共服务进一步提质提效**。基本公共服务标准普遍提高，养老金的收入替代率提高，医疗保险支付医疗费用比例上升；公共服务质量普遍提高，特别是高等教育以及针对残疾人、孤儿、孤寡老人等弱势群体的服务质量明显改善；公共服务多元供给的模式进一步完善，效率进一步提升。

——**多元协调共治的社会治理更加完善**。社会治理理念创新以"公""本""中""和""仁"为核心元素；社会治理体系从多元治理向多元共治转变，社会治理机制从分权治理向合作共治转变，社会治理能力提升的重点从常态治理能力向综合能力转变，党的政治领导能力、常态治理能力、应急管理能力、安全保障能力全面提升，政府与社会关系优化，社会运行状态平稳和谐。

（三）相关政策建议

到2049年基本形成橄榄型社会，是我国基本实现现代化的重要支撑。未来30年，我国社会整体处在向橄榄型社会结构过渡的时期，应围绕促进社会中间层扩大并形成真正意义的中产阶级，以及提供更高水平和质量的公共服务，进一步推进社会领域的制度改革，调整完善社会发展相关政策，同时，推进社会治理向多元共治稳步转变，维护好过渡时期的社会稳定、和谐。

1. 改革户籍制度，强化保障起点、机会平等的基本公共服务，促进阶层间的良性社会流动

一是改革户籍制度，提高社会流动性。以新型城镇化建设为契机，彻底取消户籍制度，实行居住证制度，打破城市与农村在获取经济、政治、文化资源方面的壁垒，促进社会成员在城乡之间自由流动和就业。发挥市场在资源配置中的决定性作用，突破利益固化的藩篱，拓展社会成员上行及水平流动的空间，鼓励各类生产要素所有者跨所有制、跨行业、跨地区选择和流动。[1]

二是强化保障起点平等的各项公共服务。实现起点平等，要求在个体进入劳动力市场、甚至在接受学校教育之前，政府和社会为其提供较为丰裕和平等的生长发展条件。为此，应采取适当的"预分配"手段[2]，包括加大财政资金和引导社会资金投入支持少儿营养供给、医疗卫生条件改善、父母养育能力提升、家庭和社区环境改善等，特别是为弱势儿童群体提供均等化的基本公共服务，推进义务教育服务的均等化，增加学前教育服务供给。

三是完善市场经济制度促进机会平等、公平竞争。加快建立促进企业自主经营、公平竞争和要素自由流动、平等交换的现代市场体系，构建公平竞争市

---

[1] 吴忠民：《转型期社会结构问题对社会矛盾的催生》，《中国特色社会主义研究》2015年第4期。

[2] 这一概念由美国芝加哥大学的詹姆斯·海克曼教授提出。

场环境。针对影响初次分配公平性的问题，加快推进相关改革，包括积极推行企业工资集体协商制度，对政府部门、事业单位等，尽快建立与绩效挂钩、能产生有效激励的工资制度；拓展知识、技术和管理要素参与收入分配的途径，合理体现其价值和贡献；推进垄断行业改革，适度引入竞争，加强必要的外部监管。

2. 建立基本公共服务均等化保障机制，完善再分配政策，缩小不同人群间收入和享有公共服务的差距

一是完善基本公共服务均等化保障机制。加快立法进程，形成覆盖比较完整的公共服务法律体系，着重明确基本公共服务均等化的总目标和具体目标、政府责任等，建立基本公共服务均等化的法治保障。加快完善财政体制，尽快明晰中央和地方政府事权与支出责任，在此基础上适当调整中央和地方政府财力划分并通过制度加以固定，以基本公共服务支出能力均等化为原则，调整完善中央对地方一般性转移支付制度，建立起支撑基本公共服务均等化的地方财力均等化制度。提高社保统筹层次，实现"账户跟人走"。

二是强化再分配功能确保结果合理。运用再分配手段调节收入分配结果，控制收入差距增长幅度。坚持"调高、扩中、提低"的总体思路，深入推进有利于调节收入差距的税收制度改革，加快建立健全综合和分类相结合的个人所得税制度，最终建立综合征收性质的个人所得税制度，推进房地产税、遗产税等，加强对高收入人群的税收监管；健全针对低收入等弱势群体的动态社会保障兜底机制。

3. 动态调整基本公共服务范围和标准，增加供给主体和方式，提高公共服务供给水平、质量和效率

一是适时适度扩大基本公共服务范围，提高基本公共服务标准。当前我国已在相关规划中明确了基本公共服务的范围和相关标准，主要的制定依据是我国经济发展和财力等状况，以及公共服务能力的现有基础等。未来随着经济发展，基本公共服务范围和标准不能一成不变，而是要适时适度进行调整。建议加强对公共服务需求影响因素的研究和需求预测，使调整具有一定的前瞻性。特别是，适应深度老龄化趋势的需要，坚持教育优先原则，以提高人力资本质量为方向，强化中等和高等职业教育功能，完善职业培训等构成的终身教育体系；加快健康养老服务体系建设。

二是调动多方力量提高公共服务质量和效率。推动公共服务供给主体多元化，发挥政府、社会组织、个人等多种类型主体在公共服务供给中的积极作用，特别是发展不依赖于政府的各类社会组织即所谓"第三部门"，承担部分公共服务职能，发挥微观主体优势，提高公共服务供给的针对性和效率。积极创新模式，适度引入市场机制，促进公共服务供给质量、效率和灵活性提升。探索在公共服务供给的某些环节引入企业参与，利用竞争机制、盈利的激励，促进公共服务领域成本降低、效率提高。设计合理的政府采购模式，保证正向激励，减少约束，避免负向激励。

4. 推进社会治理现代化，维护社会稳定和谐

推进社会治理现代化，需要实现理念、体系、机制、能力的现代化。其实现路径概括起来就是构建"党委领导、政府服务、社会合作、人民和谐、礼法保障"的社会治理新体制。

一是坚持和改善党的领导。要坚持以党为领导，发挥基层党组织的引领、凝聚作用；坚持立党为公，以人民群众的根本利益为出发点制定社会政策并保证其延续性和公信力；坚持全面从严治党，持续开展理想信念教育活动，通过"打虎拍蝇"的反腐败斗争，坚决将违背立党为公原则的以权谋私者清除出党。

二是党要以安民为安国之本，领导政府从管理型向服务型转变。要在以人民为中心的发展思想指导下，教育广大官员树立"权为民所授，利为民所谋"的公仆意识；培育民众的主人翁意识并赋权赋能，通过民主选举、民主决策、民主管理、民主监督的民主过程赋予人民合法行使其民主权利的能力；完善职能合理、运行高效的政府分工结构体系，推进政企分开、政事分开、政社分开和政资分开[1]；党委领导和政府服务都要坚持源头治理，将影响人民本位与社会和谐的因素发现在源头、消灭在源头。

三是在党的领导下，清晰政社边界，平衡政社地位，执中政社关系。坚持将县以上的政府治理与县以下的基层自治有序对接，合理界定政府权力与社会权力、政府权力与公民权利，使"政府—社会"关系走向规范化、理性化；坚

---

[1] 宣晓伟：《分工深化、社会结构与国家治理现代化》，《科学与现代化》2016年第3期。

持政府与社会地位平等，建立"强政府、强社会"合作共治的社会治理体系，逐步形成社会制衡政府与政府保障社会的和谐发展局面；坚持政府与社会关系亲清，政府既要主动培育社会组织和购买社会组织服务，又要同社会组织划清界限，社会组织既要主动向政府表达诉求，又要保持自身的独立性和中立性。

四是坚持社会治理过程中的公众参与，实现不同阶层的人民和谐共生、偕同议事、共谋治理。自上而下明确和完善社会主义协商民主的组织机构，充分利用互联网、大数据、云平台等先进的技术手段，建立落实社会主义协商民主的考核机制、监督机制和评估机制；协调不同阶层的利益关系，凝聚新的社会阶层力量，畅通诉求表达渠道，以民意调查结果作为对领导干部政绩考核的重要指标，完善人民调解、行政调解、司法调解"三调联动"机制；加强社会心理疏导，工作重点是城市流浪乞讨人员、农村特别困难人员、就业困难人员等。

五是党在领导社会治理过程中必须坚持仁德爱民、先礼后法，由礼治和法治共同形成社会治理的保障。保护社会治理的家庭基础，完善家庭责任对政府责任、社会责任的分担机制；发挥礼治的柔性治理、源头治理作用，号召民众以礼仪为行为规范，以礼法为调解机制，达到"无讼而和"的境界与"息讼"的目的；发挥法治的刚性治理、事后治理作用，弥补法治建设的短板，实现以礼入法，将有关违法行为是否违礼作为定罪量刑的重要情节，[①]培养国家公职人员和领导干部运用法治思维和法律手段的能力。

（执笔：王元、孔伟艳）

---

① 孔伟艳、杨宜勇：《社会治理理念现代化漫谈》，《群言》2017年第6期。

参考资料目录：

1.Willem Arema，Pauline From, Maxime Ladaique,胡乃军编译：《经合组织国家社会保障支出比较》,《中国社会保障》2014 年第 6 期。

2.埃里克·布莱恩约弗森、安德鲁·麦卡菲：《第二次机器革命》，中信出版社 2014 年版。

3.关信平：《转变经济发展方式与转变社会发展方式》,《探索与争鸣》2011 年第 1 期。

4.孔伟艳、杨宜勇：《社会治理理念现代化漫谈》,《群言》2017 年第 6 期。

5.李清彬：《2030 年收入分配结构变化趋势及 2050 年展望》，内部研究报告 2017 年。

6.陆学艺、宋国恺：《调整社会结构是社会建设的核心》,《北京日报》2010 年 4 月 26 日。

7.陆学艺：《当代中国社会阶层研究报告》，社会科学文献出版社 2002 年版。

8.陆学艺：《社会建设就是建设社会现代化》,《社会学研究》2011 年第 4 期。

9.皮凯蒂：《21 世纪资本论》，中信出版社 2014 年版。

10.世界银行、国务院发展研究中心联合课题组：《2030 年的中国——建设现代、和谐、有创造力的社会》，中国财政经济出版社 2012 年版。

11.吴忠民：《转型期社会结构问题对社会矛盾的催生》,《中国特色社会主义研究》2015 年第 4 期。

12.徐振中：《未来 30 年上海社会发展趋势的目标设计》,《科学发展》2016 年第 10 期。

13.宣晓伟：《分工深化、社会结构与国家治理现代化》,《科学与现代化》2016 年第 3 期。

14.杨宜勇、曾志敏：《社会治理现代化的政策设计：着眼"十三五"》,《改革》2016 年第 8 期。

15.俞可平：《中国治理变迁 30 年 (1978—2008)》,《吉林大学社会科学学报》2008 年第 3 期。

16.张车伟、程杰、赵文：《再分配调节不足：中国收入差距拉大的主因》,《中国社会科学报》2012 年 5 月 21 日。

第七章 未来 30 年我国潜在增长率变化趋势及
2049 年发展水平预测

内容提要：采用生产函数法对我国潜在增长率的测算表明，2030 年在情景 I、情景 II 和情景 III 下将分别下降到 5.6%、4.9% 和 4.2%，2049 年则分别下降到 4.2%、3.7% 和 3.1%。2030 年在情景 I 和情景 II 下，人均 GDP 将分别达到 19132 美元和 17289 美元，可以跨越高收入国家门槛；2049 年在情景 I、情景 II 和情景 III 下，人均 GDP 将分别达到 48536 美元、39636 美元和 31448 美元。综合采用高收入区间法、典型样本法、中三分位法和大样本随机抽样法测算 2049 年高收入国家人均 GDP 平均水平应不低于 43000 美元，表明我国通过努力有望达到高收入国家平均发展水平。应在主动塑造有利国际发展环境的前提下，通过持续深化社会主义市场经济体制改革，从增加生产要素和提升全要素生产率两个方面提升经济增长潜力，为达到高收入国家平均发展水平、实现第二个百年目标奠定基础。

近年来，我国经济增长率从改革开放以来 30 多年年均 9.8% 的高速增长下降到目前 7% 左右的中高速增长，并呈现进一步下滑趋势。理论上，经济增长率下滑是供给方潜在增长率变化和需求方消费、投资、净出口变化共同作用的结果，而目前增长下滑的主导力量来自于供给侧因素导致的潜在增长率下降。针对我国潜在增长率下滑的新情况，对于未来能否跨越中等收入阶段进入高收入国家行列，并到 2049 年前后达到高收入国家平均发展水平、实现第二个百年目标仍然存在较多争论。通过科学判断未来 30 年我国发展条件和发展环境及其对我国潜在经济增长率的影响，并在此基础上科学测算经济潜在增长率，对实现第二个百年目标具有重大意义。

一、未来 30 年国际发展环境和国内发展条件研判

未来 30 多年，和平与发展仍然是时代主题，迈向第一大经济体的我国，面临的国际环境更为复杂严峻。同时，我国劳动年龄人口数量、资本形成速度还会下滑，但人力资本、创新资源不断积累，改革红利持续释放，经济有望保持持续稳定增长。

（一）国际发展政经环境总体变得更加严峻

一是全球进入去全球化、去中心化阶段。自 20 世纪 90 年代以来，随着经济全球化加速发展和不断深入，全球经济出现了 20 多年的稳定发展状态，信息化革命席卷全球，使各国经济在各个层面上相互依存、合作不断加深。我国作为新兴大市场和新的投资目的地对外部世界的吸引力明显上升，以加入亚太经合组织为标志，开始逐步融入国际多边经济体系之中，并在 2001 年加入世贸组织分享"全球化红利"。然而，自 2008 年国际金融危机及欧洲主权债务危机之后，发达经济体或面临较长时期的衰退或持续低迷，发展中经济体也会因外部环境恶化而受到影响，全球经济进入了康德拉季耶夫周期衰退阶段，处于 80 年代以来全球化和信息化驱动的经济繁荣的退潮阶段，未来发达经济体可能会面临较长时期的衰退或低迷，贸易保护主义、民粹主义等抬头，呈现逆全球化、去中心化特征，并将持续 20—30 年。

二是全球人口红利趋势性反转。过去 30 多年的全球经济繁荣受全球低成本劳动力支撑，而未来 30 多年的全球人口结构整体上将出现趋势性反转，呈现出比过去 30 多年更为严重的老龄化。联合国预计，全球总和生育率将从 1950—1955 年的 4.92、2005—2010 年的 2.56，下降到 2015—2020 年的 2.4。目前，世界上已经有 90 多个国家的总和生育率在 2.1 以下，发达国家普遍低于 2.1，如美国的总和生育率在 2.06，法国为 1.96，英国为 1.91，德国为 1.41，日本最低为 1.21。当然，全球人力资本积累进一步提升，在一定程度上有利于潜在经济增长率提升。人力资本主要通过教育来积累，各国政府均对教育给予高度重视。如美国政府提出"到 2020 年，美国将再度成为世界上大学生比率最高的国家"目标。欧盟设定了"欧盟 2020 战略"，把辍学率从现在的 15% 降

到 10%，把 30—40 岁受高等教育人口的占比从 31% 至少提高到 40%。综合来看，全球人口红利的消失将引起全球尤其是发达经济体的生产率、储蓄率、投资率、消费率等出现系统性反转，使得我国面临的外部环境出现反转，缩小外部市场空间。

三是第四次工业革命对生产率的提升作用或下降。20 世纪 90 年代以来，以信息技术为先导的新技术革命蓬勃发展，为后发国家提供了难得的历史机遇，尤其是在国际分工过程中，开拓了我国新的增长和就业空间。然而，由于知识、技术的积累是渐进过程，未来较长时期内，发达经济体仍将主导全球技术创新过程，尽管我国的创新能力也会有较大提升。如从 20 世纪 90 年代的"信息高速公路"到 21 世纪初的"页岩气革命"、智能电网、3D 打印等技术创新，在不到二十年的时间里，美国经历了两次大规模的技术创新浪潮。欧盟也在加快打造全球创新高地。各种迹象表明未来 30 多年出现第四次工业革命的可能性上升，但无论是从供给面的技术冲击能级，还是需求面的全球市场空间，抑或对实体经济产业链扩充的贡献来看，对生产率的提升作用均可能无法与前三次工业革命相比。

四是国际政治经济环境愈加严峻复杂。未来 30 多年，随着我国崛起，面临的国际政治经济环境将可能会更严峻，并存在陷入"修昔底德陷阱"风险。2008 年国际金融危机后，欧美发达国家债务危机持续发酵，去杠杆化导致消费需求减缓，难以摆脱增长乏力局面，促使了贸易保护主义倾向逐渐抬头。同时，新兴经济体在经济增长减速背景下，为保障本国利益，国家间的竞争也趋于激烈。随着全球资本日益过剩，各国资本为争夺全球市场而爆发冲突的可能性逐渐上升。从历史上爆发战争频率大的地区等看，尤其是从崛起国家与既有霸权国家的关系处理来看，未来 30 多年里，还很可能爆发与中国相关的直接或间接的或大或小的冲突，和平稳定的发展环境在不断变化。

（二）国内发展条件新旧优势转换

一是人力资本红利加快蓄积。当前我国已跨入中等收入阶段，并逐渐从劳动力数量和人力资本"双增长"阶段进入劳动力数量减少而人力资本仍保持增长的阶段，旧有劳动力数量优势逐渐消失而新的人力资本优势逐步凸显，将为我国未来经济增长创造新动力，在一定程度上支撑潜在经济增长率保持较快增长。截至 2016 年末，15—64 周岁的劳动年龄人口为 100260 万人，比 2013 年时的峰值减少了 322 万人；65 周岁及以上人口 15003 万人，占总人口的 10.8%。根据世界银行、联合国等国际机构的预测，2049 年前我国劳动年龄人口还将继续下降（图 7-1）。人口年龄结构变化意味着我国劳动力"无限供给"的情形已发生变化，劳动力数量持续下降，过去支撑我国经济高速增长的条件发生很大变化。但劳动力素质不断改善、人力资本加速积累，人力资本红利逐渐形成，将会在一定程度上支撑未来潜在增长率保持在较高水平。2016 年末，我国每 10 万人口中高等学校在校学生人数升至 2530 人，是 21 世纪初的 3.5 倍；普通本专科毕业生达到 704 万人，是 21 世纪初的近 7.4 倍；研究生毕业人数达到 56.4 万人，是 21 世纪初的 9.6 倍。伴随我国经济发展阶段上升，居民受教育程度、健康水平还将进一步提高，未来 30 年人力资本质量还将进一步提升。

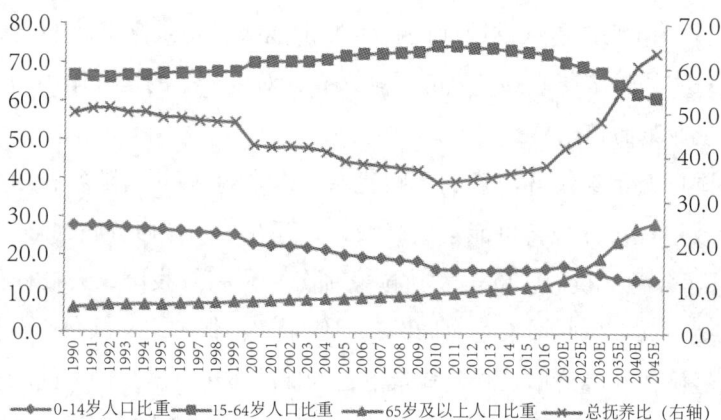

图 7-1 我国人口结构变化趋势（1990—2050，%）

数据来源：《中国统计年鉴 2017》《世界人口展望 2017》。

二是基础设施日臻完善。基础设施具有规模效应和网络效应，不仅可以通过提高产出效率促进经济增长，还可以通过引导发达地区对落后地区经济增长的溢出效应来促进经济增长，有利于保障经济又好又快发展。世界银行 1994 年发布的《世界发展报告：为发展提供基础设施》提到"基础设施能力与经济产出同步增长——基础设施存量增长 1%，GDP 就会增长 1%"。我国是世界上

少数实现基础设施跨越式发展的成功国家，这不仅为我国过去高速经济增长创造了基本条件，也将为未来经济较快增长奠定坚实基础。改革开放以来，尤其是为应对 1998 年亚洲金融危机而实施第一次扩大内需政策以来，我国先后实施了西部大开发、东北老工业基地振兴、中部地区崛起等区域发展战略，2008 年为应对国际金融危机又实施了第二轮扩大内需战略，加强基础设施建设均是各次宏观政策的主要内容。由此带动了我国各项基础设施的跨越式发展。当前我国基础设施存量位居世界前列，未来还将进一步改善。基础设施跨越式发展将原来限制我国经济增长的"瓶颈"转化为促进经济增长的"加速器"。未来 30 年，随着城镇化和新农村建设深入推进，城乡基础设施建设仍有很大空间。

三是创新资源日益充裕。技术创新是经济增长的重要源泉，而创新资源的积累与有效配置则是加快技术创新的主要途径。创新资源是指以知识为核心，包括创新人才、新技术和新思想等在内的一系列综合性科技资源的总称。改革开放以来，尤其是 1995 年党中央制定并实施科教兴国战略以来，通过引进吸收与加强自主创新，我国创新资源加速积累、创新效率不断提高、科技对经济增长的贡献稳步上升。1995 年至 2016 年，科学研究与实验发展（R&D）人员全时当量从 75.2 万人年增长到 387.8 万人年，R&D 经费支出从 349 亿元增长到 15676.7 亿元，占国内生产总值比重从 0.57% 上升到 2.11%。研发投入的较快增长推动了创新资源加速成长。1995 年至 2016 年，国内外三种专利申请受理数从 83045 件增加到 3464824 件，授权数从 45064 件上升到 1753763 件，高技术产业出口交货值达到 12279 亿美元，技术市场成交额达到 11407 亿元。与此同时，科技进步对经济增长的贡献率则不断上升，已从 1998—2003 年的 39.7% 上升到 2016 年的 56.2%。十八届三中全会后，随着全面深化改革深入推进，创新驱动发展战略深入实施，技术创新的持续突破及其与制度创新相结合，还将成为继劳动力再配置和技术引进效应之后推动我国全要素生产率提高的重要因素，并将进一步推动我国从资本、劳动、土地等要素投入型增长方式向技术创新主导的效率增进型增长方式转变、从数量扩张型增长方式向质量提升型增长方式转型，为我国经济潜在增长率持续增长注入不竭动力。未来 30 年随着创新驱动发展战略的深入推进，创新资源还将加快积累。

四是改革红利持续释放。实践证明，改革开放是我国长期持续快速发展的两大动力。通过制度改革与对外开放，我国社会主义市场经济体制不断完善、市场体系对外开放程度不断提高，从而解放了市场活力、激发了市场潜力、提高了经济运行效率、扩大了市场空间，保障了经济又好又快发展。过去 30 多年的发展经验表明，三个阶段三次重大改革浪潮分别带来了 20 世纪 80 年代、90 年代和新世纪三次中周期发展繁荣。改革创造繁荣已深深地嵌了我国经济运行的逻辑里。党的十八届三中全会通过的《中共中央关于全面深化改革若干重大问题的决定》将改革的范围从以往的经济体制改革推广到政治、经济、文化、社会、生态"五位一体"改革领域及国防军队建设和党的建设等新领域，而且还从原来的单一改革推广到更加注重改革的系统性、整体性、协同性。全面深化改革必将释放新一轮改革红利。未来 30 年改革向纵深推进，但我国内外发展条件环境均已大不如前，再加之改革边际成本上升，改革红利虽较以往会有"缩水"。但随着供给侧结构性改革深入推进和新改革适时启动，制度红利仍会持续释放。

二、未来 30 年世界及我国经济发展周期阶段判断

对我国未来 30 年经济增长趋势的分析还依赖于对未来经济周期尤其是长周期的判断。从理论上来看，经济周期分为短周期、中周期和长周期：一是短周期，或基钦周期。英国经济学家约瑟夫·基钦于 1923 年提出了存在着一种 40 个月（3—4 年）左右的小周期，而一个大周期则包括两个或三个小周期，也称为"基钦周期"。二是中周期，或朱格拉周期。法国经济学家朱格拉在 1862 年出版的《法国、英国及美国的商业危机及其周期》一书中，提出资本主义经济存在着 9—10 年的周期波动，也称为"朱格拉周期"。三是长周期，或"康德拉季耶夫周期"。1925 年俄国经济学家康德拉季耶夫提出资本主义经济中存在着 50—60 年一个的周期，也称为"康德拉季耶夫周期"。随着我国经济体量增大并对世界经济增长的贡献率攀升、并深入融入世界经济，与世界经济周期的同步性不断提高。

从短周期来看，目前全球及我国经济处于以 2016 年底美联储加息为谷底的短周期上升期并将延续到 2020 年前后。短周期主要由市场扰动、政策干预

造成。2008 年国际金融危机后，全球经济持续低迷，美日欧等发达经济体相继
启动了量化宽松政策，我国也启动了"四万亿投资"刺激计划，以 2016 年底
美联储加息为标志，全球经济触底回升进入短周期上升期，并将持续到 2020
年前后。世界银行在 2017 年 6 月预计全球经济增速将从 2016 年的 2.4% 上升
到 2017 年、2018 年的 2.7%、2.9%，IMF 在 2017 年 10 月预计 2017 年、2018
年全球经济将分别增长 3.6%、3.7%，OECD 在 2017 年 10 月预计 2017 年、
2018 年全球经济将分别增长 3.5%、3.7%。随着美日欧等发达经济体回暖和新
兴经济体强劲复苏，加之我国供给侧结构性改革成效不断显现、内部消费驱动
逐渐实现再平衡，我国经济呈现稳中有进、稳中向好态势，也处于短周期上升
期。根据世界银行 2017 年 10 月的预测，2017 年、2018 年我国经济将分别增
长 6.7%、6.4%，IMF 在 2017 年 10 月预计 2017 年、2018 年我国经济将分别增
长 6.8%、6.5%，OECD 在 2017 年 9 月预计 2017 年、2018 年我国经济将分别
增长 6.8%、6.6%。

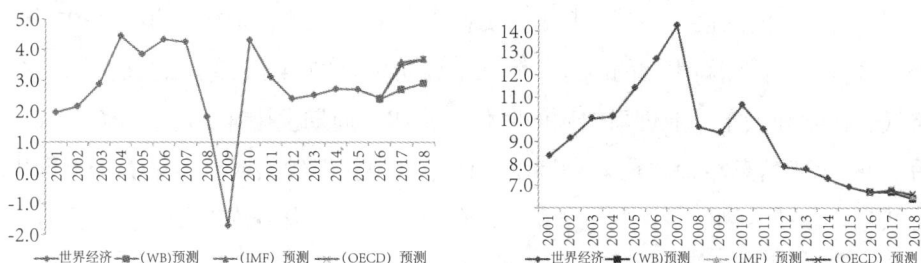

图 7-2　全球及中国经济增速

数据来源：世界银行（WB）、国际货币基金组织（IMF）和经合组织（OECD）。

从中周期来看，2008 年国际金融危机之后，全球经济结构深度调整，到
2030 年将取得实质性成果，之后将进入新一轮中周期。中周期受中长期经济结
构调整驱动，是短周期向长周期的过渡阶段。2008 年国际金融危机之后，全球
经济呈现低增长、低利率、低通胀、低投资、低贸易趋势，人口结构、供给结
构深度调整并还将持续到 2030 年前后。人口结构持续调整，在全球人口老龄化
趋势下，发达经济体和新兴经济体人口增长率逐渐下降，而非洲等较穷经济体

劳动年龄人口不断上升；供给结构深度调整，美日欧等发达经济体产能利用率下降、劳动生产率降低，全球高科技出口占制成品出口比重持续低迷；全球经济格局重构，新兴经济体和发展中经济体占全球经济比重不断提高，成为驱动全球经济增长的主要动力。同时，我国经济经济结构深度调整、发展模式加快转换、发展动能新旧接续，并将在 2030 年前后取得实质性进展。到 2030 年前后，我国劳动年龄人口数量将达到峰值，城镇化率将进入相对稳定期，化石能源和初级产品消耗、二氧化碳排放等将达到峰值，科技进步成为经济增长的第一大动力。

从长周期来看，2000 年信息泡沫破裂、2008 年国际金融危机爆发后，全球及我国经济进入了第五轮长周期下行阶段并将延续到 2030 年左右，但同时孕育中的新一轮科技革命和产业变革也将在 2030 年前后开启本轮长周期复苏阶段和第六轮长周期。技术创新是推动经济周期性变化的主要因素，在相当大程度上经济增长的长周期等同于技术革命的周期。第一次工业革命以来，全球经济经历了 5 轮长周期，第一个周期从 18 世纪 80 年代到 1840 年，是产业革命发展时期，纺织工业的创新在其中起了重要作用；第二个周期从 1840 年到 1897 年，进入蒸汽和钢铁创新引领的时代；第三个周期从 1897 年到 20 世纪 50 年代，是电气、化学和汽车工业创新引领的时代。第四个周期发生在 20 世纪 50 年代之后到 90 年代信息革命之前，是汽车、计算机创新引领的时代。第五个周期则是从半导体技术创新肇始的电子信息时代开始至今。从现在开始，将经历至少长达 10—15 年的经济下行期（梅格纳德，2016）。国家行政学院课题组（2016）对工业革命之后的五个长周期进行了阶段划分，认为目前正处于以信息技术引领的第五个长周期衰退阶段（表 7-1）。综合判断，当前正处于全球经济的第五个长周期，该周期始于 20 世纪 90 年代，预计将于 2030 年左右结束。其中，2007 年之前为周期上升部分，2007 年至 2030 年前后为周期下降部分。2030 年前后，全球经济将步入本轮长周期复苏阶段并开启第六轮长周期。

表 7-1　第一次工业革命之后的五个长周期

	繁荣	衰退	萧条	复苏	标志创新技术
第一个周期	1782—1802	1815—1825	1825—1836	1838—1845	纺织机、蒸汽机
第二个周期	1845—1866	1866—1873	1873—1883	1883—1892	钢铁、铁路

（续表）

	繁荣	衰退	萧条	复苏	标志创新技术
第三个周期	1892—1913	1920—1929	1929—1937	1937—1948	电气、化学、汽车
第四个周期	1948—1966	1966—1973	1973—1982	1982—1991	汽车、计算机
第五个周期	1991—2007	2007—2017	2017—2027		信息技术

资料来源：国家行政学院课题组（2016）。

三、未来 30 年我国增长因素分析及潜在增长率测算

在对 2049 年前我国经济发展所处周期阶段判断基础上，为量化分析发展条件和环境变化对潜在增长率的影响并分析其变化趋势和特征，综合考虑我国相关发展条件和环境变化趋势，并运用定性分析和趋势外推法，预测 2049 年前劳动力投入、资本存量、全要素生产率等关键变量的变化趋势，尤其是根据全要素生产率演进状况和改革推进情况，设定了情景 I、情景 II 和情景 III 三种情景。最后基于生产函数模型，测算得到不同情景下经济潜在增长率。

（一）增长因素分析及潜在增长率测算说明

目前主要研究机构和学者测算中长期经济潜在增长速度的方法主要有生产函数法、大型计量模型法、简单滤波法等计量分析方法，以及典型样本国家的经验分析或者国际比较方法。计量分析方法方面，世界银行、国务院发展研究中心课题组（2013）基于 CGE 模型估计，2016—2020 年中国潜在增长率为 7%，2021—2025 年为 5.9%，2026—2030 年将为 5%；中国社科院经济所课题组（2012）基于生产函数法估计，2016—2020 年中国潜在增长率为 5.7%—6.6%，2021—2030 年将为 5.4%—6.3%；陆旸、蔡昉（2016）采用生产函数法估计，2016—2020 年中国潜在增长率为 6.65%，2021—2025 年将为 5.77%，2026—2030 年将为 5.17%。国际比较方面，林毅夫（2012）结合日本、韩国等东亚发达国家发展经验，基于趋同规律，认为未来 20 年中国能保持 8% 左右的增长速度。Eichengreen et al.（2012）基于跨国研究，预计 2011—2020 年期中国将以年均 6.1%—7.0% 的速度增长，到 2021—2030 年将保持 5.0%—6.2% 的水平。Pritchett & Summers（2014）根据全球主要国家发展经验，基于趋中律估计，2013—2023 年中国年均增长率为 5.01%，2023—2033 年进一步下降到 3.28%。华夏新供给研究院（2015）认为，到 2049 年，中国 GDP 将达到 155.5

万亿美元，占全球 24.9%，是美国经济总量的 1.8 倍；人均 GDP 赶上意大利、西班牙等中等发达国家，但离德国、法国、英国和日本等还有一定距离。

考虑到生产函数法仍是国内外研究机构使用最多的测算方法，且更适合于经济转型特征较明显的经济体，并可以综合考虑影响经济增长的多因素，因此我们采用如下生产函数测算 2049 年前我国经济潜在增长速度。

$$Y=AL^{\alpha}K^{\beta}$$

其中，Y 实际产出，A 为全要素生产率，L 是劳动力投入，K 是资本存量。α 是劳动的产出弹性、β 是资本的产出弹性，长期而言，二者均等于 0.5（陆旸、蔡昉，2016）。各研究机构对我国中长期潜在增长率测算结果存在差异，除了采用方法不同，还与劳动投入、资本存量等要素投入，以及全要素生产率和改革红利的估计不尽相同有关。对决定 2049 年前经济潜在增速的劳动、资本等投入要素、全要素生产率及改革红利等的判断情况如下：

一是劳动力数量趋势性下降。劳动力数量受劳动年龄人口数量和劳动年龄人口就业参与率两方面因素影响。一方面，人口老龄化问题日益严重是大趋势，按照联合国的预测，我国 65 岁及以上人口比例将从 2015 年的 9.7% 上升到 2049 年前后的 26.3%，而 15—64 岁的劳动年龄人口将不断减少。根据人口年龄移算方法，基于国家统计局人口普查数据、抽样调查数据及联合国数据库测算，并同时考虑从 2016 年开始全面实施二孩政策对 2030 年后劳动年龄人口的影响，预计 2016—2049 年前劳动年龄人口先降后升再降，总体呈下降趋势，到 2049 年约为 8.84 亿人，增长速度约为 –3.6‰，将拖累经济增长。另一方面，劳动年龄人口就业参与率不断下降。劳动年龄人口就业参与率直接影响劳动力向就业人口的转换。近年来，受劳动力受教育时间延长、人民收入水平提高等因素影响，劳动年龄人口就业参与率总体呈下降趋势。我们假设未来我国劳动年龄人口就业参与率保持 2005—2015 年的下降趋势，通过 HP 滤波获得劳动年龄人口就业参与率变化趋势，外推后得到 2049 年前每年度就业参与率，预计就业参与率将从 2016 年的 77.4% 下降到 2049 年的 70% 左右。

二是资本形成速度趋势性下滑。资本形成速度受投资增速和折旧率影响，而投资增速则取决于储蓄率（资本形成率），储蓄率与人口结构密切相关。根据国家发改委经济研究所课题组（2011）的研究，人口抚养比每上升 1 个百分点，储蓄率将下降 0.8 个百分点。据此，2016—2049 年我国人口结构变动将会带动储蓄率下降 23.8 个百分点左右。同时，资本外流等因素也会进一步降低我国资本积累速度。此外，随着基础设施的完善，投资中折旧率相对较低的建筑安装工程部分所占比重将进一步降低，而折旧率相对较高的设备工具器具购置比重将会上升。综合考虑投资增速下降和折旧率提高的影响，预计 2049 年前资本存量平均增速为 3.5% 左右。

三是全要素生产率仍将继续提升。全要素生产率是诸多因素中最难以确定也是影响经济增长最为重要的因素之一。我国全要素生产率增长速度取决于一系列因素，包括科技水平提高、资源配置效率改善、人力资本积累。2049 年前，创新驱动发展战略的实施将大幅提升技术进步对经济增长的贡献；结构转型过程中的要素配置效应对全要素生产率的拉动作用将下降；劳动年龄人口受教育水平不断提高带来的人力资本积累对经济增长的贡献将会提高。结合我国全要素生产率变化趋势和已有研究预测，假设 2049 年前，在情景 I 下，全要素生产率年均增速约为 3.0%；在情景 II 下，全要素生产率年均增速约为 2.5%；在情景 III 下，全要素生产率年均增速约为 2.0%。

表 7-2　代表性文献对未来我国全要素生产率的预计

代表性文献	预计时段	年均增速
李善同（2010）	2008—2030 年	2% 左右
陆旸、蔡昉（2014）	2011—2030 年	2.37%
陆旸、蔡昉（2016）	2011—2050 年	2.37%
谭海鸣等（2016）	2015—2050 年	3.13%
中国社会科学院 经济研究所课题组（2012）	2016—2020 年	2.0%
	2021—2030 年	2.5%
OECD（2012）	2011—2060 年	3.5%
世界银行、国务院发展研究中心 课题组（2013）	2016—2030 年	2% 左右
郭春丽等（2016）	2014—2020 年	1.5%（基准情景） 2.0%（次乐观情景） 2.5%（乐观情景）

数据来源：根据相关文献整理。

小康之后的中国

四是改革红利仍将持续释放。全面深化改革可以释放改革红利，显著提高潜在增长率。根据郭春丽等（2016）的研究，2016—2020 年，全面深化改革（情景 I）可提高经济潜在增速约 1.8 个百分点、部分深化改革（情景 II）可提高经济潜在增速约 1.5 个百分点、延续已有改革（情景 III）也可提高经济潜在增速约 1 个百分点。不过，随着经济发展阶段上升，发展的基本条件将改变，改革红利的边际效应会递减。假设 2021—2025 年、2026—2030 年、2031—2040 年和 2041—2049 年，全面深化改革、部分深化改革和延续已有改革情景下的增长效果分别为 2016—2020 年的 2/3、1/2、1/4 和 1/8，则可分别提高潜在增速的百分点如表 7-3 所示。

表 7-3　2021—2049 年全面深化改革对经济潜在增速的拉动判断（百分点）

	2016—2020	2021—2025	2026—2030	2031—2040	2041—2049
情景 I	1.8	1.2	0.9	0.45	0.225
情景 II	1.5	1.0	0.75	0.375	0.188
情景 III	1.0	0.667	0.5	0.25	0.125

数据来源：郭春丽等（2016），课题组预测。

（二）不同情景下潜在增长率测算

一是潜在增长率大幅下降。将上述资本、劳动、全要素生产率等投入变量预测值代入生产函数，可得到 2049 年前我国经济潜在增长率预测数（图 7-3）。总体来看，2049 年前，我国经济潜在增长速度将趋于下降。这将带动 2020—2049 年我国经济年均增速下降到 5.2% 及以下。其中到 2030 年，在情景 I、情景 II 和情景 III 下，经济增长速度将分别下降到 5.6%、4.9% 和 4.2%；到 2049 年，在情景 I、情景 II 和情景 III 下，经济增长速度将分别下降到 4.2%、3.7% 和 3.1%。

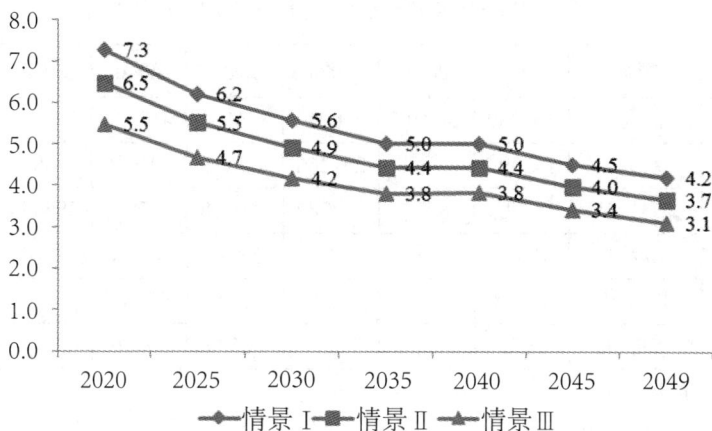

图 7-3　2049 年前不同情境下我国潜在增长率预测（%）
数据来源：课题组测算。

二是发展水平不断提升。进一步，基于经济增速和人口预测数据，还可测算得到 2049 年前我国 GDP 和人均 GDP 数据（表 7-4）。总体来看，2049 年前我国经济总量和人均收入水平都将不断提高，到 2049 年，接近目前的翻两番水平。到 2030 年，情景 I、情景 II 和情景 III 下，GDP 分别达到 27.8 万亿美元、25.1 万亿美元和 22.2 万亿美元（2015 年价格水平，不变汇率），是 2015 年的 2 倍以上；人均 GDP 分别为 19132 美元、17289 美元和 15295 美元，是 2015 年的 2 倍以上。届时，在情景 I 和情景 II 下，我国均可跨入高收入国家行列①，到 2035 年则可稳步达到高收入国家水平。到 2049 年，情景 I、情景 II 和情景 III 下，GDP 分别上升到 67.5 万亿美元、55.2 万亿美元和 43.8 万亿美元，是 2015 年的 4.1 倍以上；人均 GDP 分别达到 48536 美元、39636 美元和 31448 美元，是 2015 年的 4.1 倍以上。届时，在情景 I 下，我国已成为全球第一大经济体，经济总量约是美国的 1.6 倍，人均 GDP 约为美国的 0.53 倍②。

① 未来 30 多年全球年均经济增速约为 2.8%，人口年均增速为 0.8%，用全球经济增速预测，高收入国家分界线将从 2015 年的人均 GDP 为 12475 美元上升到 2030 年的 16790 美元、2035 年的 18537 美元。

② 未来 30 多年，考虑到美国经济发展阶段、经济结构等已相对成熟，并在未来 30 多年里仍将处于世界科技创新高地，同时参考 PWC（2017）、OECD（2012）、美国农业部（2016）等机构对美国 2050 年前经济增长率的预测，预计 2016—2049 美国经济可保持 2.5% 的年均增长速度，人口年均增速约为 5.51‰（《世界人口展望 2017》），那么到 2049 年美国 GDP 约为 417606 亿美元、人均 GDP 约为 93323 美元。

表 7-4　2020—2049 年我国 GDP 和人均 GDP 预测

指标	情景	2020	2025	2030	2035	2040	2045	2049
GDP （亿美元）	情景 I	155289	211017	278042	356533	457120	571960	675283
	情景 II	149591	196670	251266	313480	391046	476842	551459
	情景 III	142705	180332	222282	269128	325801	386658	437540
人均 GDP （美元）	情景 I	10838	14563	19132	24612	31844	40447	48536
	情景 II	10440	13573	17289	21640	27241	33721	39636
	情景 III	9959	12445	15295	18579	22696	27343	31448

数据来源：课题组测算。

三是占全球经济比重上升到 20% 以上。基于对全球增长均值回归规律和长周期的分析，并参考 PWC（2017）等国际机构对全球经济增长趋势的预测，预计 2016—2049 年全球经济年均增速约为 2.8% 左右，则到 2049 年全球经济总量将达到 193 万亿美元。届时，我国经济总量占全球经济比重将不断提高。到 2030 年，情景 I、情景 II 和情景 III 下，可分别达到 25.0%、22.6% 和 20.0%，将比 2015 年所占比重 14.9% 上升 5.1 个百分点以上；而到 2049 年，情景 I、情景 II 和情景 III 下，可分别上升到 35.0%、28.6% 和 22.7%，将比 2015 年所占比重上升 7.8 个百分点以上。届时，我国经济总量占全球经济的比重和美国目前所占比重 24.3%（2015 年）相当，并略高于美国 2049 年占全球经济比重的 21.6%。

表 7-5　2049 年前全球经济总量及我国所占比重

		2020	2025	2030	2035	2040	2045	2049
世界经济总量 （亿美元）		843064	967890	1111199	1275726	1464613	1681468	1930430
占全球 经济比重 （%）	情景 I	18.4	21.8	25.0	27.9	31.2	34.0	35.0
	情景 II	17.7	20.3	22.6	24.6	26.7	28.4	28.6
	情景 III	16.9	18.6	20.0	21.1	22.2	23.0	22.7

数据来源：课题组测算。

四、未来 30 年高收入国家平均发展水平及 2049 年我国发展水平预测

发展水平提高是现代化的重要标志。由于人均 GDP 是衡量一个国家和地区发展的综合性指标，得到国际机构和各国的重视。世界银行以"人均 GNI"（与人均 GDP 大致相当）为标准，将全球主要经济体划分为低收入国家、中低收入国家、中高收入国家和高收入国家等四组，每年还根据汇率和全球通货膨胀水平，调整国家分组标准。我国目前处于中高收入国家行列，未来 30 年将进入高收入国家行列，并有望达到高收入国家平均发展水平。

（一）未来 30 年高收入国家平均发展水平测算

综合长期增长预测方法和样本选择问题，我们采用长期趋势外推法预测 2049 年前全球、国家组或相关国家的经济增长趋势。在此基础上，采用大样本随机抽样法预测 2049 年前后高收入国家人均 GDP 平均水平，并进一步采用高收入区间法、典型样本法、中三分位法等三种方法进行佐证。

1. 采用大样本随机抽样法预测 2049 年高收入国家人均国内生产总值平均水平[①]

未来全球经济格局可能出现变动，国家经济排名会出现很大变化，理论上应先预测每个国家 2049 年的人均 GDP，再确定 2049 年高收入国家人均 GDP 平均水平，而实际上这难以做到。首先我们根据随机抽样原理，以 Conference Board 数据库为基础，剔除数据不完整国家后，将剩余 102 个样本国家按序号分为奇数和偶数组，每组 51 个国家（表 7-6）。其次基于对全球各国经济变化趋势的长周期分析和各国长期历史增长情况，采用增长趋势均值回归和周期波动区间来估计样本国家 2049 年人均 GDP 水平，并由样本国家相关统计量的统计值（人均 GDP 排名上四分位数和排名前 50% 国家人均 GDP 均值）推断作为

[①] 此处引用本人和杜秦川完成的 2016 年度国家发改委宏观经济研究院基本科研业务专项经费课题《2030、2050 年我国潜在增长率变化趋势及实现第二个百年目标评估》中的研究结论。

2049 年全球高收入国家人均 GDP 平均水平。由于无法得到所有国家样本数据，为确保稳健，建立对照组对比相关统计量的统计值。

表 7-6　随机抽样纳入样本国家奇偶顺序分组表

	奇数组	偶数组
国家（地区）	奥地利、塞浦路斯、芬兰、德国、冰岛、意大利、马耳他、挪威、西班牙、瑞士、英国、美国、新西兰、保加利亚、波兰、孟加拉国、中国、中国香港、印尼、马来西亚、巴基斯坦、新加坡、斯里兰卡、泰国、阿根廷、玻利维亚、智利、哥斯达黎加、厄瓜多尔、牙买加、秘鲁、特立尼达多巴哥、委内瑞拉、伊朗、以色列、科威特、卡塔尔、叙利亚、也门、安哥拉、喀麦隆、刚果（金）、埃塞俄比亚、肯尼亚、马拉维、摩洛哥、尼日尔、塞内加尔、苏丹、突尼斯、赞比亚	比利时、丹麦、法国、希腊、爱尔兰、卢森堡、荷兰、葡萄牙、瑞典、土耳其、加拿大、澳大利亚、阿尔巴尼亚、匈牙利、罗马尼亚、柬埔寨、中国、印度、日本、缅甸、菲律宾、韩国、中国台湾、越南、巴巴多斯、巴西、哥伦比亚、多米尼加共和国、危地马拉、墨西哥、圣卢西亚、乌拉圭、巴林、伊拉克、约旦、阿曼、沙特阿拉伯、阿联酋、阿尔及利亚、布吉纳法索、科特迪瓦、埃及、加纳、马达加斯加、马里、莫桑比克、尼日利亚、南非、坦桑尼亚、乌干达、津巴布韦

　　二战后，考虑到全球化、人口结构和技术革命的阶段性变化，世界经济大致可划分为 1951—1985 年、1986—2015 年和 2016—2049 年三个阶段[①]，基于均值回归规律预测各国长期经济增长趋势时，分别以 1951—2015 年、1951—1985 年、1986—2015 年人均 GDP 增速、GDP 增速和人口增速作为 2016—2049 年各国相应变量增长的三种情景。同时，为提高预测结果的稳健性，我们还采用直接预测人均 GDP 增速、通过预测 GDP 增速和人口增速间接计算人均 GDP 增速等两种思路，预测未来各国人均 GDP 增长趋势。综合测算，得到 2049 年由不同组别不同口径不同情景测算的上四分位数和排名前 50% 国家人均 GDP 均值的稳健组合确定的高收入国家人均 GDP 平均水平。为了提高可信度，剔除了存在明显偏误的偶数组。综合奇数组中两种统计口径下相关国家的人均 GDP，得到 2049 年高中低三种情景下高收入国家人均 GDP 分别为 43000—

[①] 1950—1985年、1986—2015年和2016—2049年，分别大体对应着去全球化、全球化和逆全球化阶段，计算机革命初期、信息技术革命全球扩散和第四次技术革命波动式上升阶段，人口增长加速、人口增速平稳和人口增长相对减速阶段。

46000 美元、40000 美元和 35000 美元。据此保守预计，2049 年高收入国家人均 GDP 平均水平约为 43000 美元。

表 7-7　高中低三种情景下 2049 年高收入国家人均 GDP 平均水平

	低情景	中情景	高情景
人均 GDP 平均水平	35000 美元	40000 美元	43000—46000 美元

数据来源：课题组测算。

2. 采用高收入区间法、典型样本法、中三分位法分别预测 2049 年高收入国家人均国内生产总值平均水平

为验证大样本随机抽样法预测的 2049 年高收入国家人均 GDP 平均水平不低于 43000 美元的科学性、客观性，我们进一步基于对典型高收入国家组、高收入国家的分析，综合采用高收入区间法、典型样本法、中三分位法对 2049 年高收入国家人均 GDP 进行了预测。

一是高收入区间法预测 2049 年高收入国家人均国内生产总值平均水平。高收入区间法是在预测 2049 年高收入国家分界线和全球收入水平最高的高收入国家组人均 GDP 基础上，推算高收入国家人均 GDP 平均水平。高收入国家分界线是高收入国家的门槛值，其与全球收入水平最高的高收入国家组的人均 GDP 的均值可表示高收入国家人均 GDP 平均水平。一方面，世界经济长期增长速度存在向长周期均值收敛的规律（Pritchett & Summers，2014）。根据上面的分析，考虑到全球化、人口结构和技术革命等影响因素的阶段性变化，从二战结束到 21 世纪中叶，世界经济增长大致可划分为 1951—1985 年、1986—2015 年和 2016—2049 年三个阶段，年均增速分别从 1951—1985 年的 4.3% 下降到 1986—2015 年的 2.9%[①]，并进一步略降到 2016—2049 年的 2.8%，2016—2049 年经济年均增速与 1986—2015 年大体一致。关于 2016—2049 年的世界经济年均增长速度的预测与 PWC（2017）、The Conference Board（2017）、HSBC（2011）等国际机构对 2049 年前世界经济年均增长速度的预测基本一致，如

[①] 测算长时期人均国民收入增长率均值时，剔除了过高增长和过低增长的极端情况。

The Conference Board（2017）预测 2022—2026 年世界年均经济增长速度为 2.7%，PWC（2017）预测 2016—2050 年世界年均经济增长速度为 2.6%，HSBC（2011）预测 2012—2050 年世界年均经济增长速度为 3%。考虑到 2049 年前全球人口老龄化加重、生育率下降以及人口预期寿命延长等多重因素综合影响，根据联合国《世界人口展望 2017》预测，年均人口增速将从 1985—2015 年的 1.4% 降低到 2016—2049 年的 0.8%。如此计算，2016—2049 年全球人均国内生产总值年均增速约 2%，高收入国家分界线将从 2015 年的 12475 美元（2015 年价格，下同）上升到 2049 年的约 24400 美元。另一方面，按照 2015 年世界银行关于各国的排序，我们选取排名居前的 10 个国家[①]作为收入水平最高的高收入国家组。这些国家人均 GDP 年均增速平均值从 1960—1985 年的 2.5% 下降到了 1986—2015 年的 1.5%，按照历史减速规律，预计 2016—2049 年人均 GDP 年均增速约为 1%，据此推算其人均 GDP 将从 2015 年的 50900 美元上升到 2049 年的 71390 美元。取上述国家人均 GDP 与高收入国家分界线的均值，估算 2049 年高收入国家人均 GDP 平均水平约为 47925 美元。

二是典型样本法预测 2049 年高收入国家人均国内生产总值平均水平。高收入国家人均 GDP 平均水平大致相当于高收入国家人均 GDP 的平均值，预测代表性高收入国家人均 GDP 增长趋势，也可估算 2049 年高收入国家人均 GDP 平均水平。根据世界银行发布的最新国家收入分组标准，2015 年全球有 78 个高收入国家，剔除小国、岛国、石油输出国、数据不齐全国家，余下 30 个国家，其平均人均 GDP 约为 34500 美元。考虑到这些国家经济转型和结构调整基本到位、制度比较成熟，潜在经济增长率出现阶段性下滑，带来 1951—2049 年长周期增长的三阶段 1951—1985 年、1986—2015 年、2016—2049 年呈现明显的阶段性减速，预计 2016—2049 年代表性高收入国家人均 GDP 年均增长速度约下降到 1986—2015 年的一半（约为 1%），则 2049 年高收入国家人均 GDP 平均水平约 48000 美元。

三是中三分位法预测 2049 年高收入国家人均国内生产总值平均水平。由

[①] 在人均GDP排名前16个国家中，我们剔除卢森堡、挪威、冰岛、新加坡、芬兰、荷兰等岛国、城市型国家和人口小于500万的小国之后，余下10个国家分别是瑞士、澳大利亚、美国、丹麦、瑞典、英国、奥地利、加拿大、德国和比利时。

于高收入国家人均 GDP 平均水平可以理解为高收入国家人均 GDP 的中间水平，可用排在高收入国家中间的若干国家发展水平的平均值来表示高收入国家人均 GDP 平均水平。按照人均 GDP 高低，将以上 30 个代表性高收入国家分为高、中、低三个组，并将位于中三分位的葡萄牙、西班牙、意大利、法国、日本、新西兰、以色列、比利时、德国、加拿大等 10 个国家作为样本，计算高收入国家人均 GDP 平均水平。2015 年，这些国家的人均 GDP 均值为 34000 美元。按照前述阶段性减速调整，2016—2049 年这些国家人均 GDP 年均增速约下降到 1986—2015 年的一半（约为 0.8%），则得到 2049 年高收入国家人均 GDP 平均水平约为 43800 美元。

综合来看，采用高收入区间法、典型样本法、中三分位法预测的 2049 年高收入国家人均 GDP 平均水平均落在了采用大样本随机抽样法预测的人均 GDP 区间内且向上偏离 43000 美元较小，说明 2049 年前后高收入国家人均 GDP 平均水平不低于 43000 美元比较科学。

表 7-8　四种方法测算的 2049 年前后高收入国家人均 GDP 平均水平

方法	大样本随机抽样法	高收入区间法	典型样本法	中三分位法	人均 GDP 平均水平
人均 GDP	43000 美元	47925 美元	48000 美元	43800 美元	≥ 43000 美元

数据来源：课题组测算。

（二）我国达到高收入国家平均水平预测

比较 2049 年前后我国人均 GDP 水平和高收入国家人均 GDP 平均水平，判断我国能否达到高收入国家平均发展水平。2049 年前后，高收入国家人均 GDP 平均水平将达到 43000 美元以上，而我国在情景Ⅰ、情景Ⅱ和情景Ⅲ下的人均 GDP 分别为 48536 美元、39636 美元和 31448 美元，表明我国通过努力可望达到高收入国家平均发展水平。尤其是，我国有举国体制的制度优势，并积累了 30 多年的改革开放的成功经验，未来仍可在积极塑造有利国际发展环境前提下，通过持续深化社会主义经济社会体制机制改革，从增加生产要素和提升全要素生产率两个方面强基固本。

表 7-9 不同情景下 2049 年前后我国人均 GDP 与
高收入国家人均 GDP 平均值比较

2049 年我国人均 GDP		2049 年高收入国家人均 GDP 平均值
		≥ 43000 美元
情景 I	48536 美元	能达到
情景 II	39636 美元	不能达到
情景III	31448 美元	不能达到

数据来源：课题组测算。

五、挖掘经济潜在增长率、确保达到高收入国家平均水平的建议

为保障 2049 年达到高收入国家平均水平，应在主动塑造和平稳定国际发展环境前提下，以全面深化改革为主线，从增加资源数量和提高资源配置效率两个方面着手，着力提高人力资本存量、改善基础设施质量、增加创新要素积累等，提高劳动、资本、科技等生产要素的配置效率，增加生产要素投入和提高全要素生产率，提升我国潜在经济增长率。

（一）主动塑造和平稳定的国际环境

在加强东亚区域合作和上海合作组织两大战略基础上，依托"一带一路"倡议，完善多层次、全方位、互利共赢的对外开放格局。辩证奉行"韬光养晦、有所作为"的战略方针，在国际安全事务上积极有为，敢于善于提供中国方案；以更加积极的态度参与国际规则修改和制定，推动着全球治理更加健康、公平、有序发展。进一步健全国家安全预警、评估、决策和协调机制，提高应对突发事件的能力。

（二）挖掘劳动供给潜力

以推进新型城镇化为契机，加快消除城乡、行业、身份等影响平等就业的制度障碍和歧视，实行城乡平等的就业服务、用工准入和同工同酬的劳动报酬制度，稳定和增加非农劳动力供给，并提高劳动参与率。深入推进国有企业和垄断行业劳动用工制度改革，加快建立体现市场竞争的选人机制和用工制度，用人向社会开放、工资与其他行业对接，构建统一开放的劳动力市场体系。在

深入实施二孩政策的同时，渐进提高退休年龄，为未来经济增长提供充足劳动力供给。此外，也需要通过引导劳动密集型产业从沿海向中西部地区转移，充分利用中西部劳动力资源，挖掘第一次人口红利。同时，着力提高人力资本对经济增长的贡献。深化科技教育领域改革，进一步提高教育的均等化程度、推动普及高等教育和加强职工培训的有效性，提高整体人力资本，尤其是要加大对农村教育投入力度，开发提升第二次人口红利。

（三）努力促进有效资本形成

加大金融改革力度，降低金融抑制程度，在资本积累放缓情况下，促进资金价格更多反映资本供求关系，使资本供求趋于平衡。加快金融体制改革、发展直接融资等，提高资本运用效率。顺应我国产业结构转型升级趋势，进一步完善基础设施、市场监管、法律框架等软硬基础设施条件，大力支持技术创新，引导企业进入符合本国比较优势的部门。尤其是应针对我国中西部、农村地区基础设施条件落后状况，加大力度改善农林水利设施、道路交通条件等。针对我国科技基础设施不足情况，以科技体制改革为基础，加快健全技术创新市场导向机制，发挥市场对技术研发方向、路线选择、要素价格、各类创新要素配置的导向作用，建立主要由市场决定技术创新项目和经费分配、评价成果的机制。

（四）着力提高全要素生产率

结合新一轮科技革命和产业变革趋势和我国经济社会发展需要，不断完善社会主义市场经济制度，持续推进全面深化改革。深入实施创新驱动发展战略，加大对企业技术改造和创新的支持力度，建立鼓励企业采用新技术、新工艺、新材料的制度安排。切实加强知识产权保护等以促进技术创新，建立以企业为主体、市场为导向、产学研深度融合的技术创新体系，探索高校开展科技成果转移转化试点，促进科技成果有效转化为现实生产力。

（执笔：易信）

参考资料目录：

1.PWC，2017，"The Long View How will the global economic order change by 2050?".

2.The Conference Board，2017，"The Conference Board Global Economic Outlook, 2017—2026".

3.Pritchett, L. and Summers, H. L., 2014, "Asiaphoria Meets Regression to the Mean". NBER Working Paper 20573.

4.Eichengreen，B.，Donghyun，P. and Shin，K.，2012，"When Fast-Growing Economies Slow Down: International Evidence and Implications for China". Asian Economic Papers，MIT Press，Vol.11，pp.42—87.

5.OECD，2012，"Looking to 2060 : Long-term Global Growth Prospects"，OECD Economic Policy Papers, No.3.

6.HSBC，2011，"The world in 2050: Quantifying the Shift in the Global Economy".

7.谭海鸣、姚余栋、郭树强、宁辰：《老龄化、人口迁移、金融杠杆与经济长周期》，《经济研究》2016 年第 2 期。

8.陆旸、蔡昉：《从人口红利到改革红利：基于中国潜在增长率的模拟》，《世界经济》2016 年第 1 期。

9.陆旸、蔡昉：《人口结构变化对潜在增长率的影响：中国和日本的比较》，《世界经济》2014 年第 1 期。

10.郭春丽等：《重点领域改革的增长红利研究》，人民出版社 2016 年版。

11.国家行政学院课题组：《中国经济新方位》，人民出版社 2016 年版。

12.德赛·梅格纳德：《自大——无视危机的经济学家与经济周期探寻》，人民邮电出版社 2016 年版。

13.易信、杜秦川：《2030、2050 年我国潜在增长率变化趋势及实现第二个百年目标评估》，经济所 2016 年度基础课题内部报告。

14.华夏新供给研究院：《中国 2049 战略》，2015 年研究报告。

15.经济学人：《长期宏观经济展望——2050 年主要发展趋势》，2015 年研究报告。

16. 普华永道:《2050 年的世界:全球经济势力是否会持续转移?》,2015年研究报告。

17. 世界银行、国务院发展研究中心:《2030 年的中国:建设现代化和谐有创造力的社会》,中国财政经济出版社 2013 年版。

18. 中国社会科学院经济研究所课题组:《中国经济长期增长路径、效率与潜在增长水平》,《经济研究》2012 年第 11 期。

19. 林毅夫:《中国 8% 经济增长率还可持续 20 年》,《凤凰网》2012 年 9月。

20. 汇丰银行:《2050 年全球经济预测报告》,2012 年研究报告。

21. 李善同:《"十二五"时期至 2030 年我国经济增长前景展望》,《经济研究参考》2010 年第 43 期。

第八章　未来30年我国经济社会发展面临的
制约因素和风险挑战

内容提要：未来30年，我国存在国际环境复杂多变、人口老龄化、资源环境压力大、科技创新能力不足、国家治理体系和治理能力建设尚未到位等多方面制约和短板因素；同时，如无重大调整，还面临"修昔底德""中等收入""塔西佗"等三大陷阱的考验。针对重大制约和短板因素，应防范国际安全风险、积极应对人口老龄化、谋划提升资源能源和环境的支撑力、有效应对科技创新和人力资本难题，推进国家治理体系和治理能力现代化建设。针对重大风险挑战，应不断增进国际合作，共同管控"修昔底德陷阱"；多种措施并举，确保跨越"中等收入陷阱"；织牢加密网络，防范"塔西佗陷阱"。

展望未来，第二个百年目标并非轻而易举就可实现，我们受到来自资源要素条件、国内外环境、国家治理体系等多方面因素制约，也存在一些短板因素，还面临着"修昔底德陷阱""中等收入陷阱""塔西佗陷阱"的挑战。对此，应有清醒认识，采取针对性措施积极应对，确保实现第二个百年目标。

一、制约和短板因素

到2049年，我国要建成社会主义现代化强国。然而，我国将进入老龄化社会，劳动力会逐步走向短缺，技术创新能力以及人力资本积累也会不适应经济发展方式转变和新的产业革命要求，资源环境对经济社会发展的约束限制也会越来越凸显。同时，社会领域不稳定因素增多，国际安全环境也更加复杂多

233

变，不确定性增大，而当前的治理能力和治理体系尚不能适应未来发展的要求。这些制约和短板因素都可能对顺利实现第二个百年目标产生较大影响，应高度关注。

（一）安全环境更加复杂多变，不确定性风险更多更高

传统经济安全问题仍然存在，甚至比此前面临的局势更为严峻。我国与美国、日本、印度存在长期结构性矛盾，安全困境随时可能发生，同时，我国由大变强也逐渐引起周边发展中国家的焦虑。从世界经济格局来看，我国与发展中国家竞争的传统劳动密集型领域仍然在延续，而在资本和技术密集型领域对发达国家的竞争与替代已经全面开始。因此，我国可能将不得不同时面临发达国家和后起的新兴经济体的双重夹击与复杂挑战。从地缘关系来看，周边局势复杂多变也将对我国发展对外合作产生深刻影响。南海局势持续复杂掣肘中国与东盟经济一体化；中亚极端势力有可能趋于活跃，将成为我国持续稳定发展的一个不可忽略的干扰因素；东北亚局势将进一步趋向复杂化，从而对中日韩经济合作和贸易自由化构成不利影响。

气候变化、能源资源安全、金融安全等全球性问题将更加突出。受到发展阶段和技术水平制约，我国目前对传统能源资源的依赖程度依然较大，面临的环境代价、能源价格上涨和西方舆论的压力也越来越大。围绕气候变化和能源资源安全等全球性问题，各国共同应对的共识程度在提高，但在责任义务界定、发展权益维护、转型路径选择、技术资金援助等方面，还将存在长期争议。同时，伴随着美国对中东能源依存度的降低，美国对中东和北非治安的关注和投入将有可能减弱，印度洋等海域的安全形势有可能倒退，我国资源能源运输安全保障有可能面临越来越大的风险和挑战。此外，金融科技突飞猛进，对金融机构、金融模式和金融基础设施形成巨大冲击，也对金融监管构成挑战，保障金融安全比过去任何时期都更加复杂。

逆全球化导致我国面临的贸易和资本流动外部环境更为恶劣。在全球化红利分配不均、跨国间经济风险传染不断加剧、民族主义情绪持续发酵等因素驱动下，经济全球化进程持续减速，逆全球化将成为世界经济发展中的不稳定因素。一方面，贸易保护主义出现抬头趋势，各国对本国产业

和商品的保护心态逐渐加强，将不利于全球经济复苏。另一方面，新兴市场资本净流入将大幅减少，从而使经济复苏遭遇更大困境。以英国脱欧为代表的经济逆全球化"黑天鹅"事件未来仍有可能发生，在短期内激烈演化，造成对资本市场风险偏好的冲击，从而导致全球经济出现剧烈波动。此外，难民问题和恐怖主义已经成为引发社会动荡的重要不稳定因素，而逆全球化带来的封闭主义和狭隘主义，使得种族歧视情绪进一步发酵，影响地缘政治稳定。

（二）老龄社会特征进一步凸显，劳动力要素约束趋紧

劳动力是经济增长的重要生产要素，一个国家劳动力结构深度影响着经济潜在增长率高低和产业结构特点。从我国人口结构看，目前已经进入老龄化社会，在未来几十年里将进入深度老龄化社会。一方面，劳动力供求关系发生转折，劳动力要素将从充裕走向短缺，劳动力成本将不断提升，影响未来经济增长潜力；另一方面，投资、储蓄特征发生变化，抚养比上升，社会负担加重。

1. 老龄化加剧，劳动力供给将趋于下降

从当前情况看，我国老龄化趋势正在不断加剧。以 65 岁以上老年人口占比的标准来衡量，我国老龄化程度不断提高，2002 年就已超过世界卫生组织所定义的老龄化社会（7%）标准，2014 年超过 10%，2016 年达到 10.8%，逐步靠近老龄社会（14%）的标准。据全国老龄委发布的数据显示，到 2013 年底，中国老年人口总数将超过 2 亿，到 2025 年，老年人口数量将超过 3 亿，2033年超过 4 亿，平均每年增加 1000 万老年人口。从比重看，老龄人口比重提升呈加速态势，近年来大约 3 年就可提升一个百分点。与此相对应，劳动年龄人口占比在下降，劳动力绝对人口数量也在下降。以 15—64 岁年龄人口的标准来衡量，2010 年我国劳动年龄人口占比见顶下降，2016 年占比为 72.56%，比2010 年下降了近 2 个百分点。在绝对数量上，2014 年减少了 145 万人，2015年继续减少了 160 万人，2016 年仅略有回升。

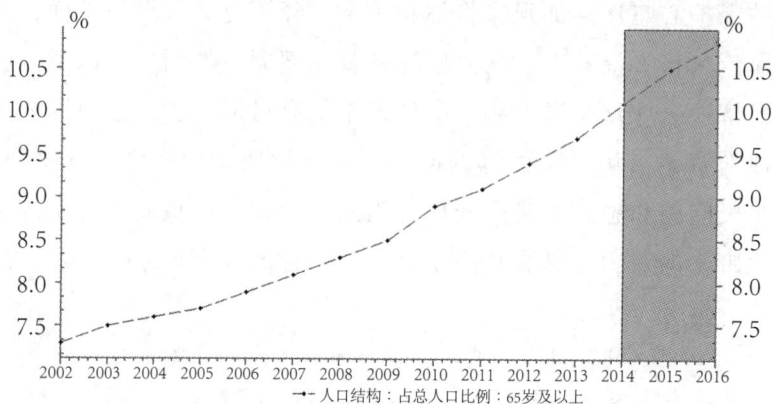

图 8-1　我国 65 岁及以上老年人口比重（2002—2016）

展望未来，多数研究对人口总量的判断是：我国人口总量大致在 2030 年之后趋于下降，人口老龄化的大趋势已经显现且不可逆转，劳动力总量也将相应下降。《世界人口展望报告：2015 年修订本》预测，我国人口在 2028 年将达到峰值，即 14.16 亿，随后会逐年下降，2030 年为 14.15 亿，2050 年为 13.48 亿。他们认为，到 2050 年我国 15—59 岁人口比重将会降到 50%，而 60 岁以上人口比重将达到 36.5%。考虑到我国已经全面放开二孩的政策变化，预计会出现一定程度的生育反弹，不过这种反弹只是短期现象，从发达国家的经验看，经济发展程度较高的条件下，生育率普遍较低，未来很难达到人口更替水平（即总和生育率达到 2.1）。王金营、戈艳霞（2016）对全面二孩生育政策实施背景下的人口趋势进行了预测，认为该政策可将总人口峰值推迟到 2030 年的 14.66 亿，略大于政策不变时的结果，政策调整会在一定程度上放缓总人口和劳动力人口的减少速度，增加 2030 年之后的劳动力供给，但总人口的减少趋势并没有改变，2030 年后我国人口将以平均每年 640 多万的规模持续减少，到 2100 年人口减少到 10.16 亿。因而，未来老龄化加剧态势恐难逆转，劳动力供给在总量上将会减少，这在很大程度上会拉低潜在增长率，减弱后续增长动力。此外，未来我国从农业向非农产业的转移量也将不断减少，劳动力结构转换效应将持续减弱，依靠农村转移劳动力支撑的劳动供给动力将有所减弱，在劳动力配置方面动力也将不断弱化，也会影响后续增长潜力。

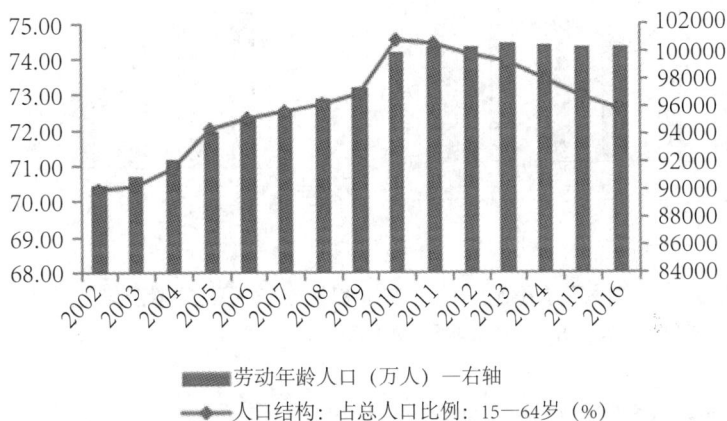

劳动年龄人口（万人）—右轴

人口结构：占总人口比例：15—64岁（%）

图 8-2　我国劳动年龄比重及绝对数量（2002—2016）

数据来源：根据《中国统计年鉴》计算。

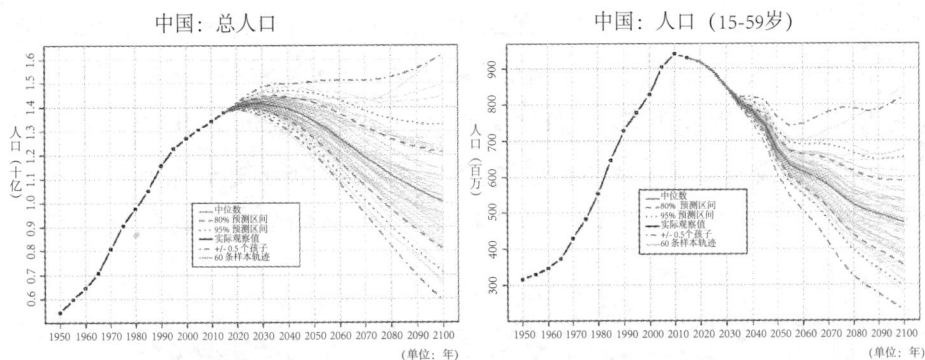

中国：总人口　　　　　　　中国：人口（15-59岁）

（单位：年）　　　　　　　（单位：年）

图 8-3　中国的总人口和年龄结构（1950—2050）

数据来源：联合国《世界人口展望》，2015年版。

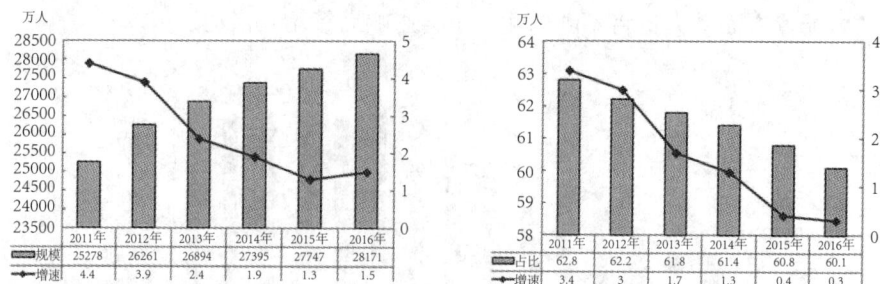

	2011年	2012年	2013年	2014年	2015年	2016年
规模	25278	26261	26894	27395	27747	28171
增速	4.4	3.9	2.4	1.9	1.3	1.5

	2011年	2012年	2013年	2014年	2015年	2016年
占比	62.8	62.2	61.8	61.4	60.8	60.1
增速	3.4	3	1.7	1.3	0.4	0.3

图 8-4　农民工总量及增速（左）和外出农民工总量及增速（右）

数据来源：国家统计局：《2016 年农民工监测调查报告》。

2. 老龄化影响储蓄投资，加重社会负担

除了在劳动力要素供给上形成约束外，老龄化加剧还会拉低储蓄率水平，影响新增投资，并加重社会负担。从理论上看，人口结构越老化，消费倾向越大而储蓄越少。从西方发达国家经验看，随着适龄劳动人口比重的下降，西欧的储蓄率和投资率出现了大幅度下滑，在 20 世纪 70 年代，储蓄率和投资率尚维持在 27% 左右的水平，到 21 世纪初，两个比率已经降到 20% 左右。因而，我国老龄化加剧、工作人口比重下降将拉低储蓄率，影响新增投资动力。从我国实际情况看，我国国民总储蓄率在高位水平上持续上升，在 2008 年达到 51.84% 的高点，之后便开始下降，2015 年为 47.9%，未来预计将进一步下降，影响投资保持高速增长。

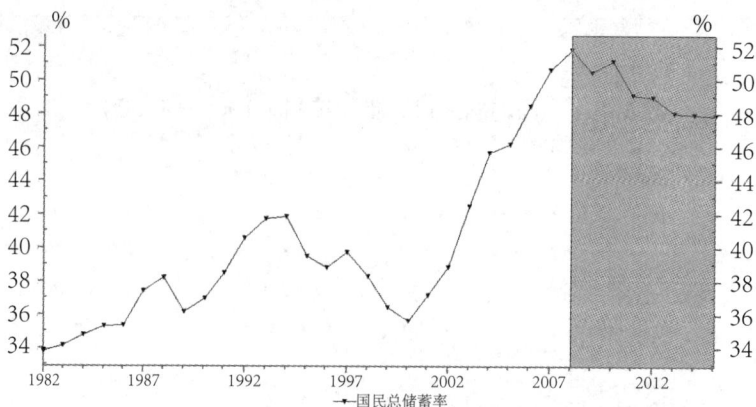

图 8-5　我国国民总储蓄率（1982—2015）

从社会负担角度看，老龄化加剧客观上将加重社会负担。我国老年人口抚养比自 2011 年已开始上升，上升势头十分强劲，到 2015 年已达到 14.33%，即 100 个工作人口要负担 14.33 个非工作老年人口。从包括少儿在内的总抚养比指标看，情形也较类似，同样在 2011 年开始稳步上升。这与我国老龄化趋势和劳动年龄人口的减少等情况是一致的。从我国社会保障情况看，全国基本养老保险基金征缴收入已持续低于同期养老保险基金支出，且收支缺口逐年扩大，主要依靠各级财政补贴来填补缺口。中国社科院社会保险研究所所长郑秉文主编的《中国养老金发展报告 2016》提出，2015 年城镇职工基本养老保险个人账户累计记账额（即"空账"）达到 47144 亿元，而当年城镇职工养老保险基金累计结余额只有 35345 亿元，这表明城镇职工基本养老保险制度资产和负债之间缺口会越来越大。从养老财富的积累来看，2015 年国家基本养老保险基金支出占 GDP 的比例为 4.13%，低于经济合作与发展组织（OECD）国家 7.9% 的平均水平，各类养老保险余额占 GDP 的比例为 12.06%，低于 OECD 国家的平均水平 82.80%。展望未来，伴随老龄化加剧态势，老年人口抚养比的上升趋势仍将持续，社会总体负担将不断加重，基本养老保险系统的可持续性受到考验，势必会加重国家财政的压力，影响经济社会持续健康发展。

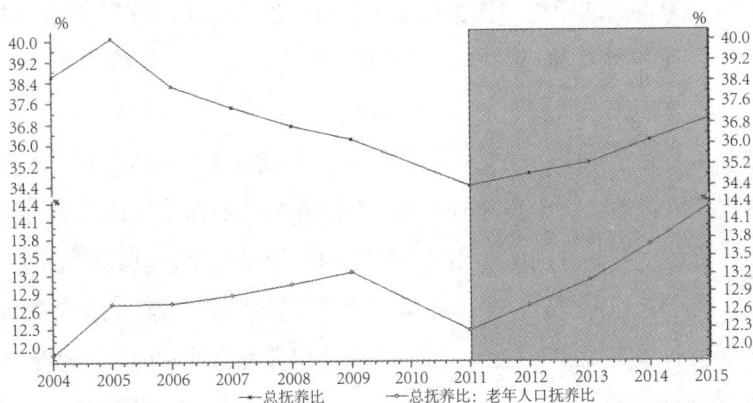

图 8-6　我国总抚养比和老年人口抚养比（2004—2015）

（三）能源资源支撑力不足，生态环境构成重要短板

我国传统增长模式的高投入、高能耗、高污染"三高"特征明显，在取得巨大经济成就的同时，也付出了大量消耗能源资源和破坏生态环境的沉重代价。展望未来，能源资源的供给能力对经济社会发展构成约束，生态环境方面也是建设美丽中国的重要短板，所需承担的国际责任也将不断提高，原有的经济发展模式难以为继，生态环境保护和修复任重道远。

1. 能源资源供给或难支撑现代化发展需要

未来几十年，能源资源供给可能难以满足我国经济社会发展需要，有效支撑现代化目标。

从国内供应看，能源资源的硬约束日渐突出，尤其是国内有限的石油供应能力，我国已探明石油储量占世界总量的 1.1%，但是常规石油与非常规石油资源的丰度和品位总体都偏差。超过 70% 的原油产量来自于 9 大主力油田，但绝大部分已渡过产量峰值并进入产量递减期。从人均矿产资源的拥有量来看，我国矿产资源比较缺乏，特别是一些战略性矿产资源的人均拥有量远低于世界平均水平，关系国计民生且消耗量大的重要矿产已不能满足需求。展望未来，虽然存在不断发现新探明储量的可能性，但是低成本、易规模化开采的能源资源储量已经非常有限，稳产或下降只是时间问题，国内能源资源供给难以满足需求。

从外部供应看，我国能源对外依存度不断提升，自 2009 年起，第一次由煤炭出口国转变为煤炭的净进口国；石油进口依存度在 2013 年已经接近 60% 的安全警戒，2049 年预计将超过 70%；大宗资源性产品进口量持续增加，铝土矿对外依存度超过 50%，铁矿石、铜精矿超过 60%。特别是，我国的油气进口不仅受制于全球产量与储量约束，还受到进口来源与运输路线安全的限制。作为我国石油进口的重要依赖地区的中东和非洲一直是国际局势的风险之地。同时，随着轻质致密油、可燃冰等非常规能源和可再生能源大规模利用，世界能源供给格局将深刻调整，国际能源署预测，2016 年美国将超过俄罗斯和沙特成为全球最大产油国，2035 年前有望实现能源自给，巴西深海油田开发将使其成为石油生产和出口大国，到 2035 年占全球石油净增量的 1/3，而中东、俄罗斯等传统产油国地位可能下降。这种能源格局调整对我国能源外部供应也带来较大不确定性。

面对未来能源资源供应的复杂形势，我国经济增长对能源资源的需求却不会止步。我国已是世界上矿产资源消费量最大的国家。根据国际经验，人均 GDP 7000—18000 美元阶段将是人均资源消费快速增长时期。初步判断，在未来 20 年内，我国仍将保持资源消费第一大国的地位。根据国际能源署的报告，2020 年前我国就会成为亚洲石油需求增长的主要引擎，到 2035 年，我国的能源消费将超过美国 80%，能源人均需求会增加 40%，到 2035 年基本达到欧洲的消费水平。同时，我国能耗水平居高不下，我国单位 GDP 能耗 [①] 高于大部分发达国家，也高于韩国、新加坡和印度等新兴经济体。

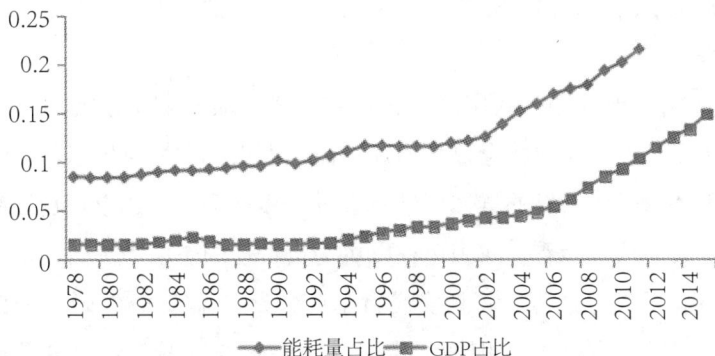

图 8-7 我国 GDP 占世界总量比重和能耗量占比

资料来源：世界银行数据库，下同。

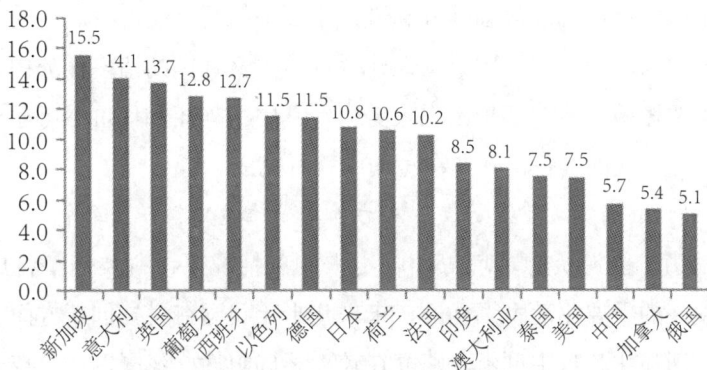

图 8-8 单位 GDP 能耗国际比较
（2005 年不变价购买力平价美元 / 千克石油当量，2014 年）

[①] 在世界银行数据库中，单位GDP能耗采用每千克石油当量所产生的GDP量来表示，这意味着数值越高，单位GDP能耗越低，数值越低，单位GDP能耗越高。

2. 生态环境进入修复期和责任承担期

近些年，我国环境问题已经成为政策关注的焦点之一，大气污染、水污染、固体废弃物污染、土壤污染等诸多问题不断吸引人们的眼球，环境承载力不断下降[①]，这不仅影响了人们的生产生活，也对资源环境高损耗型的工业发展模式敲响了警钟。党的十八大以来，生态文明建设和绿色发展理念等的地位已经被提高到空前高度，这既是生态环境问题的严重性倒逼所致，也是面向未来的及时之举。

面向 2030、2049 年，我国多年粗放式经济发展累积带来的生态环境危害将会集中爆发，发生频率将会显著增加，而广大人民群众对生态环境的需求越来越高，因环境问题引发的群体事件将会进一步增多、表达方式趋于激烈、影响进一步扩大。从国际看，我国正在以更为负责任的态度和举措，担负起全球应对气候变化的领导之责，将切实履行承诺，确保温室气体排放量在 2030 年达到峰值，此后开始下降。因而，生态环境保护议题的重要性将得到空前提升，我们必将投入大量人力物力，付出相当大的代价进行环境治理，同时大幅削减化石能源尤其是燃煤的使用而转向清洁能源，高污染行业要不断退出和转型升级。未来的环境标准只会提升和进一步严格执行，经济发展所受到的环境约束只会强化而不会减弱。同时，在建设社会主义强国的诸多任务中，生态环境方面是重要短板，要持续付出很大努力，其中的阵痛和代价不可避免。这些都要做好打持久战的准备，并非在短期内就可完成。

（四）科技创新突破难度加大，人力资本或难适应新产业革命

在劳动力、能源资源环境等面临更大约束情况下，科技创新将成为未来经济社会发展的重要驱动力。然而，未来几十年我国在科技创新方面的后发劣势可能会不断强化，自主创新之路存在较大不确定性。我国以往的技术进步主要依靠引进、模仿，在技术位势提升到一定水平之后，这条路就行不通了，因为外商投资的技术扩散效应正在减弱，进一步引进技术的成本和难度也有所加大。未来，后发劣势的作用可能会不断强化，我们习惯于引进、模仿，而对自主创新、原始创新重视不够，当前研发投入占 GDP 的比重由 1995 年的 0.52%

---

① 环境承载力是指在一定时期内，在维持相对稳定前提下，环境资源所能容纳的人口规模和经济规模的大小。

提高到 2016 年的 2.02%，已接近世界平均水平（2008 年为 2.14），但横向对比，2012 年我国全社会研发强度相当于美国和日本 2008 年水平的 71.1% 和 57.5%，未来相当长一段时期，我国研发投入强度可能仍将低于发达国家。从产出看，我国创新资源配置重复分散、使用效率不高、共享不足，企业创新动力和活力不足，创新对改善经济增长质量和效益的作用没有充分发挥，尽管发明专利较多，但重大科学发现和产业核心技术相对较少。总体看，在科技创新之路上，我国要从以往的模仿提升走向自主创新，走向引领新发展方式和新产业革命，难度在不断加大，不确定性在提高。

从人力资本积累情况看，在我国几十年依靠人口红利的发展模式和教育模式下，培育积累了大量可支撑劳动密集型产业发展的中等素质人力资本。然而，未来三十年要面对的是技术密集型产业和新技术带动的产业革命浪潮，原有的人力资本积累在短期或较难适应经济发展方式的转变和新产业革命的要求，也就难以抓住科技创新突破带来的巨大发展机遇。同时，部分不适应新产业革命需求的人力资本可能要面临退出劳动力市场的结果，失业风险增大，社会不稳定因素增多，进一步加重社会负担。这也同样对经济社会发展形成较大约束。

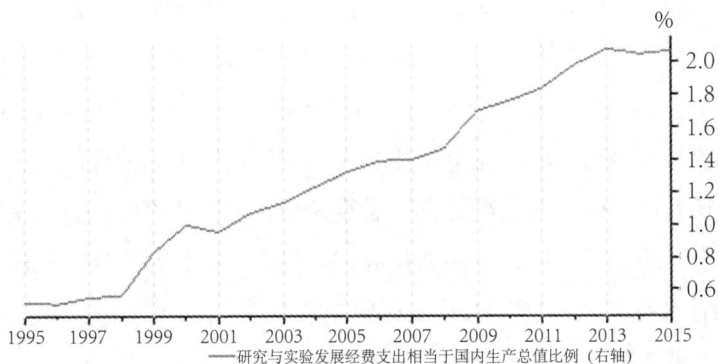

图 8-9　我国研究与实验发展经费支出占比（1995—2015）

表 8-1　中国和部分工业化国家制造业研发强度比较

国家／地区	全社会研发支出占 GDP 比重（%）	制造业研发支出占业务收入比重（%）			备注
		制造业	高技术产业	电子信息制造业	
中国	1.98	0.85	1.46	1.51	2012 年
世界	2.14	——	——	——	
美国	2.79	3.35	16.89	18.76（2007）	除标注外，为2008 年数据。
日本	3.45	3.43	8.90	10.50	
德国	2.68	2.41	6.87	8.11（2007）	
韩国	3.36	1.73	5.86	6.60（2006）	
中国／美国	71.1	25.4	8.6	8.1	中国研发强度相当于他国比重。
中国／日本	57.5	24.8	16.4	14.4	
中国／德国	73.8	35.3	21.2	18.6	
中国／韩国	58.9	49.1	24.9	22.9	

数据来源：中国数据来自《中国统计年鉴》；其他国家数据来自 OECD 数据库、世界银行数据库。

（五）治理体系与治理能力建设不到位，尚不适应中长期发展要求

一个国家选择什么样的治理体系，是由这个国家的历史传承、文化传统、经济社会发展水平决定的。与此同时，治理体系和治理能力也会对国家的经济社会发展起到重大影响，或促进或制约国家的综合水平提升。从总体上讲，我国国家治理体系和治理能力是有独特优势的，是适合我国国情和发展要求的。但是，与中长期我国经济社会发展的要求相比，与人民群众的殷切期待相比，与当今世界日趋激烈的国际竞争相比，在国家治理体系和治理能力方面还有许多不足，还有许多亟待改进的地方。展望未来，中国特色的社会主义现代化将进入一个全新的发展阶段，不同利益群体的利益冲突日益明显，人民对善治善政的需求越来越高，经济发展将更强调富强民主、人民幸福以及社会公平正义，国家治理体制和治理能力还将面临诸多挑战。

1.经济体制方面，市场在资源配置中的决定性作用仍有待加强

目前各项经济制度还没有达到当年邓小平同志提出的更加成熟、更加定型的要求，有些方面甚至已经成为影响和制约发展稳定的重要因素。另外，尽管已经有了比较完善的制度体系，但制度的效能和作用还没有得到充分发挥。政

府与市场合理边界方面，界定不够清晰。政府行为作为一种制度安排，有较强的外部性，既可以提高市场的效率，成为促进经济发展的动力，也可以使得市场无效，并导致社会矛盾重重。市场有效和社会规范的必要条件就是需要一个合理定位的政府，划定较为清晰的政府和市场边界。当前，规范、制约和监督政府权力的制度仍不健全，公共权力还没有得到有效制约，尚未达到"法无授权不可为"，政府"越位"和"缺位"常常并存，"政府俘获"现象依然层出不穷。组织结构方面，仍存在机构设置过细、职责交叉、党政群机构改革协同不够、运行不顺畅等问题，直接影响国家治理的效能。食品安全、安全生产、环境保护、劳动保障、城市管理等涉及人民群众切身利益的重点领域基层执法力量不足，垂直管理部门和机制与地方机构的条块关系不顺。行政管理方式方面，行政效率和服务质量有待进一步提高，政府公信力和执行力不够，政府提供的公共服务存在不足且存在严重的区域分化，公共利益部门化现象仍然比较严重，主要公共权力机关之间的关系不够协调。

2. 政治体制改革还在路上，既不会一蹴而就，也不会一帆风顺

我国社会主义民主法治建设成绩很大，但是展望未来，同扩大人民民主的任务、同经济文化社会生态建设攻坚克难、破解难题需要还有不适应的方面，社会主义民主政治的体制、机制、规范、程序以及具体运行上还存在着不少欠完善、不到位的地方，在保障人民民主权利、发挥人民积极性、创造性、主动性方面还有诸多的不足，在治国理政的思维、理念、知识和能力上都有需要补齐的短板，还会遇到难以预料的新情况新课题。在政治体制的协商能力、政治吸纳能力、建制能力、政治动员能力、战略规划能力、适应性革新能力、抗拒风险能力、利益整合能力等方面，都需要系统建设。

3. 社会治理方面，许多基本制度和基础机制仍需完善

对市场、社会、政府的相对功能和定位把握不准，对于哪些公共事务属于社会治理范畴，哪些是市场可以解决的，哪些是属于政府管理的问题，还需清晰梳理。选举、协商、决策、监督等基本民主治理制度还不健全，公民参与的渠道还不畅通，社会组织发育有待健全。对社会机制运行的规律掌握不够，尤其是如何将社会治理纳入公共治理的框架，还需多方共同努力。另外，政府、市场和社会和谐共治关系中，需要良性发展的制度环境，展望未来，我们在建立完善社会机制运行的基本法律体系、塑造相对稳定的社会主流价值体系、明晰社会组织运行机制方面还有很多工作需要做。

4. 文化和生态文明体制建设仍是短板，还需更多努力

客观来说，展望未来相当长一段时间，我国文化体制与社会经济发展、民众文化需求之间远未达到"兼容"。主要矛盾表现在以下三个方面：其一，共同的价值基座有待夯实；其二，"百花齐放，百家争鸣"的方针需要进一步落到实处；其三，文化发展中政府与市场、政府与社会的关系没有完全理顺，政府缺位、越位、错位现象同时存在。推进国家治理体系和治理能力现代化，需要大力培育和弘扬社会主义核心价值体系和核心价值观，而在这个过程中，文化建设无疑扮演着至关重要的角色，通过深化文化体制改革，加强对中华优秀传统文化的挖掘和阐发，才能最大限度地在全社会凝聚核心共识，进而坚守核心价值观。我国生态文明建设也面临较多"发展中的问题和挑战"。一是相关法律法规需要清晰界定评估主体的权利和责任，形成一套规范生态损害评估机构、人员、技术、程序和监管等内容的法规体系，为生态风险评估提供科学、权威、规范的制度保障。二是生态文明建设的一些重要领域和管理制度还存在明显的立法空白。三是有关生态文明的法律及其制度之间部门化和碎片化特点突出，交叉重叠非常普遍，法律之间和法律制度之间"内耗"严重，法律冲突并不鲜见。在我国民法商法、经济法、行政法的相关法律中，尚未形成有关有利于生态文明建设和持续发展的理念、原则与机制，尚未建立完整的自然资源和环境资源产权法律制度体系和民事法律责任体系，此外，环境公益诉讼法律制度也有待完善。

二、重大风险挑战

在实现第二个百年目标的路上，我们仍面临一些重大考验，大体可归纳为三大陷阱，即"修昔底德陷阱""中等收入陷阱"和"塔西佗陷阱"，必须认真分析研究，正确应对。

（一）陷入"修昔底德陷阱"的考验

展望2030—2049年，随着我国有望赶超晋位成为世界第一大经济体，金融影响力和人民币国际化程度也将出现跃迁进位，与之相伴的重大风险挑战即是近年来理论界、政策届时常谈及的"修昔底德陷阱",以及这一陷阱在金融领域的映射,即人民币国际化战略推进过程中的伴生风险。"修昔底德陷阱"指守成大国与新兴大国之间的矛盾。古希腊历史学家修昔底德在《伯罗奔尼撒战争史》中叙述了新兴强国雅典的崛起,引起原有霸主斯巴达的恐惧,战争发生导致两国衰败,这种新老强国的斗争模式后来被概括为"修昔底德陷阱"。修昔底德陷阱实际上是一种理论假设,认为一个新崛起的大国势必挑战原有的霸权大国,而后者势必回应这种威胁,从而将使战争不可避免。根据哈佛大学格拉汉姆·阿里森(Graham T. Allison)教授的研究,自公元 1500 年以来,新崛起大国挑战现存大国的案例一共有 16 例,其中发生战争的就有 12 例。即使是在没有发生战争的 4 例中,只有 2 例是和平式权力转移或共存。随着中国成为世界第二大经济体,并有望在 2030 年左右超过美国成为全球最大经济体,中美关系将进入全新阶段,"修昔底德陷阱"这一命题也越来越为人们所熟知,这也反映了中美关系具有的复杂、多向的竞争—合作关系,在 2030—2049 年的长期发展进程中形成长期战略竞争格局。

1. 虽非铁律但仍需高度关注

展望 2030—2049 年全球发展格局,国际体系将持续发生重大变革,大国关系,特别是中美关系也变得日益复杂。一方面,中国综合国力的迅速发展将给国际体系的力量结构、制度安排和秩序规范带来重大冲击,以致国际舆论怀疑中国是否能坚持走和平崛起道路;另一方面,美国的全球再平衡战略尤其是亚太再平衡战略,虽受特朗普新政的阶段性扰动,但仍无法撼动美国全球利益再布局的巨大动力,其徐图缓进战略将对中美之间战略互信、战略合作带来更多不确定因素。中美之间陷入"修昔底德陷阱"这一历史宿命并未完全能够避免。权势转移是否必然坠入"修昔底德陷阱",能否跨越"修昔底德陷阱"实现权势和平转移以及如何实现这种和平转移,将成为我国 2030—2049 年中长期发展面临的重大国际不确定性和风险挑战。

2008 年金融危机之后,全球经济体经历了从联合抵御向分散应对的转变,全球化浪潮也发生了从积极顺应向主动退离的逆转,而展望至 2030 年甚至是2049 年,如果新技术、新产业、新治理未能带动全球重现同步化、包容性增长和繁荣,那么分化背离、反全球化的趋势可能带动一系列局部对抗事件不断发生，全球可能进入一个极其不确定的大时代。在这一时期，我国参与全球治理的力量越来越强，在全球经济发展中将出现从收益者向贡献者的转换，这种角色意识和担当意识会加速提升，在一定程度上会受到美国为代表的西方传统力量的反弹和反制。

2. 国际体系变革将经历长期持续震荡

一般来说，伴随战争而来的权力转移往往时间较短，而和平转移则相对时间较长。由于美国和传统大国在原有结构中的优势地位突出，在和平发展时期权力地位的转换将是长期的过程。新制度的完善和建立需要一个较长的过程，新秩序的确立也需要较长的磨合期，有关国家为争得未来国际秩序中的有利位置，有可能引发新一轮的竞争，大国之间的博弈会变得越来越激烈。力量对比结构出现不稳定因素，矛盾和利益的协调更加复杂化。展望 2030—2049 年，在这个变革的过程中，中美关系将进入利益摩擦和矛盾多发的时期，具有不以个人因素和国家主观意志而改变的必然性。

国际体系的变革和大国关系的调整，并不必然是一个大国取代另一个大国。大多数权力转移理论认为，权力转移的结果往往是新的单极霸权取代旧的单极霸权格局。然而，国际体系的变革并不能简单地与国际权势的转移画等号。国际体系的变革既包括权力结构的变更，也包括国际制度和国际秩序的调整。历史上的权势转移可分为全球性权势转移与地区性权势转移，而这两种权势转移具有不同的特征。传统的权力转移理论认为权势转移一般会伴随战争。不可否认，历史上区域性的权力转移大多伴随战争，然而全球性权力转移则并非如此。主张传统权力转移论的学者们所列举的案例大多是地区性的而非全球性的，更准确地讲是经典欧洲体系的地区性经验产物，而这正是"修昔底德陷阱"的历史基础。

尽管中国崛起看起来势不可挡，但依旧有许多需要克服的困难，而美国在较长时期内作为世界头号政治、军事、经济强国的地位同样较难撼动。因此，未来国际体系的变革并不必然出现一个新的大国取代原有大国的情况，更有可能出现一种新的多极共存或两极并存的国际权势结构。

3. 能否和平转移取决于中美新型大国关系建设的成败

中美关系是世界上最复杂的关系，权势能否和平转移取决于新型大国关系建设的成败。未来相当长的一个时期，中美关系仍将存在大量深层的战略互疑

（strategic distrust），并且可能呈增长之势。但是，从战略互疑到现实对抗，还
有很大的空间足以进行调解与缓和。因此，对两国来说，如何化解战略互疑，
在经济互赖与共同发展中不断培植共同利益，进而不断积累战略互信，无疑是
一个长期的关键任务。也正是这个原因，不能过度乐观期待中美关系能轻易跨
过"修昔底德陷阱"。构建中美"新型大国关系"是中国对外战略中的重要思
想，展望 2030—2049 年，应当以构建完善"新型大国关系"来跨越"修昔底
德陷阱"。换句话说，世界权势能否和平转移取决于新型大国关系建设的成败。
"新型大国关系"所针对的就是传统权势变迁中出现的对抗性大国关系，就是
要突破并超越以"修昔底德陷阱"为历史参照的传统大国关系所衍生的"大国
政治的悲剧"。建立一种跨越"修昔底德陷阱"的、以新兴大国与传统大国间
的有序竞争、合作共赢为特征的新型大国关系是适应时代发展的理性选择。如
同几乎所有中美关系观察家所意识到的，未来相当长一段时期内，中美迫切需
要在短期目标和长期战略中形成宏观的原则性共识。

4. "修昔底德陷阱"在金融领域映射为人民币国际化风险

经济体量的赶超进位在金融领域的映射，是国际货币体系即将出现的历史
性变革，国际主权货币之间的竞争将更为激烈。2008 年国际金融危机以来，人
民币国际化虽取得突破性进展，但战略推进过程中也布满荆棘。大体来看，人
民币仍然是国际货币体系新来者，重要国际大宗商品仍无使用人民币定价交
易，人民币在国际结算的市场份额仍低位徘徊，在各国官方外汇储备中占据的
份额仍微乎其微，这与我国经济的全球低位不相匹配，虽然是一个"经济大
国"，但同时也是一个"货币小国"，在货币国际化的角度看发展极不平衡。

未来 30 年甚至更长一段时间，我国将从"经济大国"向"经济强国"、从
"开放大国"向"开放强国"跃迁上位，对世界经济的影响渠道也将从"贸易
投资"向"货币金融"转换升级，因此，人民币国际化战略将不断深入，国际
货币体系的未来演进也将更加重视这一"中国因素"，由美元、欧元和人民币
形成"三足鼎立"的多极化格局初露端倪。同样，深度融入国际金融体系、稳
妥推进人民币国际化也是我国经济"由大到强"的必经之路。但是，全球第二
大经济体并不代表其主权货币自然成为第二大国际货币，以美元主导的国际货
币体系还将在根本上制约我国对外金融影响力的扩张，持续损害我国国际金融

利益。人民币国际化涉及的国内外环境非常复杂，不可能一帆风顺、单向发展，随着市场情况的变化，可能会出现阶段性停滞甚至倒退。展望未来30年甚至更长时期，人民币国际化战略可能面临一系列风险挑战。

一是过往基于升值预期、套利机制的国际化进程不具有可持续性。境外主体持有人民币的一个主要动机在于获得升值收益，但升值预期消失将引发阶段性风险，未来30年或更长时间，随着中美经济基本面差异不断收窄弥合，人民币兑美元汇率不会再出现过去十余年的快速升值过程，单向升值预期趋于消失，人民币在贸易结算、投资支付、资产计价交易、储备货币等方面的地位可能不会出现"阶跃式"上升，而更多的是市场推动、水到渠成的自然结果。

二是人民币未来演进的方向、步骤和目标，都将是高度路径依赖的。其他国际货币的主权政府态度或政策调整、全球市场对结算和储备货币之偏好的改变、国内金融市场的改进或恶化、国际货币金融体系或架构的改良或革命，以及其他众多不确定因素，都可能会对人民币未来目标和所选道路产生重大影响。

三是国内金融体系的内在缺陷也可能限制人民币国际化。我国金融体系高度管制、市场化程度较低、金融体系缺乏效率，人民币国际化与利率市场化、汇率市场化、资本账户有序开放等并未有机结合，四者缺乏内在联动机制，构成了人民币国际化的中长期基本面挑战和制度性障碍。

四是一味追求人民币国际化、仓促推出政策措施可能会引发风险。国际货币体系的内在惯性也会对人民币国际化产生重大阻力，人民币国际化应遵循历史的、市场的演化规律。当前国际货币体系是开放的，每一种货币都可以通过竞争获得相应的国际地位。没有明确制度规定的体系可能更加具有生命力，因为这种体系更加透明、更加开放，竞争的外部压力更有可能强制主权货币当局执行货币纪律。人民币与美元的竞争将要经历漫长曲折的此消彼长过程，不大可能发生戏剧性的变化。如果仅仅盯住成为国际货币的收益，看不到成本，刻意追求国际化，仓促推出金融开放措施，可能会引爆风险、得不偿失。

五是如果人民币国际化战略出现重大挫折和失误，将严重不利于中国经济的长期健康发展。随着我国经济体系日趋复杂和高级化，金融与经济之间的反馈作用也不断强化。人民币国际化如果出现风险，甚至战略失误，将严重打击我国政经实力，不利于我国顺利实现第二个百年目标和建成中等发达水平现代化国家的伟大任务。

（二）落入"中等收入陷阱"的风险挑战

第二个百年目标最具标志性的目标就是经济发展达到中等发达国家水平。但我们仍然面临产业不能顺利转型升级、城镇化进程受阻、收入及贫富差距高位徘徊、低收入群体就业问题、相关社会突出问题等重大挑战，也可能出现财政、金融等领域风险等累积释放，这些因素都可能导致经济增速进一步下滑，甚至出现衰退情况，进而落入"中等收入陷阱"，不能顺利进入高收入国家行列，影响第二个百年目标的实现。

1. 产业难以顺利转型升级

我国已进入工业化中后期，产业升级正处于不进则退的重要关口，这也是能否跨越"中等收入陷阱"的关键所在。展望未来，从内生增长动力看，国内企业自主创新的能力和动力与现实需求存在很大差距，且基于后发劣势的作用，从跟跑向领跑转变存在较大的不确定性。从全球产业链分工看，我国仍处于制造业和高技术产业的中低端环节，一方面面临来自拥有劳动力低成本优势的发展中国家追赶的压力，另一方面产业链的锁定效应较为强大，现有产业国际分工体系对中低端环节向中高端升级已经产生明显压制效应，从美国、欧洲等发达经济体纷纷实行再工业化战略来看，从产业链中低端迈向中高端的过程并不顺理成章，分工锁定不易突破。因而，我国产业发展处于追赶与被追赶的洪流与夹缝中，转型升级不易，可能会出现产业空心化、经济增速陷入较长时期低迷徘徊状态。

2. 城镇化进程可能受阻

我国城镇化进程推进与我国经济快速增长相伴而生，2016年常住人口城镇化率已经达到57.35%。根据发达国家发展经验，我国城镇化仍有至少20个百分点的空间。然而，按照户籍人口城镇化率/常住人口城镇化率的方法来衡量，近些年我国城镇化质量呈明显下降趋势。农业转移人口与城市户籍人口之间，仍然存在较大的公共服务和社会保障差异，基本公共服务的常住人口全覆盖和均等化依然任重道远。面向未来，新生代农民工占进城农民工的比重不断增多，他们受教育程度更高，融入城市的愿望更强烈，与城镇原住居民享受同等公共服务的要求更明确，权益观念和维权意识也更强。一旦愿望无法实现，与城镇原住居民及中高收入群体的矛盾可能更加尖锐。如不及时调整社会管理体制和治理体系，城市中新的二元结构将带来更加直接的矛盾冲突。尤其是劳资纠纷引发的群体性事件和有组织的集体罢工事件，预计未来会出现抬头趋势。同时，未来城镇化推进仍将伴随较大规模的征地拆迁工作，补偿标准不高、征地程序不够合理等多种原因都可能引发上访甚至发生局部冲突事件。这些都可能造成城镇化进程放缓，甚至徘徊不前，难以达到发达国家 70—80% 的城镇化水平。

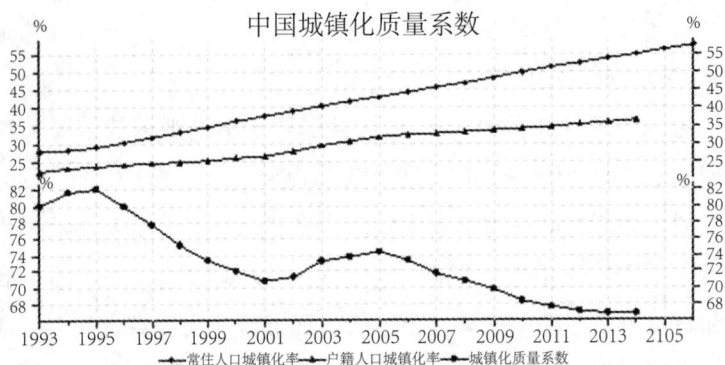

图 8-10　我国城镇化质量系数

数据来源：作者根据《中国统计年鉴》计算。

3. 收入及贫富差距高位徘徊、阶层固化和冲突明显

虽然自 2009 年起，基尼系数已连续 7 年下降，到 2015 年降为 0.462。当前表现出的些许改善很难说形成了确定性趋势，比如 2016 年我国居民收入增速就慢于经济增速，农村居民收入追赶城镇居民收入的后劲明显不足，全国居民收入基尼系数开始逆转回升。实际上，近些年收入差距缩小主要是城乡二元结构逐步弱化的结果，包括城镇化推动二元经济结构转换、产业结构转型升级、人口结构发生变化等。

面向 2035—2049 年，我国城镇化推进速度将明显减缓，二元经济结构转换动力减弱，多年财富积累造成的差距对收入阶层的固化作用将大大增强，而且下一步技术变迁可能会进一步促进收入分配偏向资本和高技能劳力。这些都意味着未来由经济发展来缩小收入差距的动力并不充足，我们并没有确定地走

向收入差距缩小的"倒 U"后半段。我们判断，如果缺少有力的政策干预，到 2035 年我国居民收入差距可能仍将保持在 0.40 左右，到 2049 年将下降到 0.35 以下。同时，近些年的社会阶层固化可能会进一步加剧，富裕阶层安全感不足，面临"原罪"和"仇富"等社会思潮冲击，移民倾向加重；中产阶层自我认同感缺失，在房市、股市、汇市等波动中随时滑出中等收入群体；处于社会底层的民众向上流动的机会仍较有限，在 2020 年脱离绝对贫困之后，相对贫困问题将更加显性化，低保边缘群体不时会出现生活窘迫的局面。在增速放缓后，人们对收入分配不平等的容忍度将会明显下降，不同收入阶层之间的矛盾冲突可能会加剧，社会稳定也将受到威胁。

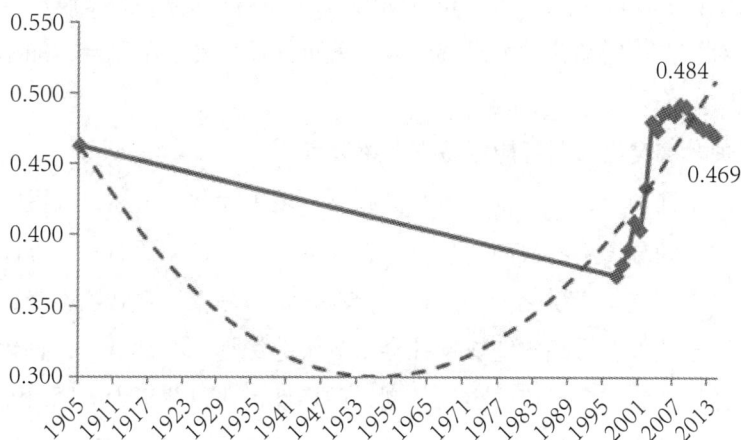

图 8-11　国家统计局公布的基尼系数（1997—2015）
数据来源：《中国统计年鉴》。

4. 低收入群体就业问题面临重大挑战

当前，我国劳动力市场供求关系已经出现转折性变化信号，无限劳动供给条件已经走到尽头，三产比重增大带动劳动需求弹性提升，短期内就业压力有所减小。然而，面向未来几十年，我们判断，技术革新可能会带来更大的就业压力和结构性矛盾。布莱恩·约弗森和麦卡菲（2014）在《第二次机器革命》中提出，目前世界正在进入第二次机器革命时代，第一次机器革命起始于工业革命，这一时期"几乎所有的动力系统都在延展人类的肌肉力量"，但本身受到资源约束，存在增长极限；第二次机器革命将"开始对更多认知性的工作，以及更多的动力控制系统进行自动化"，智慧力量将出现，进入新的增长阶段。在未来几十年里，发生这样技术革新的可能性很大，由此带来的经济发展模式可能不再是普惠式或就业式增长，而是去人工化的增长、就业不足/失业型增长，这会造成结构性就业矛盾更加凸显。面向2035年，一些传统产业须淘汰相当一部分过剩产能，与其紧密联系的部分就业岗位会被裁减，不仅新的岗位需求需要一定时间来能产生，而且更需要老员工技能转换和提高才能实现匹配。面向2049年，技术革新引致的需求更多是对高技能劳动的需求，而许多传统职业需求将大幅减少甚至消失，技术革新带动产业结构变迁的速度快于劳动力结构优化的速度，产业结构和劳动力结构不匹配问题会越来越严重。如不能妥善应对，大量低端劳动力出现失业，就可能诱发社会不稳定，加剧社会运行失序风险。

5. 相关社会突出问题可能更易成为燃爆点

展望未来几十年，整个社会将对健康与环境更加敏感关注，人民群众对健康和环境的权利意识不断提高，与环境相关的项目、食品药品安全方面诱发的相关矛盾可能会进一步激化，甚至在部分地区集中爆发。若处置不当，很容易激化矛盾、导致事态升级，造成的社会影响十分深远。特别是，信息化时代使得谣言传播、情绪扩散比以往更为便利，破坏性也比以往更大。同时，各个阶层间的矛盾也可能进一步加剧，富裕阶层与工薪阶层之间的矛盾更难调和，相对强势和相对弱势群体之间，容易形成类似的非理性倾向，比如医患纠纷、劳资矛盾等，阶层之间的矛盾很容易造成社会心理失衡，危及社会和谐稳定。此外，改革的深入推进不可避免要涉及既有利益格局的调整，短期内在去产能、去杠杆过程中，相关债务违约风险和失业安置的纠纷可能也会引起比较尖锐的社会矛盾，甚至触发局部性社会风险。中长期看，不同利益群体之间在经济社会的各个领域都可能发生权益斗争，甚至更激烈的冲突。

6. 财政面临不可持续风险

财政可持续性指的是国家财政的存续状态或能力，直接表现是在社会和政治压力下，国家财政难以扩大赤字来提供公共产品和服务，自身的债务清偿也面临极大困难，且基于资本市场约束和社会对政府信誉的动摇，持续借新还旧的难度加大。至此，财政就到了不可持续的地步，并将风险渗透到经济政治领域，导致经济衰退和政治不稳定。

面向 2035、2049 年，从收入端看，我国宏观税负已经相对较高，在税制结构调整过程中，房地产税、遗产税等税种的开征增税一定会伴随其他税种的消除或减税，且各种税费征管也将走上规范轨道，法定原则增强而自主空间减弱，因而财政收入总体将呈稳中有降态势。从支出端看，随着经济发展程度提升，民众对政府提供公共产品和服务的要求会进一步提升，支出刚性将进一步增强，特别是人口老龄化程度提升会加剧社会保障压力。从国际经验看，持续过高的赤字率几乎必然导致财政不可持续，此前的欧债危机，以及美国一些地方政府时常"关门"都是具体表现，我国在未来也大概率将面临这些问题，不仅影响公共产品和服务提供，还将削弱我们宏观调控的空间，必然会对迈向高收入国家产生不利影响。

7. 金融风险和金融安全形势严峻

未来相当长一段时期，我国金融体系可能存在三方面的风险隐患。**第一，全社会高杠杆率风险及化解措施不当的伴生风险。**2016 年年底，我国全社会杠杆率达到 262% 的历史高位，已进入国际经验显示的风险高发窗口期（250%—280%）。根据保守估计，我国在 2030、2049 年的全社会杠杆率将达到 320% 和 350%，其中尽管中央政府负债率和居民杠杆率相比成熟发达国家仍然较低，但地方政府和企业部门，尤其是国有企业的负债率仍将高位上升。国际经验显示，一方面，杠杆率快速增长将显著提高金融风险，另一方面，如果杠杆化解不当可能引发金融危机、经济危机。尽管近年来我国相继出台了一系列降杠杆、债转股的政策措施，但稳妥有序化解杠杆率风险、优化部门杠杆、稳定杠杆过快上升方面仍有较大难度。**第二，金融体系日益复杂，风险管控难度加大。**我国金融体系未来将出现四大发展趋势，即金融活动不断市场化、金融结构日益证券化、金融市场快速国际化、金融体系未来智能化。这些发展方向带动金融风险将呈现"点多面广、相互影响、相互传染"的突出特点，如何有效管控金融风险、促进金融更好服务实体经济、优化金融发展生态的难度越来越大。**第三，金融创新与金融监管的矛盾仍在发展变化。**未来中国金融创新仍将不断深化、金融活动日益智能化，因此金融监管也应不断调整，适应金融体系的不断变化。如果金融监管准则、视野、标准未能及时跟进，将无法应对金融跨市场、跨行业的风险监管需求，无法适应创新性、交叉性金融业务快速发展，在一定意义上也将阻碍中国金融业和国民经济发展。

（三）落入"塔西佗陷阱"的风险挑战

"塔西佗陷阱"（Tacitus Trap）是指：当公权力遭遇公信力危机时，无论发表什么言论、颁布什么样的政策，社会都会给以其负面评价。这是一种非常可怕的情形，一旦陷入，在某些导火索诱导下，政治和社会稳定都将面临极大威胁。习近平总书记在兰考县委常委扩大会议上曾提到"塔西佗陷阱"，认为"我们当然没有走到这一步，但存在的问题也不可谓不严重"。面向 2035、2049 年，我国经济快速增长、社会迅速转型过程中积累的社会不稳定因素进入快速积累期和活跃显现期，社会风险在局部造成重大影响、在多地多领域出现串联的可能性不容忽视，对我们的国家治理体系和治理能力提出了诸多挑战，如不能有效应对，面临陷入"塔西佗陷阱"的风险。

1. 修复政府公信力的挑战

政府公信力是"塔西佗陷阱"的最直接表现。在经济社会发展过程中，一些政务诚信缺失的典型问题受到人们诟病，如知情不报、不当辟"谣"、出尔反尔、朝令夕改、拖欠债务、空头支票等等，不少企业在投资时甚至声称"最大的投资风险是政府的信用风险"。更为严重的是，凡官必腐以及政府运行效率低下的观念在一定范围内成为共识，都极大损害了政府的公信力。政务失信影响深远，损害的不只包括对手方，还有相关群体；损害的不仅是当期利益，还有对未来的预期。失去公信力的政府就如人失去了灵魂。实际上，与其他组织相比，政府应该是最具权威性、最"珍惜自己的羽毛"的组织，公众对其期望甚高，只要出现一点失信行为就会产生非常恶劣的影响，加上互联网的普及发展，更使得政务失信信息传播更迅速、影响范围更广。目前正在推进的社会信用体系建设中，第一大重点领域即为政务诚信建设，如落实不当，相关制度建设仍不到位，政府公信力可能会继续下滑，"塔西佗陷阱"也并非耸人听闻。

2. 妥善应对多种问题矛盾的挑战

政府能否妥善应对各类社会问题和矛盾是考验公信力的重要方面。比如，收入分配问题既是经济问题，更是政治问题和社会问题。未来几十年，居民收入差距过大和收入分配不公问题如持续下去，将严重损害政府部门的公信力——因为公众认为维持公平正义、有效实施再分配等都是政府的应尽职能，做不好就是失职、失信，就容易丧失民心。再如，改善生态环境问题。我国今后一个时期经济下行压力持续，发展与保护之间的矛盾将更加突出，能否在绿色发展理念下，让群众看到蓝蓝的天，呼吸清洁的空气，饮用干净的水等，能否以妥善方式处理环境事件中的不稳定因素，是对我国政府的重大考验。此外，还存在不少执法不公、冤假错案等现象，在现代发达的传播媒介推动下，很容易激起民愤，损害政府公信力。因而，转变治理理念，投入人力、物力、财力，构建制度和机制，不断推进治理能力和治理体系现代化，妥善应对这些问题和矛盾，是我国避开"塔西佗陷阱"风险的关键所在。

3. 应对意识形态冲击的挑战

意识形态斗争从未停止过，近年来，反华反共势力有组织、有策划、持续性地传播诱导性信息，不断宣扬西方制度的优越性，不时捏造、渲染出虚假、夸张的证据，不断诋毁中国制度和中国道路，引起在转型中的利益受损群体产生消极情绪，有时还引发一定规模的非法非正常的群体性事件，危及社会和谐稳定。境外势力的渗透与改革过程中受损群体的不满一旦结合起来，更容易导致社会不稳定事件更加频繁地发生。此外，境内外"三股势力"的抬头，对民族团结和边疆少数民族地区的长治久安构成威胁。面向2035—2049年，如何以中华民族和平崛起和伟大复兴的中国梦为引领，用社会主义核心价值观来凝聚社会向心力，用治理框架的优化来提高社会主体的责任感和认同度，从而有效应对意识形态冲击和衍生矛盾，是摆在政府各部门面前的挑战。

三、对策建议

针对上述制约因素和风险挑战，应不断增强内功、构筑与主要发达国家间的战略互信，增进合作；借鉴成功国家的经验、吸取失败国家的教训，深入推进改革确保顺利进入高收入阶段；从政务诚信、治理生态、推动社会治理创新等多方面积极应对一系列社会矛盾和挑战。

（一）努力破解制约和短板因素

1. 防范国际安全风险

　　针对中长期我国可能面临的各类传统安全风险和非传统安全风险，推演多种预案。**一是在国家安全观统领下防范处置有关风险**。既重视传统安全，又重视非传统安全，构建集政治安全、国土安全、军事安全、经济安全、文化安全、社会安全、科技安全、信息安全、生态安全、资源安全、核安全等于一体的国家安全体系。加强国防和军队建设，坚持独立自主、和平外交政治理念，充分发挥日益富强大国外交优势与潜力，不断营造和平友好包容的外部环境，有效管控各类风险事件。**二是加快推进能源消费革命及能源供给侧结构性改革，确保能源安全，增强能源自主保障能力**。要着眼供给侧积极应对油气对外依存度的不断提升。一方面要加快推进能源消费革命，大力推进绿色发展模式。另外一方面要加快推进能源的供给侧结构性改革，使能源供给更好地适应能源消费需求的变化，增强我国能源自主保障能力。同时，深入研究化石能源在我国能源安全中的地位和作用问题，加快推进能源的生产革命与能源技术革命，加快国家油气储备体系建设。进一步拓展国际能源合作空间。加强与中东、中亚国家能源合作的同时，积极布局美洲、非洲等地区油气投资，扩大与欧佩克 14 个成员国、国际能源署覆盖的 29 个石油消费国以及巴西等新兴油气资源国在内的国际能源合作，构建更加多元的能源合作渠道，确保我国能源供应安全。**三是织密织牢金融安全网**。国内金融安全网主要包括审慎监管制度、最后贷款人制度、存款保险制度、市场退出政策等；国际金融安全网包括一国基于自我保险而持有外汇储备、各国中央银行间的双边货币互换、地区间的储备安排及多边货币互换网络、依托国际货币基金组织的全球危机干预与预防机制等。维护金融安全需要内外并举，国内方面，继续深化金融改革，完善现代金融企业制度和金融机构法人治理结构；加强金融风险监测、评估、预警和处置体系建设，全面排查金融风险隐患；加强对跨行业、跨市场、跨国界风险及其传染形势的分析研判，切实落实监管责任；坚决整治严重干扰金融市场秩序的行为，严厉打击金融腐败及其衍生的各种违法违规行为，防止金融资源配置扭曲；积极稳妥推动金融业对外开放，合理安排开放顺序，稳步推进人民币国际化和资本项目可兑换。国际方面，要加强与其他国家金融安全网的合作，明确各层次金融安全网在面对危机时的分工机制和合作重点，充分发挥不同金融安全网的作用；增加国际货币基金组织可用金融资源供给，改革国际货币基金组织金融资源使用和分配结构，推动其在保障全球金融安全中发挥积极作用。

2.积极应对人口老龄化

应对人口老龄化首先要扩大总量、优化人口结构、改善人口质量，其次要从养老保障和养老服务体系建设入手应对。**一是尽快全面放开生育限制**。调整现有计划生育政策，从"全面二孩"转向"全面鼓励生育"。同时做好相关配套工作，教育、医疗以及其他公共服务要及时跟上，做到优生优育，并稳步提高平均受教育年限，在扩大劳动力总量、改善人口结构的同时要着力改善人口质量、提升人口素质。**二是尽快建立全国统筹的养老保障体系**。尽快调整目前省级统筹为主的基本养老保险制度，可先成立中央调剂基金，调节不同地区养老保险缺口，以丰补歉；之后逐步过渡到全国统一的、中央统筹的社会基础养老保险体系。同时，针对人口结构变化，提早预防、做好精算，有序将国企上缴红利拨至养老基金账户，鼓励企业做大做好职业年金，鼓励发展商业养老保险。**三是加快养老服务体系建设**。建立健全居家养老、社区养老和机构养老相辅相成的养老服务体系，推进医养结合，出台财税金融政策支持养老设施建设，鼓励各种形式的社会资本参与到养老产业中去。

3.谋划提升资源能源和环境的支撑力

资源能源和环境约束日益收紧，特别是生态环境标准势必将形成严格硬约束，对此应及早谋划布局，提升其对经济社会发展的支撑作用。**一是保障能源资源供应安全**。以提高安全保障为主线，推进化石能源安全生产，大力发展清洁能源，优化能源结构。以提高能源效率为主线，保障合理用能，鼓励节约用能，控制过度用能，限制粗放用能。拓展能源国际合作，努力实现能源进口多元化战略，规避能源进口来源和通道风险。与两伊加强石油合作的同时，拓展与非洲、俄罗斯、拉美和北美的合作。强化与中亚的天然气合作，加强与俄罗斯合作，扩大 LNG 进口。**二是推进能源生产和消费革命**。推进资源全面节约和循环利用，实施国家节水行动，降低能耗、物耗，实现生产系统和生活系统循环链接。倡导简约适度、绿色低碳的生活方式，反对奢侈浪费和不合理消费，开展创建节约型机关、绿色家庭、绿色学校、绿色社区和绿色出行等行动。**三是大力发展循环经济**。在生态环境建设进入恢复期和责任承担期的紧约束下，可继续以大力发展循环经济为突破口，构建市场导向的绿色技术创新体系，壮大节能环保产业、清洁生产产业、清洁能源产业。通过技术升级、工艺提升等多种手段，全面推进各式产业的循环化改造，既满足生态环境严格标准，又能够带动相关产业发展。**四是大力推动环境治理和生态修复**。构建政府为主导、企业为主体、社会组织和公众共同参与的环境治理体系。积极参与全球环境治理，落实减排承诺。实施重要生态系统保护和修复重大工程，开展国土绿化行动，建立以国家公园为主体的自然保护地体系。在环境治理和生态修复过程中要特别注重建立市场化、多元化生态补偿机制。

4. 有效应对科技创新和人力资本难题

科技创新及人力资本积累能否适应引领未来经济发展模式和新的产业革命，关系到内生发展动力，关系到我国国际竞争力。**一要持续加大研发费用投入**。政府在重大科研基础设施、基础性研究、重大科研工程等方面应持续增强投入力度，提高共性技术、关键基础技术的共享水平和使用效率。积极支持企业加大研发投入，发扬工匠精神，鼓励自主品牌，特别要大力支持攻坚核心技术。**二要加大创新体制机制改革力度**。一套有效的体制机制是促进科技创新的重要土壤。要在现有创新驱动战略和科技创新体制改革的制度框架基础上，进一步解放科研人员的思想和手脚，探索更有效、更具激励效应的科研经费管理体制，加大科研成果转化环节的制度建设，大力支持科研成果转化中介服务发展。**三要改善人才资本积累模式**。完善职业教育和培训体系，深化产教融合、校企合作。在市场用工导向基础上提早进行前瞻性谋划，在教育和职业培训等人才培养的全链条中，强化对新的发展模式和新的产业革命的认知，培训相关技能，主动适应可能面临的机器替代人类浪潮，积极应对可能的失业风险。

5. 以提升国家能力为核心推进国家治理体系和治理能力现代化建设

一是要优化国家能力结构。优化国家能力结构的目的在于实现政治治理能力与社会发展能力之间的平衡，包括：提升社会治理能力，激活社会力量、消解社会矛盾、保证社会公正与维护社会秩序；提升公共服务能力，满足社会公众的公共需求，提高公共物品供给能力与水平，践行为社会公众服务的宗旨；提升文化治理能力，吸取、整合优秀的传统与现代文化资源，关注国家政治现实及其背后的文化意涵，关注公民价值观对政治的影响，为国家治理提供文化角度的解释。**二是以国家能力建设为核心推进政府改革**。清晰界定并严守政府与市场的边界。规范政府直接干预经济运行的时机、方式和退出行为并制度化。严格界定政府投资范围和投资审批范围。所有政府机构均应依法设立、依法授权，使之严守政府与市场的边界，明确决策、执行、监督等权限归属。应广泛引入公众参与，强化社会监督，增加公共政策的公正性及可执行性。**三是建设多元共治的社会治理与公共服务体系**。政府必须尽可能向社会还权和授权，充分发挥社会组织自主管理的能力与作用。可考虑采用合同外包、特许经营以及补贴私营部门投资公共项目等市场化方式，提高基本公共服务供给的数量与质量，而将非基本公共服务交由市场提供。各级政府都必须完善公共卫生、社会安全等突发事件应急管理与问责制度。**四是加强国家能力的制度建设**。要加强基础制度建设与法制建设。包括加强社会福利制度、就业制度、住房制度、医疗制度、教育制度建设，提高国家制度能力与制度绩效；推行依法治国，加强权力清单制度建设，使国家权力受法律制约和约束，确保国家能力在法律框架内运行。要推行责任清单制度，以责任约束国家能力行为。通过责任清单制度建设，明确国家与社会、公民之间的权利与义务关系，保证国家行为不随意侵害社会组织与公民利益，同时，社会组织与公民也要遵守国家法律规范，从而保证国家行为的权威性与公正性。

（二）积极应对重大风险和挑战

1. **增进国际合作，共同管控"修昔底德陷阱"**

增进战略互信，相互尊重主权领土与国情，深化各领域交流合作，建设性管控分歧和敏感问题，广泛开展包容协作以及共同应对地区和全球性挑战。

一是中国发展具有长期内向性，妥善处理国内问题是根本。中国的和平崛起固然与国际环境密切相关，但其根本在于国内发展。中国的综合实力距离美国还有很大差距，甚至比历史上的德国与英国之间差距还要大。区域经济与城乡发展不平衡、贫富差距扩大、环境恶化与生态危机、社会保障水平偏低以及分裂主义的挑战等严峻问题仍将是未来30年我国亟待解决的重大问题，这使得我国发展具有长期内向性，重点应处理好国内改革、发展与治理事务，不把主要资源和精力用于向外扩张甚至不惜代价挑战美国的直接利益。

二是应对"修昔底德陷阱"挑战的根本是实现中国梦。一方面，强化中美两国共同利益的一面，努力建立中国、美国与全世界人民的"命运共同体"；另一方面，坚决而妥善地应对美国围堵中国的战略。建立中美之间"不冲突不对抗，相互尊重、合作共赢"的新型大国关系。坚持独立自主的和平外交政策，坚持"永不称霸"的政治承诺，不惹事，也不怕事，用一切手段维护国家的政治、经济和国防安全，并增强国际话语权"软实力"与科技、军事"硬实力"建设。

三是共同管控"修昔底德陷阱"风险。中美两国需要承担共同的责任，维护和发展好国际秩序，让两国社会、更多国家和人民在这一秩序中能够获得发展、安全及尊严。历史上大国冲突往往起因于对于国际秩序的不同理解和对国际秩序的冲突性挑战。在相当长一段时期，中国仍是国际秩序的"受益者、贡献者和建设者"，中国没有实力也没有愿望挑战国际秩序，更无意于挑战美国主导地位。但中国自身的发展，必然为国际秩序演进和革新注入活力。美国对于未来将上演的这样一个历史进程，不应该排斥和阻拦。中美两国应该展示相同的勇气和责任，革新现有国际经济规则，与国际社会共同助推世界经济新增长。

四是中美两国需要减少和克制外交关系中的"自我中心主义"。中美两国存在政治制度、文化、传统以及地缘环境等诸多方面的显著差异，但两国又都是不乏"优越感"的国家。如何在两国关系中减少误判和误解，很大程度上需要两国都能切实地走出话语体系和思维习惯背后的"自我中心主义"。这对两国减少战略互疑以及培植信任，具有不可替代的重要意义。为了维护两国人民的福祉和世界的繁荣与稳定，中美两国是两个彼此都离不开对方的大国。

五是稳妥推进人民币国际化，为顺利实现大国崛起、实现第二个百年目标保驾护航。树立较为严格的货币纪律观念，不断完善人民币价值基础。加快国内金融领域的发展和改革，审慎、渐进、可控地推进资本账户开放，为境外人民币持有者提供更多人民币金融产品。多渠道促进资本项下人民币流出，同时建立规范的人民币回流渠道。继续鼓励人民币离岸市场发展，推动不同离岸市场实现合理分工。多领域齐头并进，推动国际货币体系改革，同时进一步强化与各国货币当局合作。推进人民币国际化战略实施的过程中，需高度关注人民币国际化进程中国际环境出现的新情况、新环境，具体的路径选择和政策工具应结合实际情况相机抉择和动态优化。

六是不断完善我国参与国际宏观经济协调的新机制、新方式。未来数十年，我国作为经贸大国对全球经济的影响持续增强，随着"一带一路"等规划蓝图逐步展开，迫切需要建立以我国为主的国际宏观经济协调新机制。一方面，要完善参与既有国际宏观经济政策协调机制。国际宏观经济政策协调机制具有多层次的特点，各层次机制均有其特定作用，或直接或间接，或短期或长期对各国经济政策施加影响，中国作为世界第二大经济体，具有涉我利益领域宽、地理覆盖面广的特点，我国应提高各类协调机制的参与度，首先做到不缺席，体现大国在国际宏观经济政策协调中的应有姿态，也为争取各类机制为我所用提供基础。其次应在各层次、各类机制中选择部分重点，提高活跃度，积极向设置议题的角色转变，形成深度参与、发挥引领作用的局面。操作上依据开放条件下宏观经济政策的基本理论，按照国际惯例和国际规则，积极在现有全球政策协调框架下扩大股权份额、投票权，谋求在各国际宏观经济政策协调机构内部扩大我国发言权和影响力，国内对口部门"对号入座"，继续由各部门分头把关。另一方面，谋划构建以我为主的国际宏观经济政策新协调机制。从全球第二大经济体实际出发，把握当前我国由商品输出阶段到资本输出阶段转变的时代特征，充分发挥我国制度优势、资本优势、基础设施施工和基础工业优势，由综合部门统领，以"一带一路"为战略平台，重点围绕"一带一路"重大项目实施，与有关国家一道，分国家规划和发展战略、货币政策、财政政策、重大公共产品供给四个维度，构建以我国为主的新协调机制。

2.多种措施并举，确保跨越"中等收入陷阱"

一是瞄准创新驱动型经济模式积极推动产业转型升级。降低传统产业占比，采用新技术新模式改造传统产业，同时发展经济新动能，适当提高服务业尤其是生产性服务业的比重，充分发掘各产业（包括服务业）中技术追赶的潜力，推动我国经济长期持续健康发展。继续坚持创新发展理念，不断修炼内功，培养积累创新能力，特别是要大力鼓励原创性的科学技术突破。

二是有效化解城乡和城镇内部二元结构矛盾。持续推进有质量的城镇化，着力解决城乡二元结构问题，适度加快农业转移人口市民化进程，积极主动改革户籍制度和城乡割裂的社会保障制度，加快实现基本公共服务常住人口全覆盖，确保进城务工人员及其随迁家庭成员平等享有劳动就业、教育培训、社会保险、医疗卫生、计划生育等服务，逐步将社会救助、社会福利等公共服务向农业转移人口延伸。建立农业转移人口市民化成本分担机制，中央应更多的承担教育、医疗等基本公共服务成本，减少由体制和公共政策安排带来的城镇内部二元对立，化解城镇化推进过程中的社会稳定风险。

三是积极应对系列社会矛盾。推动收入分配制度改革。未来制度改革推进中，不拘泥于相关指标本身，而要综合考虑经济结构变化、要素条件变化的情况顺势而为，重点是要构建和健全更加公平的制度，预分配要做到起点平等、初次分配要做到规则公平和再分配要做到结果合理，在三方面多管齐下、形成合力。**坚持就业优先的调控战略**。坚持底线思维，坚决守住保就业等民生底线，完善失业监测和预防机制，针对局部性失业风险要制定具体可行预案，及时发现和有效处置风险隐患，逐步构建以就业目标为核心的宏观调控体系。**持续深入治理生态环境**。加大生态环境保护力度，提高资源利用效率。推动资源利用方式根本转变，加强全过程节约管理，大力发展循环经济，大幅提高资源利用综合效益。创新环境治理理念和方式，实行最严格的环境保护制度，形成政府、企业、公众共治的环境治理体系。坚持保护优先、自然恢复为主，构建生态廊道和生物多样性保护网络，筑牢生态安全屏障。**完善社会保障体系**。坚持社会政策要托底的思路，不断完善社会保障制度体系，有序推进中央统筹力度，努力提升社会保障覆盖面和保障待遇水平。

四是积极防范财政金融风险。中央财政可适当扩大举债规模，规范地方政府债券市场，建立基础设施产权市场，完善地方政府投资项目的退出机制。加快推进财税体制改革，深化税费制度改革，尽快推出房地产税，增强地方政府组织收入能力。逐步调整完善适合我国金融体系演进、金融机构发展和金融产品创新的监管体系，探索监管方式从机构监管向功能监管转变，强化对新科技产业革命影响下金融创新的监管，切实防范数字货币、区块链技术、大数据、人工智能等技术在金融业广泛应用带来的或有新风险，防止金融体系的泡沫化、虚拟化和脱媒化发展；适应人民币国际化深入推进的需要，做好货币政策框架更新、资本项目开放改革和主权货币国际化的政策权衡，动态防范可能发生的异常资本流动、资产泡沫风险、金融体系流动性紧张等各类伴生风险，保持不发生系统性、区域性金融风险。

3. 织牢加密网络，防范"塔西佗陷阱"

一是强化政务诚信修复政府公信力。治国理政，无信不立。各级政府必须把诚信施政作为重要准则，将坚持依法行政、阳光行政和加强监督作为推进政务诚信建设的重要手段，将建立政务领域失信记录和实施失信惩戒措施作为推进政务诚信建设的主要方面，将危害群众利益、损害市场公平交易等政务失信行为作为治理重点，不断提升公务员诚信履职意识和各级人民政府诚信行政水平。

二是积极防范突发事件风险。要对重大决策、重大改革、重大活动、重大建设项目进行社会稳定风险评估，提高政府有效应对和及时化解社会突发事件的能力。建立应对社会突发事件的应急机制，制定和完善突发事件应急预案，提高突发事件应急处置能力，防范突发事件风险扩散和蔓延。

三是推动社会治理创新。适应社会结构巨大变化、利益关系不断调整、利益诉求日益多元化的新趋势，加大社会治理创新力度，优化社会共同治理框架，增强社会参与和法制保障能力。加快完善基层自治机制，重视发挥社会中介组织、非政府组织的作用，建立多元共治的新型社会治理模式。推进维权维稳综合协调机制建设，充分反映需求和及时化解矛盾风险。建立常态化反恐机制，健全全时空治安防控和反恐体系，立体化确保社会稳定。

四是永续践行中国梦引领的核心价值观，增加社会正能量。大力培育和践行社会主义核心价值观，充分发挥法律的规范、引导、保障和促进作用，构建践行核心价值观的坚实法治基础。加快形成政府、企事业单位、社会组织、家庭等多主体共同培育和践行核心价值观的良好局面。把培育和践行社会主义核心价值观融入国民教育全过程，建设社会主义核心价值观的新媒体阵地，广泛深入传播社会主流价值，提高接受度和认同度。

（执笔：李清彬、李世刚）

参考资料目录：

1.International Energy Agency，2016，"World Energy Outlook 2016".

2.United Nations, Department of Economic and Social Affairs, Population Division，2015，"World Population Prospects: The 2015 Revision".

3. 国际能源署：《2017 年石油市场报告：中国》，2017 年。

4. 何颖、霍建国：《国家能力提升：国家治理现代化的通途》，《光明日报》2017 年 7 月 5 日。

5. 陈岳、莫盛凯：《大国"权力转移"应走和平之路》，《参考消息》2016 年 8 月 29 日。

6. 王金营、戈艳霞：《全面二孩政策实施下的中国人口发展态势》，《人口研究》2016 年第 6 期。

7. 曹玉瑾、梁志兵：《2030、2050 年经济增长趋势——基于国际经验的判断》，国家发改委经济研究所 2016 年基础课题报告。

8. 卢峰：《宏调的逻辑》，中信出版社 2016 年版。

9. 付保宗：《"十三五"时期我国产业风险研究》，国家发改委宏观经济研究院 2013 年重点课题专题报告。

10. 顾严：《"十三五"时期我国社会风险问题研究》，国家发改委宏观经济研究院 2013 年重点课题专题报告。

11. 任荣荣：《"十三五"时期我国房地产市场风险研究》，国家发改委宏观经济研究院 2013 年重点课题专题报告。

12. 马晓河：《"中等收入陷阱"的国际观照和中国策略》，《改革》2011 年第 11 期。

13. 约翰·奈特、邓曲恒、李实：《中国的民工荒与农村剩余劳动力》，《管理世界》2011 年第 11 期。

14. 孔泾源：《"中等收入陷阱"的国际背景、成因举证与中国对策》，《改革》2011 年第 10 期。

15. 蔡昉：《破解农村剩余劳动力之谜》，《中国人口科学》2007 年第 2 期。

第九章　未来 30 年我国文化繁荣发展的思路研究

内容提要：文化是中华民族伟大复兴之魂。未来 30 年，文化全球化、文化融合的国际形势，以及现代化建设、发展阶段变化、技术变革的国内形势对文化发展带来新挑战、新机遇、新要求，使文化发展呈现文化道路中特化、文化事业公共化、文化产业创意化、文化交流双向化的趋势。同时，未来文化发展还面临文化道路少自信、文化事业低效率、文化产业不发达、文化交流失话语等突出矛盾和问题。应当立足全球视野与我国国情，确定弘扬优秀传统文化与发展现实文化有机统一、发展公益性文化事业和经营性文化产业有机统一、提高社会效益与经济效益有机统一，实现文化现代化，建设社会主义文化强国的文化发展思路，并从文化道路、文化事业、文化产业、文化交流四个维度确定 2035 年与 2049 年发展目标。为实现上述目标，建议坚定中国特色社会主义文化发展道路，深化文化事业发展领域体制机制改革，加快文化产品有效供给与要素培育，加强文化交流国际话语体系建设。

文化现代化是对人类的知识的现代化，是人类的生存和发展境遇的现代化，是人类的理想价值意义系统不断更新和重建的过程。文化现代化可以给现代化进程本身提供强大的精神动力和智力支持，提供巨大的文化力，从一定意义上可以说，文化现代化是现代化的成败所在。**推动文化现代化建设，关系全面建成小康社会，关系基本实现社会主义现代化，关系建成富强民主文明和谐美丽的社会主义现代化强国。**

一、未来 30 年文化发展面临的形势

展望未来，在文化全球化与文化融合的国际形势下，我国文化发展面临的机遇和挑战并存。在 2020—2049 年我国基本实现社会主义现代化和建成富强民主文明和谐美丽的社会主义现代化强国的关键时期，"五位一体"的现代化建设、发展阶段变化、技术变革又对未来文化发展提出新要求，产生新需求，带来新影响。

（一）国际形势

未来 30 年，世界经济增长动能强势转换，财富增长动力逐渐向东向北转移，新一轮科技革命和产业革命强力爆发，世界多极化、经济全球化、文化多样化、社会信息化向纵深发展，以文化力为经济社会深层发展动力的综合国力竞争更加激烈。在全球化大背景下，多元文化互相借鉴、交融、包容与各种文化冲突同时存在。世界文化呈现新的发展格局，西方文化大国凭借其雄厚的基础和实力继续发力，非洲、拉美诸国逐渐登上世界文化舞台，以中国为核心的东方文化将会在世界文化舞台上重放光彩。在这一过程中，文明的冲突与传统的地缘政治冲突、利益冲突交织在一起，减少文化差异、走向文化融合成为减少世界冲突的要求。而虚拟空间的出现为文化融合、避免冲突创造了条件，同时也开辟了冲突的新领域、新战场。未来文化融合的交流单向性、途径多样性、渗透潜在性等特点，可能为我国文化安全形势带来巨大挑战。而外来文化精华的可借鉴性、我国优秀传统文化的独特魅力，又将为我国提高国家文化软实力、增强国际话语权带来宝贵机遇。

（二）国内形势

未来 30 年，是我国文化产业成为国民经济支柱性产业的决定性阶段，是我国提高国家文化软实力和中华文化影响力，建设社会主义文化强国的历史性时期。

现代化建设对文化发展提出新要求。我国目前正在全力实现的现代化，是全球化背景下的现代化，是以文化现代化为主导的现代化。这意味着，我国要在现代化进程中保持自己的民族文化，就必须积极参与全球化；要真正有效地参与全球化，就必须充分发扬文化的本土优势和民族特色。我国在现代化进程

中，不仅要注重"物"的现代化，而且要注重人的现代化特别是文化现代化[①]，要将文化现代化作为整个社会现代化的灵魂，实现传统文化的转型，建设先进的现代文化，使之适应经济现代化、政治现代化与社会现代化的现实发展。经济现代化要求提高服务业在经济中的比重，推动文化产业成为国民经济支柱性产业。政治现代化要求以中国特色社会主义理论体系创新为引领，加快制度现代化。社会现代化要求大力发展公益性文化事业，以社会主义核心价值体系凝聚社会共识，形成社会合力。

发展阶段变化对文化发展产生新需求。当前，我国经济发展进入速度变化、结构优化和动力转换的新常态，供给侧结构性改革全面推进，中国特色新型工业化、信息化、城镇化、农业现代化同步发展，"一带一路"、京津冀协同发展和长江经济带等国家重大倡议和战略深入实施。新阶段对文化发展产生新需求。新常态要求提高文化产业对经济增长的贡献率，进而对扩大文化产业整体规模产生新需求；供给侧结构性改革对优化文化产业结构布局、扩大文化产品和服务有效供给产生新需求；"四个同步"对加快文化产业与相关产业融合、拓展文化发展新领域、形成富有地方与民族特色的城市文化、补齐农村文化发展短板产生新需求，三大倡议和战略对提高中华文化国际影响力、建设全国文化中心和形成文化增长带产生新需求。而在经济社会发展阶段深刻变化的大背景下，我国居民可支配收入和闲暇时间进一步增多，多样化多层次的精神文化需求更加旺盛，文化消费的习惯逐渐形成，也成为未来30年推动我国文化发展的重要力量。

技术变革对文化发展带来新影响。科技创新是文化发展的重要引擎，未来30年新一轮科技革命势必催生文化生产、传播、消费方式的深刻变革，同时对维护国家文化安全带来新挑战。大量的制造技术变革将会大大拓展文化发展领域，丰富文化产业内容，而文化产业又将借助新的制造技术将文化精神融入终端产品中，形成产品、技术、文化的完美结合。广泛的传播技术变革通过数字网络与信息平台的推广，将会大大增加文化传播的速度与范围，而文化产业与新的传播技术的融合又会催生一些新的传播技术。快速的展示技术变革将会不

---

① 陈依元：《现代化、文化现代化、文化现代化指标体系》，《福建论坛（经济社会版）》总第217期。

断丰富文化消费的物质载体，而文化产业又将借助新的展示技术推动文化消费向硬件依赖、软件使用、虚拟现实等扩展。大数据、互联网等技术的进一步发展，又将对国家文化安全、个人隐私安全、虚拟社会治理带来新挑战，对我们运用网络弘扬主流意识形态、更好运用先进技术保护公民权利、发展壮大网上主流舆论阵地提出新要求。

二、未来 30 年我国文化发展的趋势

未来 30 年，在我国加快推进社会主义现代化，建设富强民主文明和谐美丽的社会主义现代化强国的过程中，社会主义文化将会加速发展，文化软实力将会显著增强，社会主义文化强国建设基础将会更加坚实，到 2035 年有望基本实现社会主义文化现代化，到 2049 年有望建成社会主义文化现代化强国。

（一）文化道路中国化

中国特色社会主义文化发展道路是建设社会主义文化强国的必由之路。未来 30 年，同中国特色社会主义市场经济、中国特色社会主义民主政治相适应，我们也会更加坚定地走中国特色社会主义先进文化发展道路。

社会主义意识形态更富凝聚力和引领力。意识形态决定文化前进方向和发展道路，中国特色社会主义文化发展道路必须由新时代中国特色社会主义思想来引领。未来 30 年，马克思主义中国化时代化大众化将会进一步发展，新时代中国特色社会主义思想将会进一步丰富，不仅以马克思主义为指导，而且以中华优秀传统文化为本体，以当今时代条件为应用环境，呈现"马魂、中体、今用"的特征。预计到 2035 年，"马魂、中体、今用"的社会主义意识形态基本形成，并具备一定的凝聚力和引领力；到 2049 年，"马魂、中体、今用"的社会主义意识形态的凝聚力和引领力进一步增强。

价值体系从多元化向核心化转变。目前，我国意识形态领域呈现公民个人价值观多元化与国家价值体系核心化并存的趋势，前者是现实社会的客观存在，后者是党和国家的主观追求。两种方向都只是过程而非结果状态，再经过 30 年的磨合，预计到 2049 年，核心化将取得决定性胜利。届时，社会主义核心价值观将真正成为我国的主流价值和核心价值，作为兴国之魂推动中华民族伟大复兴。社会主义核心价值观不再是国家在理论层面的倡导，人民大众也不

再以多元混乱的价值为取向，而是在内心深处认同社会主义核心价值观并外化于行。

在新时代中国特色社会主义思想与社会主义核心价值体系的导向下，未来30年，全体人民将会牢固树立共产主义远大理想和中国特色社会主义共同理想，在理想信念、价值观念、道德观念上紧紧团结在一起。

（二）文化事业公共化

随着经济社会发展水平的提高，我国把文化作为公共服务向公众提供的意识与能力将不断增强，现代公共文化服务体系将基本建成并逐步完善。未来30年，我国文化事业发展呈现四大趋势：

部分项目从非公益性向公益性转变。公益性与非公益性的区分不是绝对的，而是随着经济发展水平提高、财政支付能力增强与人民群众需求增长而动态调整的。未来30年，我国将会逐步扩大公益性文化项目范围，着重加大对现代公共文化服务体系、优秀传统文化传承体系、文物保护利用、文化遗产保护传承领域部分项目的财政支持。目前到2035年，以上领域的部分文化项目将会从非公益性向弱公益性转变，对这些项目的财政支持将会从无到有。2035—2049年，以上领域的部分文化项目将会从弱公益性向强公益性转变，对这些项目的财政支持将会从少到多、稳步增加。

公共文化服务供给中保基本的范围从小到大、标准从低到高发展。目前，受到认识与财力的限制，某些应当列为基本公共文化服务的项目，没有作为基本公共文化服务免费提供。未来30年，随着我国经济发展水平与财政支付能力的提高，以及社会治理能力的增强，基本公共文化服务的服务项目与覆盖范围将会进一步扩大，服务标准和水平将会进一步提高。

基本公共文化服务从非均等化向均等化转变。基本公共服务均等化是指全体公民都能公平可及地获得大致均等的基本公共服务。目前，我国基本公共文化服务尚未实现均等化，不同地区、城乡、人群之间获得基本公共文化服务的机会、质量和可及性还存在较大差异。未来30年，随着我国财政体制改革的深化，地区、城乡、人群之间基本公共文化服务均等化程度将会不断提高。目前到2035年，在政策倾斜与新技术支持下，将会基本实现区域、城乡间基本公共文化服务均等化。基本公共文化服务供给半径将逐步缩小，可及性将大大提高，革命老区、少数民族地区、边远地区、贫困地区群众将通过流动文化服务车、远程文化服务等享受到基本公共文化服务。农民工能够纳入城市文化服务体系，同等地享有城市基本公共文化服务。2035—2049年，将会逐步实现人群间基本公共文化服务均等化。随着我国基本公共文化服务制度的健全与交通通信基础设施的完善，各地区城乡群众不仅将会公平可及地获得基本公共文化服务，而且将会享受到文化产品入户门、文化服务进社区等更加便利的服务。

（三）文化产业创意化

未来30年的产业结构调整升级，将会推动文化产业结构与布局不断优化，文化产业将与其他产业尤其是创意产业融合而成为文化创意产业，进而成为国民经济支柱性产业。具体呈现五大趋势：

文化产业地位从战略性向支柱性转变。我国目前将发展文化产业作为产业结构转型升级的重要战略，将文化产业中的数字创意产业作为战略性新兴产业。随着文化产业规模不断发展壮大，文化产业在国民经济中所占比重将不断提高，到2035年有望成为支柱性产业。2035—2049年期间，我国文化产业将更加注重质量上的内涵式发展，文化产业的发展质量和发展速度都将有较大提高。

文化产业体系从传统型向现代型发展。我国目前的文化产业结构相对低端和传统，未来30年将向中高端和现代型发展。随着互联网、大数据技术的发展，传统文化行业将会加快转型升级，并不断被"互联网+"整合，新型文化业态将会加快发展，形成转型升级后的传统文化产业与新型文化业态共同发展的局面。随着文化产业与相关产业之间产生更多的结合点，文化产业与相关产业将会融合发展。随着文化创意和设计服务对实体经济发展的推动作用不断增强，文化创意和设计服务与实体经济将会融合发展。

文化产业布局从同质竞争向差异共生转变。目前我国仍然存在的不同区域在文化产业领域同质竞争的局面，在未来30年的市场经济发展中将逐步被打破，各地将根据资源禀赋和功能定位，走特色化、差异化发展之路。到2035年，各地文化产业优势互补、相互协调、联动发展的布局体系有望基本形成。到2049年，各地文化产业优势互补、相互协调、联动发展的布局体系有望进一步完善，并形成区域协同、城乡一体的协调发展局面。

文化产业格局从一元主导向多元共促发展。未来我国将形成各类文化企业一视同仁、公平竞争的发展环境，随着文化企业跨地区跨行业跨所有制并购重组步伐加快，社会资本进入文化产业，我国国有、大型文化企业主导的文化产业格局将被打破。到 2035 年，不同所有制文化企业共同发展、大中小微文化企业相互促进的文化产业格局将会基本形成。此后，文化企业将会进一步优化整合，到 2049 年，不同所有制文化企业共同发展、大中小微文化企业相互促进的文化产业格局将会进一步健全，各种文化企业都能充分发挥其所有制优势、规模经济或轻资产优势。

文化供给内容从单一性向多样化发展。同我国个性化、多样化的文化消费发展趋势相适应，我国文化产品和服务供给也将加快创新。目前到 2035 年，文化产品和服务供给将会从整齐划一向充满个性发展，从相对单一向选择多样发展。2035—2049 年，适应消费者日益个性化的文化产品和服务需求的高端定制的文化产品和服务将会发展起来，并且比例不断增加。

（四）文化交流双向化

文化是人类进步的重要影响因素。未来 30 年中国经济的高速发展、中国社会的高度和谐，必将对世界各国产生巨大的吸引力，**促使我国同国外的文化交流从单向度向双向度转变**。一个国家的经济在世界的地位，决定着该国文化影响力的大小。但在实践中，并不是世界经济地位提高了，世界文化地位就当然会提高。目前，我国的文化影响力、文化地位同我国世界第二经济大国的地位极不相称，同我国汉朝、唐朝时期万邦来贺的国际地位与万邦来习的文化地位也不可同日而语。在中外文化交流中，西方文化特别是美国文化对中国输入多，中国文化对西方文化输出少。西方发达资本主义国家凭借其世界经济地位以及文化交流中的主动主导地位，通过文化全球化大力输出自己的影视作品、新闻报道、图书等文化产品以及其中所蕴含的价值观、人生观和世界观，将本应是双向互动的文化交流变成单向输出的交流。未来 30 年，我国的世界经济地位将会继续提升，社会现代化进程也将加快，文化自信与文化自觉也将随之增强，辨别吸收国外优秀文化与传承传播中华优秀文化的主动性都将提高，文化领域的双向度交流终将取代现在的单向度交流。目前到 2035 年，是我国文化自信的重塑与文化自觉的增强时期，中外文化交流中单向输入的情况将不断减少，中国文化输出将会取得与文化输入同等的地位。2035—2049 年，是我国文化自信与文化自觉进一步增强的时期，文化领域的双向互动继续增加，中国将从文化净输入国变成文化净输出国，中国文化影响力得以重振。

三、未来 30 年文化发展面临的突出矛盾和问题

未来 30 年我国文化发展前景良好，但也应看到，当前我国文化发展同经济社会发展和人民日益增长的美好文化需要还不完全适应，文化在推动经济、政治、社会现代化中的作用亟待加强，我国世界排名第七的文化影响力指数同世界第二大经济体的地位还不相称，制约未来 30 年文化发展的突出矛盾和问题尚未解决。

（一）文化道路乏自信

部分干部和群众对中国特色社会主义文化发展道路的自信不够，是未来 30 年文化道路发展面临的突出矛盾和问题。主要表现在：**一是人民群众价值取向多元影响到社会主义价值体系的核心化**。改革开放以来，由于对"以经济建设为中心"指导思想的错误理解，加上西方资本主义意识形态的长期渗透，一些人接受了个人主义、享乐主义、自由主义等资本主义价值观。未来 30 年，多元价值取向继续存在，对我国将社会主义核心价值观变成整个社会核心价值的努力形成阻力。另一方面，我国对社会主义核心价值体系的挖掘有待深化、表述有待简化，思想政治教育内容比较空洞、形式比较苍白，相关部门文化治理能力不高，部分领域的制度建设不能真正体现公平公正的社会主义价值理念，导致运用社会主义核心价值体系引领社会思潮、形成社会共识成效不大。**二是相关部门的舆论引导能力不强，网络建设和管理能力不足、方式陈旧**。面对文化全球化、社会信息化带来的挑战，以及西方"恶意"文化的渗透，正面的舆论引导往往反应滞后、公信力差，遇到网络不同言论删帖了事，有的甚至分不清政治原则问题、思想认识问题、学术观点问题。**三是核心价值体系对文化产品创作生产引导力度不大、激励惩戒不足**。由此可能导致倡导社会主义核心价值观、传播正能量的有影响的精品力作既缺乏供给，又缺乏受众，宣扬资本主义腐朽思想、散布负能量的低俗作品却能拥有大量的供给与需求。**四是人民群众对中国文化的文化自负与文化自卑并存**。近代以来国弱受欺的历史全面打击

了人民群众对主导中国几千年的传统文化的自信，"五四"以来对儒家文化的矫枉过正沉重打击了人民群众对传统文化的自觉，认为中华传统文化最优秀的文化自负与认为中华传统文化皆糟粕的文化自卑并存，对正确评价并传承发扬传统文化形成障碍。马克思主义成为中国革命、建设和改革指导思想的几十年时间内，马克思主义中国化出现急功近利的倾向，以致部分党员干部、专家学者、普通群众产生了马克思主义已经过时的误解，相应的社会主义文化建设道阻且长。在"旧"已"破""新"未"立"的情况下，改革开放以来西方文化乘虚而入且大量涌入，并有成为我国主流文化的趋势。要想让社会各界在未来30年重塑文化自信，坚定对中国特色社会主义文化发展道路的信心，以马克思主义文化为魂、中华优秀传统文化为体，以我为主、兼收并蓄并运用于当代中国实践，需要付出更加艰苦的努力。

（二）文化事业低效率

公共文化服务供给与文化遗产保护效率不高，是未来30年文化事业发展面临的突出矛盾和问题。主要表现在：**一是公共文化服务供给效率不高。**一方面，基本公共文化服务均等化水平不高，导致供需双方空间不匹配问题。城乡、区域文化发展不平衡，农村地区与中西部地区公共文化服务体系建设滞后，公共文化服务水平不高，同群众公共文化服务需求不相称。另一方面，公共文化服务有效供给不足，导致供需双方内容不匹配问题。各地政府重建设轻运营，主动了解群众需求并提供公共文化服务的积极性不高，存在形式主义倾向，以致为广大群众喜闻乐见的公共文化服务供给不足与部分公共文化服务设施闲置并存。例如，部分地区农村罔顾留守人群多为老人、妇女、儿童的事实，在为农村图书室购买图书时不考虑他们所需要的图书种类。**二是文化遗产保护与开发领域存在社会效益与经济效益没有很好兼顾的问题。**保持文化遗产本真性与适应市场经济发展相矛盾，中央政府保护文化遗产、提高社会效益的意愿与本地政府注重政绩、追求经济效益的动机难相容，以致一些地方为了经济效益对文化遗产重开发轻保护。相当一部分非物质文化遗产尚未被认定并列入保护范围，列入保护范围的，对非遗传承人的补助经费每年只有3000元左右，不仅不及他们从事其他经济活动的机会成本，而且难以保障其最低生活，以致很多非遗项目后继无人甚至失传。

（三）文化产业不发达

文化产业发展面临的突出矛盾和问题主要包括：**一是文化产品和服务有效供给不足**。适应群众文化消费需求的文化产品和服务供给不足，大量供给的部分文化产品和服务又非群众喜闻乐见，以致群众文化需求得不到有效满足。**二是文化产业创新创意能力和竞争力不强**。部分文化行业的部分企业创新能力不足，文化创意产品和服务相对欠缺，以致竞争力不强，同国外文化产业相比社会效益与经济效益都比较低，综合效益欠佳。**三是文化人才队伍不够壮大**。我国培养文化人才的方式比较落后，对文化人才的经济激励不足，以致文化技能人才、文化管理人才都相对短缺，而且流失严重。**四是体制机制和市场环境有待完善**。文化体制改革同经济体制改革不对称、不平衡，文化市场的发展受到计划体制的制约，束缚文化生产力发展的体制机制问题尚未根本解决。

（四）文化交流失话语

失语就要挨骂，遑论文化交流主动权与中国文化国际影响力。而缺少国际话语权，正是未来 30 年我国文化交流发展面临的突出矛盾和问题。主要表现在：**一是缺少国际传播话语权**。一方面，西方敌对势力不愿意看到中国日益强大，处心积虑地传播"中国威胁论""一带一路"倡议"资源掠夺论"等，挤压我国的国际舆论空间。另一方面，我国对自身问题正视不足，缺少主动面对和积极回应国际社会质疑和关切的勇气和表达。由此造成了中国信息流进流出的"逆差"与中国真实形象和西方主观印象的"反差"。**二是缺少学术研究话语权**。国内不少高校、研究机构乃至理论管理机构、决策部门在学术评判上存在"崇洋媚外"倾向，以在国外期刊发表的论文数量、期刊档次等作为评定职称、申请项目、评优奖先的重要依据，无异于将学术话语权拱手让人，不仅使西方发达国家凭借其手中有影响力的期刊轻易获取我国的优秀科研成果，而且对我国部分领域科研成果的保密工作带来巨大威胁。**三是缺少贸易投资话语权**。我国对作为文化贸易重要载体的中国故事缺少话语权，对国际文化贸易规则制定缺少话语权，成为未来 30 年中外文化交流向双向度转变的重要障碍。有很多世界知名的中国文化符号尚未转化为世界熟知的文化产品和文化理念，如中国功夫、熊猫等文化符号并没有转化为《功夫熊猫》等文化产品。

四、未来 30 年推动我国文化发展的思路和建议

未来 30 年，必须立足文化发展面临的形势，顺应文化发展趋势，克服突出矛盾和问题，从文化道路、文化事业、文化产业、文化交流四个维度综合施策。唯其如此，才能取得同我国经济"硬实力"相匹配的文化"软实力"，建成社会主义文化强国，在实现社会主义文化现代化与中华文化伟大复兴的同时，全面实现社会主义现代化与中华民族伟大复兴。

（一）总体思路

立足全球视野与我国国情，坚持中国特色社会主义文化发展道路，不断解放和发展文化生产力，实现弘扬优秀传统文化与发展现实文化有机统一、发展公益性文化事业和经营性文化产业有机统一、提高社会效益与经济效益有机统一，进一步增强国家文化影响力，建设社会主义文化强国，实现社会主义文化现代化和中华文化伟大复兴，为我国社会主义现代化建设与中华民族伟大复兴提供强大的价值引领力、精神推动力、文化生产力。

（二）目标状态

到 2035 年，文化发展主要实现以下目标：

文化道路更加明确。中国特色社会主义理论体系逐渐完善，中国特色哲学社会科学加快发展。"马魂、中体、今用"的社会主义意识形态基本形成，并具备一定的凝聚力和引领力，广大干部群众的文化自信与文化自觉不断增强。传统媒体与新兴媒体融合发展，舆情引导机制逐步健全，新闻舆论传播力、引导力、影响力、公信力切实提高。社会主义核心价值体系建设深入推进，公民的价值观自信不断增强，全党全国各族人民团结奋斗的共同思想基础更加夯实。社会文明程度达到新的高度，公民思想道德素质明显提高。适应人民需要的文化产品更加丰富，精品力作不断涌现，文化内容形式不断创新，网络文艺繁荣有序发展，版权保护与文化创新形成良性循环。

文化事业全面繁荣。现代公共文化服务体系建立健全，基本公共文化服务均等化基本实现，区域间、城乡间公共文化服务均衡协调发展，体现地方和民族特色的公共文化设施网络逐步完善，公共文化供给与群众文化需求有效匹配，公共文化服务社会化发展步伐加快，群众基本文化权益得到充分保障。现

代传播体系取得较大发展。中华优秀传统文化传承发展体系初步形成，中华文化创造性转化和创新性发展步伐加快。文化遗产保护力度加大，民族民间文化传承振兴水平提高，传统工艺保护和发展成效显著。

文化产业健康发展。文化产业整体实力和国际竞争力显著增强，文化产业发展的质量和效益全面提升，文化产业成为国民经济支柱性产业。现代文化产业体系与市场体系更加完善，文化资源转化为产业优势和市场优势。文化产业结构优化升级，跨地区跨所有制并购加快，规模化集约化专业化水平持续提高。文化市场主体发展壮大，公有制为主体多种所有制文化企业共同发展、骨干文化企业为龙头大中小微文化企业相互促进的文化产业格局全面形成。统一开放、竞争有序、诚信守法、监管有力的文化市场体系初步形成，文化产品和要素在全国范围内合理流动。形成一批具有核心竞争力的文化企业与较强影响力的文化产品和品牌。"文化+"和"互联网+"战略有效推进，新型文化业态成为文化产业新的增长点，传统文化行业在内容创作、传播方式和表现手段等方面加快创新，文化产业与相关产业深度融合。区域文化产业发展布局更加优化，围绕"一带一路"建设、京津冀协同发展、长江经济带建设，初步建成重点文化产业带，若干中心城市和城市群带动区域产业发展的增长极逐步形成，由中小城市、小城镇和农村打造的特色文化产业群基本形成，国家级文化产业园区的引领示范效应不断加强。文化产品和服务供给方式不断创新，供给结构不断优化，供给质量不断提升，有效供给持续扩大，人民群众日益增长、不断升级和个性化的精神文化需求得到满足。居民文化消费持续增长，新的文化消费增长点不断培育。文化产业吸纳就业能力进一步增强，文化产业对相关产业的带动和提升作用充分发挥。

文化交流双向互动。以民族文化为主体、吸收外来有益文化、推动中华文化走向世界的文化开放格局进一步完善，国家文化软实力显著增强，中华文化影响更加广泛深入。文化"走出去"与"引进来"有机结合，文化输出与输入有机结合，文化流进流出的"逆差"基本扭转。

到 2049 年，文化发展主要实现以下目标：

文化道路更加坚定。中国特色社会主义理论体系更加完善。"马魂、中体、今用"的社会主义意识形态的凝聚力和引领力不断增强，全体人民牢固树立共产主义远大理想和中国特色社会主义共同理想，在理想信念、价值观念、道德观念上紧紧团结在一起，自觉践行社会主义核心价值观，不断提高思想道德素质。

文化事业更加繁荣。现代公共文化服务体系更加健全，基本公共文化服务标准化、均等化水平进一步提高。现代传播体系取得重大发展。中华优秀传统文化传承体系更加成熟，中华文化基本实现现代化。文化遗产保护、民族民间文化传承振兴、传统工艺保护和发展取得较大的社会效益和经济效益。

文化产业优化发展。文化产业在产量和产值增加的基础上，质量和效益进一步提升，进入内涵式发展新阶段。优质高效的文化产业结构初步形成。拥有一批国际知名、竞争力强的文化企业、文化产品和品牌。"文化＋"和"互联网＋"深度发展。区域文化产业发展布局进一步优化，若干增长点、增长极、增长带在带动文化产业发展中更好地发挥作用，国家级文化产业园区发挥区域文化产业增长引擎的作用。文化产品和服务供给结构合理高效，人民群众多层次、多方面、多样性的精神文化需求得到满足。

文化交流更加主动。中华文化国际影响力同中国经济"硬实力"相互匹配，并在国际领先。中国在中外文化交流中更加主动，文化输出取得相对于文化输入的绝对优势地位，中国文化国际话语权大大提高，中华文化伟大复兴最终实现。

（三）重大建议

文化现代化的实现，有赖于加强和改进党对文化建设的领导，加快推进文化治理体系和治理能力现代化，全面营造有利于文化发展的良好环境。

1. 坚定中国特色社会主义文化发展道路

未来 30 年，必须坚定中国特色社会主义文化发展道路自信。提倡精英文化、严肃文化，自觉抵制低俗文化和西方颓废文化。**一是加强对社会主义核心价值体系的研究挖掘与宣传倡导**。加快研究完善中国特色社会主义理论体系，研究社会主义核心价值体系的内涵。落实意识形态工作责任制。运用互联网技术，发展"文化＋"教育，深化中国特色社会主义和中国梦宣传教育，将社会主义核心价值观与传统文化教育融入其中。推动社会治理体现社会主义核心价值观要求，强化公共政策的价值导向，探索建立重大公共政策道德风险评估和纠偏机制。**二是加强互联网内容建设，建立网络综合治理体系**。发展健康向上的网络文化。提高相关部门正面舆论引导的反应速度，增强公信力，创新舆情管理方式。**三是坚持以核心价值体系和以人民为中心为创作导向，完善文化产品评价体系和激励机制**。深化全国性文艺评奖制度改革，鼓励精品力作，抵制低俗作品。**四是实现传统文化的时代创新，并对广大干部群众加强文化教育**。推动"马魂、中体、今用"，通过马克思主义思想教育与中华优秀传统文化教育，形成真正具有世界先进水平和吸引力感染力的优秀文化成果，[①]增强广大干部群众的文化自信与文化自觉，使之在适应当代中国实践需要中扬弃中西文化，自觉抵制西方资本主义文化渗透，并自觉宣传中国文化。[②]

2. 深化文化事业发展领域体制机制改革

未来30年推动我国文化事业发展，必须深化文化事业发展领域体制机制改革。**一是深化文化行政管理体制改革**。正确处理党委、政府、市场、社会之间的关系，建立健全党委领导、政府管理、行业自律、社会监督、企事业单位依法运营的文化体制机制。按照政企分开、政事分开原则，依法赋予企事业单位更多的法人自主权。深化公益性文化事业单位改革，强化社会服务功能。支持社会组织、机构、个人捐赠和兴办公益性文化事业，引导文化非营利机构提供公共文化产品和服务。完善文化事业单位绩效考核机制。**二是创新公共文化服务供给体制机制**。完善公共文化服务体系，按照补齐短板、按人配置、物尽其用、提高效率的原则，加大对边远地区、农村地区、贫困地区、民族地区公共文化服务投入力度。在服务项目选择上，建立群众文化需求反馈机制，推广"按需制单、百姓点单"模式。开发和提供适合老年人、未成年人、农民工、残疾人等群体的基本公共文化产品和服务。在服务主体选择上，促进公共文化服务社会化供给，推动各级政府购买公共文化服务，鼓励社会组织和企业参与公共文化设施运营和产品服务供给。深入实施文化惠民工程，丰富群众性文化活动。**三是改革文化遗产开发与保护机制**。研究实施对文化遗产保护与开发领域相关部门和人员物质激励与精神激励相结合机制，通过发放文化遗产保护补

---

① 黄会林：《提升文化影响力关键在文化成果》，《人民日报》2016年4月6日。
② 管华：《增强中国文化影响力的途径探析》，《辽宁医学院学报（社会科学版）》2015年第4期。

贴、传统工艺就业促进奖金等形式予以经济支持。进一步完善非物质文化遗产保护制度，加强对非物质文化遗产的认定与保护，以人的培养为核心，推动非物质文化遗产传承与现代教育体系深度融合，提高保护传承水平。

3. 加快文化产品有效供给与要素培育

未来 30 年推动文化产业发展的关键，是加快文化产品供给和要素市场建设，培育文化人才及其创新能力。**一是增加文化产品和服务有效供给**。鼓励文化文物单位和社会力量开发文化创意产品，满足多样化消费需求。充分激发市场活力和社会创新创造能力，引导文化企业提供个性化、多样化的文化产品和服务，培育新的文化消费增长点。**二是提高文化产业创新创意能力和竞争力**。推动文化产业发展与"大众创业、万众创新"紧密结合，扶持重点文化产业领域创新创业，通过培训提高文化产业从业人员的创新创意能力。**三是加强文化人才队伍建设**。按照党管人才原则，造就一批人民喜爱、有国际影响的名家大师和民族文化代表人物，加强专业文化工作队伍、文化企业家队伍建设，扶持资助优秀中青年文化人才。与教育部门加强合作，加快培养文化技能人才，推动设置文化产业管理硕士专业学位并培养相关人才。深化职称评审制度改革，推动职称评审标准从单一的论文发表向文化产品和服务质量与效益同论文发表相结合转变。深化文化领域收入分配制度改革，建立适应市场经济发展、体现文化人才劳动贡献、能够让文化人才安心干事创业的薪酬激励制度。**四是建立健全现代文化市场体系**。持续推进国有经营性文化单位转企改制，对按规定转制的重要国有传媒企业探索实行特殊管理股制度。建立健全有文化特色的现代企业制度，加快国有文化企业公司制股份制改造。培育和规范文化类社会组织。完善文化产品和要素市场建设，鼓励金融资本、社会资本、文化资源相结合，发挥市场在文化资源配置中的决定性作用。完善适应文化产业发展要求的知识产权法律制度，健全知识产权侵权查处机制，重点加强网络文化知识产权保护制度建设。

4. 加强文化交流国际话语体系建设

未来 30 年推动文化交流发展的关键，是提高我国的国际传播、学术研究与贸易投资话语权。这就要求坚持政府统筹、社会参与、官民并举、市场运作，统筹对外文化传播、交流和贸易。**一是提高国际传播话语权**。推进国际传播能力建设，加快中国特色话语体系建设进程，畅通中华文化和价值理念的传播渠道。讲好中国故事，展现真实、立体、全面的中国。**二是提高学术研究话语权**。必须旗帜鲜明地反对"洋八股"，真正构建好中国特色的哲学社会科学学术话语体系。否则，我国的学术自强、文化自信、理论自信、价值自信都无从谈起，甚至国家安全也难以保障。**三是提高贸易投资话语权**。提高将中国文化符号转化为文化产品的能力，增强文化"引进来"与"走出去"的主动性。打造外向型骨干文化企业，建设核心文化产品资源库，搭建文化产品和服务"走出去"的平台和渠道，建设国际营销网络。拓展文化产业国际交流合作新空间，积极参与国际文化贸易规则制定，增加文化贸易领域国际话语权。引导文化企业和社会资本境外投资，拓展海外文化市场，扩大境外优质文化资产规模。

（执笔：孔伟艳）

参考资料目录：

1. 中共中央办公厅、国务院办公厅：《国家"十三五"时期文化发展改革规划纲要》，2017年5月7日。

2. 文化部：《"十三五"时期文化产业发展规划》，2017年4月。

3. 袁粮钢：《文化融合必将成为全球大趋势》，《深圳特区报》2016年10月18日。

4. 黄会林：《提升文化影响力关键在文化成果》，《人民日报》2016年4月6日。

5. 管华：《增强中国文化影响力的途径探析》，《辽宁医学院学报（社会科学版）》2015年第4期。

6. 中共中央：《关于深化文化体制改革推动社会主义文化大发展大繁荣若干重大问题的决定》，2011年10月18日中国共产党第十七届中央委员会第六次全体会议通过。

7. 陈依元：《现代化、文化现代化、文化现代化指标体系》，《福建论坛（经济社会版）》总第217期。

第十章 未来 30 年中国特色社会主义民主政治建设的思路研究

内容提要：中国特色社会主义民主政治具有稳定性、适应性、广泛性与高效性等优势。未来 30 年，应坚持以中国特色社会主义制度为方向，以国家治理体系和治理能力现代化为核心，以社会稳定和人民生活水平不断提高为基础，发展党内民主与改革完善党的执政方式，理顺国家权力运行体制，健全不同权力间相互协调、相互制约的法治化运行体系，逐步提升民主选举的范围与层次，推进协商民主广泛多层制度化发展，逐步实现党、国家、社会各项事务治理的制度化、规范化、程序化与民主化发展，实现"更高更切实际"的中国特色社会主义民主政治，推动国家治理体系和治理能力现代化。

民主是中国共产党推进国家现代化过程中一脉相承的奋斗目标。20 世纪 80 年代和 90 年代初，邓小平同志对政治体制改革如何配合我国现代化三步走战略，对在 21 世纪中叶实现包括"高度的民主"在内的社会主义现代化作出了长远谋划和战略部署。随后党的历次全国代表大会都对推进社会主义民主政治建设提出了明确要求。以习近平同志为核心的党中央丰富了现代化的内涵，将民主作为实现第二个百年奋斗目标的重要内涵和推进国家治理现代化的题中之义。在实现全面建成小康社会的第一个百年目标胜利在望之际，结合十八大以来国内外政治经济发展的新形势，在国家治理现代化视角下探讨未来 30 年稳步推进社会主义民主政治建设的思路、目标与对策，具有深远的历史意义和重要的现实意义。

一、国家治理视角下的中国特色社会主义民主政治

以人民代表大会制度为根本，中国实行了中国共产党领导的多党合作和政治协商制度，民族区域自治制度，基层群众自治制度等具有鲜明中国特色的一套国家制度体系。在这一制度体系下，中国的民主政治建设取得了较大成就，社会主义基本政治制度体系初步建立，包括党内民主、基层民主等在内的社会主义民主政治体系初步成形，社会主义法治建设稳步推进，以全面从严治党为核心内容的党的建设取得了重要进展。60多年的实践也表明，中国特色社会主义民主政治是顺应国家治理体系和治理能力现代化要求的，是有独特优势的，是适应我国国情和发展要求的，也得到了世界的广泛认同。

（一）中国特色社会主义民主政治具有独特的制度优势

中国特色社会主义民主政治的独特优势在于其政治结构的稳定性、制度创新的适应性、政治代表的广泛性与政策决策实施的高效性。不同于西方实行立法、行政与司法三权分立的政治体制，我国实行以人民代表大会"议行合一"为根本的国家权力运行体制，"条""块"两个体系下的各项权力相互分离、协调与制约的行政管理体制，以中国共产党为领导核心的多党合作制下的党内民主集中制与党外协商民主制。在这一制度体系下，中国特色社会主义民主政治具有超强的稳定性、高度的适应性、广泛的包容性与强大的效率与动员能力。超强的稳定性主要体现在超大国家政治稳定、政权连续性和稳定性、公共政策的连续性和稳定等。高度的适应性主要体现在能够不断适应内部经济社会急剧转型和外部国际政治经济急剧变革所带来的挑战等推动自身的发展。广泛的包容性指包括促进各民族平等和共同繁荣、吸纳新兴社会阶层政治参与、促进弱势群体保护等。强大的效率和动员力，包括集中力量办大事、高效率等政治制度优势。

世界民主政治的实践验证了中国特色社会主义民主政治模式的适应性。20世纪80、90年代以来，以新自由主义为基础的西方宪政民主在推及世界的过程中，遭遇了实践上的重大挫折。苏联东欧等国在西方民主意识形态的长期渗透下，整个国家和社会的思想、秩序一度被搞乱，至今还深受其影响。中东部分国家通过颜色革命建立的西方式民主给本国及周边地区带来了灾难性后果，

并沦为"失败国家"。即便是美国本身政治制度也日渐腐朽，逐渐沦为被各路精英们暗中操纵的一个幌子，不再能真实地反映大众的利益诉求，被美国政治学者福山称其为"政治衰败"。而中国在渐进、增量的政治体制改革之下，中国特色社会主义民主政治的优势得到发挥，国家治理体系和治理能力的现代化水平逐渐得到提升，人民的民主权利得到保证与行使。世界民主政治的广泛实践，验证了中国特色社会主义民主道路模式的优越性与适应性，并得到了国际社会的广泛认可。法国知名学者戴维·戈塞感言，"世界需要重新认识中国制度优势[①]"。

（二）发展中国特色社会主义民主政治是实现国家治理现代化的现实选择

中国作为一个地域辽阔、民族众多、国情复杂的大国，政治上既要保证国家政令法制上的统一，又要保证能够调动不同阶层、不同区域的积极性，需要民主政治予以保障。传统中国治理体系和治理能力的不足，一是不能有效实现整个社会的"数目字[②]"管理，使得中央政策广泛推行于地方时往往不得不互相折衷迁就，难以实现国家政令的统一；二是基层民主自治发育的不足，不能对绝对权力行使全面有效的制衡与监督，难以避免腐败、官商勾结等非公平正义现象的出现；三是政府内部的相互制衡机制的制度化缺失，导致在决策、执行与监督领域的条块分割与相互掣肘；四是自下而上的政治参与、信息沟通与救济机制的不足，使得下层的民意很难通过正常的渠道向上输送，进而催生民怨在下层的累积；五是市场主体的权益得不到民主与法治的有效保障，使得市场经济很容易走向权贵经济。民主是政治现代化的要求，民主政治架构下的政治结构稳定与制度创新是实现国家治理现代化的现实选择。中国国家治理的现代化，需要顺应国家发展与治理现代化的趋势，顺应信息与互联网技术下生产生

---

① "世界需要重新认识中国制度优势"，法国知名学者戴维·戈塞的感言，既是对中国的看重，也蕴含对西方民主困境的反思。党争纷沓、相互倾轧、相互掣肘、内耗严重、议而不决、决而难行……一些政党"上台有术、治国无能"，一些政治势力成天把人民挂在嘴上，却不干实事、推卸责任。

② "数目字管理"的概念，主要指由下而上的管理技术的实现，能够避免由上而下所带来的监管成本过高，监管能力不足，监管技术短缺等问题。通过数目字管理，社会基层能够做到各种要素自由而公平的交流，社会基层自治组成一个中层机构与高层联系。这种体制能够保证地方的真实情况汇集到中央，中央下达的政策符合地方实际，其各种统计数据也就不存在问题。中央政府的宏观管理也就有切实可靠的信息为依托。

活方式变革的大势，顺应国内大众尤其是年轻一代参与国家与社会治理的热情与意愿，通过中国特色社会主义民主政治的建设提供制度性的治理方案，如健全权力制约权力和权利制约权力的体制机制，加强民主制度体系建设，增辟和畅通公民利益诉求和有效参与社会治理的渠道等，解决传统模式下的治理能力不足，进而提升中国特色社会主义民主政治的适应性、真实性、充分性和代表性。

（三）"四个全面"为中国特色社会主义民主政治发展确定了新的战略布局

中国的"国家治理体系是在党领导下管理国家的制度体系，包括经济、政治、文化、社会、生态文明和党的建设等各领域体制机制、法律法规等所形成的一整套紧密相连、相互协调的国家制度"。十八大以来，以习近平同志为核心的党中央提出了全面建成小康社会，全面深化改革，全面依法治国和全面从严治党"四个全面"的战略布局，确立了新形势下党和国家各项工作的战略方向、重点领域、主攻目标。"四个全面"以其系统性、全面性、协同性为"两个一百年"目标和中国梦的实现做出了战略部署，也谋划了中国社会主义民主政治发展的目标指向、逻辑建构和动力机制。

二、推进中国特色社会主义民主政治建设的思路、原则与目标

（一）总体思路

适应国家现代化总进程，中国特色社会主义民主政治建设必须从党的领导、国家根本制度、权力运行体制机制、法律法规制度四个方面协调推进。按照执政党总揽全局、协调各方的原则，改革和完善中国共产党的领导方式和执政方式，以发展党内民主带动和发展人民民主为方向改进党的领导方式和执政方式，依托协商民主机制通过多种方式、多种渠道扩大人民的政治参与水平，提升党科学决策、民主决策、依法决策的水平。在党和中央的集中统一领导下，健全国家根本制度，理顺宪法下各权力机构的权力运行体制，提高党科学执政、民主执政、依法执政水平，提高人大、政府、政协和法院、检察院依法履职能力；按照上下结合的方式不断探索健全民主制度、丰富民主形式的体制机制，提高人民群众依法管理国家事务、经济社会文化事务、自身事务的能力；建立健全党和国家相关规章制度体系，逐步实现党、国家、社会各项事务

治理与权力运行的制度化、规范化、法治化、程序化，不断推进中国特色社会主义民主政治的现代化进程。

（二）发展原则

坚持中国共产党的领导、人民当家作主和依法治国的有机统一，立足政情国情，推进中国特色社会主义民主政治建设，需要发挥好社会主义制度优势，遵循民主建设的客观规律，必须遵循以下原则：

以完善发展中国特色社会主义制度为方向。中国特色社会主义民主政治的建设和民主体制机制的健全，是全面深化改革的重要组成部分。我们的改革开放是有方向、有立场、有原则的，是在中国特色社会主义道路上不断前进的改革，既不走封闭僵化的老路，也不走改旗易帜的邪路。四项基本原则是立国之本，邓小平同志曾经多次指出"离开四项基本原则，就没有根，就没有方向"。中国特色社会主义民主政治建设，也必须坚持四项基本原则不动摇，不能偏离坚持和改善党的领导，不能偏离坚持和完善中国特色社会主义制度的总体方向。

以国家治理体系和治理能力现代化为核心。政治发展的现实主义路径认为，现代化开阔了人们的眼界，释放了人们的需求与欲望，增强了人们的行动能力，这一切对传统的政治、行政和社会管理与运行模式形成了挑战，并转化为对以往秩序和规则束缚的不满和抗议。中国特色社会主义民主政治的建设，必须立足于传统中国治理体系和治理能力的不足，以现实问题和发展趋势为导向，在保证社会秩序稳定性的前提下，通过民主体制机制的适应性变革，增强党和国家的活力，调动广大人民的积极性，强化对权力的有效监督与制衡，进而推动实现国家治理体系和治理能力的现代化。

以中国特色社会主义的"四个自信"为统领。在中国特色社会主义民主政治建设的实践中，党和国家要坚定中国特色社会主义的道路自信、理论自信、制度自信与文化自信。通过"四个自信"，把握和保持民主政治建设过程中的政治定力，牢牢把握好我国民主政治建设过程中的主动权，要始终以我为主，应该改革又能够改的坚决改，不应该改的坚决守住，什么时候改，如何推进改革做到自我有数，在改革的内容和次序上保持自信与定力不变，不因外部评论和怀疑而改变。

以社会稳定和人民生活水平不断提高为基础。社会稳定、经济发展和人民生活水平不断提高，是人民当家作主的重要目的，也是人民当家作主的必要条件。一个国家的政治发展、经济发展、文化发展是互为条件的。社会不稳定，经济就不能顺利发展。发展的目的，是使人民共享发展的成果。中国共产党和中国政府将紧紧抓住经济建设这个中心不动摇，为不断提高社会主义民主政治的实现程度和水平创造更加雄厚的物质文化基础。

（三）总体目标

国家即是个人自由与权利的保护和捍卫者，又是潜在的威胁与妨碍者。国家的现代化，既需要国家足够强大的动员能力；又需要对国家的权力进行限制以使之成为有限、有责的国家。与西方"多党制""三权分立"的政治制度不同，中国的社会主义政治制度，是要发挥好社会主义制度的优势，是要在保障经济上赶上发达的资本主义国家的同时，在政治上创造比资本主义国家的民主更高更切实的民主。

"更高更切实际"的中国特色社会主义民主，就是在促进中国走向现代化过程中，在党的集中统一领导下，将民主与集中、民主与法治、公平与效率等有机结合在一起，从而保证人民当家作主，保证国家政治生活既充满活力又安定有序，保证决策和执行的科学高效，提升党领导人民有效治理国家的能力。从而实现比西方资本主义"多党制""三权分立"的民主模式在范围、层次、效果上更加具有优势，在实际运行中更能发挥好社会主义政治制度的强大优势，在保证人民的权利和自由、调节国家政治关系、塑造安定团结政治局面，集中力量办大事，维护国家独立自主和人民福祉上更加有效。

1. 以更高更切实际的民主为目标

"更高"指的是民主的范围、层次和效果比西方资本主义民主更高更好。一般来说，竞争性直接、差额选举的范围越广、层次越高，标志着民主的程度越高。"效果"体现民主在保障人民当家作主的权利上更为有效，更利于社会主义制度优势的发挥。"更切实际"指的是更符合中国国情与社会文化土壤，避免政治变革中出现的政治秩序混乱，利益集团干扰等现象的出现。

在范围上，中国特色的社会主义民主，能够促使全体人民依法通过参与选举、决策、监督等方式管理国家各项事务，便利便捷、畅通地表达利益要求，社会各方面能有效参与国家政治生活，使国家政治既"尊重多数，保护少数"，又防止出现西方资本主义民主深受特殊利益集团干扰，"人民形式上有权、实际上无权"的现象。

在层次上，国家领导层能够依法实现有序更替，国家决策实现科学化、民主化，有效地防止利益集团对公平正义的干扰，执政党依照宪法法律规定实现对国家事务的领导，权力运用得到有效制约和监督，既能避免一党执政缺乏监督制约的弊端，又能避免西方资本主义国家多党纷争、互相倾轧造成的政治混乱和社会不安定团结等弊端。

在效果上，民主更能够有效保证人民的权利和自由，有效调节国家政治关系，形成安定团结的政治局面，集中力量办大事，能干事、干好事、干成事，保证决策和执行的科学高效。避免西方资本主义"多党制""三权分立"的民主政治制度下的一些政治势力整天把人民挂在嘴上，却不干实事、推卸责任，内耗严重、议而不决、决而难行，"上台有术、治国无能"等现象的发生。

在更切合实际上，民主能够扎根于中国社会土壤，更符合中国的国情与历史文化传统，既能实现广泛的民主参与和自治，又能有效防止西方式"选举时漫天许诺、选举后无人问津"的现象；既能实现权力的分散制约与制衡，又能防止西方式党争纷沓、相互倾轧、相互掣肘、内耗严重的现象；既能实现党和国家有效的集中管理，又能够防止个人意志凌驾于集体之上的腐败专断行为；既能充分调动党和国家，中央与地方的积极性，又要防止中国近代史上出现的群龙无首、一盘散沙现象。

2. 需要把握好的要点

中国的国家治理体系是在党领导下管理国家的制度体系。实现"更高更切实际民主"的总目标，需要根据中国的国情特点，重点把握执政党民主执政下的人民代表大会制度、"一府两院"权力运行机制、党外协商民主制度体系等关键点，以核心带外围，逐步推进中国特色社会主义民主政治建设。

执政党以发展党内民主带动人民民主的发展。中国特色社会主义的最本质特征是中国共产党领导。未来30年，应着眼于以完善执政党内民主集中制与党内选举制度体系为重点。扩大党内基层民主，通过维护和保证党员的民主权利，畅通党员参与党内事务、监督党的组织和干部、向上级党组织提出意见和建议的渠道。改革完善党内提名办法，扩大差额选举机制的比例、范围与层级，逐步健全推进党内民主的体制机制，以不断健全的党内民主机制来带动社会民主的进步。结合党在领导改革开放进程中通过试点总结有序推进的经验，通过试点总结与经验推广机制，逐步提升党内直选与差额选举的层级，争取在2035年左右实现县一级的党内直接选举，提升省市一级党内差额选举比重，为21世纪中叶实现国家更高更切实际的民主创造基础条件。

健全以人民代表大会制度为根本的中国特色社会主义民主形式。推进中国特色社会主义民主，需要推进党执政方式的转变，逐步实现党通过人大来推进执政的民主化进程。未来30年，通过逐级落实宪法所赋予人大的立法、监督、决定与任命等各项国家权力，完善人民群众选举监督人民代表的体制机制，逐步将各级"人大"做实。按照更高程度民主的目标，争取在2035年实现省一级人大履行各项职责功能的全面提升实现。届时，县乡两级人大代表的直选得到全面有效实现，省市两级人大代表的差额选举范围进一步扩大，省一级政府主要领导的产生实现在人大框架下的差额选举，最终争取在21世纪中叶实现以人民代表大会制度为核心的国家民主制度体系的更加健全完备。

实现"一府两院"法治下的权力运行机制。从权利制约权力和权力制约权力两个方面来看，未来需要改革创新各级党政、司法机关的机构设置、职能配置和体制机制，建立健全相关法律制度，实现法治下的权力运行机制。首先，调整理顺和规范各级党委、人大、政府及其工作部门的职责权力，形成对公共权力的分开配置、相互制衡和有效监督。其次，合理配置中央与地方政府职责权限，尤其是调整理顺好中央与地方各级政府的事权与财权关系，逐渐实现中央与地方责、权的一致统一。再次，调整政府内部机构设置，明确部委之间的职责分工体系，促使在政府内部形成决策权、执行权、监督权的适当"分离"，构筑起政府内部相互制约又相互协调的权力结构和运行机制。在时间点上，行政体制改革应率先推进，争取在2035年率先实现中央与地方财权与事权的统一，形成决策权、执行权、监督权既相互制约又相互协调的行政运行机制，为一府两院与人大权力关系改革提供完备的基础条件。

建立更广泛多层制度化的协商民主制度体系。未来，人民政协作为协商民主的载体，应按照构建广泛多层制度化协商民主制度体系的建设思路，更加完善党与各民主党派及党外人士的协商民主关系，使人民政协能够吸纳更多的爱国团体，吸纳各层次的外部精英阶层，更广泛的汇集各层次人民群众的意见建议，社会各界通过政协参与公共决策、执行与监督的机制更为健全，制度化的协商民主机制更为牢固。

三、推进国家民主政治现代化的路径

围绕国家治理体系和治理能力现代化，推动国家民主政治，需要围绕实现第二个百年奋斗的民主目标，对接中国社会主义民主政治建设的关键点，谋划好国家治理体系下的党和国家民主政治建设。

（一）以改革完善党内民主制度为突破口，在包容民主的气氛下完善民主集中制建设

党是中国特色社会主义事业的领导核心，核心权力的民主直接决定整个国家的民主建设走向。通过党内民主带动社会民主或人民民主，通过基层民主向上逐步扩大到高层民主，通过从更少竞争民主扩大至更多竞争民主，是我们党实现党内民主带动党外民主的重要途径。

逐步提升党内直接选举的范围和层次。在总结我们党现有基层民主选举的基础上，逐步全面推开乡镇、街道两级的党内民主直选。在完善总结乡镇、街道两级党内民主直选的基础上，逐步提升党内民主层次，推动县、区、市（不设区）一级的党内直选，进一步扩大省市一级党内差额选举的比重。

逐步扩大党内差额选举的比例和范围。由下而上在党组织内扩大竞争选举的范围，从党内常委会差额选举、副职差额选举起步，在改革完善现有选举竞争机制的基础上，逐步扩大差额选举的范围，推进党内选举人与被选举人的互动，让更多的参选人员能够代表本级党组织并接受党组织内部党员的监督。

逐步改善党内选举人提名的方式方法。逐步变由上而下为上下结合的党内提名方式方法，规范领导层和上一级党组织"个别酝酿"的做法，防止少数人的内定。通过变革提名方式方法，让更多的党员干部能够发表意见，改变党内选举过程中可能出现的干预和操纵行为，保障好党组织提名与党员联名推荐的候选人具有同等效力和同等参选地位。

建立和健全党内民主集中制制度体系。加强党内民主建设，严格党内生

活，切实将民主集中制严格贯穿到党的决策制度、组织制度、选举制度、工作制度等各个方面与环节上，尤其是党的重大决策、重要干部任免、重大项目安排和大额度资金使用中的集体讨论原则。加强对党委主要负责同志带头按照党内民主程序办事的监督，不搞一言堂和家长制。同时也应加强党委班子成员的全局观念和责任意识，防止自作主张、自行其是的出现，真正实现民主基础上的集中和集中指导下的民主相结合。

营造宽松包容的党内民主氛围和环境。在民主集中制的原则下，打造培养党内包容民主氛围与环境，保障党员的参与权、知情权，允许党员通过合理的通道渠道发表不同意见，允许党组织民主讨论中可以出现不同意见或保留意见的群体，对存在的不同意见的个人或群体要不扣帽子、抓辫子。通过尊重和保护这些具有不同意见的党员群体，提升民主集中制下党组织的包容性。

在民主建设中要坚持党中央权威和集中统一领导。以党内民主建设带动人民民主，必须以维护党中央权威和集中统一领导为前提，不是以民主的名义和因地制宜的名义而采取的自行其是、各自为政，有令不行、有禁不止，上有政策、下有对策。提升党内民主制度化水平，也必须尊崇党章与严格执行新形势下党内政治生活若干准则等各项文件的规定要求，切实按照制度规章的要求落实党内各项民主制度的内容和形式。

（二）以健全人民代表大会制为突破口，逐步实现党的执政方式的转变

人民代表大会制度作为坚持党的领导、人民当家作主、依法治国有机统一的根本制度安排，未来需要继续坚持和完善人民代表大会制度，进一步扩大人民民主，健全民主制度，丰富民主形式，拓宽民主渠道，从各层次各领域扩大人民有序政治参与，发展更加广泛、更加充分、更加健全的人民民主。

落实宪法所赋予的各级人大监督职责。通过提升宪法所赋予的各级人大的监督职责，加强对"一府两院"执法、司法工作的监督，确保法律法规得到有效实施，确保行政权、审判权、检察权得到正确行使。地方人大及其常委会要依法保证宪法法律、行政法规和上级人大及其常委会决议在本行政区域内得到遵守和执行。在各级人大之下，成立各级监察委员会，作为监察监督的有效载体。

发挥好人民代表大会的选举任命功能。在干部人事制度上，应转变党的执政方式，在党管干部的原则下，党组织培养、选拔、推荐优秀的治国理政人

才，由人民代表大会任命或直接选举的途径方式作出任命决定，真正的处理好党委集中管好党、组织和人，人民通过人民代表大会制度选任用人的民主政治用人模式。

完善各级人大代表联系本级群众制度。通过设计更好的制度模式或者联络模式，促使当选后的人民代表，更能方便其所代表选区的人民与他的沟通联络及反映民意。未来可由县乡一级开始，全方位推进基层人大代表联络站建设，并将其与人大代表的选举机制连接起来，使之成为人民群众向人大代表反映民意，选举人大代表的主要场所。

提升人大代表和人民群众的民主意识。各级人大代表是人民代表大会的主体，要加强人大代表的民主政治教育培训，让其理解其政治角色，增强其政治责任感和使命感，避免一到开会临时仓促征求民意，不凭民意凭感觉，拿不出像样议案，对"一府两院"工作不足不敢提出批评或个人情绪化表达等问题。对于广大人民群众，也应通过广泛的民主政治社会化行为使其了解人大代表当前和未来在国家治理中的角色，并积极投身到通过选举、监督人大代表，向人大代表表达民意的过程中来。

（三）以构建广泛多层制度化的社会主义民主协商制度为突破口，发挥社会主义协商民主重要作用

适应推进国家治理体系和治理能力现代化的要求，推进社会主义协商民主，需要切实落实推进协商民主广泛多层制度化发展这一战略任务，统筹推进政党协商、人大协商、政协协商、人民团体协商、基层协商以及社会组织协商。加强协商民主制度建设，形成完整的制度程序和参与实践，不断提高协商民主的科学性和实效性，保证人民在日常生活中有广泛持续深入参与的权利。

提升人民政协协商民主的政治参与范围。当前人民政协的参与人员主要集中于民主党派、企业家、高级技术、宗教、海外人员等高端层次，人员年龄偏大，收入水平也较高，难以体现新生代和中下层的政治诉求。围绕团结和民主两大主题，完善人民政协议政内容与形式，将协商民主贯穿于政治协商、民主监督、参政议政全过程，增进共识。进一步扩大民主协商的覆盖面，将更多的青年如90后群体、低收入群体、创新创业的新兴群体及社会组织纳入到民主协商的范围之内，增强人民政协界别的代表性，促进团结。

拓展社会主义协商民主的网络化渠道。面临信息社会下对回应及时性、针对性与透明性的要求，我国的协商民主也应顺应信息时代发展的趋势，建立健全网络化、数字化的提案、会议、座谈、论证、听证、公示、评估、咨询等方面多种协商方式，更加及时透明的回应公众的需求，缓解民间积怨，不断提高协商民主的科学性和实效性。

强化社会主义协商民主的法制化水平。加强协商民主的立法工作，确保协商民主有制可依、有规可守、有章可循、有序可遵，使政策在决策前，实施中、实施后都有相应的制度规范。总结协商民主已经取得的有益经验和成熟的实践措施用法律的形式固定下来，并将具体的法律条文明晰化。制定全国和地方协商民主规程，明确协商民主的内容、主体、方式、成果运用、答复机制、监督机制等，使民主协商做到制度化、规范化、程序化发展。

建立横向联动、纵向连接的体制机制。注重社会主义协商民主作为一种制度和工作机制的系统性、整体性、协同性，认真研究人民政协同政权机关、党派团体、社会组织、基层组织等各种协商渠道的关联性以及相关制度的配套衔接，努力使协商民主实践中的立法协商、行政协商、参政协商、社会协商等实现有效对接，使国家层面的党委决策、政协协商、人大决定、政府执行有效地互联互动。

（四）以合理配置条、块权责关系为突破口，健全既相互协调、又相互制约的权力运行体系

条块之间的关系，既涉及国家权力领域的行政、司法、立法、监察之间的关系，又涉及中央行政部门内部各部委之间的权责分配问题，还涉及中央与地方之间的权责分配问题，既需要破除"既当裁判员又做运动员"的权力过度集中、缺乏制约的体制机制，又要保证调动各项职能行使的积极性与权力之间的相互协调。

完善国家各权力机关的协调与制衡体系。处理好党委机关、行政机关、监察机关、司法机关与检察机关的关系，避免以党代政，以行政干预司法，监察能力欠缺，司法机关难以独立行使职能的问题。切实转变党的执政的方式，支持法院、检察院的独立行使职能的关系，通过人大制定路线、方针、政策和干部任命等实施对政府的影响。强化人大监察职能，通过国家监察体系实施对

"一府两院"的监督监察与问责。

合理界定各部委办之间的权责职能关系。按照建立健全决策权、执行权、监督权既相互制约、又相互协调的思路目标，进一步调整政府机构设置，合理配置政府决策、执行与监督职能部门的职责权力，积极推动政府内部决策、执行与监督"三权"的适当分离，为防范官僚主义、权力寻租、不作为、乱作为等腐败现象提供制度性保障。按照责权一致的要求，调整理顺中央和地方的事权与财权关系，积极调动地方和中央两个层级的积极性。

（五）顺应渐进有序发展客观规律的要求，合理处理好民主政治建设过程中的方式方法问题

市场化改革侧重的是效率，是经济利益的初次分配；而政治体制改革，侧重的是权力，是权力关系的再重组。与市场化的经济体制改革不同，政治体制改革的阻力更大，尤其是在重新调整不同主体权力、权利这一问题上，受既得利益集团的阻碍性较强，需要采取更为稳妥、渐进与一定程度的增量化改革方式，并处理好以下几个方面的关系：

正确认识阶段性集权与长期分权制衡关系。在中国特色社会主义民主政治建设的过程中，破解长期以来的权力过于集中与打破"条、块"等所形成的既得利益，需要正确看待阶段性中央集权与长期性权责关系明细下的分权关系，不能因为分权的长期导向而反对短期内的集权行为，亦不能因为由于短期的集权而对长期的分权制衡式的政治体制改革丧失信心。

正确处理增量改革与重点突破的相互关系。正确处理增量改革与重点突破的关系，需要坚定"四个自信"，在注重增量改革广泛整体效益的同时，也需要不失时机地形成重点突破，进而带动其他环节的系统性改革进程。既不为改革滞后论而盲目加快推进改革，亦不为改革过快论而放慢中国特色社会主义民主政治建设的步伐，要在既有的顶层设计之下保持自身的战略定力。

正确处理由上而下与由下而上改革的相互关系。中国特色社会主义政治文明的建设是一个系统性工程，既离不开最高层次的顶层设计与中央层级的核心推动与制度保障，也离不开基层民主实践所提供的现实探索，需要上、下两个层面的互动，不能单纯依靠地方基层自发实现上一个层级的改革，亦不能依靠高层的一次性设计全面铺开来实现改革目标。中国特色社会主义民主政治文明

建设过程中必须采取上下结合的策略。

正确处理本国国情与国外民主政治改革的相互关系。当前国外的民主政治建设对我国形成了一定程度的压力，如越南共产党党内的民主直选与差额选举等。我们不照抄照搬他国的政治制度，但这并不意味着不借鉴国外民主建设中的好的方式方法。未来推进国内的民主政治建设，需要以中国的具体国情为基础、扎根本国土壤、汲取国内外民主文明的养分，来塑造具有中国特色社会主义民主政治模式，我们反对拿来主义，也应拒绝固步自封，不抬头看世界。

（执笔：申现杰）

参考资料目录：

1. 许耀桐：《推进国家治理现代化与民主政治发展》，人民网：http://theory.people.com.cn/n1/2016/1026/c40531－28809084.html。

2. 新华网：《法国学者认为世界需要重新认识中国制度优势》，http://news.ifeng.com/a/20160715/49362902_0.shtml。

3. 习近平：《在庆祝中国共产党成立95周年大会上的讲话》，2016年7月1日，新华网：http://news.xinhuanet.com/politics/2016-07/01/c_1119150660.htm。

4. 孟财：《"四个全面"战略与社会主义民主政治》，《党政论坛》2016年第5期。

5. 燕继荣：《国家治理及其改革》，北京大学出版社2015年版。

6. 王永贵：《自由主义思潮的真实面目》，《红旗文稿》2015年第5期。

7. 夏波：《推进社会主义协商民主广泛多层制度化发展》，《广东社会主义学院学报》2015年第4期。

8. 人民日报评论部：《"四个全面"学习读本》，人民出版社2015年版。

9. 李晓东：《人大代表应如何履职》，《蚌埠日报》2015年1月12日A7版。

10. 弗朗西斯·福山：《衰败的美利坚——政治制度失灵的根源》，观察者网：http://www.guancha.cn/fu-lang-xi-si-fu-shan/2014_10_12_275200.shtml。

11. 习近平：《在庆祝中国人民政治协商会议成立65周边大会上的讲话》，2014年9月21日，人民网：http://cpc.people.com.cn/n/2014/0922/c64094－25704157.html。

12. 习近平：《在庆祝全国人民代表大会成立60周边大会上的讲话》，2014年9月5日，人民网：http://cpc.people.com.cn/n/2014/0906/c64093－25615123.html。

13. 习近平：《不断提高运用中国特色社会主义制度有效治理国家的能力》，在省部级主要领导干部学习贯彻十八届三中全会精神全面深化改革专题研讨班上的讲话要点，2014年2月17日，人民网：http://cpc.people.com.cn/xuexi/n/2015/0720/c397563－27331351.html。

14. 《中共中央关于全面深化改革若干重大问题的决定》，人民出版社2013年版。

15. 于幼军：《求索民主政治》，三联书店 2013 年版。

16. 胡锦涛：《在中国共产党第十八次全国代表大会上的报告》，2012 年 11 月 17 日。

17. 俞可平：《敬畏民意：中国的民主治理与政治改革》，中央编译出版社 2012 年版。

18. 中华人民共和国国务院新闻办公室：《中国民主政治建设白皮书》，2005 年 10 月 19 日公布。

19. 黄仁宇：《放宽历史的视界》，三联书店 2005 年版。

20. 邓小平：《邓小平文选》第二卷，人民出版社 1994 年版。

第十一章 转变经济增长方式：靠什么、如何转？
——对深圳的调研

　　转变经济增长方式，实现从粗放型向集约型、要素驱动型向全要素生产率驱动型转变，是提升经济发展质量和发展效益的主要内容。对深圳的调研发现，转变经济增长方式关键靠创新、根本动力在改革。深圳抓住创新驱动这个核心，借助经济特区的制度优势，不断完善制度环境、人才环境和金融环境，为新技术、新理念、新业态的孕育发展营造良好营商环境。随着深圳改革进入无人区、创新进入前沿区、人才进入新高地、金融进入领先区、空间进入紧凑区，进一步转变经济增长方式，面临制度改革受强约束、创新可持续性脆弱、中初级人才吸引力减弱、科技金融发展相对滞后、土地等资源承载力不足等突出矛盾和问题。推动经济增长方式转变，应以供给侧结构性改革为主线，中央政府统筹安排、做好顶层设计，加快形成有利于转变经济增长方式的制度环境、强化创新引领的政策环境，建立适应转型升级的人才战略、科技金融服务体系等。地方政府在深化落实各项改革政策基础上，积极探索、勇于创新，结合本地情况，更加注重优化营商环境，积极积聚创新资源、优化提升人才资源、创新利用空间资源等。

　　改革开放以来，我国经济保持了高达年均 9.7% 的增长，但这种高速增长是一种高投资、高消耗、高污染、低产出的粗放型增长，效率不高、公平性不够、可持续性不强。党的十四届五中全会通过的《中共中央关于制定国民经济和社会发展"九五"计划和 2010 年远景目标的建议》明确提出，实行两个具有全局意义的根本性转变，特别强调"实现经济增长方式从粗放型向集约型转变"。党的十七大报告明确提出，将"由主要依靠增加物质资源消耗向主要依靠科技进步、劳动者素质提高、管理创新转变"作为加快转变经济发展方式的内容之一。多年来，我国一直强调转变经济增长方式，但依靠科技进步、劳动者素质提高、管理创新的增长格局尚未形成。如何推动经济增长方式转变，实现更高质量、更高效益、更可持续的发展，依然是未来一个时期我国面临的重大问题，也是制约第二个百年目标实现的一大难题。

一、调研目的、方法和对象

（一）调研目的

转变经济增长方式是提升发展质量和发展效益的主要内容，是实现包容可持续经济增长的重要途径。深圳作为创新性城市，转变经济增长方式走在全国前列，有哪些典型做法、经验可供其他地区参考，如何更好地促进增长方式转变，是值得关注的问题。2017年9月10日—14日，课题组借吴晓华副院长率宏观院20位专家赴深圳调研"深圳率先建设社会主义现代化先行区"的机会，对本主题进行了实地调研，"以点带面"深入了解了深圳转变经济增长方式的典型做法和经验、面临的突出矛盾和问题。

（二）调研方法和调研对象

为了全面了解近年来深圳转变经济增长方式方面的情况，我们采取座谈会、实地考察相结合的方法，对深圳进行了调研。首先与市科创委、财政委、经贸信息委、发展改革委等政府部门座谈，了解了深圳转变经济增长方式的总体情况。在此基础上，实地考察了深圳湾创业广场、前海蛇口片区、深圳总部基地等重点改革创新区域，与北科生物、乐信控股等典型代表性企业进行了座谈，并对华为、腾讯、平安集团等典型代表性企业进行了实地考察。调研的企业具体情况见表11-1。

表 11-1 调研对象与方法

企业	企业性质	成立时间（年）	所属行业	调查方法
北科生物	民营	2005	生物科技	座谈会
乐信控股	民营	2014	金融	座谈会
奥比中光	民营	2013	人工智能	座谈会
祈飞科技	民营	2005	智能机器人	座谈会
华为	民营	1987	通信科技	实地考察
腾讯	民营	1998	互联网	实地考察
平安集团	国有	1988	金融	实地考察
前海创投孵化器	民营	2015	行业投资人／机构孵化平台	实地考察

资料来源：根据调研材料整理。

从表 11-1 可以看出，我们调研的企业具有所有制覆盖面全、行业囊括面广、企业生命周期跨度大、规模涵盖大中小等特征。从所有制结构来看，既有平安集团这样的本土老牌国有企业，也有北科生物等新型明星民营企业。从生命周期来看，既有华为、腾讯等成熟稳健型企业，也有乐信控股等新兴年轻新生代企业。从规模结构来看，既有平安集团等"巨无霸"型超级企业，也有奥比中光等中小微企业。从行业结构来看，既覆盖了金融、制造等传统行业，也有人工智能、机器人等战略性新兴产业和未来产业。应该说，样本企业代表性较强，能够涵盖深圳企业的基本类型[①]。

二、深圳转变经济增长方式的典型做法和经验

转变经济增长方式关键在于转变经济增长动力、优化经济增长机制，关键靠科技创新、根本动力在体制机制改革。调研发现，深圳围绕创新驱动这个转变经济增长方式的核心，借助经济特区的制度优势，不断完善制度环境、人才环境和金融环境，发挥市场在资源配置中的决定性作用与更好发挥政府作用，为新技术、新理念、新业态的孕育发展营造良好营商环境。2016 年，高技术制

---

① 据统计，目前，深圳市民营企业占全市企业总数的96%以上、占全市GDP比重的40%以上、占全市国家高新技术企业的80%以上；中小微企业占全市企业总数的97%以上。

造业占规模以上工业增加值的比重达 66.2%，现代服务业占服务业增加值的比重升至 71.1%，科技进步对经济增长的贡献率全国领先、超过 60.1%，集约型、全要素生产率驱动型经济增长方式已基本形成。

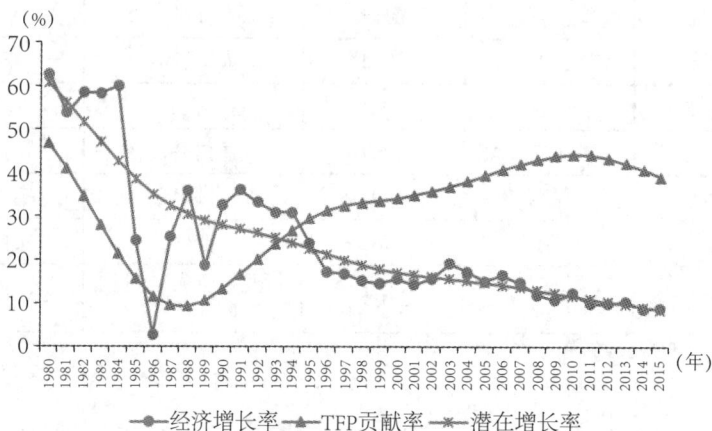

图 11-1　1980 年以来深圳市的经济增长率、潜在增长率及全要素生产率贡献率（%）

数据来源：《深圳统计年鉴 2016》，调研组测算。

（一）深圳转变经济增长方式的典型做法

调研发现，深圳紧紧抓住创新这个转型驱动核心、人才这个转型动力源泉、重大项目这个转型载体、新科技产业这个转型突破口，围绕积聚科技、人才、资金等高端生产要素，找准"痛点""难点"，深化体制机制改革转变政府职能，优化营商环境，激发市场内生动力和创新创业活力，促进经济增长方式转变。

1. 注重加强顶层设计，坚持创新主导战略

深圳在全国率先将创新确定为城市主导战略①，早在 2008 年就制定了全国首部国家创新型城市总体规划，并将"建成现代化国际化创新型城市"作为"十三五"时期的总体目标。通过深入实施创新驱动发展战略，加强创新体系顶层设计引领全市各项工作，并配套打出强有力的创新政策"组合拳"，以制度创新、政策创新激发各类创新主体的积极性和创造性，推动形成科技创新、全面创新和原始创新蓬勃发展格局。同时，注重开放创新集聚全球创新要素，

---

① 深圳市是全国首个国家创新型城市和首个以城市为基本单元的国家自主创新示范区。

配置全球创新资源。如，设立了两家由诺贝尔物理学奖、化学奖获得者领衔的科学家实验室，建立了深圳—密歇根贸易、投资和创新合作中心，吸引苹果、微软、高通等全球知名科技企业在深设立研发机构。目前，深圳的创新、创业、创投、创客联动发展格局日益强化，"以企业为主导、市场为导向、政产学研资介相结合"的创新综合生态体系在全国率先建立。创新能力持续增强，截至 2016 年年末，各类创新载体累计达 1493 家，PCT 国际专利申请量占全国一半，涌现出了华为、中兴、大疆等世界知名创新型企业，4G 和 5G 技术、超材料、基因测序、3D 显示、石墨烯太赫兹芯片、柔性显示、新能源汽车、无人机等多个领域创新能力位居世界前沿。

2. 注重人才优先发展，努力打造人才高地

人才是全要素生产率的重要来源，是经济持续转型升级的动力源泉和智慧支撑。调研发现，深圳通过积极实施人才强市战略，采取引进高校培养人才和引进海外高端人才并举措施，以人才优势铸就发展优势、创新优势和产业优势。近年来，推动了深圳大学、南方科技大学高水平建设，邀请清华大学、北京大学、哈尔滨工程大学等国内知名高校在深建设分校；并在落实广东省"珠江人才计划"基础上，重点实施引进海外高层次人才的"孔雀计划"、出台高层次专业人才"1+6"文件等政策措施。2016 年，又出台了《关于促进人才优先发展的若干措施》，实行更具竞争力的高精尖人才培养引进政策，面向全球引进优质教育资源，提高技能人才培养水平，其中，深圳北理莫斯科大学、清华—伯克利深圳学院等一批国际化、开放式特色学院加速推进，深圳技术大学、中德先进制造技师学院全面建设。同时，各基层单位也先后出台了促进人才优先发展的配套政策和措施，如福田区"福田英才荟计划"、南山区"领航计划"、光明新区"鸿鹄计划"、龙岗区"深龙英才计划"、盐田区"梧桐人才"、坪山区"聚龙计划"等。截至 2016 年年末，累计认定高层次专业人才6249 人，确认海外"孔雀计划"人才 1996 人；拥有百千万人才工程国家级人选 25 人，国务院特殊津贴专家 515 人，专业技术人才总量 144.1 万人；技能人才总量 308 万人，其中高技能人才 81.6 万人。

专栏 11-1 "孔雀计划"的主要举措和成效

2011 年 4 月，深圳市印发了《中共深圳市委 深圳市人民政府关于实施引进海外高层次人才"孔雀计划"的意见》，围绕促进高新技术、金融、物流、文化等支柱产业发展，以及培育新能源、互联网、生物、新材料等战略性新兴产业为重点，突出人才队伍结构优化和自主创新能力提升，通过建立引才目录定期发布机制、建立专项引才机制及人才确认机制、健全配套服务机制（给予海外高层次人才 80 万元—150 万元奖励补贴、完善高层次人才公共服务等）、建立创新创业专项资助机制（建立创新创业服务扶持平台、给予海外高层次人才团队最高 8000 万元专项资助）、建立专项投入机制（2011—2015 年每年财政投入 3 亿元—5 亿元），积聚一大批具备较高专业素养和丰富的海外工作经验、掌握先进科学技术、熟悉国际市场运作的海外高层次创新创业人才，引进一批对深圳市产业发展有重大影响、能带来重大经济效益和社会效益的团队，并计划在 2011—2015 年重点引进并支持 50 个以上海外高层次人才团队和 1000 名以上海外高层次人才来深圳创业，吸引带动 10000 名以上各类海外人才来深圳工作。根据深圳市科创委介绍，该政策已取得显著成效。截至 2016 年末，确认海外"孔雀计划"人才 1996 人，并吸引了一大批海外高层次人才团队落户深圳创新创业，如来自美国麻省理工学院（MIT）的奥比中光等。

资料来源：根据调研材料整理。

3. 注重培育新科技产业，打开产业转型升级突破口

产业转型升级是转变经济增长方式的主要内容，既需要存量传统产业转型升级，更需要增量新兴产业的培育发展和壮大。市发展改革委、经贸信息委均反映，深圳在支持优势传统产业和淘汰落后低端传统产业的同时，非常注重前瞻布局战略性新兴产业、未来产业等新兴产业，通过培育形成若干产业发展梯队，为产业转型升级打开突破口。"十二五"期间，陆续出台了多个战略性新兴产业和未来产业发展规划和政策；2016 年，通过建立市、区、协会、企业联动的项目挖掘新机制，形成了一批扶持计划和项目储备，支持新兴产业项目 1032 个。如，实施战略性新兴产业产业链关键环节和产业服务体系扶持计划，支持新一代信息技术、石墨烯新材料等领域产业发展；鼓励发展高端制造，推动智能制造试点示范；打造新技术新产品，并对承担国家工业强基工程的项目进行配套，推广工业强基产品和技术的应用。截至 2016 年年末，基本形成了梯次型现代产业体系，其中，现代服务业占服务业的比重升至 71.1%，先进制造业占工业的比重超过 75%，高技术制造业占规模以上工业增加值的比重达 66.2%。战略

性新兴产业和未来产业对经济增长贡献率达到53%左右，主要新行业、新产品实现高速增长，其中，互联网产业增长15.3%，机器人、可穿戴设备和智能装备产业增长20.2%，无人机、新能源汽车等新产品产量分别增长60%和146%。

4. 注重关键领域重大项目带动，撬动全领域产业转型升级

重大项目是政府引导市场预期、缓解市场失灵、撬动产业全面转型升级的重要抓手。调研发现，深圳坚持重大项目带动战略，以关键领域重大项目带动产业链的完善和产业层级的提升、以重大项目为重点推进相关领域投资，促进经济增长方式转变。近年来，深圳抢抓新一轮科技革命和产业变革机遇，围绕智能终端、机器人、人工智能、生命健康、石墨烯等领域产业链招商，引进相关领域产业链核心环节龙头企业项目在深落户，如美国高通华南区总部（智能终端）、美国微软物联网实验室（物联网）、德国库卡公司深圳分公司（机器人）、商汤集团总部（人工智能）等，并发挥关键领域重大项目的辐射带动作用，吸引产业链其他环节集聚深圳。在2016年，深圳又成立了工业投资领导小组，印发实施了推进工业投资工作方案和十五个重中之重工业项目推进工作方案，建立工业投资重点项目库，推动高端产业项目加快落地。

5. 注重优化营商环境，增强市场内生转型动力

李克强总理曾指出，"营商环境就是生产力"。在经济全球化和区域一体化发展背景下，竞争比拼的不再仅仅是资源及优惠政策"洼地"，而更多的是综合营商环境"高地"。调研发现，深圳围绕企业需求破除阻碍创新发展的体制机制障碍，转变政府职能构建服务型政府，努力打造稳定公开透明、可预期的综合营商环境[①]，致力用政府"有形之手"激活市场"无形之手"，倾力"筑好巢"只为"引凤来"。近年来，在全国率先推出了"多证合一、一照一码"、试点深港跨境工商文书流转信息化等系列重大商事制度改革；实施"放水养鱼"政策，加大减税降费力度，2016年为企业减负1335亿元、2017年上半年再减负663亿元。同时，基层单位积极探索更具针对性措施，合力提升营商环境，如福田区构建了"政府服务企业标准体系"，从源头到终端全流程规范政

---

① 根据粤港澳大湾区研究院2017年11月8日发布的《中国城市营商环境报告》，在全国直辖市、副省级城市和省会城市共35个城市中，深圳市的营商环境仅次于广州和北京排名第三。

府服务行为，并在全国首创"企业服务发展中心"为企业排忧解难；宝安区打造"智慧宝安"，用互联网＋政务等降低制度性交易成本。北科生物等多家企业反映，"在生产经营时感受不到政府的存在，但又能很便捷地得到政府服务。""只要有龙头企业落户深圳，三公里范围内，产业配套自动形成。""深圳很适合本土企业的成长发展。"目前，深圳已成为"创业之都""创客乐园"，商事主体增长速度全国第一，全市累计286.6万户；创业密度全国最高，每千人拥有商事主体240户、拥有企业137户。

（二）深圳转变经济增长方式的经验

根据经典增长理论，经济增长主要由劳动力、资本、土地等生产要素，以及体制改革、科技创新、人力资本等全要素生产率形成因素推动。总体看，深圳转变增长方式主要也是围绕制度改革、科技创新、人力资本等转变经济增长方式的主要因素，以创新为引领、改革为动力，在制度保障、人才保障、资金保障、空间保障和规划保障等方面进行了积极探索，积累了一些其他地方可资借鉴的经验。

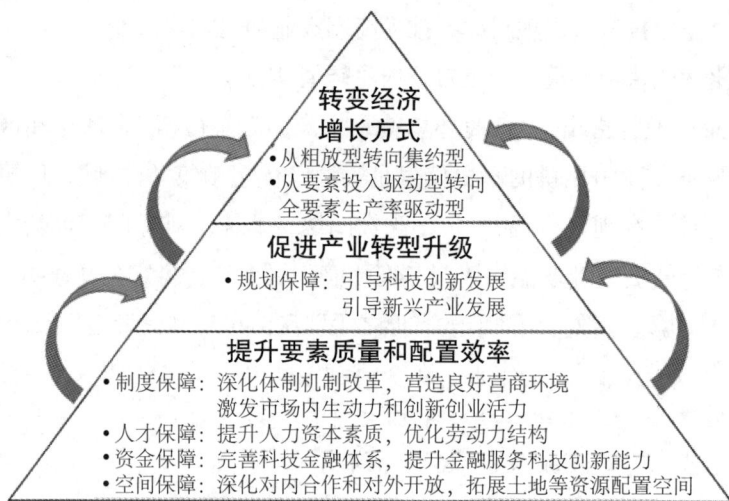

图11-2　转变经济增长方式的理论机理及深圳经验逻辑

1. 制度保障：不断深化体制机制改革、转变政府职能，着力营造稳定公平透明、可预期的营商环境，激发市场内生动力和创新创业活力，奠定转变经济

增长方式之基

调研发现，深圳"软硬兼施"，尤其是把完善转变经济增长方式的制度环境放在优先位置，坚持问题导向并注重改革的系统性、协调性和精准性，通过深化体制机制改革转变政府职能，努力营造稳定公平透明、可预期的营商环境。市科创委即反映，"在推动创新过程中，政府主要是搭平台、优环境"。一方面，扎实推进供给侧结构性改革。党的十八届三中全会以来，深圳主动承接了中央和省242项改革试点任务，加大简政放权、放管结合、优化服务力度，尤其是借助经济特区拥有立法权的优势，将重要改革事项以法律法规的形式确定下来以加强改革效力和效率，如以地方法规形式颁布了《科技创新促进条例》和《技术转移条例》以及出台全国首部《知识产权保护法》和准备出台《知识产权保护条例》，并在土地供给、人才发展、住房保障、高等教育等领域出台"一揽子"系统性改革方案。另一方面，依托重大先行先试平台探索新体制。如，2012年以来，前海深港现代服务业合作区在投资贸易便利化、金融创新、事中事后监管、业务模式创新等领域累计推出制度创新成果284项，其中全国首创或领先的就有110余项。

2. 人才保障：不断创新人才引进、人才保障和人才激励机制，着力打造各层次人才辈出的高地，为创新注入源源不断的智慧，奠定转变经济增长方式之魂

调研发现，深圳根据各类型人才特征，围绕引进人才、留住人才、使用人才全过程，不断创新体制机制，努力提升全市人力资本积累。一是围绕"引来人"完善人才引进政策。根据各类人才需求，在人才入户、个税补贴、职业资格准入、出入境居留便利等方面出台专项政策，出台博士后科研资助、留学回国人员创业资助等人才扶持政策，重点实施引进海外高层次人才和团队的重大工程，启动外国人来华工作"两证整合"试点。二是围绕"留住人"完善人才保障政策。强力实施人才"安居"工程，加大人才"安居"保障力度。根据各类人才特征，在医疗、住房、子女入学、出入境等方面出台专项政策，包括提高新引进基础性人才一次性租房和生活补贴标准、针对不同类型人才给予租房或购房补贴、研究海内外高层次人才奖励补贴发放办法、提高留学人员创业前期费用补贴标准等，并完善高层次专业人才的医疗保健、子女入学、配偶就业、学术研修津贴等规定。三是围绕"用好人"完善人才激励政策。探索人才评价

多元化、社会化改革，实施青年创新创业人才"举荐制"，开展企业职称自主评价试点，出台实施《深圳市社会组织承接职称评定工作监管办法》；开展"鹏城工匠"评选，打造"深圳技能大赛"品牌，举办"工匠之星"技能大赛等。

3. 资金保障：不断创新财政资金支持方式撬动社会资本，并大力发展VC/PE完善科技金融服务体系，着力打造"创新、创业、创投"铁三角，奠定转变经济增长方式之本

调研发现，深圳根据创新领域、创新阶段是否存在市场失灵，界定财政资金、科技金融不同作用领域并创新支持方式，不断提升财政金融服务创新创业的能力，充分发挥财政资金的"杆杆撬动"作用、科技金融服务的"加速器"作用。一是强化财政资金对基础性、公益性、共性关键技术等市场失灵领域创新创业的支持。市财政委指出，深圳在建立市、区、协会、企业联动的新兴产业项目挖掘新机制基础上，不断完善财政科技资金股权投资、贷款贴息、风险补偿等市场化支持方式，建立与科技创新活动发展阶段相适应的无偿与有偿并行、事前与事后结合、稳定支持与竞争择优互补的科技投入支持机制。同时，通过银政企合作、科技保险、天使投资引导、股权有偿资助等方式撬动社会资本对科技创新投入。二是发挥科技金融对市场型创新创业的驱动作用。设立了300亿元的深圳市创投引导基金、215亿元的前海股权投资母基金和60亿元的国家中小企业发展基金，并与国家新兴产业创投引导基金联合成立了12家新兴产业基金等。同时，不断提升金融发展生态，促进市场型VC/PE发展①，打造"创新、创业、创投"铁三角，为新兴产业发展提供全生命周期、高效率、高质量的金融服务。

4. 空间保障：创新对内区域协作方式和对外开放合作机制，着力拓展土地、创新等资源配置空间，为转变经济增长方式开创新空间

调研发现，深圳围绕积聚创新要素、提升创新要素质量，不断创新对内区域协作方式和对外开放合作机制，努力打造市外深圳、海外深圳，突破1997.3平方千米土地面积对高速高效高质发展的空间制约。一方面，深化对内合作。积极融入粤港澳大湾区，正式开通"深港通"，与香港共同打造"深港创新圈"，全力推进"深莞惠经济圈"建设，加快建设深汕特别合作区，发展飞地经济，拓

---

① 2016年末，深圳VC/PE机构达4.6万家，注册资本超过3万亿元，机构数和管理资本总额约占全国的1/3。

展经济发展新空间。另一方面，深化对外开放。围绕人民币国际化、利率及汇率市场化改革，推动广东自贸区深圳前海蛇口片区建设；实施"一带一路"市场开拓计划，支持企业参与沿线国家建设，开展国际贸易"单一窗口"试点等。

5. 规划保障：加强规划对科技创新、新兴产业的引导，前瞻布局并强化组织方式、落实机制与部门协调，保障转变经济增长方式有序有力推进

调研发现，深圳立足创新发展主导战略，及早谋划、前瞻布局，通过科技计划、新兴产业发展规划等引导前沿领域的科技创新和产业发展，并构建反映经济发展质量和发展效益的综合性指标适时监测、督促转变经济增长方式。一方面，自 2008 年以来，在率先制定全国首部国家创新型城市总体规划基础上，深圳先后出台了自主创新"33 条"、创新驱动发展"1+10"等系列政策文件，并编制《深圳国家自主创新示范区发展规划纲要》。从 2009 年起，先后出台了生物、互联网、新能源、新材料、文化创意、新一代信息技术、节能环保等七大战略性新兴产业规划及配套政策。从 2013 年起，先后印发了生命健康、海洋、航空航天、机器人、智能装备和可穿戴设备等未来产业发展政策和规划，并根据新兴业态发展趋势制定了物联网、三网融合、电子商务、云计算、"互联网 +"等行动文件。另一方面，加强转变经济增长方式的监测、督促和落实。早在 2006 年和 2011 年深圳市委、市政府主要负责人就分别提出了"效益深圳"和"深圳质量"两项指标[1]，实时监测深圳经济增长方式转变进程，督促引导经济发展质量和发展效益提升。

三、深圳转变经济增长方式面临的突出矛盾和问题

作为我国的发展改革前沿，深圳在发展改革道路上，既遇到了高收入阶段才出现的一些特性问题，同时也面临其他地区已遇到的一些共性问题。调研发现，在新的发展阶段、新的发展时代，深圳进一步转变经济增长方式面临制度改革受强约束、创新可持续性脆弱、中初级人才吸引力减弱、科技金融发展相对滞后、土地等资源承载力不足等突出矛盾和问题。

---

[1] 2006年，时任深圳市市委书记李鸿忠提出"效益深圳"指标体系，该指标由经济效益、社会效益、生态效益、人的发展等四方面21项指标构成；2011年，时任深圳市市长许勤提出"深圳质量"指标。

（一）改革进入无人区，掣肘进一步改革的体制性因素凸显，制度改革受强约束

深圳虽是我国改革开放的先行区，但随着各种改革试点和优惠政策的全国普惠性推广，各城市呈现出政策趋同和体制趋同趋势，深圳特区之"特"在淡化，依靠政策落差吸引投资变得更加困难、依靠体制优势释放制度红利也被削弱。另一方面，调研发现，随着深圳体制改革进入无人区、深水区，国家层面掣肘进一步改革的体制性因素凸显，同时地区层面进一步改革创新的信念也存在一定程度动摇乃至退化。尤其是，深圳虽拥有特区立法权，但仍处于国家上位法、广东省政策环境中，同时还要面临与周边地区政策的衔接与配套。有市属部门就反映，目前开放领域的每一项改革创新都需国家相关部委授权，"跑步进京"是常事，而且作为改革先行区，深圳还不能自动获取其他地区的改革试点和优惠政策，而申请则需耗费大量不必要的人力、物力和财力。

（二）创新进入前沿区，基础研究能力不强、创新资源不平衡问题凸显，创新可持续性脆弱

科技创新处于全国前列的深圳，仍面临基础研究能力不强、创新主体过于集中等突出问题。一是基础研究能力不强。深圳市的应用研究能力全国领先，但由于高端创新资源不足，基础研究能力相对薄弱。市科创委等部门反映，深圳重大基础研究平台不多，国家级大院大所较少，仅有的深圳大学和新建的南方科技大学两所高等院校也没有进入双一流行列，而且现有高等院校科技创新能力不强，严重制约基础研究能力提升。另据统计，2015年，深圳基础研究经费支出只有6833万元，占R&D经费支出比重仅0.2%，远低于北京、上海等同等发展水平城市。二是创新资源不平衡。深圳研发投入、研发成果主要集中在华为、中兴等少数大型企业，中小型企业创新活动极为不足。2016年华为、中兴两家企业的研发投入占全市研发投入的94%，PCT专利占全市的50%以上，而且仅华为的发明专利就占全市的80%以上。随着华为研发活动全球化布局加速，特别是将部分研发机构外迁东莞，创新严重依赖华为等少数企业的负面影响将逐步凸显。

（三）人才进入新高地，教育、医疗、住房、养老等基本公共服务发展滞后问题凸显，中初级人才吸引力减弱

调研发现，深圳人才高地已基本形成，但公共教育、医疗、住房等发展水平

相对滞后，优质基本公共服务供给不足，难以吸引和留住中初级科技创新人才，对国际人才的吸引力也不强。作为一个"速生型"移民城市，深圳在短短 37 年里，常住人口从 1980 年的 33 万跃升到目前的 1191 万、实际管理人口超过 2000 万，公共服务供给远赶不上人口增长速度，供需缺口巨大，并有扩大趋势。截至 2016 年年末，每千人医疗床位数 3.2 张，低于全国平均水平 5.1 张，且三甲医院、重点学科很少，医疗资源总量不足和优势资源不足并存。全市仅有小学 337 所、普通中学 352 所，基础教育学位供需矛盾突出和优质教育资源布局不均衡，高等教育、职业教育的规模和水平远不能适应创新型城市建设要求。奥比中光等企业就反映，深圳高等教育水平不高、本土人才培养不足，满足不了企业对创新型和技能型人才的需求。此外，市住建局、深规院反映，深圳人均居住面积不及全国平均水平、住房成本全国领先，而且大规模的"城中村"掣肘城市整体规划发展，并带来消防、治安等众多隐患，尤其是考虑到"城中村"不能入市交易的小产权房占到全市住房面积的一半，制约城市住房水平的提升。调研还发现，随着深圳这座年轻城市的成长、成熟，人口年龄结构年轻的红利会不断减弱，医疗、养老等公共服务短缺的矛盾还会愈加突出，成为一些人才入深、定居深圳的忧虑。

（四）金融进入领先区，制约科技金融创新的体制性和非体制性因素凸显，科技金融发展相对滞后

调研发现，深圳的 VC/PE 机构的发展虽领先全国绝大多数城市，但总体水平仍明显逊色于硅谷等全球创新领先地区，金融衍生品、财富管理等领域的金融创新能力也显著落后于近邻香港，尤其是相对快速发展的科技创新步伐，科技金融服务还不能满足日益增加的科技创新的需求。市金融办就反映，科技创新企业也面临融资难融资贵问题，尤其是对于初创型科技企业。深圳科技金融服务发展相对滞后，既与全国性的金融服务领域限制性因素较多等因素有关，也受深圳教育资源尤其是高等教育资源薄弱影响，缺乏本土培养的科技金融人才。

（五）空间进入紧凑区，土地资源供需矛盾愈加突出，新兴产业发展空间受制约

转变经济增长方式能缓解甚至突破资源环境的约束，但不是不需要资源环境的合理承载。近年来，深圳经济社会发展对新增建设用地的依赖程度逐渐降低，但由于土地面积仅相当于北京的 1/8、上海及广州的 1/3，实际开发面积只有一半，

土地开发强度已接近 50%、超过 30% 的国际警戒线，实际人口密度达到每平方千米万人以上、是全球人口最稠密的五大城市之一，破解土地资源瓶颈、保障城市持续发展成为深圳最为突出、最迫切需要解决的问题。与此同时，调研却发现，部分地区建设用地利用粗放、效率不高，存在批而未用土地、空闲地等现象，同时并存部分地区建设用地总量已接近或超过《广东省土地利用总体规划（2006—2020 年）》下达的 2020 年建设用地规模。而另一方面，在城市更新过程中出现去产业化现象，传统工业用地在市场利益驱动下先行缩减，而既有产业空间释放又存在困难，同时新兴产业和新入驻企业又呈现出巨大的用地需求，快速增长的新兴产业用地需求与传统低效产业用地的释放缓慢之间的矛盾加剧。尤其是，占据城市大量土地的"城中村"，原为集体土地，但目前又不是严格法律意义上的集体土地，"政府拿不走、社区用不了、市场难作为"，制约空间资源高效利用。

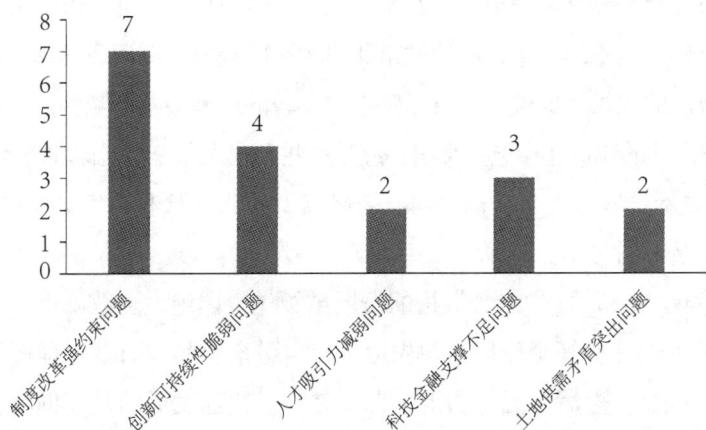

图 11-3　反映相关问题的座谈部门及企业个数（个）

资料来源：根据座谈部门及企业发言统计。

四、启示和建议

在我国经济已由高速增长阶段转向高质量发展阶段，正处在转变发展方式、优化经济结构、转换增长动力的攻关期，**结合深圳的发展经验，推动经济增长方式转变，应以创新为引领、改革为动力，坚持质量第一、效益优先，以**

供给侧结构性改革为主线，推动经济发展质量变革、效率变革、动力变革，着力提高全要素生产率。**考虑到深圳目前面临的突出矛盾和问题，地区特殊性和全国普遍性并存，地区影响因素和国家制约因素相叠加，需国家层面和地区层面合力解决。**中央政府统筹安排、做好顶层设计，加快形成有利于转变经济增长方式的制度环境、强化创新引领的政策环境，建立适应转型升级的人才战略和科技金融服务体系，创新战略规划对转变经济增长方式的引导，并探索启动深圳等经济特区改革再起航。地方政府在深化落实各项改革政策基础上，积极探索、勇于创新，结合本地情况，更加注重优化营商环境，积极积聚创新资源、优化提升人才资源、创新利用空间资源等，打造有助于转变经济增长方式的体制环境、政策环境和市场环境。

（一）深化体制改革，提升营商环境

首先，国家层面应围绕构建市场机制有效、微观主体有活力、宏观调控有度的经济体制总目标，坚持供给侧结构性改革，持续深化行政体制改革和转变政府职能，规范政府与市场之间的关系，推进政府治理体系和治理能力现代化、发挥市场在资源配置中的决定性作用与更好发挥政府作用，着力降低制度性交易成本，不断激发社会创新创业活力、市场内生动力。目前，应重点围绕深化"放管服"改革，健全权利清单、责任清单和负面清单制度；深化商事制度改革，降低市场准入门槛，全面实施市场准入负面清单制度；深化投融资体制改革，简化审批环节和流程，全面实行阳光化网上透明作业。在新时代，也需探索启动经济特区改革再起航，给深圳等改革先行区更宽松的改革空间、创新空间，建议明确深圳计划单列市、建立改革试点自动授权特区机制、进一步放开特区立法权等。其次，地区层面应在落实中央改革要求基础上，围绕企业需求全流程创新政府服务方式、转变政府职能，加快构建政府服务标准和考核机制，可借鉴福田区经验，构建"政府服务企业标准体系"从源头到终端全过程规范政府服务行为，推广建设"企业服务发展中心"专为企业排忧解难。

（二）补齐创新短板，强化创新引领

在落实创新驱动发展战略前提下，围绕积聚创新资源、完善创新生态、提升创新效率，不断优化创新体制、补齐创新短板，强化创新引领作用。一是积聚创新资源。一方面，应加强高等院校的建设，培养造就一大批具有国际水平的战略科技人才、科技领军人才、青年科技人才和高水平创新团队；改造提升传统科研院所，鼓励社会建设一批集基础研究、应用研究和产业化于一体的新型研发机构，丰富高端创新载体。另一方面，国家层面还可打造亚太区域乃至全球性的产权交易市场、技术交易市场，吸引全球创新资源向我积聚，为我所用；有条件的地区（如深圳）在加强本地创新资源培育基础上，构建省级或市级产权交易市场、技术交易市场，激活创新资源的经济效益转化，并多渠道引进外部创新资源。二是完善创新生态。一方面，应加快完善知识产权保护体系，建议国家层面尽快出台《知识产权保护法》和《知识产权保护条例》，不断强化知识产权保护。另一方面，积极培育开放包容的创新文化。三是提升创新效率。一方面，深化科技体制改革，建立以企业为主体、市场为导向、产学研深度融合的技术创新体系，国家层面适时出台《技术转移条例》等，促进科技成果转化。同时，尤其是深圳，还应在符合创新规律前提下，以提升创新自生能力、提高创新质量为导向，加大对中小企业创新的支持，形成更加均衡的创新资源分布格局。另一方面，探索高校开展科技成果转移转化试点，支持有条件的高校试点建立健全专业化科技成果转移转化机构，明确统筹科技成果转移转化与知识产权管理的职责，并加强市场化运营能力建设。

（三）补齐人才短板，优化人才结构

一是国家层面应优化教育结构、实施人才远景战略，建立与经济转型升级趋势相适应的人才结构。一方面，应适应新一轮科技革命和产业变革趋势，优化高等院校专业设置、学科建设，加快建设一流大学和一流学科，实现高等教育内涵式发展，打造创新人才培育基地；另一方面，应借鉴德国经验，完善职业教育和培训体系，深化产教融合、校企合作，促进职业教育和高等教育融合协调发展，共同优化创新型、复合型、应用型和技术技能型人才培养机制。二是地区层面应围绕打造人才高地，进一步创新人才引进、人才保障和人才激励的体制机制。一方面，应结合本地产业发展需要，加大公共教育财政投入，提升并引进优质高等教育资源，同时不断完善职业教育和继续教育体系，大力培育创新型人才和技能型人才。另一方面，也需要不断完善区域性人才引进政策，尤其是通过增加财政投入、引入社会资本着力优化教育、医疗、住房、养老等基本公共服务，打造各层次人才基本公共服务均等化的高地，而对于深圳这样的"速生型"移民城市，还需抓住国家健全新型城镇化推进机制的机遇，加快完善基本公共服务投入区域协调机制；同时，进一步创新人才评价、人才选拔和人才激励机制，集聚人才、留住人才并激发人才智慧。

（四）健全金融体制，提升科技金融服务能力

应进一步深化金融体制改革，完善科技金融服务体系。一是建立多元化科技融资体制，包括扶持有条件的科技型企业上市融资、适当降低科技创新型企业债券发行条件、建立各类创新创业风险投资基金、搭建地区性科技金融平台等。二是立足我国银行主导的金融结构，积极加强银行与有关科技部门和科技中介机构联合，加强科技信贷评估，并引导银行信贷资金流向高新技术企业，同时财政出资为给科技创新型企业提供贷款的银行建立风险补偿机制。三是完善科技金融退出机制，为风险投资和创业投资提供便捷的退出渠道，包括完善股权交易市场为风险投资提供顺畅的退出机制，在创新活跃的地区建立区域性产权交易市场，为未上市或者无法上市企业建立股权交易平台。四是加快科技金融人才培养体系建设，坚持引进与培养并举，将海外高端人才引进的同时，着力健全全国性或区域性科技金融人才培育体系，加速培养本地科技金融创新型人才和职业技能人才。

（五）深化土地改革，拓展发展新空间

一方面，国家层面应进一步深化城乡土地制度改革，加快建立城乡统一的建设用地市场，在符合规划和用途管制的前提下，允许农村集体经营性建设用地出让、租赁、入股，实行与国有土地同等入市、同权同价。同时，深化土地出让制度改革，加快完善工业用地弹性出让制度，加快土地出让金向土地使用税转变，并探索建立适应轻资产为特征的新兴产业的土地使用制度。另一方面，地区层面还应进一步加大盘活存量土地力度，加强节约集约用地，推进城市更新、土地整备、建设用地清退，不断提升空间资源利用效率，促进经济转型发展和质量提升。对于深圳这样的"城中村"问题严重地区，需在明晰"城中村"土地产权主体，加强农民土地使用权物权化和财产化前提下，借鉴国际经验，引入"市地重划""区段征收"和"增值溢价捕获"等政策工具，构建多方利益分摊长效机制。此外，有条件的地区，尤其是深圳，还可根据产业发展需要，借鉴德国阿德勒斯霍夫高科技产业园区、中关村等国内外园区先进经

验，以财税分成、科技创新共建共享为突破口，加强多层次区域协作和创新对
外开放机制，探索多种形式的飞地经济模式。

（执笔：易信）

参考资料目录：

1. 王昌林、付保宗、郭丽岩、卞靖、刘现伟：《供给侧结构性改革的基本理论：内涵和逻辑体系》,《宏观经济管理》2017 年第 9 期。

2. 马晓河：《中国经济新旧增长动力的转换》,《前线》2017 年第 4 期。

3. 郭春丽、王蕴等：《重点领域改革的增长红利研究》, 人民出版社 2016 年版。

4. 王昌林：《转型阵痛之昆山调查》,《调查·研究·建议》2015 年第 59 期。

5. 蔡昉：《中国经济增长如何转向全要素生产率驱动型》,《中国社会科学》2013 年第 1 期。

6. 国家发改委宏观经济研究院课题组：《改革红利与发展活力》, 人民出版社 2013 年版。

7. 张卓元：《深化政府改革是转变经济增长方式的关键》,《经济纵横》2006 年第 9 期。

8. 臧跃茹：《经济发展新阶段的经济增长方式转变研究》,《调查·研究·建议》2005 年第 10 期。

9. 吕铁、周淑莲：《中国的产业结构升级与经济增长方式转变》,《管理世界》1999 年第 1 期。

附 录 篇

把握我国发展第二个百年目标，
更好设计全面建成小康社会之后的
发展目标和路径研究综述

　　对未来三十年国际经济社会发展趋势和现代化演进趋势及第二个百年目标相关研究进行综述表明，现有研究还存在缺乏对第二个百年目标内涵的系统研究、缺乏对未来经济社会发展趋势的系统研究、缺乏对未来国际环境和我国经济社会发展面临的矛盾和风险的系统研究、缺乏对未来三十年发展目标、战略和路径的科学论证和系统研究等不足。进一步深化研究，需要结合未来三十多年科技产业革命演变、全球经济社会发展和现代化演进趋势，分阶段系统分析 2049 年前全球和我国经济社会发展趋势，加强对 2049 年中等发达国家标准和我国发展水平评估的研究，重点研判我国实现第二个百年目标时的经济社会发展水平和状态，系统分析未来三十年国际环境和我国经济社会发展面临的矛盾和风险，着重研究全面建成小康社会之后经济社会发展的目标和主要指标，系统提出全面建成小康社会之后经济社会发展的路径及相关建议。

　　按照党的十八大的战略部署，2020 年我国将全面建成小康社会。从经济社会发展态势看，可以如期全面建成小康社会。按照邓小平关于中国现代化建设的三步走战略构想，党的十三大报告提出"到下世纪中叶，人均国内生产总值达到中等发达国家水平，人民生活比较富裕，基本实现现代化"的第二个"百年目标"，十五大和十八大进一步将其明确为"到世纪中叶建国一百年时，基本实现现代化，建成富强民主文明的社会主义国家"和"新中国成立一百年时建成富强民主文明和谐的社会主义现代化国家"。当前，我国对建国一百周年基本实现现代化的目标尚不具体，仅仅是粗线条的发展愿景，对 2020—2049 年间的发展尚未深入思考。如何把握第二个百年目标，更好设计全面建成小康社会之后的发展目标和路径，对于我国能否顺利实现第二个百年目标和中华民族伟大复兴的中国梦，具有重大战略意义。

一、关于未来 30 年国际经济社会发展趋势和现代化演进趋势的研究

（一）关于未来 30 年新技术产业革命的相关研究

对新一轮技术革命和产业革命趋势的研究较多并已基本达成共识。各研究表明，未来全球技术产业革命的重点或将集中于新能源、人工智能、机器人和生命科学等领域。白春礼（2015）指出绿色、健康、智能将成为未来引领科技创新的重点方向。未来新技术革命将呈现善于利用数字化和信息技术的特点，这些新兴突破技术将在人工智能、机器人、物联网、无人驾驶交通工具、3D 打印、纳米技术、生物技术、材料科学、量子计算机等领域集中出现（施瓦布，2017）。麦肯锡咨询（2016）对 2025 年的技术发展趋势展开了研究，梳理了决定人类发展的 12 项技术突破，与上述方向性预测基本吻合。美国陆军部（2016）将机器人技术和自治系统、人类技能增进、移动和云计算、智慧城市、物联网、量子计算、先进的数字、混合现实等与互联网技术直接相关的技术列入未来新兴科技发展的重要领域。当然，由于过快的技术发展与社会适应性之间的矛盾，以及人工智能（AI）可能带来的风险，新兴技术的发展还会面临治理困境、管理需求、技术变革破坏性、社保难题等阻碍（达沃斯世界经济论坛，2017）。

关于新一轮技术革命和产业革命对经济发展的影响研究不多。新一轮科技创新可以提高人们的认知能力、延长工龄，节约资源能源促进低碳化发展，改变工作组织方式等（OECD，2016）。不同于往次科技革命，这轮新技术革命呈指数级速度发展，将会对经济、商业、社会和个人带来前所未有的改变，并对国家、公司和行业以及整个社会所有体系带来变革（施瓦布，2017）。数字技术的广泛应用推动了一场新的生产革命，将对经济政策和劳动力市场产生

影响，对德国技术发展影响的预测表明，到 2050 年，采用新技术可能为德国的机械、电气、汽车、化工、农业和通信等行业增加 780 亿欧元附加产值，利用先进的信息和通信技术（ICT）可以提高 5%—8% 的行业生产率，工业零部件制造商和汽车公司也有望实现大幅度增长（OECD，2017）。同样，新科技革命也会对我国现代化建设带来机遇和挑战，将会深刻影响我国的国际竞争力、可持续发展能力、国家与公共安全等现代化建设（中国科学院，2009）。

附表 1　代表性机构对新一轮科技和产业革命的主导技术的预测

代表性机构	报告名称	未来主导的关键技术
经济合作与发展组织（OECD）(2016)	《未来研究趋势展望》	物联网、大数据分析、人工智能、神经技术、微纳卫星、纳米材料、增材制造、先进能源储存技术、合成生物学、数据区块环链技术
美国战略与国际研究中心（CSIS）(2015)	《国防 2045：为国防政策制定者评估未来的安全环境及影响》	先进计算技术／人工智能技术、增材制造、合成生物技术、机器人技术、纳米技术和材料科学
美国陆军部 (2016)	《2016—2045 新兴科技趋势》	机器人与自治系统、增材制造、大数据分析、人效增强、移动和云计算、医疗进步、能源、智慧城市、物联网、食物与水技术、量子计算、先进数码产品、混合实境（即虚拟现实与增强现实）、气候变化技术、先进材料、新型武器、太空、合成生物等
英国 (2017)	《技术与创新未来：英国 2030 年的增长机会》	材料和纳米技术（纳米技术、碳纳米和石墨烯、纳米材料、超材料、打印和个性化制造、多功能材料和仿生材料等）、能源和低碳技术（太阳能、风能、生物质能、海洋和潮汐能、核裂变、核聚变、燃料电池、智能电网等）、生物和制药技术（生物农业技术、生物组学、干细胞、合成生物学、剪裁特效药等）、数字和网络技术（生物识别技术、云计算、下一代网络、服务机器人和群体机器人、超级计算、大数据集的分析技术、仿生传感器等）

（续表）

代表性机构	报告名称	未来主导的关键技术
日本 （2015）	日本进行了第 10 次科学技术预测，提出了 2020—2050 年间 10 个最重要的技术方向	再生听觉和视觉的医疗技术、抑制癌症的预防药物、海洋矿产开采和采矿技术、没有安全漏洞和允许远程开发的技术开发软件、老年人自助支持系统、低成本健康管理系统、低价和容易导入的痴呆援助系统、超大规模计算技术、大数据分析技术、100 万千瓦级的核反应堆退役和放射性废物处理技术
克劳斯·施瓦布 （2017）	《第四次工业革命》	人工智能、机器人、物联网、无人驾驶交通工具、3D 打印、纳米技术、生物技术、材料科学、能源储存、量子计算等
麦肯锡 （2016）	《展望 2025：决定未来经济的 12 大颠覆技术》	移动互联网、知识工作自动化、物联网、云、先进机器人、自动汽车、新一代基因组、储能技术、3D 打印、先进材料、先进油气勘探开采、可再生能源

资料来源：根据互联网公开资料整理。

（二）关于其他国家现代化状态和路径的相关研究

对其他国家现代化状态和路径的研究主要集中在对各国现代化历史的分析，这对我国未来的现代化进程有一定借鉴意义。马敏（2016）认为，许多发达国家业已结束现代化过程，并处于"后现代化"阶段，而中国目前仍处于现代化过程中，然而由于中西方现代化模式和道路存在差异，也尽管中国现代化模式存在缺陷和不足，仍须依靠自身在实践中自我纠正、自我完善、自我成熟，而不可能以其他任何一种外来模式来取代（陈亮、王彩波，2014）。马丁·雅克（2015）也认为，现代世界是多元的，并在此基础之上走向现代化，表明了各国现代化模式和道路的多样性。对于美国的现代化，张晓明（2015）认为，美国现代化始终保持自身特色、政府和政治精英充分发挥引领作用、坚持多元主体共同参与治理、健全法律制度、培养法治意识、重视价值观和理论的作用，值得我国借鉴，但也需关注其存在难以摆脱资本主义固有矛盾、过度分权导致的效率低下、严重贫富分化导致社会分裂等局限性。对于拉丁美洲国家的现代化，江时学（2011）认为，拉美国家在现代化进程中的经验和教训是，必须确保政局稳定、减少现代化进程的社会成本、正确处理发挥比较优势与提升产业结构之间的关系、重视农业发展等（苏振兴，2006）。对于俄罗斯的现代化，关雪凌和刘可佳（2011）认为，2008 年国际金融危机后，为了转变经济发展方式，俄罗斯通过打造"俄版硅谷"加快高新技术研发及其产业化进程、调整外交优先次序在资金和技术上助推经济现代化等战略布局重启现代化进程，但在推进过程中也面临企业缺乏创新动力、人力资本质量偏低、低水平的"制度质量"等问题（李新，2011）。

二、关于第二个百年目标的相关研究

（一）关于实现第二个"百年目标"时经济发展水平的相关研究

从现有文献看，相关机构和学者在研究中国什么时候能够成为全球第一大经济体，占全球比重等问题时，采用计量分析、经验推算等方法对 2050 年前我国经济增长趋势进行预测。

1. **基于经济计量法的预测研究**

一些研究在分析未来资本、劳动、技术等生产要素变化趋势基础上，采用生产函数、大型计量模型、简单滤波等计量方法，预测我国未来中长期经济增长趋势。从文献资料来看，这些研究主要集中在 2030 年前，而对 2030—2050年的研究较少，对我国增长速度下滑判断已达成共识，但对未来经济社会发展前景展望存在分歧。

中国社科院经济所课题组（2012）基于我国人口结构转型、要素弹性参数逆转、经济结构服务化将主导未来经济增长路径的判断，采用生产函数法估计，2016—2020 年我国经济潜在增长率为年均 5.7%—6.6%，2021—2030 年则下降到 5.4%—6.3%。世界银行、国务院发展研究中心课题组（2013）基于可计算一般均衡模型的研究表明，我国潜在经济增长率将从 2016—2020 年年均 7% 下降到 2021—2025 年的 5.9%，并还将进一步放缓到 2026—2030 年的5%，到 2030 年我国仍有潜力成为现代、和谐、有创造力的高收入社会。张军扩等（2014）基于可计算一般均衡模型（DRC-CGE 模型）的研究表明，在改革情景下，我国经济增长率虽然将从 2011—2015 年的年均 8.6% 放缓至 2016—2030 年的年均 5%，但 2030 年仍能迈进高收入国家行列，同时经济、社会、环境和国际收支等领域的失衡现象也将得到缓解。普华永道（2015）基于生产函数法的预测表明，受人口老龄化、投资率边际回报递减等因素影响，2020年后我国经济增长将显著放慢，但到2030年，将成为全球最大的经济体。华夏新供给研究院（2015）认为，到2049年，我国GDP将达到155.5万亿美元、占全球24.9%、是美国经济总量的1.8倍，人均GDP赶上意大利、西班牙等中等发达国家，但离德国、法国、英国和日本等国家还有一定距离。陆旸、蔡昉（2016）认为，人口红利逐渐减弱将导致我国潜在增长率不断降低，采用生产函数法，估算潜在增长率将从2016—2020年的6.65%下降到2021—2025年的5.77%，并进一步下降到2026—2030年的5.17%。福格尔（2010）预计到2040年，中国经济总量将达到123万亿美元，几乎是2000年全球经济总量的3倍，人均收入将达到8.5万美元，是届时欧盟（欧盟15国）水平的2倍，也大大高于印度和日本。谭海鸣等（2016）通过构建中国"长周期"可计算一般均衡模型的研究表明，受人口老龄化速度和杠杆率增速的共同影响，我国经济增速将从2016—2020年的年均6.5%左右快速下降到2021—2025年的3%—4%，并大体维持这一速度到2035年，之后小幅回升到4%左右，按照这样的增长轨迹，2050年我国人均GDP将达到20.6万元人民币（2010年不变价），约合3.2万美元，届时将成为高度发达国家。

2. 基于国际经验的推算预测

一些研究通过分析其他国家的增长规律、典型经验等来预测我国未来一个时期经济增长趋势。这些研究对我国增长速度下滑判断已成共识，对未来经济社会发展展望比较乐观。

林毅夫（2012）基于2008年我国的经济发展水平相当于1951年的日本、1975年的台湾和1977年的韩国，以及在此阶段这三个地区都维持了几十年高达7%—9%经济增速的分析，认为我国在未来20年能保持8%左右的增长速度。钱颖一（2012）认为经济增长有不同的阶段性特征，增长轨迹是增长阶段的表现，如果一国历史上增长轨迹与其他国家相符，那么此后的增长态势也将与其他国家一致，因此考虑到我国2007年的增长态势相当于日本20世纪60年代、台湾省80年代末、韩国90年代初，认为我国高增长还会持续相当一段时间。Eichengreen et al.（2012）基于跨国研究，预计2011—2020年期间中国将以年均6.1%—7.0%的速度增长，到2021—2030年将保持在5.0%—6.2%的水平。屈宏斌（2014）认为，以人均 GDP 水平作为技术水平的代表，日本、韩国经济增长速度出现转折时与美国的相对技术差距大约为 60% 和 40% 左右，我国达到人均 10000 国际元（1990 年不变价）这个可能的速度转折点时，与美国的技术差距仅为 26%，因此中国还有 10 年超过 8% 的高潜在增长率。李稻葵（2015）预计到 2021 年中国人均 GDP 能达到美国的 27%—28%，经济规模达到美国的 1.2 倍（按照购买力评价）；到 2050 年，按最悲观预测，假如进入到拉丁美洲的发展模式，那么中国的人均 GDP 能达到美国的 37%，经济总量为美国的 1.5 倍；但最有可能的是在 2050 年中国能够进入东亚的发展模式，那时候人均 GDP 是美国的 75%，总量是美国的 3 倍。

（二）关于全面建成小康社会之后经济社会发展目标的相关研究

关于 2050 年前阶段性目标的研究。世界银行、国务院发展研究中心课题组（2013）提出，2030 年中国应构建现代、和谐、富于创造力的高收入社会。胡鞍钢等（2015）将中国的发展分为"先富论"阶段（1978—2001 年）、"共富论"阶段或向共同富裕方向的过渡阶段（2002—2020 年）、全面迈向共同富裕阶段或"逐步实现全体人民的共同富裕"阶段（2020—2030 年）等三个阶段，而目前到 2030 年之前则是实现现代化建设目标必经的承上启下的发展阶段，也是中国全面现代化建设、全面深化改革、全面依法治国、全面创新的关键阶段。他们认为中国到 2030 年的经济社会发展目标是：进入世界高收入国家行列，城乡、地区发展差距明显缩小，公共服务和社会保障全体人口全覆盖，基尼系数不断下降，建成社会主义和谐社会，社会主义文化更加繁荣，生态文明与绿色现代化取得重大进展，社会主义基本制度更加完善，建成社会主义法治国家，国家治理体系和治理能力现代化取得重大进展，国防和军队现代化达到更高水平，中国在世界的地位及影响更加明显，对人类发展的贡献更加重要。

关于 2049 年发展目标的研究。路甬祥等（2012）对 2050 年我国可持续发展目标进行了展望，平均预期寿命达到 85 岁，人均受教育年限提升到 14 年以上，在全国范围内基本消除"贫困"（其中，到 2020 年在全国范围内基本消除"贫困县"，到 2030 年基本消除"贫困乡"，2040 年消除"贫困村"）；到 2030 年基本实现人口自然增长率的"零"增长，2040 年基本实现能源和资源消耗速率的"零增长"，2050 年基本实现生态环境退化速率的"零增长"；到 2050 年，科学发展的贡献率达到 75% 以上。

（三）关于全面建成小康社会之后经济社会发展路径的相关研究

关于发展战略的相关研究。各文献对未来我国发展战略的研究主要集中在，我国如何从经济大国向经济强国转变，也即强国战略。魏礼群（2013）指出，在我国已成为名副其实的经济大国背景下，为使我国顺利实现由经济大国向经济强国的历史性转变，需要实行经济持续健康发展战略、优化经济结构战略、创新驱动发展战略、加快体制改革战略、建设海洋强国战略、更加积极主动开放战略等"六大战略"。任保平和郭晗（2013）也认为我国成为第二大经济体之后，经济增长目标从经济大国转向经济强国，需要围绕新增长红利空间的创造，经济发展战略从追赶型向质量效益型转变（任保平和李梦欣，2016）。张占斌和周跃辉（2014）则认为，为实现"两个百年"奋斗目标，从经济大国迈向经济强国，需要在九个方面加强战略设计和制度安排释放"大国红利"，包括坚持和完善基本经济制度、深化科技体制改革、加快完善现代市场体系、加快转变政府职能、深化财税体制改革、深化新型城乡体制机制改革、深化对外经济体制改革。进一步，张占斌和周跃辉（2015）以"两个百年"奋斗目标为逻辑线索，认为使我国顺利实现从经济大国向经济强国的历史性转变，需要抓紧落实经济持续健康发展战略、优化经济结构战略、创新驱动发展战略、加快体制改革战略、建设海洋强国战略、人力资源强国战略、人民币国际化战略、更加积极主动开放战略等八大战略，并配套实施相关改革措施。

关于深化改革的相关研究。世界银行、国务院发展研究中心课题组（2013）指出，为构建现代、和谐、富于创造力的高收入社会，中国需要从六个方面推动经济社会转型发展，包括进行结构性的改革以建立具有坚实基础的市场经济、加快创新步伐、追求"绿色增长"、建立对所有人都公平的社会基本保障、加强与未来发展阶段相匹配的财政体制建设以及追求与世界上其他国家合作互赢。胡鞍钢（2007）提出通过确定人口发展战略目标，为实现中国 2000—2050 年现代化"三步走"战略设想创造良好的人口和人力资本条件。郑永年（2015）提出，未来 35 年，要用制度建设巩固改革开放的成果，也要用制度建设发掘进一步改革的动力机制，包括通过集权来克服已经变得非常强大的既得利益对改革所造成的阻力、全方位的反腐败、以法治为目标的制度建设。蔡昉（2016、2013）、陆旸和蔡昉（2016）则认为，政府应该继续坚持调整和完善生育政策，完善市场配置资源的体制和机制创造平等进入和退出的竞争环境，通过户籍制度改革推进农民工市民化，并更加关注改革的优先序问题。

关于跨越"中等收入陷阱"的相关研究。如何跨越"中等收入陷阱"，是我国未来经济发展路径的主要关注点之一。蔡昉（2011）认为，为跨越中等收入阶段，根据国际经验和教训，我国需要从提高全要素生产率、扩大人力资本积累及推进体制和政府职能改革等方面积极施策，并深化国民收入初次分配和再分配领域改革（蔡昉，2008；高世楫和卓贤，2011；蔡昉和王美艳，2014）。马晓河（2011）则指出，在共同富裕愿景下，为避免"中等收入陷阱"，中国必须调整发展战略，包括将经济增长速度降到合理区间、培养以中产阶层为主体的橄榄型社会结构、改造并支持发展战略新兴产业、改变贸易结构方式、加快推进体制改革（马晓河，2010；马晓河，2011）。王小广（2015）认为"十三五"时期及 2020 年后，为避免我国长期陷入"中等收入陷阱"，需要正视需求严重不足、产业升级失败、收入差距拉大等三大问题，以及生态环境危机、城市病蔓延等两大难题所带来的风险，坚定选择并实施加快推进新型城镇化战略和扩大消费战略、促进服务业发展战略和促进自主创新战略、新开放战略（提升经济国际化）、新区域发展战略（培育新的区域增长点）等六大新战略促进经济迈向中高端。

此外，也有研究指出，创新、协调、绿色、开放、共享的新发展理念的协同共进，为实现"两个一百年"阶段性目标提供了系统的动力牵引（李东松，2016）。中国经济增速趋缓难以避免，或将长期落入"初等发达国家陷阱"而不能如期实现现代化，中国经济要在 2050 年达到"中等发达国家水平"如期实现现代化，必须进行第二次产业革命，即实现从工业化向新工业化的转变（韩民青，2016）。基于对 2049 年智能崛起及其对经济增长影响的判断，也有研究提出了新一代信息技术产业中长期发展战略（王广宇，2015）。基于对我国城镇化发展趋势的判断，提出优化我国城镇化空间布局的思路和重点（樊杰等，2013）。也有研究指出，实现"两个百年"目标，需通过全面深化改革跨越"中等收入陷阱"、大力推进和谐世界建设跨越"修昔底德陷阱"、切实加强执政党建设跨越"塔西佗陷阱"（张勇，2015）。

（四）关于未来 30 年国际环境和我国经济社会发展面临的矛盾和风险的研究

1. 关于未来 30 年国际发展环境的研究

从已有文献来看，对于未来国际发展环境的研究分歧较大，主要集中在全球化及世界经济走势、国际政治经济格局及战略机遇期的判断等方面。

全球化及世界经济走势方面，裴长洪（2010）认为，2008 年国际金融危机后，经济全球化遭遇挫折但基本趋势没有改变（于洪君，2012），而是呈现出了一些新特点，并面临一些新挑战，但机遇大于挑战。郭可为（2017）等认为，中长期内全球经济可能呈现全球经济发展进入低增长、大分化的"新平庸"时代（全毅，2016），全球贸易增长疲弱或成常态、而新兴市场中产阶级人数增长将推动贸易发展，全球跨国直接投资增长或难以长期持续，跨境资本由新兴经济体流入发达经济体的趋势短期内不会改变、但幅度可能会减弱等四大演变趋势，同时全球经济也面临地缘政治冲突呈现出长期化、复杂化、僵持化态势等错综复杂的风险。还有研究认为，全球已经出现了逆全球化思潮，并会对未来全球政治经济格局产生影响（任琳，2016）；发达资本主义国家应对大危机的基本战略就是逆全球化，逆全球化对中国发展而言是严重的危险（郭强，2013）。也有研究认为，由于内部贫富分化加剧以及外来竞争压力，西方国家出现了反全球化现象，但由于资本逐利本性和技术进步前景不会改变，"反全球化"不会逆转全球化潮流，但可能促全球化进入"盘整期"，短期看速度会有所放缓，中长期看可能更多体现"公平因素"（刘明礼，2017）。还有研究认为，反全球化运动的实质并不在于反对全球化本身，而是反对新自由主义意识形态对全球化的主导及其所带来的各种消极后果，对当前全球化进程及全球化发展方向起到一种积极的制衡作用，并促使全球化世界朝人性的全球化、公正的全球化、平等的全球化、可持续发展的全球化方向迈进（刘金源，2005）。

国际政治经济格局及战略机遇期方面，随着发展中国家、新兴市场国家的崛起，全球经济格局会出现较大变化，但趋势比较清晰。福格尔（2010）

预计，到 2040 年，20 世纪后半叶比较富裕的国家（欧盟 15 国、美国和日本）占全球 GDP 的比重将从 2000 年的 51% 下降到 21%，其中欧盟将从占全球 GDP 的 21% 下降到 5%。到 2050 年，全球十大经济体中将有六个来自发展中国家，其中中国、美国和印度将成为世界上三个最大的经济体，分别占全球经济比重的 33.2%、17.5% 和 15.4%（尤里·达杜什、威廉·肖，2014）。与此同时，国际政治格局发展趋势将面临更多不确定性，但多极化趋势不可逆转。王立君（2016）认为，新世纪以来，国际格局出现了欧洲力量的迅速衰落、美国霸权的相对衰落、新兴国家经济力量的兴起以及俄罗斯实力的部分恢复等新变化，我国和平发展的外部环境面临复杂化局势。多数研究认为，世界多极化趋势不可逆转，且呈加快之势（张素菊，2010；等）。不过，于洪君（2012）认为，未来国际环境呈现世界格局多极化续有发展但未来变数增多、发展模式多样化态势彰显但竞争更加激烈、力量对比均衡化初现端倪但绝对均势远未形成、世界秩序合理化成时代诉求但斗争异常尖锐、政治思潮多元化势如潮涌但相互激荡影响各异、社会矛盾多发化渐成常态但不会导致全球动乱、安全形势复杂化难于避免但集团对抗不会出现等八大演变趋势。王逸舟（2010）指出，中国是新的国际关系的主要动能和变量之一，中国的前景更多取决于中国自己的选择和国内发展状态。2008 年国际金融危机后，国际战略格局进入了一个新调整时代，但美国主导的全球力量、财富和利益分配格局在未来十年不会发生明显变化，而全球政治已进入一个新时代，中国最大的战略机遇是在国内而非国外（朱锋，2014）。

2. 关于未来 30 年我国经济社会发展面临的矛盾和风险的研究

从已有研究来看，有关未来我国经济社会面临的矛盾和风险的研究较多且比较分散，概括起来主要是国内的"中等收入陷阱"风险、国际的"修昔底德陷阱"风险、政府与市场间的"塔西佗陷阱"风险（张勇，2015）。

关于"中等收入陷阱"。"中等收入陷阱"实质上是增长陷阱（姚枝仲，2014）。由于人口老龄化（蔡昉，2011；楼继伟，2010），收入差距扩大（蔡昉，2008；蔡昉和王美艳，2014），资源配置不合理、产业结构失衡和对国际市场过度依赖（刘伟，2011），城市化水平不足（楼继伟，2010），掣肘经济结构战略调整、社会结构顺利转型的体制和政策因素（马晓河，2011），中国未来面临如何跨越中等收入阶段的严峻挑战。郑秉文（2011）也指出，我国已进入"陷阱密布"的上中等收入阶段，面临比其他掉进"中等收入陷阱"国家更为复杂的问题，任何一个失误都可能存在掉进"陷阱"的风险。还有研究，从社会流动性角度指出，中国需警惕的不是"中等收入陷阱"，而是"转型陷阱"（孙立平，2012）。

关于"修昔底德陷阱"。"修昔底德陷阱"最早由美国军事作家赫尔曼·沃克（Herman Wouk）1980年提出，后被美国国际政治和外交学界接受，指当一个新兴力量挑战现存的统治力量时，绝大多数的结局都是战争，目前主要用于中美战略关系上，认为新崛起的中国必然挑战既有强国美国，而美国也必然作出反应，战争难以避免（Graham，2012）。不过，从后续文献来看，学界对"修昔底德陷阱"概念理解、对"修昔底德陷阱"的存在性、对"修昔底德陷阱"能否跨越等问题存在较大分歧。部分研究认为，随着中国被塑造为世界"老二"，应警惕中美陷入"修昔底德陷阱"（周小宁等，2014；郑永年，2014；等）。甚至有研究认为，中美目前已陷入"修昔底德陷阱"，但因不必然走向战争，与历史上的"修昔底德陷阱"不同（金灿荣，2015）。还有研究认为，中美在构建新型大国关系过程中存在战争风险，但不能采用"修昔底德陷阱"概念（陈永，2015；彭广义，2015）。也有研究认为，由于存在保障中美绕开"修昔底德陷阱"的因素，中美能避免"修昔底德陷阱"（蔡翠红，2016；邵峰，2016）。此外，也要领导指出，若出现战略失误，中美才有陷入"修昔底德陷阱"的风险（习近平，2015；戴秉国，2016；保尔森，2016）。

关于"塔西佗陷阱"。"塔西佗陷阱"指当政府失去公信力时，无论说真话还是假话、做好事还是坏事，都会被民众认为是在说假话做坏事。大量研究认为，由于政府公信力下降，我国一些地方政府已陷入"塔西佗陷阱"，但可通过转变政府职能等途径来跨越（黄涛，2014；韩宏伟，2015）。

三、对现有研究的评述

从现有文献看，关于2050年前我国经济社会发展状况的研究及实现第二个百年目标的发展战略研究还存在以下不足：

一是缺乏对第二个百年目标内涵的系统研究。部分机构和学者只是预测了未来 30 多年我国经济增长趋势，2050 年可能达到的发展水平及占全球经济的比重，没有在深入研究现代化发展趋势和全球经济格局变化基础上，研究"建成富强文明民主和谐的社会主义现代化国家"、达到中等发达国家水平，应该是什么样的发展水平和发展状态。

二是缺乏对未来经济社会发展趋势的系统研究。现有文献研究了 2030 年前经济社会某个领域发展趋势，很少对 2050 年前经济社会发展趋势进行分阶段的全面研究。这不仅不能从经验事实上全面反映各领域经济社会发展趋势，也无法把握第二个百年目标的科学内涵，更不能提出支撑第二个百年目标实现的战略举措。

三是缺乏对未来 30 年国际环境和我国经济社会发展面临的矛盾和风险的系统研究。现有文献研究了未来我国可能面临的矛盾和风险，但分散在不同领域的文献当中，难以从矛盾和风险联动性角度统筹考虑、综合研判。这不仅不能从经验事实上客观反映经济社会发展规律，也无法科学把握未来国际发展环境和国内发展条件的变化趋势，更难以系统提出支撑第二个百年目标实现的战略举措。

四是缺乏对未来 30 年发展目标、战略和路径的科学论证和系统研究。全面建成小康社会和基本实现现代化之间还有 30 年，应该结合国际发展环境和国内发展条件变化，分阶段制定发展目标和战略，提出实施路径，方可保证第二个百年目标如期实现，但目前尚未见到相关研究。一些研究对如何实现第二个百年目标提出了若干对策建议，但多只停留在战术举措上而缺乏战略方案，存在战术研究多、战略研究少的不足。

结合以往研究存在的不足，研究全面建成小康社会之后的发展目标和路径，应该从以下几方面着手：深入研究未来三十多年现代化发展趋势和全球经济格局变化，科学把握第二个百年目标的内涵；在结合未来三十多年科技产业革命演变、全球经济社会发展趋势基础上，分阶段系统研究 2050 年前我国经济社会发展趋势；加强对 2050 年中等发达国家评判标准的研究，并在采用生产函数法分情景预测我国经济增长趋势基础上，对我国人均国民收入达到中等发达国家水平的可能性进行评估；重点分析我国实现第二个百年目标时的经济社会发展水平和状态，系统分析未来 30 年我国经济社会发展面临的矛盾和风险，着重研究全面建成小康社会之后经济社会发展的目标和主要指标，并系统提出全面建成小康社会之后经济社会发展的路径及相关建议。

（执笔：易信）

参考资料目录：

1.OECD，2017，"The Next Production Revolution: Implications for Governments and Business".

2.Eichengreen，B.，Park D. and Shin，K.，2012，"When Fast-Growing Economies Slow Down: International Evidence and Implications for China"，Asian Economic Papers，MIT Press，Vol.11，pp.42-87.

3.Graham Allison，2012，"Avoiding Thucydides's Trap"，Financial Times（London），August 22.

4.Herman Wouk，1980，"Sadness and Hope: Some Thoughts on Modern Warfare"，Naval War College Review，pp.4-12.

5. 达沃斯世界经济论坛（WEF）：《全球风险报告》，2017 年研究报告。

6. 英国：《技术与创新未来：英国 2030 年的增长机会》，2017 年研究报告。

7. 刘明礼：《西方国家"反全球化"现象透析》，《现代国际关系》2017 年第 1 期。

8. 郭可为：《未来全球经济的趋势与挑战》，《银行家》2017 年第 1 期。

9. 克劳斯·施瓦布：《第四次工业革命》，中信出版社 2017 年版。

10. 李东松：《"五大发展理念"是实现"两个一百年"目标的动力组合》，《世纪桥》2016 年第 11 期。

11. 麦肯锡咨询：《展望 2025：决定未来经济的 12 大颠覆技术》，2016 年研究报告。

12. 美国陆军部：《2016—2045 新兴科技趋势》，2016 年研究报告。

13. 经济合作与发展组织（OECD）：《未来研究趋势展望》，2016 年研究报告。

14. 马敏：《现代化的"中国道路"——中国现代化历史进程的若干思考》，《中国社会科学》2016 年第 9 期。

15. 任保平、李梦欣：《中国经济新阶段质量型增长的动力转换难点与破解思路》，《经济纵横》2016 年第 9 期。

16. 刘应杰：《实施梯度跨越"中等收入陷阱"发展战略》，《人民论坛》2016 年第 8 期上。

17. 邵峰：《中美关系如何超越"修昔底德陷阱"》，《人民论坛》2016 年第

14 期。

18. 任琳：《英国脱欧对全球治理及国际政治经济格局的影响》，《国际经济评论》2016 年第 6 期。

19. 杨燕青、周艾琳：《美国前财长保尔森——中美之间不存在"修昔底德陷阱"》，《小康》2016 年第 6 期。

20. 谭海鸣、姚余栋、郭树强、宁辰：《老龄化、人口迁移、金融杠杆与经济长周期》，《经济研究》2016 年第 2 期。

21. 王立君：《世界格局的新变化和中国的战略机遇期》，《江淮论坛》2016 年第 2 期。

22. 陆旸、蔡昉：《从人口红利到改革红利：基于中国潜在增长率的模拟》，《世界经济》2016 年第 1 期。

23. 蔡翠红：《中美关系中的"修昔底德陷阱"话语》，《国际问题研究》2016 年第 3 期。

24. 韩民青：《中国经济面临的发展趋势、严峻挑战与战略抉择》，《济南大学学报（社会科学版）》2016 年第 3 期。

25. 戴秉国：《共建新型大国关系避免"修昔底德陷阱"》，《经济日报》2016 年 3 月 25 日。

26. 经济学人：《长期宏观经济展望——2050 年主要发展趋势》，2015 年研究报告。

27. 美国战略与国际研究中心（CSIS）：《国防 2045：为国防政策制定者评估未来的安全环境及影响》，2015 年研究报告。

28. 华夏新供给研究院：《中国 2049 战略》，2015 年研究报告。

29. 普华永道：《2050 年的世界：全球经济势力是否会持续转移？》，2015 年研究报告。

30. 马丁·雅克：《变化世界中的多元化治理：中国崛起带来的挑战》，《当代世界》2015 年第 2 期。

31. 全毅：《国际经济环境演变与我国对外开放战略调整》，《福建论坛（人文社会科学版）》2015 年第 11 期。

32. 习近平：《世界上本无"修昔底德陷阱"》，2015 年 9 月 22 日国家主席习近平在美国华盛顿州当地政府和美国友好团体联合欢迎宴会上的演讲。

33. 白春礼：《创造未来的科技发展新趋势》，《人民日报》2015 年 7 月 5 日。

34. 韩宏伟：《超越"塔西佗陷阱"：政府公信力的困境与救赎》，《湖北社会科学》2015 年第 7 期。

35. 陈永：《反思"修昔底德陷阱"：权利转移进程与中美新型大国关系》，《国际论坛》2015 年第 6 期。

36. 李稻葵：《中国能突破中等收入陷阱 2050 年 GDP 是美国 3 倍》，《环球博览》2015 年第 5 期。

37. 郑永年：《中国的第三个三十年—未来改革三大趋势》，《领导文萃》2015 年第 4 期下。

38. 张占斌、周跃辉：《从经济大国迈向经济强国》，《经济研究参考》2015 年第 4 期。

39. 金灿荣：《中美关系与"修昔底德陷阱"》，《湖北大学学报》(哲学社会科学版) 2015 年第 3 期。

40. 胡鞍钢、鄢一龙、姜佳莹：《"十三五"规划及 2030 年远景目标的前瞻性思考》，《行政管理改革》2015 年第 2 期。

41. 张晓明：《美国国家治理体系和治理能力现代化的过程、做法及启示》，《当代世界与社会主义》2015 年第 2 期。

42. 张勇：《实现"两个一百年"目标必须跨越"三大陷阱"》，《理论月刊》2015 年第 2 期。

43. 彭成义：《被颠倒的"修昔底德陷阱"及其战略启示》，《上海交通大学学报 (哲学社会科学版)》2015 年第 1 期。

44. 王广宇：《2049 智能崛起：新一代信息技术产业中长期发展战略》，中信出版社 2015 年版。

45. 王小广：《2015—2030 年中国经济发展趋势及新战略选择》，《税务研究》2015 年第 6 期。

46. 黄涛：《超越"塔西佗陷阱"的三道坎》，《红旗文稿》2014 年第 12 期。

47. 郑永年：《中国如何建设性地平衡美国？》，《领导文萃》2014 年第 10 期下。

48. 陈亮、王彩波：《国家治理现代化：理论诠释与实践路径》，《重庆社会科学》2014 年第 9 期。

49. 姚枝仲：《什么是真正的中等收入陷阱？》，《国际经济评论》2014 年第 6 期。

50. 周小宁、袁鹏、柯春桥：《"修昔底德陷阱"：历史与现实》，《军事历史》2014 年第 3 期。

51. 蔡昉、王美艳：《中国面对的收入差距现实与中等收入陷阱风险》，《中国人民大学学报》2014 年第 3 期。

52. 朱锋：《中国未来十年的战略机遇期：我们必须做出新的选择吗？》，《国际政治研究》2014 年第 2 期。

53. 屈宏斌、孙郡玮：《改革提升中国潜在增长率》，《中国改革》2014 年第 2 期。

54. 张占斌、周跃辉：《两个百年战略节点与中国经济强国梦研究》，《中共党史研究》2014 年第 1 期。

55. 尤里·达杜什、威廉·肖：《2050：重塑世界的朱格诺》，社会科学文献出版社 2014 年版。

56. 张军扩：《追赶接力：从数量扩张到质量提升（2014）》，中国发展出版社 2014 年版。

57. 任保平、郭晗：《新增长红利时代我国大国发展战略的转型》，《人文杂志》2013 年第 9 期。

58. 蔡昉：《人口因素如何影响中国未来经济增长》，《科学发展》2013 年第 6 期。

59. 魏礼群：《由经济大国到经济强国的发展战略》，《全球化》2013 年第 6 期。

60. 郭强：《逆全球化：资本主义最新动向研究》，《克拉玛依学刊》2013 年第 5 期。

61. 高春亮、魏后凯：《中国城镇化趋势预测研究》，《当代经济科学》2013 年第 4 期。

62. 蔡昉：《中国经济增长如何转向全要素生产率驱动型》，《中国社会科学》2013 年第 1 期。

63. 樊杰、刘毅、陈田、张文忠、金凤君、徐勇：《优化我国城镇化空间布局的战略重点与创新思路》,《中国科学院院刊》2013 年第 1 期。

64. 世界银行、国务院发展研究中心:《2030 年的中国:建设现代化和谐有创造力的社会》,中国财政经济出版社 2013 年版。

65. 汇丰银行:《2050 年全球经济预测报告》,2012 年研究报告。

66. 中国社会科学院经济研究所课题组:《中国经济长期增长路径、效率与潜在增长水平》,《经济研究》2012 年第 11 期。

67. 钱颖一:《中国经济增长潜力仍然相当大》,《新浪网》2012 年 11 月。

68. 林毅夫:《中国 8% 经济增长率还可持续 20 年》,《凤凰网》2012 年 9 月。

69. 清华大学社会学系社会发展研究课题组(孙立平执笔):《"中等收入陷阱"还是"转型陷阱"?》,《开放时代》2012 年第 3 期。

70. 于洪君:《关于国际八大趋势发展演变的辩证思考》,《当代世界》2012 年第 1 期。

71. 路甬祥等:《中国可持续发展总纲(国家卷)》,科学出版社 2012 年版。

72. 郑秉文:《"中等收入陷阱"与中国发展道路—基于国际经验教训的视角》,《中国人口科学》2011 年第 1 期。

73. 蔡昉:《"中等收入陷阱"的理论、经验与针对性》,《经济学动态》2011 年第 12 期。

74. 马晓河:《"中等收入陷阱"的国际观照和中国策略》,《改革》2011 年第 11 期。

75. 高世楫、卓贤:《发展中国家落入"中等收入陷阱"的原因分析和启示》,《理论学刊》2011 年第 12 期。

76. 万广华:《2030:中国的城镇化率达到 80%》,《国际经济评论》2011 年第 6 期。

77. 马晓河:《迈过"中等收入陷阱"的结构转型——国际经验教训与中国挑战》,《农村经济》2011 年第 4 期。

78. 江时学:《拉美现代化研究中的若干问题》,《拉丁美洲研究》2011 年第 4 期。

79. 李新:《俄罗斯经济现代化战略评析》,《俄罗斯中亚东欧研究》2011 年第 1 期。

80. 刘伟：《突破"中等收入陷阱"的关键在于转变发展方式》，《上海行政学院学报》2011年第1期。

81. 关雪凌、刘可佳：《俄罗斯经济现代化：背景、布局与困境》，《俄罗斯中亚东欧研究》2011年第1期。

82. 王逸舟：《国际关系的中长期发展趋势与中国的应对》，《当代世界》2010年第7期。

83. 张素菊：《深刻理解世界经济政治文化的新变化、新态势和新特点》，《理论学习与探索》2010年第1期。

84. 罗伯特·W.福格尔：《2040年的世界经济发展前景——兼对中国和印度预测的解释》，《经济社会体制比较》2010年第2期。

85. 楼继伟：《中国经济的未来15年风险、动力和政策挑战》，《比较》2010年第6期。

86. 马晓河：《迈过"中等收入陷阱"的需求结构演变与产业结构调整》，《宏观经济研究》2010年第11期。

87. 裴长洪：《后危机时代经济全球化趋势及其新特点、新态势》，《国际经济评论》2010年第4期。

88. 陆大道、樊杰：《2050：中国的区域发展》，经济科学出版社2009年版。

89. 中国科学院：《科技革命与中国的现代化——关于中国面向2050年科技发展战略的思考》，科学出版社2009年版。

90. 蔡昉：《中国经济如何跨越"低中等收入陷阱"》，《中国社会科学院研究生院学报》2008年第1期。

91. 胡鞍钢：《中国中长期人口综合发展战略（2000—2050）》，《清华大学学报（哲学社会科学版）》2007年第5期。

92. 苏振兴：《关于拉美国家现代化研究若干问题的探讨》，《学术探索》2006年第2期。

93. 刘金源：《反全球化运动及其对全球化的制衡作用》，《国际政治研究》2005年第3期。

94. 秦麟征：《二十一世纪的发展战略和参照原理》，《未来与发展》1987年第1期。

后 记

　　"两个一百年"奋斗目标，与中国梦一起，是引领中国前行的时代号召。深入研究未来三十多年科技产业革命演变、全球经济社会发展和现代化演进趋势，结合我国"三步走"战略和实现中华民族伟大复兴中国梦的战略部署，阐明本世纪中叶实现第二个百年目标时经济社会发展水平和发展状态，并结合第二个百年目标的丰富内涵，明确全面建成小康社会之后经济社会发展目标和路径，具有重大战略意义。中国宏观经济研究院选取《把握我国发展第二个百年目标，更好设计全面建成小康社会之后的发展目标和路径研究》，交由管理的 10 个研究所中唯一的综合性研究所——经济研究所完成。课题研究始于 2016 年 12 月，2017 年 4 月作为中国宏观经济研究院 2017 年度重点课题立项。作为为党的十九大文件起草服务的前期研究课题，研究成果及时报送国家发展改革委及中办、国办、中财办等，部分成果得到相关领导同志的重视，并被推荐给十九大文件起草组供参阅。党的十九大召开之后，我们结合十九大精神，对研究成果进行了修改完善，旨在对第二个百年目标进行全景展望，从理论上阐释十九大描绘的新蓝图和提出的新目标。

　　本书是在我们完成的上述课题成果基础上修改完善而成。全书由导言、总论、分论和附录组成，其中分论包括第二章到第十四章。各章执笔人分别是：导言郭春丽，第一章郭春丽，第二章路红艳，第三章刘保奎，第四章杜飞轮、杜秦川，第五章王蕴，第六章王元、孔伟艳，第七章易信，第八章李清彬、李世刚，第九章孔伟艳，第十章申现杰，第十一章易信，附录中的综述报告由易信完成。全书由郭春丽统筹设计和总体把关，易信承担了大量编务工作。

本书的成稿，不仅凝结着课题组成员的智慧和心血，也包含着各位专家和领导的大力支持和热情指导。《把握我国发展第二个百年目标，更好设计全面建成小康社会之后的发展目标和路径研究》课题竞标、开题、中期检查和终期评审时，林兆木、白和金、陈东琪、马晓河、王昌林、吴晓华、毕吉耀、刘树杰、常修泽、俞建国、罗云毅、胡春力、张燕生、杨宜勇、张长春、银温泉、臧跃茹、黄汉权、史育龙等领导和专家提出了许多富有启示性的意见和建议。中央财经委员会办公室经济一局王志军局长、国务院研究室国际研究司宋立司长、国家发改委经济所研究所孙学工所长在课题研究中给予了大力支持。在此，向各位领导和专家致以诚挚的谢意！向支持帮助我们的各位同事同仁表示诚挚的感谢！向各位课题组成员表示深深的谢意！同时，感谢人民出版社的张文勇主任和孙逸编辑，他们为书稿的审定和出版付出了心血。

党的十九大对实现第二个百年目标、建设现代化强国提出了许多新命题和新任务。由于时间紧，无法在本研究中一一落实，加之课题组研究水平有限，错误和疏漏在所难免，欢迎各界人士批评指正！

课题组

2018 年 10 月